4복음서와
예수의 영지주의 가르침

김 태 항

하 모 니

참고 사항

1. 4복음서 한글판은 공동번역을 주로 사용하였고 필요에 따라 단어나 문맥을 일부 바꾸었다.

2. 해설에 사용된 복음서 구절이 다른 4복음서에 겹쳐 나오면 괄호 안에 그 해당되는 장과 절을 표시하였다.

3. 해설에 사용된 복음서 구절과 같지는 않지만 참고할 내용이면 괄호 안에 참고라 쓰고 그 해당되는 장과 절을 표시하였다.

4. 성경의 신을 하느님으로 통일하였고 경우에 따라 해설에서는 신으로 표현하기도 했다.

5. 여기에 인용되는 영지주의 복음서인 진리복음서, 빌립 복음서, 야고보 비밀의 서의 절 구분은 하모니 출판사에서 나온 "영지주의 복음서와 카발라"에 따랐다.

6. 한글판 성경에는 예수 설교가 반말로 되어 있지만 평상어로 바꾸었고 예수가 제자들에게 하는 말에만 반말을 썼다.

7. 여기서 비의 가르침이나 고대 지혜의 가르침으로 언급되는 내용은 주로 "구도여행과 소리 없는 소리(하모니 출판사)"에서 가져온 것이다.

4복음서와 예수의 영지주의 가르침

김 태 항

하 모 니

4복음서와 예수의 영지주의 가르침

2019년 11월 25일 초판 1쇄 발행

저자　/ 김태항

펴낸이 / 金泰恒

펴낸곳 / 하모니

출판등록 2009 5월 7일　제 2009-03호

충청북도 제천시 하소로 88,　203-605

전화　(043)920-7306, 010-4289-0093

E-mail:　kthcross@hanmail.net

ISBN　979-11-85010-09-0　03230

서 문

세상에서 가장 많이 팔리는 책이 성경이고 가장 많은 신도를 보유하고 있는 종교가 기독교이고 오늘날 세계를 이끄는 주도적인 나라 상당수가 기독교 국가이다. 이처럼 기독교는 인류의 삶에 엄청난 영향을 미치고 있다. 이런 기독교 영향력을 생각하면 기독교 교리는 기독교만의 문제가 아니라 인류의 운명과도 직결된다고 할 수 있다. 만약 인류 문화와 인간 사고를 지배하는 기독교 교리에 문제가 있다면 이것은 기독교라는 종교의 문제가 아니라 인류 운명에 관한 문제이기도 하다. 그래서 기독교 창시자인 예수와 예수의 말씀이 담긴 성경에 대한 학술적이고 이성적인 탐구는 우리 모두에게 반드시 필요한 일이다. 그래서 우리는 이런 질문을 해야 한다.

예수 어록이 담긴 4복음서는 신뢰할 만한가?
예수는 역사적으로 실존한 인물인가?
예수는 하느님 아들인가?
생전에 예수를 만난 적이 없었던 바울이라는 사람의 신앙고백이 담긴 바울 서간문은 진실을 담고 있는가?
후대에 교부들이 완성한 대속론, 원죄론, 예수 신성론, 사후론 등은 예수의 가르침인가?
후대에 작성된 정경목록은 근거가 있는가?
그리고 이 모든 질문을 떠나 가장 결정적인 질문인
예수의 가르침은 진리인가?

기독교인들은 예수가 하느님 아들이란 이유로 그분이 남긴 어록만이 아니라 제자들이 남긴 신앙 고백 문서를 문자 그대로 믿는다.

생전에 예수를 만난 적이 없었던 바울이라는 사람의 편지글이 정경으로 인정받고 있는 이런 현실을 우리는 냉철하게 직시할 필요가 있다. 우리는 바울이 편지글에서 주장한 이신칭의(오직 믿음으로 신이 의롭다함을 우리가 얻음, 즉 믿음만으로 우리가 구원을 얻는다는 주장) 논리가 기독교의 기본교리(원죄론, 구속론, 예수 신성론)를 형성하고 이 교리가 기독교인들의 의식을 지배하고 있음을 목격하고 있다.

바울을 따르는 기독교에서는 예수님이 인간의 죄를 대신하여 십자가에서 피 흘리며 돌아가셨으므로 오직 예수만을 믿고 그 가르침에 따라 살아가야 구원을 얻는다고 한다. 예수 죽음과 부활 그리고 구원의 주제는 교회를 있게 하는 핵심 교리이다. 이런 논리 때문에 다른 종교의 구원을 인정하지 않아서 많은 갈등이 생겨나고 있으며 자연스럽게 독단적인 모습을 띠게 되었다. 그런데 예수는 한 번도 인간의 죄를 갚기 위해 자신이 죽어야 한다고 말한 적이 없다는 사실이다. 이것은 바울의 주장이었다. 당시에는 누구든 자신이 이해한 예수를 그려낼 수 있었고 예수에 대하여 바울과 다른 견해를 펼치는 사람들도 있었다. 그러나 지금은 거의 바울의 주장만 살아남았다.

또한 우리의 관심은 예수의 어록이 담겨있는 4복음서가 과연 우리가 믿을 만한 가치가 있는 경전인가 하는 것이다. 성경의 진위에 대한 많은 논의가 있어왔고, 성서학자들은 성경 왜곡(내용 변경, 첨부, 삭제 등)을 당연한 일로 받아들이고 있다. 예수는 성경에서 많은 말을 하지 않았다. 예수는 4복음서에서 오늘날 기독교인들의 정신세계를 지배하는 교회 교리에 대해서는 거의 언급조차 하지 않았다. 예수는 직접적으로 원죄론도, 동정녀 성모 마리아론도, 보혈을 통한 구원론도, 연옥도, 삼위일체도 말하지 않았다. 이것은 후대에 교부들이 주장한 내용이고 이런 내용의 상당 부분은 바울의 사상에서 가져온 것이다. 그래서 기독교는 예수의 종교가 아니라 바울의 종교란 말을 하는 학자들도 상당하다.

4복음서 저자들은 전승 자료를 가지고 자신의 시각으로 새로운 예수를 만들어내었다. 더 많은 사람들을 기독교로 끌어들이려는 저자들의 시도였다. 그들은 극의 시작인 초반부에 예수 가계도를 화려하게 꾸미고 세례요한을 통하여 예수가 예정된 메시아임을 밝히려고 하였다. 예수의 구체적 행적이 나타나는 시기부터 공관 복음서는 공동 전승 자료를 각자의 취향에 따라 순서를 배정하고 경우에 따라 내용이나 단어에 변화를 주었으며 그 결과 각자의 독특한 복음서가 나왔다. 구약의 예언 성취를 바란 마태복음서는 좋은 예이다. 예수 행적과 언행이 담긴 자료는 단편적이고 지금 복음서에 전해지는 예수 자료에 얼마만큼의 진실이 담겨있는지 알 수가 없다.

실제로 4복음서에 기록된 예수의 어록은 극히 적은 분량이고 그것도 일반 대중을 위한 수준 낮은 비유적 설명이 대부분이다. 이런 한계를 지닌 복음서지만 그래도 정경 중에서는 이 4복음서가 예수의 진짜 말씀을 접할 수 있는 유일한 자료임에는 틀림이 없다.

이 책에서는 예수의 어록이 담긴 4복음서를 해석하면서 과연 바울이 주장한 내용이 예수의 가르침인지를 알아보고자 했다. 놀랍게도 4복음서에는 바울의 사상(신성론, 구속론, 원죄론)은 거의 나오지 않고 오히려 구원의 방법으로 믿음이 아닌 영지(진리)를 통한 신과의 합일 혹은 신에게로 귀향을 주장하는 영지주의 가르침이 많이 나온다는 사실이다.

이것은 바울 서간을 정경으로 인정하는 사람들에게는 받아들이기 힘든 내용일 것이다. 하지만 애초부터 바울은 예수를 모르는 사람이었고 누가가 쓴 "사도행전"에 나오는 바울의 신비 체험이나 바울 자신이 쓴 "갈라디아서"의 기록은 바울의 주관적인 주장이거나 다분히 환상적이고 자기최면적인 사건에 대한 서술이었다. 그는 자신의 수준에서 예수를 평가하고 자신의 신앙을 고백하였으며 이것이 바울 서간인 것이다. 그래서 이것이 정경이 되어야 할 이유도 없고 우리가 이것을 금과옥조처럼 받들 필요도 없다. 이에 대해서는 필자가 쓴 "예수에게 던진 질문, 바울은 누구입니까?"에서 자세히 다루었다. 이것을 참고하기 바란다.

그러면 여기서 4복음서에서 드러나는 영지가르침이 무엇인지에 대한 의문이 생길 것이다. 주요 종교는 어김없이 수준 낮은 일반 대중을 위한 현교와 수준 높은 소수의 사람들을 위한 비밀가르침(밀교)으로 나뉘어 존재해 왔다. 불교의 밀교는 티베트 밀교이고, 유대교의 밀교는 카발라이고, 이슬람의 밀교는 수피즘이고, 기독교의 밀교는 영지주의이다. 그리고 이 영지주의가 바로 예수가 소수의 제자들에게 전한 비밀가르침이다.

로마 콘스탄티누스 황제의 기독교 공인(313년)과 니케아회의(325년)를 통하여 예수 교리가 하나로 일원화될 때까지 기독교는 수많은 종파로 나뉘어져 있었다. 지금 우리가 따르는 기독교는 여러 종파 중 살아남은 종파의 교리이고 패배한 종파 문서는 거의 파괴되었다. 파괴된 문서 상당수가 영지주의 작품이었다. 영지주의는 예수가 준비된 제자들에게 전한 비밀 가르침으로 믿음이 아닌 영지지식을 통한 구원을 주장했다. 1945년 이집트 나그함마디에서 사라졌던 영지주의 문헌이 대량으로 발견되었고 이것은 영지주의에 대한 연구를 활성화시키는 계기가 되었다.

영지주의 단체는 그들의 가르침을 상징을 사용하여 보존하였다. 일상용어로 보존한다면 시대 흐름에 따라 언어의 의미는 변하고 오랜 세월이 흐르면 후대 사람들은 그 의미를 알 수 없기 때문이다. 예를 들면 신라나 조선시대의 언어는 지금 너무도 많이 변하였고 사라진 단어들도 많다. 그러나 상징은 영원히 왜곡되거나 변하지 않는다.

예수 비밀 가르침인 영지주의에서는 구원은 율법 엄수나 믿음이 아니라 영지(앎)를 통해서 이루어진다고 주장했다. 그래서 영지주의가 기독교의 주류가 되었다면 지금 우리가 만나는 대속론이나 원죄론, 천국론 등은 존재할 수 없을 것이다. 그래도 다행스럽게도 4복음서에는 영지주의 내용이 비유와 상징으로 어느 정도 남아있다.

우리는 영지주의에 관심을 돌려야 한다. 예수의 원래의 가르침과 너무도 달라진 가르침이 진리로 받아들여져서 수많은 사람들의 삶과 의식을 지배하는 현실은 더 이상 지나칠 수 없는 일이다. 살아남은 영지주의 복음서에 대한 소개는 하모니 출판사에서 나온 "영지주의 복음서와 카발라"를 참고하기 바란다.

4복음서 저자가 자신의 믿음과 신앙에 근거하여 복음서를 만들었듯이 필자 또한 카발라와 영지주의 가르침을 통하여 이해한 예수를 보여주기 위하여 4복음서를 하나로 정리하여 새롭게 해석하였다. 그래서 휘황찬란한 예수가계도는 무시하였고, 동정녀 출생은 상징으로 이해하였고, 마태복음에서 자주 언급되는 예언의 성취를 증명하기 위하여 인용된 구약 구절은 그 의미를 부여하지 않았다. 대신에 예수의 말씀에 숨겨진 상징을 영지주의적인 시각에서 해석하였다. 바울 신학으로 4복음서를 읽고 예수를 해석하면 예수는 없고 바울의 주장만 남는다. 바울의 시각이 아닌 객관적인 눈으로 성경을 보면 지금의 기독교 구원론과는 너무도 다른 새로운 세계가 드러난다.

이 책은 초대교회나 신학자에 의하여 왜곡되지 않은 예수의 원래 가르침을 알리려는 것이며, 또한 오랜 세월 인류 의식을 옥죄어 온 교회 교리의 문제점을 지적하고자 함이다. 예수를 부정적 시각으로 조명하려는 것이 아니라 예수의 참 모습을 밝혀 그의 위대함을 바르게 알리고자 함이다.

2천 년간 인류 역사를 지배해 왔던 기독교 교리이다. 오랜 세월 세계의 정치, 문화, 사회를 압도해 왔던 기독교 교리가 근거를 상실하고 예수의 참 가르침이 그 자리를 대신한다면 이것은 인류 의식이 새로운 차원으로 나아갈 수 있는 획기적인 사건일 것이다.

이 책을 쓰면서 훌륭한 작가들의 저서를 참고하였고 크게 도움이 되었다. 이분들에게 감사의 말씀을 전한다. 그리고 무엇보다도 위대한 카발라 가르침으로 저를 이끌어 주신 위대한 스승님과 책이 나오는데 많은 도움을 주신 조력자분들에게 고마움을 전한다.

모두가 예수가 전하는 영지 지식을 통하여 긴 잠에서 깨어나 하느님에게로 돌아가길 바란다. 이 책이 진리를 구하는 사람들에게 작은 길라잡이가 되었으면 한다.

우타　김태항

목 차

서문 5

1장 기독교 교리와 영지주의

1 복음서 고찰 15

2 예수는 누구였나? 22

3 예수 탄생의 시대적 배경 25

4 예수의 참 가르침은 어디에 있는가? 30

5 영지주의란 무엇인가? 36

6 카발라란 무엇인가? 39

7 원죄론 44

8 삼위일체 48

9 성육신, 예수는 하나님 아들인가? 54

10 구원관 57

11 사후관 61

2장 4복음서의 영지주의적 해석

예수의 탄생과 사역 준비 기간 69

공생애 첫해 89

공생애 2년 102

예루살렘에서 갈릴리로 돌아오다 116

산상 설교 124

공생애 3년 193

마지막 몇 달 동안의 사역 259
예수의 마지막 주간 290

참고 문헌 392

1장

기독교 교리와 영지주의

1 복음서 고찰

"기독교 원전들은 매우 단편적이고 전설적인 내용을 많이 포함하고 있다. 반면에 예수의 삶과 인격에 대해서는 그다지 관심을 표명하지 않는다. 예수에 관한 다른 원전이 없기에 우리는 그의 삶과 인격에 대해서 거의 아무것도 알 수 없다." - 루돌프 볼트만(1884~1976) -

역사적 예수에 대한 한계를 잘 묘사하는 글이다. 그럼에도 불구하고 4복음서는 예수의 어록이 담겨있는 소중한 자료이다. 공관복음서는 실제 사건이 일어난 지 얼마 지나지 않아 증인들이 살아 있을 당시에 기록이 되어서 이들 복음서를 통하여 어느 정도 예수의 삶과 가르침을 접할 수 있다. 예수 어록을 담고 있는 복음서는 외경을 제외하면 4개가 있는데, 이들 복음서의 역사적, 문헌적 고찰과 심층적 해석을 통하여 예수가 누구였고 무엇을 전하려 했는지 조금은 알 수 있다.

성경학자들에 의하여 확인된 것은 이들 복음서 저자들이 예수 사후에 여러 전승 자료를 참고하여 책을 편집하면서, 사람들의 관심을 끌기 위한 수식 구절이나 신앙심을 북돋우는 내용을 넣고 경우에 따라서는 교회의 입장을 반영하는 내용을 넣어 작성하였다는 것이다. 그래서 전문가들은 복음서의 예수 어록에서 예수에게서 나온 것과 그렇지 않은 것을 구별하려고 애써왔다. 이것은 필사 과정에서 일어난 왜곡과는 다른 차원의 문제이다.

성경 원전은 남아있지 않고 복사본의 복사본들만 전해진다. 지금 가장 오래된 신약복음서 복사본은 4세기 것이다. 지금 복음서는 그리스어로 되어있지만 원본 언어에 대해서는 의견이 나뉜다. 예수가 사용한 아람어인지 아니면 학자들의 언어인 히브리어인지 아니면 당시 통용되던 그리스어인지에 대하여 논의가 있다. 그러나 예수가 아람어로 말씀하셨고 과정이 어떠하든 그 말씀이 그리스어로 기록이 되었다는 것이 대다수 학자들이 주장이다. 이것은 비유를 들자면 한국어로 설교한 것을 일본어로 번역하여 기록한 것과 마찬가지이다.

신약이 편찬된 시기는 학자에 따라 일치하지 않는데 〈예수는 신화다, 티모시 프리크, 피터 갠디〉에서 저자는 바울의 여러 편지는 서기 약 50년, 마가복음은 서기 70~110년, 마태복음과 누가복음은 서기 90~135년, 요한복음은 서기 약 120년, 사도행전은 서기 150~177년으로 보고 있다. 〈기독교 성서의 이해, 김용옥〉에서 저자는 마가복음은 서기 70년경, 마태복음은 서기 80년경, 누가복음은 서기 90년경, 요한복음은 서기 100년경으로 보고 있다.

어떤 책이든 첫 번째 단락은 저자의 의도가 분명하게 드러나고 책의 전체 성격을 가늠하는 내용이 나온다. 마태복음은 다윗을 거쳐 아브라함까지 올라가는 장황한 예수 족보를 먼저 소개하고 이어서 예수의 동정녀 탄생을 언급한다. 예수족보는 다윗의 자손에서 메시아가 나올 거라는 유대인들이 전승을 증명하려고 넣은 것이고, 예수 동정녀 탄생은 보통 인간과 다른 예수의 위대성을 보여주려고 넣은 것이다. 사실 성령에 의한 동정녀 탄생은 예수의 육체적 혈통을 부정하는 내용인데도 이처럼 모순되는 구절이 나란히 언급된 것은, 메시아에 대한 예언의 성취를 주장하기 위한 장치였다고 보아야 한다.

이처럼 마태복음은 유대인 시각에서 유대인을 위하여 편찬되었으며 예수 복음을 철저히 구약과 관련시켜 짜맞추려했다. 예수가 구약의 약속을 완성한다는 것을 보여주기 위해 무리하게 구약 구절을 많이 인용하였다. 인용되는 구약 구절 대부분은 맥락과 상관없이 문장에서 필요한 부분만을 인용하거나 자기 본위로 해석하여 쓴 것이다. 마태는 유대교와 단절이 아닌 연속선상에서 복음을 규정하였다.

누가복음에서 저자는 첫 구절에서 세례 요한의 탄생을 굉장히 신비적으로 묘사하면서 요한의 역할이 예수 사역에 얼마나 중요하였는지를 강조한다. 요한의 탄생은 예수의 동정녀 탄생과 연결되어 설명되고, 예수가 요한에게 세례를 받고 아담에까지 이르는 거창한 예수의 가계도가 언급이 된다.

반면에 마가복음에서 저자는 예수의 신비한 탄생이나 거창한 가계도에 대한 언급 없이 바로 세례 요한의 등장과 그에게서 세례 받는 예수가 나온다. 마가복음은 복음서의 원형으로 예수 수난과 부활의 패러다임을 제시하고 있다고 본다.

요한복음은 하느님에서 나온 예수의 신성을 언급하면서 글이 시작된다. 마태복음이나 누가복음처럼 거창한 가계도나 신비한 동정녀 탄생 같은 이야기는 없다. 요한에게 그런 주제는 관심의 대상이 아니었다. 다만 다른 복음서와 마찬가지로 선지자로서의 요한의 역할은 중시되고 있다.

마태복음, 누가복음, 마가복음에는 요한에게 세례 받는 예수가 등장하지만 요한복음에는 그런 장면이 나오지 않는다. 작가에 따라 이처럼 같은 소재를 가지고 다른 책이 만들어지는 것이다. 예수에 대한 자신의 신앙고백을 나름의 시각으로 각색하였다고 볼 수 있다.

복음서 내용을 조사하면 마가복음 구절은 마태복음과 누가복음 속에 거의 다 들어있다. 즉 마가복음 661개 문장(절, verses) 중에 600개가 마태복음에 들어있고(마태복음은 전부 1068절), 350개가 누가복음에 들어있다(누가복음은 전부 1149절). 마가복음에는 없고 마태복음과 누가복음에 공통된 것은 135개 정도 있다. 이 공통된 자료는 Q문헌(독일어로 Quelle은 원전이라는 뜻)으로 불린다.

당연히 의문이 생긴다. 서로 베낀 것일까, 아니면 우리가 모르는 공동 원전을 참조했을까? 대부분 전문가들은 마가복음과 Q문헌이라는 두 가지 원전이 있었다고 믿는다. 그러나 더 많은 자료가 있었다고 생각하는 학자들도 있다. 많은 학자들이 마태와 누가가 마가복음과 Q자료를 보고 자신들의 복음서를 편찬한 것으로 보고 있다.

요한복음은 공관복음서와는 많이 다른 새로운 형태의 복음서이다. 문체도 다르고 예수의 말은 간결하지도 않고 직접적이지도 않으며 주로 긴 설교체로 나타난다. 또한 공관복음서와 달리 예수는 비유로 말하지 않으며 예수와 니고데모의 대화(3장), 예수와 사마리아 여인의 대화(4장), 물을 포도주로 만든 기적(2장), 나사로를 살리는 기적(11장)은 요한복음에만 나오는 사건이다.

그런데 이런 복음서가 역사적 예수에 대한 진실을 전해 줄 수 있을까? 초기 복음서는 대문자로 써져 있었고 제목이 없었으며, 띄어쓰기와 장이나 절의 구분도 없었고 낱말 사이에 구두점도 없었다. 그만큼 읽기가 어려웠고 잘못 필사될 가능성이 컸다. 특히 2~3세기까지는 전문 필사자들이 아니라 글을 아는 교인들이 자발적으로 필사하였기에 오류가 많았다. 원본이 낡아 이것을 새로 필사하는 과정에서 필경사의 부주의로 잘못 옮겨지기도 하고, 필요에 따라(교리적, 사회적 요구 등) 내용이 덧붙여지거나 삭제되기도 하였다.

신앙을 고백하는 글이라 예수의 어록은 복음서 저자의 생각에 따라 다르게 평가되어 작성되었고, 즉 여기서 예수의 가르침에 대한 1차적 변개가 일어났다. 이어서 이 글을 베껴 쓰는 과정에서 필사자의 실수나 자신이 말하고자 하는 것을 본문에 넣고 싶어서 내용을 의도적으로 추가하거나 삭제하는 2차적 변개가 일어났다. 심지어 후대에는 교회당국이 교리를 지키기 위해서 혹은 명확하게 교리를 설명하기 위해서 내용을 고의로 수정하는 3차적 변개도 있었다. 오늘날의 신약성서는 이런 과정을 통해 이루어진 것이다. 이에 대해서는 바트 어만의 〈성경 왜곡의 역사〉, 〈예수 왜곡의 역사〉를 참고 바란다. 우리는 이런 사실을 인정하고 신약을 바라보고 예수를 바라보아야한다.

대략 5천개나 되는 그리스 사본을 대조하면 어느 한 사본도 다른 사본과 일치하는 사본이 없을 정도다. 학자들은 사본 비교 연구를 통하여 복음서 내용 가운데 후대에 추가된 것이 무엇인지를 알아내기에 이른다. 필사의 문제가 얼마나 심각하였는지 3세기 교부 오리겐은 이런 글을 남겼다.

> "사본들은 지나치게 많은 차이가 난다. 이것은 일부 필사자들의 부주의와 뻔뻔스러움 때문이다. 그들이 자기들이 베낀 것을 한 번 더 검토하는 데 소홀하거나 아니면 점검하는 과정에서 자기 마음대로 말을 덧붙이거나 삭제해 버렸다."

복음서 원전의 문제와 필사된 사본의 문제점이 이러하지만 정말 중요한 것이 정경과 외경의 문제이다. 예수 사후에 많은 종파와 수많은 복음서가 존재했음은 주지의 사실이고, 종파 싸움에서 승리한 지금의 정통교회가 자신들의 생각을 반영하는 교리를 지닌 문서를 선택한 것이 지금의 정경이다. 그것도 지금의 신약 27권이 처음부터 정통교회에서 의견 통일이 이루어져서 선택된 것이 아니라 정경으로 인정할 것인지 아닌지 오랜 세월 많은 논란을 거쳐 확정되었다.

알렉산드리아의 아타나시우스 주교가 최초(AD 367년)로 지금 우리가 쓰는 신약 27권을 언급하였고, 382년 로마회의에서 27권이 승인되고, 카르타고회의(AD 397년)에서 신약 27권 정경 목차가 작성되어 교회에 보급되었다. 즉 정통 교회 구미에 맞는 복음서가 살아남아 신의 말씀이 되어 인류사를 지배하여 왔다는 것이다. 정경이 확정되기 전에는 교회에서 사용되던 여러 종류의 복음서는 모두 신성한 경전이었다.

근본적인 질문은 지금 정경이 대표성이 있는지와 외면당한 경전의 가치이다. 초대교회 역사나 성서 편찬 과정을 보면 성서무오설이나 축자영감설이 얼마나 터무니없는 주장인지 알 수가 있다. 이제 이런 주장을 하는 신학자들은 거의 없으나 진실에 접근이 어려운 상당수 신도들은 아직도 이런 생각을 가지고 있다.

성경은 하느님이 직접 들려주신 말씀이 아니라 초기 기독교인들이 예수에 대하여 자신들이 보고 듣고 이해한 것을 적어 놓은 신앙 고백적인 글이다. 성경은 필요에 따라 다른 시기와 다른 장소에서 여러 사람들이 기록한 책이다. 기독교인들은 성경 저자가 하느님의 영감을 받아 기록하였다고 주장하지만 필연적으로 그들의 생각과 견해 그리고 소망이 밑바탕에 깔릴 수밖에 없다. 예수의 삶을 기록한 마가와 누가 그리고 마태의 복음서가 같을 수가 없는 이유이다.

원전 문제나 필사본의 문제는 문헌 고찰을 통하여 진실이 어느 정도 밝혀질 수 있으나 교회와 교부들이 자신들의 잣대로 만들어 놓은 교회 교리는 참으로 넘기 힘든 거대한 장애물이다. 이를 위해서는 성서의 문헌연구와 성서해석을 통하여 성서가 새롭게 구성되어야 하며 무엇보다 외경으로 알려진 〈도마복음〉을 예수 가르침으로 받아들이는 일과 예수 비밀 가르침으로 알려진 영지주의 작품(빌립 복음서, 진리복음서, 야고보 비밀의 서 등)을 합리적인 선에서 받아들이는 일이다.

아직도 적지 않은 사람들이 하느님과 성서를 두려움으로 바라본다. 구약성서에 드러나는 징벌과 보복의 하느님 모습에서 공포심을 가지는지도 모른다. 그러나 이제는 이런 터무니없는 공포감에서 해방되어야 한다. 무조건 성경을 인정하고 의심 없이 믿어야 참된 그리스도인이 될 수 있다는 생각에서 벗어나야한다. 이제는 하느님이 부여한 이성을 사용하여 자주적으로 생각하고 사유해야한다.

왜곡되고 변형되었지만 그래도 성경은 예수가 전한 신비의 문을 열 수 있는 열쇠이다. 성경에 사용된 상징과 그 의미를 알아야 예수가 전하는 참된 가르침을 알 수 있다. 우리는 4복음서의 영지주의 해석을 통하여 이것을 발견할 수 있다.

2 예수는 누구였나?

세계 성인으로 추앙받는 위대한 예수는 어떠한 사람이었는가? 기독교 신자가 아니더라도 웬만한 사람은 예수가 누구인지 알고는 있다. 우리가 자주 들은 내용은 그분이 하느님의 아들이고 인간의 죄를 대신하여 십자가에 못 박혀 죽었다는 것이다. 예수에 대한 평가는 사람마다 달라서 이것을 믿는 사람도 있겠고 신화로 돌리는 사람도 있을 것이다. 그러나 기독교가 인류 역사에 미친 영향과 오늘날 세계 인구에서 기독교인 비율을 생각하면 인류에게 커다란 영향을 미친 사람임에는 분명하다.

그런데 예수는 지금의 거대한 기독교 조직과 교리(원죄론, 천당, 지옥, 구원론, 믿음, 예수신성 등)에 대하여 과연 상상이나 하였을까? 중세 암흑시대의 사상과 문화 억압, 지금도 진행 중인 종교 간 다툼과 학살, 일방적인 선교와 거대 자본화한 대형교회, 물질 추구, 기복신앙, 종교 간 공존거부, 타종교의 구원 부정 등은 예수가 의도한 일은 아니었을 것이다.

교회나 성직자들의 무지와 탐욕 그리고 정치적 이유로 예수의 가르침은 전혀 다른 모습으로 변해버렸다. 심하게 말한다면 교회는 예수의 가르침을 형태도 알아볼 수 없는 괴물로 만들어 놓았다. 인간을 죄 많은 노예로 만들고 이성과 지성 대신 맹목적 믿음을 강요하여 인간을 작은 새장에 가두어버렸다.

예수에 대한 자료는 그다지 많지 않다. 제자들이 남긴 복음서 외에는 역사적 자료는 지극히 한정되어 있고 그것도 어록이나 생애에 대한 기록이 아니라 역사적으로 존재하였다는 단편적 기록일 뿐이다. 결국 예수를 바로 알기 위해서는 그나마 남아있는 4복음서(복음서 진실성을 인정한다면)의 예수 어록을 올바르게 해석하는 일이고 더 나아가 예수의 어록이 남아있는 영지주의 복음서(특히 도마복음)도 해석해야 할 것이다.

예수를 보는 세 가지 시선이 있다. 하나는 예수를 신의 아들로 보는 정통 교회 견해, 둘째는 예수를 신화적 인물로 그 역사적 존재를 부정하는 견해, 셋째는 예수를 영적인 교사, 동양의 언어로 표현한다면 붓다 같은 깨달은 자로 보는 견해가 그러하다.

첫째 견해는 우리에게 너무도 익숙한 교회 주장이고 두 번째 견해는 예수의 역사적 실제성을 부정하고 신화적 인물로 해석하는데 최근에 사람들의 관심을 끌고 있기는 하나 소수 의견에 머문다. 셋째 견해는 종교에 관계없이 진리를 추구하는 사람들의 견해로 예수를 훌륭한 영적 교사로 받아들인다. 최근에는 기독교인의 자기본위적 일방적 행태에 분개하여 예수의 존재를 인정하되 그 가르침이나 본질에 대하여 혹평하는 반기독교 주의도 존재한다.

그러나 여러 정황(유대역사가 요세푸스의 기록, 복음서 내용, 기타 여러 자료)에 비추어보면 예수의 실존은 부정할 수 없는 사실이고 다만 그의 가르침이 어느 정도(기록된 것보다는 알려지지 않는 가르침이 훨씬 많을 것이다) 그리고 얼마나 정확하게 전해졌는가와 복음서에 나오는 내용(행적, 치유, 기적 등)이 신빙성이 있는가의 문제일 것이다.

그러나 정말 심각한 문제는 교부들이 복음서를 자기 입맛대로 해석하고 의견을 첨부하여 거창한 기독교 교리를 만들어내었다는 것이다. 기독교 교리의 뼈대를 구성하는 이론은 신의 인간 창조(창조주와 피조물 관계로 설정), 아담으로 생겨난 원죄, 하느님 아들인 예수 등장, 회개와 하늘나라, 예수 죽음과 부활 그리고 구원이라 할 것이다. 이 뼈대로 말미암아 거의 모든 교리가 죄에 대한 회개, 신에 대한 믿음과 구원 그리고 하늘나라에서 영생 등으로 구성된다. 만약 이 기본 뼈대가 잘못되었다면 이것에 근거하여 생겨난 모든 교리는 근거가 없어 무너지고 말 것이다.

이런 교리가 예수가 의도했던 것인지 아니면 후대에 교회와 교부들이 자기들 입맛에 따라 창작을 했는지는 우리가 이성을 가지고 규명해야 할 일이다. 진리는 하나여야 하는데 기독교 교리는 힌두교나 불교, 유대 신비가르침인 카발라 등과는 너무도 다르다. 누군가는 거짓말을 하고 있는 것이다.

우선 간단히 인간의 본질에 대하여 살펴보자. 동양사상이나 예수의 비밀가르침인 영지주의 그리고 유대 신비사상인 카발라 사상은 인간을 근원적 존재(절대자)의 피조물이 아니라 신의 발출 혹은 확장으로 본다. 인간 영혼을 신성한 존재로 본다. 그러므로 구원은 근원에서 나온 인간 영혼이 원래의 자리로 돌아가는 것이다.

그러므로 예수가 하느님 아들이듯 우리도 하느님 아들인 것이다. 물론 대다수 사람에게 신성은 아직 깨어나지 않아서 잠자는 신의 상태에 있다. 그리스도라는 단어는 예수에게만 사용되는 고유한 칭호가 아니라 기름이 부어진 사람 즉 동양에서 말하는 의식이 개화된 깨달은 자를 지칭하는 보통명사이다.

예수를 깨달은 자로 받아들이면 예수 신성이니 삼위일체니 하는 문제는 그다지 논란거리가 되지 못한다. 신의 일부분인 사람은 신성한 존재이고 신과 하나이기 때문이다. 이런 시야로 예수를 바라보고 이해한다면 예수가 말하는 하늘나라, 죽음, 부활, 구원, 치유, 이적 등은 새로운 의미로 다가온다.

3 예수 탄생의 시대적 배경

예수의 삶을 잘 이해하기 위해서는 예수가 태어난 시대적 상황을 알아야 한다. 바리새인이나 사두개인과의 갈등, 유대인의 예수에 대한 기대와 실망, 로마 지배하의 유대정치와 문화, 사용언어, 대중의 성향 등은 예수 이해를 위한 전제 조건이다. 시대적 상황을 알면 예수의 사역 실패와 유대교에서 기독교의 분리 이유 그리고 세계 종교로 발전 등이 좀 더 쉽게 이해가 될 수 있다.

우리는 기독교가 서구에서 들어와서 예수를 서양인으로 생각하는 경향이 있다. 예수는 종교의 고향이라 할 수 있는 중동 지방 출신이었고 중동인의 사고방식은 서양보다는 동양인의 사고방식에 가까웠다. 예수는 자신을 동양인으로 생각하고 자라났다. 그래서 성경에서 예수는 동양 문화의 특징인 비유적이고 모호한 표현을 사용하여 대화를 이끌어나간다. 논리적이고 직설적인 표현을 사용하는 로마나 그리스 전통과는 달랐다. 서양 철학자들의 말투나 글은 직설적이다. 석가나 예수의 어록에 비유가 많이 나오는 이유는 동양적 사고가 작용했기 때문이다.

예수 시절에 히브리어는 문헌 속에만 존재하는 죽은 언어였다. 예수는 당시 팔레스타인 지방에서 사용되던 아람어를 사용하여 가르침을 폈다. 그러나 예수의 말씀을 담고 있는 신약은 아람어가 아니라 당시에 많이 사용되었던 그리스어(헬라어)로 기록이 되어서 번역 과정을 거치게 되었다.

예수 활동 당시 이스라엘은 로마의 지배하에 있었다. 그래서 로마법과 유대법은 갈등 속에 있었다. 로마인의 사고는 실용적이고 과

학적이었으며 오늘날 관점에서 본다면 물질적이고 현대적인 마인드를 지녔다고 볼 수 있었다. 그들은 생소한 동양의 사고나 문화에 경외심과 혐오감을 동시에 느꼈다. 로마인은 동양인의 강한 믿음과 그들이 믿는 종교 의식이나 의례에서 보이는 피 희생의식 같은 비이성적이고 미개해 보이는 문화 등을 이해할 수 없었다. 그래서 유대인과 로마인 사이에는 멸시와 불신 그리고 갈등이 자리 잡고 있었다. 로마는 유대인을 다스렸으나 종교에는 개입하지 않았다.

당시에 유대인은 3개의 종파(바리새파, 사두개파, 에세네파)가 있어서 서로 세력을 키워갔다. 가장 대중적인 지지를 받은 것이 바리새파였는데 엄격하게 의식과 의례를 지킨 보수적인 유대인이었다. 바리새인은 성직자와 법률가 그리고 권력자로 구성되었고 매우 보수적이었다. 엄격하게 율법을 지키는 오늘날 유대교인의 모습은 바로 예수 시대의 바리새인과 비슷하다고 할 수 있다. 이들은 전래된 의식과 율법을 그대로 따르고 어떤 변화도 받아들이지 않으려했다. 이들의 엄격함은 형식주의에 빠지기도 하였으나 예루살렘이 파괴되고 이스라엘이 망한 후에 유대인들 사이에서 영향력 있는 집단으로 남아 유대인을 하나로 만드는데 기여하였다. 세례 요한이나 예수가 바리새파의 율법을 거부하여 갈등을 야기하였으며 결국 예수는 십자가에 못 박히게 된다.

오래 전에 들어온 그리스문화를 받아들인 유대 상류층 사두개파는 율법에 철저한 바리새인과 거리를 두고 살았다. 그들은 로마정권을 지지하였고 로마문화를 유대인을 위하여 사용하려고 했다. 그들은 로마문화를 따랐고 바리새파와 다툼 속에 있었으나 예수에 대해서는 바리새인 못지않게 큰 반감을 드러냈고 예수의 처형 및 사도(使徒)들의 박해에 참여하였다.

세 종파 중에 성경에 언급되지 않은 종파가 에세네파이다. 이들은 수도원에서 협동생활을 하며 조용히 살아갔다. 모든 재산은 커뮤니티에 속하였다. 에세네파는 B.C 150년경에 시작되었고 AD 1세기 말경에 사라졌다. 그들은 모든 것의 창조주이고 전지하신 유일신을 경배했다. 그들은 "육체는 타락하기 쉽고, 육체를 구성하는 물질은 영원한 것이 아니지만, 반면에 영혼은 불멸하고 영원히 살아있으며, 가장 신비한 하늘로부터 생겨난 영혼은 내재하는 어떤 갈망에 의해 감옥에 들어가는 것처럼 육체 안으로 던져진다."라고 생각했다. 육체의 속박에서 자유롭게 되었을 때 그들은 오랜 예속으로부터 자유를 얻고 위로 올라간다고 여겨 대단히 기뻐했다. 에세네파는 특히 복종, 정직, 성적 금욕, 정의 그리고 절제를 중요한 덕목으로 생각했다.

세례 요한이 이 파에 속했을 것이라는 의견이 강력하게 주장되고 있고 예수의 바리새인에 대한 비판이나 그의 평화적 가르침을 고려하면 예수도 에세네파 사람이었을 것이라고 주장하는 학자도 있다. 학문적으로 입증이 된 것은 아니지만 비의 단체에서는 이렇게 말한다.

> 예수의 아버지인 요셉이 에세네파의 지도자였고 세례 요한도 에세네파였다. 예수는 나사렛(지명이 아니라 에세네파의 사원이었다)에서 교육을 받으며 12세까지 성장하였다. 요한의 제자들이 예수의 제자로 선택되는데 이는 예수가 아무나 제자로 선택한 것이 아니라 상당기간 요한에게 가르침을 받은 사람을 선택하였다는 의미이다.

로마, 그리스, 소아시아, 이집트 등 여러 문화가 이스라엘에 들어와서 유대문화와 충돌하였고 여러 종파가 갈등 속에 있었다. 예수는 정치적으로 엄청난 갈등과 분쟁의 시기에 살았다. 예수는 이런 소용돌이치는 혼란한 세계에 영적 지혜를 전해야 하는 위치에 있었다.

당시 유대 대중들의 의식수준은 낮아서 예수는 자신의 메시지를 올바로 전할 수가 없었다. 그래서 의식이 높은 소수의 준비된 사람들에게는 참 진리를, 대중에게는 수준을 낮추어 비유로 진리를 전하였다. 전자는 영지주의 가르침을 형성하였고 후자는 지금의 성경과 정통교회 가르침을 형성하였다.

유대인들은 암울한 로마 지배로부터 자신들을 구원해 줄 메시아를 기다리고 있었다. 메시아에 대한 유대교 교리는 다윗 왕이 기름부음을 받으면서 들었던 약속, 즉 그와 그의 자손들이 마지막 시대까지 이스라엘을 다스릴 것이며 이방 민족을 다스리게 될 것이라는 믿음에 그 기초를 두고 있었다. 왕국 멸망 후에는 이 믿음은 다윗왕가의 통치가 기적적으로 회복되리라는 예언자적인 대망으로 변형되었다.

유대인들은 메시아가 정치 군사적 지도자이며 실제적인 국가를 세울 것으로 생각을 했다. 이런 점에서 예수는 유대인의 기대에 부응할만한 것을 가지지 못하였다. 그는 민족주의자가 아니었고 에세네파의 평화적인 가르침을 따랐다. 더군다나 예수는 구원을 위해서는 율법에 대한 순종이 아니라 회개와 자신이 전하는 진리에 대한 믿음이라고 주장했기에 바리새인은 예수를 받아들일 수 없었다.

예수는 심판자이며 율법주의자 같은 하느님의 이미지를 위협하였고 형식적인 율법에서 벗어나도록 가르쳤기에 정통 유대인의 분노를 샀다. 예수는 율법만이 아니라 종교적 의례 즉 성전의 권위까지 문제 삼았다. 이것에 이해관계를 지닌 대제관, 레위인, 장사꾼, 예루살렘 주민 등 성전으로 먹고 사는 사람들의 반감을 샀다. 자신들의 종교를 뒤흔드는 예수의 설교가 이스라엘의 안전을 위협한다고 생각한 유대인들도 예수에게서 돌아섰다. 예수가 설자리가 없었다. 사람들을 영적으로 성장시키려든 예수의 시도는 성공할 가능성이 적었다. 이에 예수는 의도적으로 십자가에 못 박히는 상황을 만들어 사람들에게 극적인 교훈을 주려고 했다.

그리고 유대 고위 사제들의 예수에 대한 거부감에는 또 다른 이유가 있었다. 유대 종교 단체와 고위 사제들은 자신들을 고대 신비 가르침의 유일한 보관소며 관리인으로 생각하였고 이런 고대 신비가 그들의 내부 조직에서만 보존되어야 한다고 생각하였다. 진리를 보존하려는 노력은 좋았으나 세월이 흐르면서 사제들은 세속적 일에 관심을 두기 시작하였고 권력과 재산을 탐하게 되었다. 이와 관련 도마복음 39절에 흥미로운 구절이 있다.

> 예수께서 말씀하시길, "바리새인들과 학자들이 지식(영지)의 열쇠들을 취하여 감추었느니라. 그들 자신도 들어가지 않으며 들어가기를 원하는 자들도 들어가도록 허용치 않느니라. 그러나 그대들은 뱀들처럼 지혜롭고 비둘기들처럼 순수 하라."

예수는 사람들에게 고대 신비의 지혜(영지)를 전해주려 하였고, 이것은 자신들만이 알고 있는 지혜가 대중들에게 전해지면 자신들의 권위가 무너질 것을 우려한 사제들의 엄청난 반발을 불러일으켰다. 예수는 자신들의 권위와 안정을 위협하는 없애야 할 위험한 인물이 되었다. 4복음서에는 이런 갈등 상황이 적나라하게 드러난다.

이것은 오늘날도 마찬가지이다. 교회는 생각이 앞서는 선지자나 지혜로운 사람들을 질시하고 박해한다. 대중을 무지와 미망에서 해방시키기보다는 이들을 지배하기 위하여 교리를 이용하고 있다.

4 예수의 참 가르침은 어디에 있는가?

상식을 지닌 사람이라면 세계 성인으로 붓다와 예수를 꼽는데 아무런 이의가 없을 것이다. 물론 기독교인은 붓다는 인간의 자식이고 예수는 하느님의 아들이므로 두 사람을 같은 위치에 두고 다루는 것은 있을 수 없는 일이라며 강한 거부감을 보이기도 한다.

두 사람이 인류에게 제시하는 가르침은 참으로 소중한 자산인데 두 성인이 태어난 시기와 환경이 다르다 보니 두 가르침의 특징이 확연히 드러난다. 진리가 하나라면 가르침에 모순이 있으면 안 되겠지만 진리가 전해지는 환경(사람들의 의식수준, 정치체계, 문화풍속 등)에 따라 표현되는 방법과 수준이 다를 수밖에 없음을 인정해야 한다. 초등학생에게 대학생 수준의 가르침을 줄 수 없고 대학생에게 초등학생 수준의 가르침을 줄 수는 없다. 문화나 사람들 수준에 맞는 가르침이 전해진다.

성인이 가르침을 주다 보면 영원히 변하지 않는 진리 외에도, 시공간에 따라 변할 수 있는 그러나 당시에는 필요한 도덕적 지침이나 규율, 의식(Ritual) 등을 전하게 된다. 그러다 보면 풍토와 풍속에 따라 금기하는 음식이 다를 수 있고 규율도 마찬가지이다. 그런데 시대가 변하였는데도 아직도 이런 지침이나 규율 혹은 의례를 어기면 마치 큰 죄라도 범한 것처럼 이런 규율에 매여 살아가는 종교나 종교인들이 많다. 이런 어리석음을 범하지 않으려면 이성과 식별력으로 진리를 골라낼 줄 알아야 한다.

예수와 붓다의 가르침이 달라 보이는 것은 바로 앞에서 말한 여러 상황을 고려하면 이해가 될 것이다. 그리고 달라 보이는 또 다른 요인은 경전의 의도적 왜곡과 오역이다. 이 왜곡 문제는 이야깃거리가 참으로 많은 주제이기도 하다.

삶이 힘이 드니 사람들이 종교를 찾는다. 그러니 종교는 당연히 고통스러운 삶에서 희망을 주는 말이나 해결책을 제시하여야 한다. 붓다는 마음의 본질을 아는 것이 문제 해결의 핵심임을 말하고 예수는 고통 없는 행복 가득한 천국을 제시하여 사람들에게 희망을 준다. 그래서 붓다는 내면의 마음 문제에 초점을 맞추고 예수는 하늘나라와 이웃에 대한 사랑, 하느님에 대한 사랑에 초점을 맞춘다.

붓다의 가르침은 삼법인(영원한 것은 없고, '나'라는 것도 없고, 존재하는 모든 것이 괴로움이다.)과 사성제(고집멸도, 즉 삶은 고통이고 이 고통은 사람이나 사물에 대한 집착 때문이며 그런데 이 집착을 8정도로 멸할 수 있고 집착을 멸하면 도를 이루게 된다는 내용.)로 대표되는데 이것은 어느 시공간에서도 변하지 않는 우주의 진리이다. 붓다는 체계적이고 논리적으로 삶의 문제에 대한 해결책을 제시한다. 8정도(바른 견해 正見, 바른 생각 正思惟, 바른 언어 正語, 바른 행위 正業, 바른 생활 正命, 바른 노력 正精進, 바른 마음챙김 正念, 바른 집중 正定)는 집착을 없애서 행복해지는 구체적 수행법이다. 명상, 선, 위빠사나도 이 8정도에 포함되어 있다.

예수는 사랑을 강조한다. 정말 중요한 덕목이다. 사랑이 없다면 세상이 어떻게 존재할 수 있을까? 이웃을 그리고 하느님을 사랑하는 것은 좋은데, 말로만 사랑한다고 무엇이 변할까? 우선 내면의 마음이 변해야 하는데 말로만 사랑을 외친다고 사랑이 넘치는 것은 아니다. 그리고 사랑 말고도 중요한 덕목이 많이 있다. 그런데 사랑은 인간이 지녀야 할 덕목이지만 이것이 사람의 근본 의문이나 고통을 해결해 주지는 않는다.

기독교 교리 중에 가장 중시되는 것이 믿음이다. 물론 이것은 교부들의 주장이다. 그런데 절대자에 대한 맹목적인 믿음만으로 삶의 고통과 의문이 사라진다면 얼마나 좋을까? 그러나 이것으로 삶의 갈증은 해소되지 않고 욕망과 갈애로 인한 고통도 사라지지 않는다. 종교인들의 범죄가 일반인보다 낮은 것도 아니고 행복지수가 높은 것도 아니다. 내면의 변화가 없고 말만의 믿음이 삶을 지배하기 때문이다. 자기 자신과 우주신비 그리고 우주법칙을 모르면서 믿음만으로 편하게 살아간다는 것은 무지이고 자기기만이고 자기최면이다.

성경에 나오는 예수 말씀은 지극히 단편적이며, 대부분이 도덕적 지침이거나, 진실이 담겨있다고 하여도 비유로 진리가 설해져서 영적 지혜가 없다면 그 깊은 의미를 알 수가 없다. 일반 대중은 눈이 있어도 보지 못하고 귀가 있어도 듣지 못하는 사람들이어서 주로 도덕적 덕목을 설하였고 진리는 상징적으로 설해졌을 뿐이다. 마태복음에는 예수가 두 가지 방법으로 진리를 전하는 내용이 나온다. 대중이 아닌 준비된 제자들에게 전해진 가르침에는 우주법칙의 작동원리가 담겨있다. 그 가르침은 영지주의로 알려지고 있다.

예수의 참 가르침을 알려면 우리에게는 두 가지 방법이 있다. 하나는 정경에 기록되지 않은 가르침을 찾아내는 것과 다른 하나는 비유로 설해진 성경 구절의 행간을 해석하는 일이다. 사실 예수는 우주 신비에 대한 모든 면(물질적, 정신적, 영적 측면)을 가르쳤다.

"이것(정경)이 유일한 경전이니 이것 외에는 다른 것은 믿지 말라." 라고 하늘에서 지침으로 내려온 것이 아니라, 예수 사후에 존재한 수많은 종파 중에서 정치적으로 승리한 로마 가톨릭의 주장에 어울리는 복음서가 정경으로 인정받은 것뿐이다. 기독교 공인과 니케아 회의(AD 325) 후에 콘스탄티누스 황제는 로마교회와 일치하지 않은 종파나 단체를 여러 가지 방법으로 없애려 하였다. 지금은 상상할 수 없겠지만 과거에는 통치자의 마음에 드는 것만이 살아남을 수 있었다. 그는 작품과 문서를 압수하였는데 그중에는 영지주의 작품이 많았다. 이런 연유로 소수의 영지주의 작품만 살아남았다.

영지주의 가르침도 여러 학파가 있어 세부적으로 들어가면 주장하는 것이 조금씩 다르지만 전체적으로 내세우는 주장은 비슷하다. 지금의 성경과는 많이 다르게 구원은 믿음이 아니라 영지(앎)를 통하여 가능하다는 주장에서부터 영혼의 윤회까지 주장하였다.

영지주의 가르침을 담고 있는 사본은 대부분 파괴되었고 소수만이 살아남아 전해지지만 이들 책만으로도 영지주의가 무엇인지 알 수가 있다. 이들 작품은 예수가 소수 제자들에게 비밀리에 전해준 내용으로 대중에게는 주어지지 않았다. 이들 가르침은 우리가 알고 있는 성경을 훨씬 뛰어 넘는 내용이다.

영지주의 이해 없이 신약성서를 바르게 해석할 수 없다. 특히 〈요한계시록〉과 〈요한복음〉은 영지주의 가르침을 통해야 비로소 바로 이해가 될 수 있다. 초기교부들은 영지 가르침은 대중에게 너무 복잡하다고 생각하였다. 정치적 집단인 로마교회는 깊은 신비를 이해할 지성이 없는 대중에게 쉽게 다가가야 했기에 그러했다.

오늘날도 종교 성직자들은 정신적 혹은 영적 노력을 하기 싫어하는 대중에게 동일한 방법을 쓴다. 예수의 참 가르침은 영지주의 복음서에서 찾을 수 있고 대표적인 것이 〈도마 복음서〉이다.

성경의 구절을 문자 그대로 읽고 예수의 가르침을 안다고 생각하는 사람들이 많다. 물질적 관점이 아니라 영적인 관점에서 예수의 가르침을 조사하고 이해하여야 하는데 그런 시도는 하지 않는다. 기독교인에게서 이런 말을 듣는다. “이것이 진리이다. 이것에 더 할 것은 없고 버릴 것도 없다."

참 종교는 박제된 것이 아니라 살아 움직인다. 모든 종교는 신의 의지/뜻에 대한 인간의 해석이며, 의식수준이나 시공간의 한계로 해석은 모든 것을 담을 수도 없고 완전한 것을 담을 수도 없다. 그러므로 완전한 종교, 완전한 경전은 있을 수 없다. 더구나 기독교 성경은 편찬과 필사 과정에서 여러 가지 이유로 내용이 추가되거나 제거되었고 내용이 변경되기도 하였다.

마태복음(13 10~11, 제자들이 예수께 가까이 와서 "저 사람들에게는 왜 비유로 말씀하십니까?" 하고 묻자 예수께서 이렇게 대답하셨다. "너희는 하늘나라의 신비를 알 수 있는 특권을 받았지만 다른 사람들은 받지 못하였다.)에서 보듯이 예수는 제자들에게는 대중에게 주지 않은 다른 차원의 가르침을 주었음을 알 수 있다. 대중에게 가르쳐 주지 않은 법칙이 있었고 영지주의 가르침은 그 일부분이다. 마태복음 10장 8절에 예수가 12제자를 파견하면서 이런 말을 한다.

"앓는 사람은 고쳐 주고 죽은 사람은 살려 주어라. 나병환자는 깨끗이 낫게 해 주고 마귀는 쫓아내어라. 너희가 거저 받았으니 거저 주어라."

이 구절에서 보면 제자들은 예수와 같은 치유능력을 지녔음을 알 수 있다. 그렇지 아니면 예수가 그런 말을 할 수가 없었을 것이다. 즉 성경에는 나오지 않지만 제자들에게 여러 치유법칙이나 우주법칙을 가르쳤음을 보여주는 증거이다. 물론 가르침을 받은 제자들이 이런 능력을 습득하였다는 뜻은 아니나 예수가 가르침을 주었다는 것은 확실하다. 이런 치유법칙이나 신비 가르침은 성경에 나오지 않는다.

열린 마음으로 종교와 경전을 봐야한다. 성경 자구에만 매여 소중한 것들을 놓치는 어리석음은 범하지 말아야 한다. 성경 구절에는 단순히 문자적 의미 외에도 깊은 뜻이 숨겨져 있는 경우가 많다. 그 뜻을 알아낸다면 비로소 우리는 예수의 참 가르침을 엿볼 수 있다. 우리가 알고 있는 예수 가르침은 빙산의 일각이다.

5 영지주의란 무엇인가?

영지주의 복음서들은 로마황제에 의하여 기독교가 공인되기 전까지는 지금 우리가 알고 있는 4대 복음서와 함께 예수의 가르침을 전하는 경전이었다. 기독교 교리의 중심이 되는 신약 복음서가 예수님 가르침의 전부라고 생각하거나 현재의 성경 가르침이 순수한 형태로 왜곡 없이 전해져 왔다고 믿는 것은 잘못이다. 현재의 성경에 실려 있는 여러 복음서를 정경으로 정한 것은 예수가 아니라 초기 교회 교부들이었다. 구전으로 전승되던 수많은 복음서 중에 어떤 복음서는 정경으로 채택되고 영지주의 같은 복음서는 이단으로 사라졌다. 왜 현재의 복음서만이 정통으로 인정되었느냐는 그 당시 시대적 배경을 살펴보아야 한다.

예수 사후에 예수 가르침을 두고 정통 그리스도교와 영지주의 간의 논쟁이 있었고 그리스도교 교부들은 영지주의를 이단으로 간주하고 박해하면서 자신들의 구미에 맞는 경전 목록을 만들기 시작하였다. 오랜 시간 많은 논쟁과 투쟁을 거쳐 나온 것이 정경이지 하늘에서 뚝 떨어진 것이 아니다. 정경은 종파와 시대에 따라 달랐으며 지금도 천주교와 기독교가 인정하는 정경의 숫자가 다르다.

2세기에 활발하였던 영지주의 활동은 정통 그리스도교 교부들의 박해 속에서 점차 세력이 약해졌으나 그래도 4세기까지는 어느 정도 존속하였다. 그러나 로마 황제가 정치적 도구로 가톨릭을 공인하고(313년) 나서 예수의 비밀 가르침인 영지는 거의 대중 앞에서 사라지기 시작하였다.

교회 교부나 로마 황제는 일반 대중의 통제를 위해서 대중의 이성을 자극하는 가르침 대신 감정적, 맹목적 신앙이 필요하였다. 그래서 그들의 정치적 목적이나 지배에 가장 적합한 내용을 지닌 복음서는 살리고 신비주의적이고 이성을 강조하는 복음서는 이단으로 파괴하였다. 결국 수많은 영지주의 복음서가 파괴되고 사라져갔다. 박해를 피하여 영지주의 단체는 비밀리에 활동하면서 자신들의 가르침을 보존하였다. 영지주의 복음서에는 윤회처럼 동양의 사상과 일치하는 내용이 많다. 맹목적인 신앙이 아니라 영지 즉 이성을 동반한 지식을 통한 신과의 합일을 주장했으니 세계의 대변자로서의 교부나 황제의 위치가 이런 가르침으로 도전받게 되니 없애 버린 것이다.

영지주의는 믿음이나 신앙심보다는 영지 즉 앎을 통하여 구원을 얻을 수 있다고 하였으며 구원은 무덤과 같은 육체에서 해방되어 자유로운 혼이 되어 신에게 돌아가는 것이었다. 하느님 나라로 돌아가는 방법으로 그들이 내세운 것이 맹목적인 믿음이 아닌 진리에 대한 이해와 탐구, 자아인식, 지배력 획득 등이었다.

영지주의는 감옥과도 같은 육체 속에 갇힌 신성 불꽃이 다른 육체로 다시 태어난다는 것을 가르쳤으며 그 당시 유대인들이 지니고 있던 신에 대한 태도를 열등하게 생각하고 반 유대적인 경향을 띠기도 하였다. 반면에 기독교는 유대인들의 신관을 승계하고 영지주의를 반대하였다.

영지주의는 단일한 사상 체계로 오해할 수 있는데 사실 영지주의는 많은 단체가 있었으며 그들이 주장하는 교리나 사상도 조금씩 달랐다. 영지주의 기원에 대해서는 예수의 비밀가르침이라는 주장 외에도 여러 학설이 있다.

고대 지혜 가르침에 따르면 예수는 카발라(유대신비사상)에 정통하였고 영지주의 사상은 카발라에서 근원하였다고 한다. 반면에 많은 학자들은 카발라가 영지주의 영향을 받아서 생겨났다는 주장을 한다. 그러나 비밀 전승에 의하면 카발라는 동서양 사상과 종교의 근원이며 예수의 영지 가르침은 카발라 사상을 반영한 것이라고 한다.

카발라에 대한 이해 없이 구약과 신약에 나오는 상징의 깊은 의미를 알 수 없고 완전한 해석도 불가능하다. 이것은 영지주의 복음서 해석에 있어서도 마찬가지이다. 영지주의와 카발라의 관계에 대해서는 〈영지주의 복음서와 카발라, 하모니 출판사〉를 참고 바란다.

6 카발라란 무엇인가?

"카발라"라는 단어를 처음 접하는 사람들도 많을 것이다. 그러나 성경의 숨겨진 상징을 해석하는데 카발라 가르침은 필수적이다. 유대 비밀 가르침인 카발라는 우주라는 거대한 그림 속에 인간이 어떤 위치에 있는지 우리가 정의 내릴 수 있도록 도와주는 위대한 지침서이다. 인간이 왜 존재하는지, 태어나서 살아가는 삶의 목적이 무엇인지, 인간은 어디에서 와서 어디로 가는지 카발라는 답을 보여준다. 카발라는 사변적 가르침만이 아니라 아주 실제적이고 실용적인 학문이기도 하다.

전설에 의하면 신이 천사에게 카발라를 가르쳤으며 아담이 에덴동산에서 추방되자 천사는 아담이 원래의 상태(신과 합일)로 돌아가게끔 카발라를 전수하였다고 한다. 고대 전승에 따르면 카발라는 아틀란티스 시대에 아틀란티스인들이 지녔던 과학, 문화, 종교 등 모든 지식의 통합적 체계였으며, 빛의 태양(하느님 나라에서 추락한 적이 없는 영혼을 지칭하여 부르는 말)이며 영원한 사제인 멜키지덱이 이 카발라를 아브라함에게 전해주었고 그 후 오랫동안 비밀리 전해져 내려왔다고 한다. 이것이 글로 기록된 것은 그리 오래되지 않는다.

카발라의 가르침을 전하는 대표적인 작품으로는 〈세페르 예치라, Sepher Yetzirah, 창조의 서〉가 있는데 이 책의 정확한 연대는 미상이나 3세기경에 기록되었을 것으로 여겨진다. 분량은 작으나 10개 세피로트와 히브리 22문자를 통한 우주창조 과정을 다루며 그 내용은 카발라의 핵심 이론을 형성한다. 이어서 12세기에 〈바히르,

Bahir〉가 나왔다. 이 책은 유대 신비주의와 유대교에 영향을 주었으며 이 책에는 확장된 세피로트 개념과 윤회 이론이 나온다.

13세기에는 〈조하르, Sepher Ha-Zohar, 빛의 서〉라는 카발라의 이론적 토대가 되는 방대한 서적이 스페인 거주 유대인 모세스 데 레온(Moses de Leon)에 의하여 저술되었다. 〈조하르〉의 원래 저자는 2세기경에 살았던 이스라엘 출신 랍비 시메온 요하이(Simeon ben Yohai)로 알려져 있다. 토라(모세 5경)의 해석, 창조의 신비, 세피로트의 기능을 다룬다. 이 책은 가장 권위 있는 카발라 책으로 인정받고 있으나 상징성과 모호성 때문에 이해하기가 쉽지 않다.

구전으로 비밀리 전해 내려오는 가르침과 앞에 언급한 책을 바탕으로 여러 카발라 학설이 나왔으며 카발라의 상징적 표현 때문에 카발라 학자들의 주석서가 많이 나왔다. 특히 16세기 카발라 학자인 이삭 루리아(Isaac Luria, 1533~1572)의 사상(침춤, 킬리포스, 티쿤 이론)은 근대 카발라에 심대한 영향을 주었다. 오늘날 카발라 학자마다 해석이나 주장하는 내용이 조금씩 다른데 이것은 카발라가 신학처럼 고정된 사유체계가 아니기 때문이다.

카발라는 한권의 책도 혹은 단순한 하나의 신비사상도 아니다. 오히려 이것은 신비사상에 대한 종합 체계라고 말할 수 있다. 이것은 유대교와 기독교 그리고 이슬람교 신비사상의 기초를 이루고 있다. 카발라는 높은 학식을 가진 사람에게도 어려운 학문인데, 왜냐하면 접근이 쉽지 않는 구전 가르침이라는 점 이외에도 카발라에 담긴 많은 상징 때문이다. 상징과 암호 속에 진실한 의미는 감추어져 있다.

카발라 학자들이 상징으로 되어있는 카발라 텍스트를 연구하여 주석을 달지만 카발라가 근본적으로 구전으로 전해 내려온 가르침이다 보니 구전으로 비밀리 전해지는 내용을 접하기까지는 카발라를 안다고 할 수 없다. 근대 최고 카발라 학자인 도리얼 박사는 카발라의 우주 창조론을 이렇게 설명한다.

> 시작도 없고 끝도 없고, 공간도 없고 존재도 없는 공(Void, 심연)에서 홀연히 빛이 나타났다. 이 빛은 심연을 밀어내며 한동안 계속 확장하였고 빛이 확장하는 가운데 조화로운 움직임과 무질서한 움직임이 나타났다. 확장을 끝낸 빛은 중심에 조화로운 빛, 바깥에 조화롭지 않은 빛으로 나뉘어져서 존재하였다. 조화로운 빛은 '우주 알', '모든 것의 근원', '횃불을 든 자', '호아'라고 불리어진다. 이것이 존재하는 모든 것의 첫 번째 원인이다.
>
> 이 첫 번째 원인인 조화로운 빛은 무질서한 빛을 자신처럼 조화롭게 변형시키기 위하여 첫 번째 빛을 방출하니 여기서 창조가 시작된다. 이 첫 번째 빛은 창조의 숨이며 근원자의 의지이며, 우주의 법칙으로 모든 것은 여기에서 시작되어 여기로 돌아간다.
>
> 첫 번째 빛은 무질서한 빛을 밀어내고 창조의 공간을 설정한다. 창조 공간이 생기고 첫 번째 빛에서 순차적으로 9개의 신성한 빛이 확장되어 나와 우주창조를 시작한다. 그러므로 우주는 상징적으로 10개의 빛으로 구성되었다고 할 수 있다. 신이 우주 공간에 수많은 행성을 만들고 우주 중심에 있는 영 태양의 문을 열자 신성한 에너지는 수많은 물질 태양을 통하여 우주로 흘러들어왔으며 행성들은 물질 태양 주변을 돌고 마침내 우주는 살아 숨쉬기 시작했다.
>
> 창조의 숨으로 식물과 동물이 탄생하고 모든 것이 뜻대로 작동되자 근원자(호아)의 확장인 우주의식은 자신을 무수히 많은

빛(인간 영혼)으로 나누어 행성에 나타나 부조화한 빛을 조화로운 빛으로 변화시키는 일을 시작하였다. 한동안 뜻대로 우주는 작동하였고 모든 것이 좋았다. 그러다가 자유의지를 가진 태초의 신성한 영혼들이 일에 대한 욕심으로 부정(무질서, 부조화한 빛) 속에 너무 깊게 몰입하다가 그만 예측 불가한 무질서한 빛 속에 갇히고 말았다. 상징적으로 에덴동산에 더 이상 머물 수 없는 일이 일어난 것이다.

이 일로 인간은 신성한 힘을 잃고 에덴동산에서 추락하게 되고 말았다. 추락 전에는 자웅동체 즉 남녀영혼이 하나로 존재하였으나 추락 후에는 영혼은 음과 양, 즉 남녀로 나뉘어져 각자의 길을 걸어가게 되었다. 소울 메이트(Soul mate)는 바로 잃어버린 우리의 반쪽이다.

이후 인간은 물질계에서 물질 육체를 입고 윤회를 통하여 다양한 삶을 살아가면서 영적 진화의 길을 걷고 있다. 이것은 원래의 자리인 신성을 회복하는 과정이다. 근원으로 돌아가는 길은 카발라의 생명나무에 있으며 이것은 신과 인간을 연결하는 사다리이다. 원래의 자리에 돌아갈 때 우리는 원래대로 하나의 영혼이 되고 신과 합일이 된다.

지구는 창조부터 마지막 시기까지 7개의 지구 사이클이 존재한다. 이 사이클은 큰 변화가 일어나는 주기를 말하며 지금은 마지막 7사이클에 있다. 여기에 마지막이란 말은 우리 사는 하늘과 땅(물질계)이 사라지고 준비된 혼(깨달은 혼들)은 상위의 계에 존재하게 되고 그렇지 못한 혼들은 빛도 없는 어둠 속에 남겨지는 것을 말한다. 이 어둠을 성경에서는 "바깥 어둠"으로 표현한다.

이것이 바로 성경이나 여러 종교에서 말하는 최후의 심판으로 알려진 날이다. 그러나 이 마지막은 끝이 아니라 전체와 하나가 된 깨달은 혼들은 일정 기간 후에 한 단계 높은 다른 우주 공간에서 새로운 창조를 시작한다.

카발라의 핵심은 생명나무이다. 구약 창세기에 나오는 생명나무는 상징으로 이것에는 깊은 뜻이 담겨있다. 이것은 우리 의식(意識)이나 심리, 행동, 각성을 위한 지도(地圖)나 안내서 역할을 한다. 무한자(호아)는 10개의 광(光, 세피로트)으로 구성된 생명나무를 통하여 저급하고 조잡한 물질계와 접촉한다. 즉 생명나무는 무한과 유한(물질 우주) 사이에 놓인 사다리인 셈이다. 이것은 무한 존재가 부정(부질서, 부조화)이 존재하는 물질계로 단계별로 하강(10단계)하는 길이며 10개 세피로트(빛)는 고압 전류를 낮추는 변압기에 비유될 수도 있다. 또한 상징적으로 10개의 세피로트를 10개의 하늘로 말하기도 한다. 카발라의 생명나무에 대해서 더 알고 싶으면 하모니 출판사에서 간행된 〈카발라의 신비열쇠〉를 참조하면 된다.

카발라는 우리가 가장 알고 싶어 하는 "신은 무엇인가?", "나는 누구인가?", "신과 나와의 관계는 무엇인가?", "나의 존재 의미는 무엇인가?"에 대하여 답변한다. 지금까지 어떤 철학이나 종교도 다루지 못한 영역으로 우리를 안내하는 신비가르침이다.

본서 2장에 나오는 4복음서의 영지주의 해석에서 보게 되겠지만 카발라 지식 없이는 성경 해석을 할 수가 없다.

7 원죄론

기독교는 모든 인간은 태어나면서부터 최초의 인간인 아담의 죄 때문에 죄를 지니게 된다고 주장한다. 아담의 죄가 후손들에게 유전되었다는 것이다. 이 원죄 교리의 근거는 창세기 2~3장에서 아담이 에덴동산에서 쫓겨난 구절이지만 죄가 유전적으로 모든 인류에 전해진다는 구체적인 언급이 구약성서에는 없다.

사실 원죄라는 개념은 성경에 나오기보다는 초대 교부들 시대부터 성경의 가르침을 중심으로 기독교 교리를 정리해 나가는 과정에서 생겨났다. 신학자들은 이 교리의 주된 성서적 근거로 사도 바울의 저작인 로마서 5장 12~19절에서 찾고 있고, 이것을 창세기 2~3장과 연결시켜서 이해한다. 그런데 예수는 원죄를 말하지 않았다.

원죄론을 처음 주장한 사람은 터툴리안이었고 원죄론을 적극적으로 받아들인 사람이 어거스틴이었다. 원죄론은 418년 카르타고 회의에서 그 교의가 확인되었고, 트리엔트공의회에서 재확인되었다.

원죄론의 근거가 된다는 사도 바울의 말이 하느님의 말씀이라도 되는지 기독교인들은 그 구절에 얽매여 자신을 죄인으로 받아들이고 거기서 그치는 것이 아니라 다른 사람들마저 자신과 같은 죄인 취급을 한다.

한편 원죄의 또 다른 구절로 인용되는 창세기 해석도 문제가 많다. 구약 특히 토라는 역사적 사실이 아니라 상징과 신화의 기록임은 성서 연구를 통하여 이미 잘 알려진 사실이다. 원죄론은 창세기에 나오는 아담의 타락을 문자 그대로 이해해서 생겨난 것으로 토라의 숨겨진 의미를 보여주는 카발라에 따르면 아담은 인류의 조상이 아니라 인간을 상징하는 대표 이름이었다.

상징으로 설명되는 에덴동산에서 아담의 추방은 모든 영혼에게 일어난 일이었고 아담은 바로 우리 자신이었다. 카발라 우주론을 보면 신은 수많은 불꽃으로 퍼져 나와 인간의 영혼이 되었다. 즉 처음부터 영혼의 숫자는 결정되어 있었으며 그 숫자는 변동이 없었다. 이 많은 영혼들이 일시에 특정 사건으로 인하여 추락한 것을 비유로 표현한 것이 아담 설화이다. 이 특정 사건을 비의 가르침에서는 이렇게 설명한다.

> "에덴동산의 생명나무는 신과 우리 영혼을 연결하는 생명선이었으며 선악과는 조화롭지 못한 빛이 들어오는 통로였다. 사람의 영혼이 이 부정의 문을 열다가 조화롭지 못한 빛에 휩싸여 버린 것이 아담의 추락이었다. 추락으로 신과 인간을 연결하는 생명나무가 제 기능을 하지 못하게 되자 영혼은 신성한 능력을 상실하게 되며 죽음을 맛보게 되었다. 원래의 상태를 찾기 위한 긴 여정이 윤회이다."

그러므로 원죄를 굳이 인정한다면 그것은 개인이 해결해야 할 업의 다른 이름이다. 신성한 영혼이 부정/어둠에 둘러싸여 자신의 신성을 바로 보지 못하는 것이 원죄이며 카르마이다. 이런 업을 극복하라고 성인들이 가르침을 주었고 그 덕분에 수많은 사람들이 하늘나라를 발견하였다. 영혼은 육체적인 유전과는 상관이 없는 불멸의 존재이며 윤회의 주체이기도 하다.

그런데 오늘날 기독교인들은 자신이 죄인임을 소리 높여 떠들며 사람들에게 불필요한 죄의식을 심고 있다. 생각하는 대로 된다는 말이 있듯이 스스로 자신을 죄인으로 부르고 신과 자신의 관계를 피조물 위치에 두니 그 폐해가 상당하다.

신과 자신의 관계를 어떻게 설정하느냐에 따라 세상의 주인이 되기도 하고 노예나 자유의지 없는 로봇이 되기도 한다. 의식에 어떤 한계를 두면 그것은 넘어서기 어려운 운명이 되기 때문이다. 아직 깨어나지 않은 상태이지만 인간은 신성을 지닌 위대한 신과 같은 존재이다.

원죄론은 정상적인 사유능력을 지닌 사람이라면 조금만 생각해도 받아들일 수 없는 참으로 기이한 논리이다. 앞에서 언급했지만 성경에는 이에 관한 직접적인 언급이 없고 관련되는 성경구절도 창세기는 상징이고, 〈로마서〉는 예수를 만난 적이 없는 바울이라는 사람이 예수에 대해 자신의 의식수준에서 이해한 것을 기록한 신앙고백의 글이다.

백번 양보하여 창세기 구절을 원죄의 근거로 인정한다고 하자. 그렇다면 아담의 타락에 신은 책임은 없는가? 신은 왜 죄를 지은 아담과 이브 대에서 끝내지 못하고 자손 대대로 그 죄를 이어받게 하였는가? 정의롭고 전지전능한 신이 그 정도의 일도 처리할 수 없단 말인가? 이에 대해 교회는 출생 시에 신에 의하여 창조된 영혼은 깨끗하나 육체에 아담의 원죄가 유전되어 전해진다는 핑계를 대는데, 신은 영혼보다 못한 육체의 죄도 없애지 못하는가? 그렇다면 참으로 무능력한 신이 아닌가?

예수 믿어야 비로소 원죄에서 구원 받는다면 예수 이전에 태어난 사람들이나 예수를 알지 못하는 수많은 사람들은 영원히 원죄에서 벗어나지 못한다는 이상한 논리가 성립된다.

임신할 때마다 영혼이 창조된다면 영혼이 육체에 들어가는 시기가 수태 시인지 출생 시인지 아니면 그 중간 어느 시점인지 명확한 기준이 있어야 할 것이다. 또한 누구는 부유한 집안에 태어나고, 누구는 미개인 집안에 태어나고, 누구는 건강한 육체로 태어나고, 누구는 신체 결함을 가지고 태어나고, 누구는 머리가 좋고, 누구는 머리가 나쁘고, 이런 조건은 출발부터 부당한 처사이다. 신은 어떤 기준으로 영혼을 육체에 배치하는지 그 기준을 알 수가 없다.

원죄라는 것은 초기 기독교가 신도들을 옭아매어 자신들의 종교 지배권을 강화하려고 고안해낸 이론이다. 죄가 없으면 사람들이 교회에 올 필요가 없게 되고 그러면 교회의 정치적, 사회적, 경제적 지배력은 사라진다. 그러니 없는 죄를 만들어서 사람들로 하여금 평생 죄의식을 느끼며 살아가게 만든다. 이렇게 되면 사람들은 교회에 나와 자신의 죄를 용서해 달라며 돈도 바치고 충성도 바치게 된다.

없는 죄를 만들어 사람이 이것에 구속되어 살아가게 만드는 것은 인류에 대한 죄악이다. 그런데 지금도 이 악행은 그치지 않고 있다. 우리의 마음의 짐을 덜어주려고 가르침을 펴신 예수가 알면 통곡을 할 노릇이다. 원죄는 없다. 우리가 의지할 권위는 맹목적 믿음이 아니라 이성과 식별력이다.

8 삼위일체

삼위일체는 성부(聖父), 성자(聖子), 성령(聖靈)의 세 위격이 하나의 실체인 하느님 안에 존재한다는 교의이다. 삼위일체란 단어는 성경에는 없으나 교회는 그것을 아버지와 아들과 성령이 하느님이신 진리를 가장 적절하게 표현하는 말로 받아들였다. 그러나 기독교와 구약을 공유하는 유대교에서는 삼위일체 교리는 논의의 대상이 아니다. 유대교인에게 하느님은 오직 한 분뿐이니 3위가 존재할 수가 없다. 크리스천 카발라 학자들은 카발라의 생명나무를 구성하는 10개의 빛에서 상위 3개의 빛(케테르, 호크마. 비나)을 삼위일체를 설명하기 위하여 사용하기도 하였다.

우리가 당연하게 받아들이는 삼위일체는 예수가 주장한 것이 아니라 제 1회 니케아회의(AD 325, 여기서는 예수와 하느님이 본질적으로 같다는 선언은 했지만 성령에 대해서는 언급이 없었다.)를 거쳐 콘스탄티노플 공의회(AD 381)에서 확정된 이론이다. 이 교리는 수세기에 걸쳐 많은 논쟁을 통해 점진적으로 발전되었다. 삼위일체를 통하여 가톨릭은 성부와 성자, 성령 관계를 정립하였다. 로마 가톨릭교회와 동방정교회는 성령을 성부와 성자를 잇는 끈으로 보고 성부와 성자는 성령을 통해서 완전히 합일한다고 보았다.

지금 삼위일체는 교회의 핵심 교리로 자리 잡고 있다. 정통교회에서는 삼위일체의 인정 여부를 이단의 기준으로 삼고 있는 실정이다. 그런데 교부들이 발전시킨 이 교리가 예수의 가르침과 일치하는 것일까? 교부들이 발전시킨 대부분의 교리는 예수의 가르침과 많이 다르다. 다만 삼위일체 가르침을 기독교적이 아니라 비의적으로 해석하면 어느 정도 진리를 담고 있다고 볼 수 있는데 이것은 우연의 산물이라고 할 수 있다.

흥미롭게도 영지주의 복음서인 〈도마복음서〉에 삼위일체를 추측하게 하는 구절이 있다. 이 구절의 해석을 통하여 삼위일체가 무엇이며 성령이 무엇인지 알아 볼 수 있다.

> 예수께서 말씀하시길, "신이 셋 있는 곳에 신들이 있도다. 둘 또는 하나의 신이 있는 곳에 나는 그것과 함께 하노라." Jesus said, "Where there are three gods, they are gods. Where there are two or one, I am with him."(도마복음 30절)

삼위일체(성부, 성자, 성신은 하나라는 이론)와 관련되는 구절이다. 성부는 모든 것이 나온 근원, 즉 신이고 성자는 신의 말씀을 전하는 예수, 그러나 성령은 정의하기에 좀 모호한 면이 있다. 이것을 어떻게 이해할 것인가는 흥미로운 주제이다.

그러면 이 성령은 무엇인가? 예수의 동정녀 탄생에서 보았듯이 성령에 대해서는 여러 의견이 있다. 성령은 성경에 여러 가지로 표현된다. 숨결, 불, 물처럼 비인격적으로 표현되는 경우와 마음이나 뜻, 감정을 지닌 존재로 표현되는 경우도 있다. 성령이 비유로 표현되었기 때문에 일어나는 문제이며 성경에서는 이런 표현법이 가능하다.

일반적으로 기독교에서는 성령을 진리의 신으로서 신자의 영적 생활의 근본이 되며, 교회를 세우고 다스리는 힘의 원천으로서 인격화된 초자연적 존재로 보며 성신(聖神)으로 부른다. 성령에 대한 주요 성경구절로는 요한복음 14:16~17과 요한복음 14:26 그리고 사도행전 1:5~8이 있다.

내가 아버지께 구하겠다. 그러면 아버지께서 다른 **협조자/보혜사**(comforter/Counselor/helper)를 너희에게 보내셔서, 영원히 너희와 함께 있게 하실 것이다. 그분은 **진리의 영**이시다. 세상은 그분을 보지도 못하고 알지도 못하므로, 그분을 맞아들일 수가 없다. 그러나 너희는 그분을 안다. 그것은 그분이 너희와 함께 계시고 또 너희 안에 계시기 때문이다.(요한복음 14:16~17)

그러나 협조자/보혜사, 곧 아버지께서 내 이름으로 보내실 성령께서, **너희에게 모든 것을 가르쳐 주시고**, 또 내가 너희에게 말한 모든 것을 생각나게 하실 것이다.(요한복음 14:26)

요한은 물로 세례를 베풀었지만 오래지 않아 **너희는 성령으로 세례를 받게 될 것이다.** 사도들은 다 같이 모인 자리에서 예수께 이렇게 물었다. “주님, 주님께서 이스라엘 왕국을 다시 세워 주실 때가 바로 지금입니까?” 예수께서는 이렇게 대답하셨다. “그 때와 시기는 아버지께서 당신의 권능으로 결정하셨으니 너희가 알 바 아니다. 그러나 **성령이 너희에게 오시면 너희는 힘을 받아** 예루살렘과 온 유다와 사마리아뿐만 아니라 땅 끝에 이르기까지 어디에서나 나의 증인이 될 것이다.”(사도행전 1:5~8)

요한복음 14절에 보면 성령이 진리의 영으로 정의된다. 성령을 신의 말씀인 진리(우주법칙)로 이해한다면 삼위일체는 쉽게 이해된다. 신(성부)과 신의 말씀(우주법칙, 진리, 성령), 이것을 전하는 신의 아들(통로, 성자)은 하나로 존재한다는 말이다. 사도행전의 성령 세례는 예수가 전하는 진리의 세례를 말한다.

그러므로 도마복음 첫 구절은 이 세 개의 존재를 말함이며 두 번째 구절은 성부(하느님)나 성령(진리)이 있는 곳에 성자(예수)가 있음을 말하고 있다. 신과 하나로 연결된 예수, 이 예수를 매개체로 신의 말씀(진리)이 내려오는 것이다. 그러므로 신이 있는 곳에 예수가 있고 진리가 있는 곳에 예수가 있다. 누구나 깨달으면 예수처럼 신의 통로(성자)가 될 수 있다.

앞에 언급한 성경 구절(요한복음, 사도행전)에 나오는 성령을 진리로 대체하면 그 의미가 쉽게 다가온다. 예수가 성령을 조력자나 위로하는 자(comforter/Counselor/helper)로 표현한 것은 진리가 우리가 깨닫도록 도와주기 때문이다.

예수는 하느님 말씀(우주 법칙, 진리, 성령)을 전하기 위하여 이 세상에 오신 것이다. 그러나 예수가 남긴 참 가르침은 복음서에는 거의 남아 있지 않고 세상에 드러나지 않은 비밀 단체를 통하여 내려왔다. 이들 가르침은 〈고대 비밀 가르침〉으로 알려져 있다. 다음은 성령 모독에 대한 흥미로운 성경 구절이다.

> 예수께서 말씀하시길, "아버지에 불경(不敬)을 저지르는 사람은 용서받을 것이며 그 아들에게 불경을 저지르는 사람도 용서받을 것이나 **성령에게 불경을 저지르는 사람은** 지상에서나 하늘에서 용서 받지 못할 것이다."(도마복음 44절)

> 나는 분명히 말한다. 사람들이 어떤 죄를 짓든 입으로 어떤 욕설을 하든 그것은 다 용서받을 수 있으나 **성령을 모독하는 사람은** 영원히 용서받지 못할 것이며 그 죄는 영원히 벗어날 길이 없을 것이다.(마가복음 3:28~29)

> 또 사람의 아들을 거역해서 말하는 사람은 용서받을 수 있어도

> **성령을 거역해서 말하는 사람은** 현세에서도 내세에서도 용서받지 못할 것이다.(마태복음 12:32)

이 구절을 보면 하느님이나 예수에게 불경(不敬)을 저지르는 것은 용서되나 성령에 저지르는 불경은 용서되지 않는다. 성령이 신으로부터 나온 것을 고려하면 이것은 받아들이기 어려운 내용이다. 예수가 하느님과 그 아들에게 불경을 저지르는 것은 용서된다고 하니 사람들이 알고 있는 상식을 깨는 말이 아닐 수 없다. 여기에 무슨 의미가 담겨있을까?

앞에서 삼위일체를 설명하면서 성령을 신의 말씀, 진리로 해석하였다. 즉 구원은 예수를 통해서가 아니라 예수가 전하는 말/진리를 통하여 가능하다. 비유를 든다면 대통령에 대한 불경은 용서되지만 대통령이 공고하여 시행중인 법에 위반하면 벌을 받는 것과 마찬가지이다. 하느님은 아들을 통하여 자신의 말을 전하였다. 신의 말씀은 우주 법칙이며 변할 수 없는 진리이기도 하다. 우주는 이 법칙에 의하여 질서정연하게 운행된다. 진리가 우리를 자유롭게 하듯 진리에 대한 불경은 우주법칙을 어긴 것이 되어 우리를 어둠 속에 가두어버린다.

불교 삼신불(법신, 보신, 화신) 사상은 기독교 3위 일체(성부 성신 성자)와 매우 유사한 개념이다. 우주의 근원(신, 공, 불성)으로 불리는 법신(法身)은 성부(聖父), 이 법신이 모습을 드러낸 보신(報身)은 성신(聖神), 이 법신과 보신을 근거로 구체적으로 모습을 나타낸 화신(化身)은 성자(聖子)로 대치해 볼 수도 있다.

신은 모든 곳에 편재하며 작은 풀잎 하나에도 스치는 바람에도 신의 말씀이 스며들어 있다. 그러므로 다른 종교 가르침에 존재하는 진리를 이유 없이 비하하는 사람은 진리에 대한 불경을 저지르는 셈이다. 슬픈 일이지만 종교 근본주의자 같은 무지한 사람들은 자신들이 무슨 죄를 저지르는지 모른다. 무지는 사람을 용감하게 만드나 그 죄는 피할 수 없다. 가장 큰 죄는 진리에 대한 불경(不敬)이기 때문이다.

유대신비 가르침인 카발라에서는 영계(케테르, 호크마 비나)를 아버지, 멘탈계(티페레트, 헤세드, 게부라)를 어머니, 아스트럴계(예소드, 네차흐, 호드)를 아들로 보고 이것을 삼위일체의 근원으로 본다. 즉 영계의 3개 세피로트, 멘탈계의 3개 세피로트, 아스트럴계의 3개의 세피로트가 각각 삼위일체를 구성하고 이것이 또한 전체로 즉 영계, 멘탈계, 아스트럴계가 삼위일체를 이룬다.

9 성육신, 예수는 하느님 아들인가?

성육신(成肉身)은 하느님이 인간의 구원을 위해서 사람으로 나타나신 것을 가리킨다. 하느님이 인간의 속성을 입고 하느님의 아들이요 삼위일체의 제2격인 예수 그리스도의 모습으로 인간이 되었다는 내용이다. 이 교리에 의하면 예수는 하느님이면서 인간이다. 신성과 인성이 따로 떨어져 단절된 채로 존재하는 것이 아니라 예수 안에서 결합되어 있다. 두 본성의 일치로 속성이 감소 또는 혼합된 것이 아니라 오히려 각자의 정체는 그대로 유지되었다고 주장한다.

성육신 신학의 발전은 예수의 신성과 인성의 관계에 관한 여러 가지 해석에 초대 교회가 대응하는 과정에서 이루어졌다. 니케아 공의회(AD 325)는 예수 신성을 부정한 아리우스파(알렉산드리아 사제, 예수가 실제로는 신이 아니라 피조물이라고 주장했다. 신성은 유일한 것이어서 나누거나 전가할 수 없으며 신성은 불변하기 때문에 복음서에 나타난 성장하고 변화하는 성자는 하느님일 수 없다고 했다. 하느님과 예수 그리스도는 유사 본질이며 예수는 창조된 피조물이라고 했다.)와 예수의 신성을 주장한 아타나시우스파의 논쟁에서 아타나시우스파(아리우스주의에 대항하여 예수는 완전한 하느님이시며 완전한 사람이라며 동일 본질을 주장하였다.)의 손을 들어 예수는 피조물이 아니라 창조주라고 결정했다. 니케아 회의는 예수 신성과 삼위일체 논쟁이 주된 안건이었다.

예수 본성에 대한 교리는 칼케돈 공의회(AD 451)에서 더욱 분명하게 정의되었다. 이 공의회에서 예수는 완전한 신임과 동시에 완전한 인간이며, 신성과 인성의 양 본성은 예수 그리스도의 인격 속에 그대로 보존되어 있다고 선언했다.

이 선언으로 예수의 인성을 강조하는 네스토리우스파(인간 예수에게 하느님이 임하여 하느님의 아들 그리스도가 되었다며 예수의 신성과 인성을 구분하였음.)는 이단으로 몰려 기존 교회에서 분리되었다. 그 후 칼케돈 공의회의 정의는 기독교 정통 교리가 되었다.

이처럼 지금 믿고 있는 교회 교리는 성경에 기록되어 있는 예수의 말씀이라기보다는 여러 종파 간의 논쟁을 통하여 형성된 정치적 결과물이었다. 사실 교리 발전에 크게 기여한 것은 영지주의였다. 당시 주도권을 쥐고 있었던 우리가 지금 정통이라고 부르는 초기교회 교부들은 영지주의 교리에 반박하고 맞서기 위하여 여러 신조를 만들고, 정경 목록을 확정하고, 주교의 권위를 강조하였다. 영지주의 사상체계는 초기 그리스도교의 사상이 체계화되도록 자극했다. 4세기에 지금의 기독교가 공인되고 영지주의는 이들로부터 엄청난 박해를 받아 사라진다. 그러나 삼위일체 교리 논쟁의 중심에 있는 아리우스는 영지주의자는 아니다.

니케아 공의회에서 예수의 신성과 삼위일체설이 부결되었다면 예수 신성과 삼위일체론은 존재하지 않고 예수는 인간으로 조명되었을 것이다. 다수결에 의해 예수는 신이 된 셈이다. 이것이 하느님의 뜻이었다고 말하는 사람도 있을 것이다. 그러나 예수가 인간이라고 해서 예수의 위대함이 사라지는 것은 아니다. 그러나 과정이 어떠하든 정말 중요한 것은 교회가 발전시킨 예수 신성론과 삼위일체론이 진리인지 아닌지의 여부일 것이다.

근본적 질문을 해보자. "예수가 신인가 인간인가?" "신이라면 인간과 어떻게 다른가?" 모호한 성경구절의 해석을 두고 초기교회부터 생겨난 예수 신성에 대한 논란은 답이 없다.

인간의 본질에 대하여 동양사상이나 예수의 비밀가르침인 영지주의 그리고 유대신비사상인 카발라 사상은 인간 영혼이 절대자의 피조물이 아니라 신의 발출 혹은 확장으로 본다. 구원은 근원에서 나온 인간 영혼이 원래의 자리로 돌아가는 것이 된다. 그래서 인간 모두를 신성한 존재로 본다. 그러니 예수만이 하느님 아들이라는 주장에 대하여 예수가 하느님 아들이듯 우리도 하느님 아들이라고 말할 수 있게 된다. 그러므로 이들 눈에는 예수 신성을 둘러싸고 일어난 치열했던 교회 논쟁은 참으로 무의미한 논쟁거리다.

누구에게나 신성은 있으나 그것이 잠자고 있다. 예수는 신성이 찬란하게 드러난 그리스도 의식을 지닌 분이었다. 그러므로 당연히 예수에게는 신성이 있었으며 신과 연결되어 신의 말씀 즉 진리를 전한 위대한 영혼이었다.

10 구원관

기독교에서는 예수님이 인간의 죄를 대신하여 십자가에서 피 흘리며 돌아가셨으므로 오직 예수만 믿고 그 가르침에 따라 살아가야 구원을 얻는다고 한다. 예수 죽음과 부활 그리고 구원의 주제는 교회를 있게 하는 핵심 교리이다. 이런 논리에 근거하여 다른 종교의 구원을 인정하지 않아서 많은 갈등을 낳고 있으며 자연스럽게 독단적인 모습을 띠게 된다. 그런데 예수는 한 번도 인간의 죄를 갚기 위해 자신이 죽어야 한다고 말한 적이 없다.

교회는 구원에 관련한 근거를 예수의 말이 아니라 주로 예수 제자들 글에서 찾고 있다. 그런데 예수 메시지를 정확하게 이해하지도 못한 의식수준이 낮았던 제자들의 말을 우리가 어디까지 신뢰하여야 할까?

기독교의 교리 상당 부분이 바울의 저서로 채워져 있다. 바울을 실제적인 기독교 창시자로 보는 학자도 있다. 예수 가르침이 바울의 사상으로 재구성되고 재포장되어 만들어졌다는 주장도 있다.

바울은 원래 그리스도인을 박해하는 정통유대인이었으나 다마스쿠스에 가던 중 신비 경험을 통하여 부활한 예수를 만나(바울의 주관적 체험임) 예수의 제자가 된다. 그러므로 바울은 직접 예수를 만난 적은 없다. 다른 복음서와 마찬가지로 바울 서신들도 바울이 자신의 관점에서 예수를 해석한 신앙고백의 글이다.

신약성서 27개의 문서 중에서 바울이름으로 된 서신은 13개에 달한다. 그러나 신학자들은 바울 서신에서 사용된 언어와 내용을 검토하고 나서 13개(로마서, 고린도전서, 고린도후서, 갈라디아서, 에베소서, 빌립보서, 골로새서, 데살로니가전서, 데살로니가후서, 디모데전서, 디모데후서, 디도서, 빌레몬서,) 전부를 바울이 썼다고 보지는 않는다.

바울 신학의 핵심은 그리스도 안에서 하느님이 사람을 심판하고 구원한다는 것이다. 그는 율법이 아닌 그리스도에 대한 믿음을 통해 하느님과의 관계가 회복된다고 했다. 그는 예수의 부활을 인류에 대한 하느님의 구원으로 인식했고 구원을 예수 그리스도 안에서 죄를 용서받는 것으로 이해했다. 이런 터무니없는 논리적 비약으로 생겨난 것이 지금의 기독교 교리이다.

철학 강의를 초등학생, 중학생, 고등학생, 대학생에게 들려주고 그들 머리로 이해한 것을 정리하라고 하면 여러 수준의 글들이 나올 것이다. 하물며 예수를 직접 만나지 못한 바울임을 고려하면 그가 얼마만큼 예수의 의도를 파악하고 가르침을 이해하였을지 의문이다.

신약성경에는 4복음서에 나오는 예수의 12제자 글이나 행적이 묘연하다. 정경에는 베드로를 제외하고 예수의 12제자들은 그다지 두각을 드러내지 않는다. 오히려 육체적 예수를 만난 적이 없는 바울이 주인공이다. 신약의 상당 부분을 차지하는 바울 서신들로 인해 최고의 사도는 바울처럼 비춰진다.

그런데 다른 사도들의 행적은 지금의 기독교가 배척한 교리를 담고 있는 외경에서 드러난다. 사실 AD 200까지 초대교회에서는 지금의 정경과 외경을 구별하지 않은 채 각 지역 교회의 판단에 따라 이들을 자유롭게 사용하였다. 그러다 내부 종파 다툼 때문에 교회에서는 공인된 경전 목록의 필요성을 느끼게 되어 정경 목록을 확정하는 작업에 들어간다. 기독교 정경 목록은 393년 카르타고 주교회의에서 결정되었다.

4세기 로마 콘스탄티누스 황제의 기독교 공인과 니케아 회의를 통하여 예수 교리가 하나로 일원화될 때까지 기독교는 수많은 종파로 나뉘어져 있었다. 지금 우리가 따르는 기독교는 여러 종파 중 살아남은 종파의 교리이고 패배한 종파 문서는 거의 파괴되었다. 외경 상당수가 영지주의 작품이었다. 교회에서는 구원을 말하면서 다음과 같은 성경 구절을 인용하기도 한다.

> 하느님께서는 믿는 사람이면 누구나 아무런 차별도 없이 당신과의 올바른 관계에 놓아 주십니다. 그것은 예수 그리스도를 믿음으로써 이루어지는 것입니다. 모든 사람이 죄를 지었기 때문에 하느님이 주셨던 본래의 영광스러운 모습을 잃어 버렸습니다. 하느님께서는 그리스도 예수를 통해서 모든 사람을 죄에서 풀어 주시고 당신과 올바른 관계를 가질 수 있는 은총을 거저 베풀어 주셨습니다. 그리스도를 믿는 사람에게는 죄를 용서해 주시려고 **하느님께서 그리스도를 제물로 내어 주셔서 피를 흘리게 하셨습니다.**(로마서3 22~25)

> 그리스도는 단 한 번 지성소에 들어가셔서 염소나 송아지의 피가 아닌 당신 자신의 피로써 우리에게 영원히 속죄 받을 길을 마련해 주셨습니다. 하물며 성령을 통하여 당신 자신을 하느님께 흠 없는 제물로 바치신 **그리스도의 피**는 우리의 양심을 깨끗하게 하는 데나 죽음의 행실을 버리게 하고 살아 계신 하느님을 섬기게 하는 데 얼마나 큰 힘이 되겠습니까? 그러므로 그리스도는 새로운 계약의 중재자이십니다. **그분은 사람들이 먼젓번 계약 아래서 저지른 죄를 용서받게 하시려고 죽으셨습니다.** 따라서 부르심을 받은 사람들이 하느님께서 약속해 주신 영원한 유산을 이어받게 되었습니다.(히브리서 9:12, 14, 15)

그러나 하느님께서 빛 가운데 계신 것처럼 우리도 빛 가운데서 살고 있으면 우리는 서로 친교를 나누게 되고 그분의 아들 **예수의 피**가 우리의 모든 죄를 깨끗이 씻어 줍니다.(요한1서 1:7)

그러니 형제 여러분, 여러분은 바로 **이분으로 말미암아 죄를 용서받을 수 있다는 복음**이 여러분에게 선포되고 있다는 것을 알아야 합니다. 그리고 모세의 율법으로는 여러분이 죄에서 풀려날 수 없지만 이 **예수를 믿는 사람은 누구나 모든 죄에서 풀려난다는 것**을 알아야 합니다.(사도행전 13:38~39)

이들 구절은 예수의 말이 아니라 제자들이 예수 행적에 대하여 자신들의 머리로 이해한 것을 기록한 글일 뿐이다. 이들 글에서 엄청난 논리적인 비약이 보인다. 그런데 이것이 수천 년 동안 기독교 신자들 의식을 지배한 원천이다.

실제로 4복음서에 기록된 예수의 가르침은 극히 적은 분량이고 게다가 일반 대중을 위한 수준 낮은 비유적 설명이다. 예수 비밀 가르침인 영지주의에서는 구원은 율법 엄수나 믿음이 아니라 영지/앎/진리를 통해서 이루어진다.

불교를 비롯한 주요한 동양종교와 기독교의 근본적 차이가 구원의 방식에 있다. 구원의 주체가 자기 자신인가 아니면 예수인가의 차이이다. 기독교 논리는 이성을 지닌 현대인에게는 신기하게 여겨지기도 한다. 구원은 자기 구원이다. 목마른 자를 물가로 안내할 수는 있지만 물은 대신 마셔줄 수는 없다. 목마른 자가 직접 마셔야 목마름이 해소된다. 맹목적 믿음이 아니라 의식의 변화로 구원을 받는다. 이것이 영지주의의 구원 방식이고 깨달음 종교의 구원방식이다.

11 사후관

종교마다 사후세계에 대한 이야기가 다르다. 성경에는 사후 인간이 가는 세계에 대한 언급이 모호한데 그러다 보니 천주교에서는 천국과 지옥 중간의 세계인 연옥이 생겨났고, 개신교에서는 편하게 불신지옥 예수천국을 외친다.

일반적으로 기독교인들은 죽으면 행실에 따라 바로 천국이나 지옥에 가는 것으로 알고 있다. 그래서 열심히 믿는 것인지도 모르겠다. 그러나 이것이 그렇게 간단한 문제는 아니다. 성경구절에는 낙원과 천국, 음부(陰府)와 지옥이 나온다. 이들 개념에 대하여 의견이 분분한데 낙원과 천국, 음부와 지옥을 같은 개념으로 보는 경우와 낙원과 음부를 천국과 지옥의 전단계로 보는 견해도 있다.

솔직히 성경은 교리를 체계적으로 담은 책이 아니라서 복음서에서 예수가 한 말이 전체를 아우르는 교리가 될 수 있는 것인지 아니면 특정한 상황에만 해당되는 내용인지 알 수가 없다. 상황에 따라 큰 의미 없이 비유적으로 한 말이 후대에 그릇되게 해석되어 교리의 핵심 이론이 되기도 한다. 문맥의 의미와 그 숨은 뜻을 찾지 못하고 단세포적으로 구절을 해석하니 통일되지 않은 이상한 사후관이 생겨난다.

하여간 성경의 여기저기 흩어진 예수 어록을 모으면 사람이 죽은 후에는 영혼과 육체가 분리된다. 이때 육체는 땅에 묻혀 썩게 되고, 신자(信者)의 영혼은 낙원에, 불신자의 영혼은 음부(그냥 무덤으로 해석하기도 함)로 간다. 낙원이나 음부는 최종 장소가 아니고 예수 재림 때까지 거주하는 임시 거처이다. 사실 예수의 이런 언급은 비유이고 상징인데 사람들은 그것을 문자 그대로 해석하고 있다.

하여간 성경에 따르면 예수가 재림할 때에 신자(信者)는 몸이 다시 살아나 예수와 같은 부활 형체로 변해 천국으로 가고, 불신자도 몸이 다시 살아나 영혼과 몸이 하나가 된 상태에서 최종 판결을 받게 된다. 이 말은 예수 재림, 즉 최후심판 때까지는 천국이니 지옥이니 하는 그런 심판은 없다는 것이다. 그러므로 성경에 따른다면 사람이 죽어서 바로 천국(하늘나라)이나 지옥에 가는 것은 아니다.

> "아버지께서는 또한 아들에게 심판하는 권한을 주셨다. 그는 사람의 아들이기 때문이다. 내 말에 놀라지 말라. 죽은 이들이 모두 그의 음성을 듣고 무덤에서 나올 때가 올 것이다. 그때가 오면 선한 일을 한 사람들은 부활하여 생명의 나라에 들어가고 악한 일을 한 사람들은 부활하여 단죄를 받게 될 것이다."(요한복음 5:27~29)

> "우리가 한 짓을 보아서 우리는 이런 벌을 받아 마땅하지만 저 분이야 무슨 잘못이 있단 말이냐?" 하고 꾸짖고는 "예수님, 예수님께서 왕이 되어 오실 때에 저를 꼭 기억하여 주십시오."하고 간청하였다. 예수께서는 "오늘 네가 정녕 나와 함께 낙원에 들어가게 될 것이다"하고 대답하셨다.(누가복음 23:41~43)

최후의 심판을 믿는 기독교인들은 최후심판 때가 되면 죽었던 모든 영혼들이 육체와 함께 부활하여 심판을 받아야한다고 설명하는데 그 사이에 죽은 영혼들은 어디로 갈까. 무덤 속에 있다면 참으로 헛되게 시간을 낭비하는 것이 아닌가. 차라리 그 시간에 영혼에게 반성이나 재도전의 기회를 주어야 하지 않을까?

윤회가 답인지도 모른다. 잘 찾아보면 성경에도 윤회를 인정하는 구절이 있고, 예수의 가르침을 따랐던 그러나 지금은 사라진 기독교 영지주의에서는 윤회를 인정하였음을 고려하면 윤회를 이교도의 사상이라고 무조건 배척할 것은 아니다. 윤회는 영혼이 성장하게끔 많은 기회를 부여하여 최종적으로 하늘나라에 이르게 한다.

천국과 지옥은 구원만큼이나 기독교인들이 관심을 가지는 주제이다. 사람들이 예수 믿고 주일 예배 열심히 참석하고, 십일조 빼먹지 않고, 열심히 봉사하는 이유는 천국에 가려는 목적이 크기 때문이다. 천국이 없다고 가정하면 교회에 다닐 사람이 얼마나 될지 궁금하다. 사람들은 성경의 가르침이 너무도 소중해서 삶의 지침으로 삼아야 한다는 생각보다는 혹시 모를 지옥의 불꽃을 피하기 위하여 그리고 사후에 천국에 가서 영생을 누리겠다는 마음이 더 크지 않을까 싶다.

천국이나 영생을 보장해 준다고 하면 사람들은 그것을 위하여 필요하다면 반사회적이고 폭력적인 행위도 할 것이란 생각을 해본다. 실제로 다른 종교를 믿는다는 이유로 잔인하게 사람을 집단학살한 사례는 비일비재하였다. 자신이 믿는 신의 환심을 사기 위한 행위였고 그들은 죄책감보다는 오히려 신의 말씀을 수행하였다는 자부심으로 차있었을 것이다.

그런데 재미있는 일은 예수가 천국이나 지옥에 대하여 언급하지 않았다는 것이다. 물론 성경에는 이와 관련되어 보일 수 있는 구절이 있으나 이것은 지옥이 실제로 있다는 것이 아니라 무지한 사람들에게 겁을 주어 가르침을 받아들이고 도덕적으로 살라는 경고의 의미를 지닌 비유나 상징이었다.

그런데 지옥이 없어 사악한 사람들이 벌을 받지 않는다면 열심히 착하게 살 필요가 있겠느냐고 생각할 수 있다. 그러나 원인과 결과의 법칙에 따라 징벌은 매순간 우리 삶속에서 일어나고 있다. 마음먹기에 따라 이 순간에 우리는 지옥에 있기도 하고 천국에 있기도 하다.

삶이 지옥이라는 것은 영지주의에서 육체를 영혼을 가두는 무덤이라고 한 것이나 불교에서 삶을 고통이라 한 것에서 알 수 있다. 천당이나 지옥은 기독교회가 성립된 이후 교리적 필요에 의해서 점차 강조된 내용일 뿐이다. 이것은 사람들에게 겁을 주어 바르게 살게끔 인간이 동물로도 윤회한다는 교리를 고안해낸 불교와도 일맥상통한다. 수준이 낮은 사람들은 성경을 문자적으로 받아들이고 지혜로운 사람은 문자 뒤에 숨겨진 의미를 찾아내어 이해한다.

예수는 죽은 후에 가는 천국이나 지옥 대신 살아서 가는 "하느님의 나라"를 가르쳤다. 하느님의 나라는 마음이 욕망에서 정화되어 신성이 찬란히 빛나는 의식 상태를 가리킨다. 하늘나라(천국)는 장소가 아니라 마음의 상태이고 지옥도 실제로 있는 것이 아니라 사람들에게 겁을 주어 바른 행동을 하라는 의미였다. 교부들은 문자 그대로 이해하여 복잡하고 괴상한 사후 세계관을 만들어내었다. 〈누가복음〉과 〈도마복음〉에는 하늘나라에 대한 설명이 잘 나와 있다.

> 하느님 나라가 언제 오겠느냐는 바리새인들의 질문을 받고 예수는 이렇게 대답하였다. "하느님 나라가 오는 것을 눈으로 볼 수는 없소. 또 '보아라, 여기 있다.' 혹은 '저기 있다.'고 말할 수도 없소. **하느님 나라는 바로 그대들 가운데** 있소."
> (누가복음 17:20~21)

제자들이 예수께 묻기를, “언제 하느님의 왕국이 오겠습니까?” (예수께서 말씀하셨다) “그것은 너희가 기다린다고 오지 않을 것이다. ‘보라, 여기에 하늘나라가 있다’ 혹은 ‘보라, 저기에 하늘나라가 있다’ 고 말할 수 있는 것이 아니니라. 오히려 아버지 왕국은 이 땅위에 펼쳐져 있으나 사람이 보지 않을 뿐이니라.”
(도마복음 113절)

예수께서 말씀하시길. “만약 너희 인도자들이 너희에게, '보라 천국이 하늘에 있노라'고 말한다면 공중의 새들이 너희를 앞설 것이요, 만일 그들이 '천국이 바다에 있노라'고 한다면 물고기들이 너희를 앞설 것이니라. 오히려 천국은 너희 안에도 있으며 너희 바깥에도 있느니라.”(도마복음 3절)

예수께서 젖먹이 아기들을 보고는 제자들에게 “이 아이들은 천국에 들어가는 자들과 같도다.”라고 말씀하셨다. 그러자 제자들이 ”그러면 우리도 어린아이처럼 하늘나라에 들어가겠나이까?” 라고 물었다. 예수께서 제자들에게 말씀하시길, “너희가 둘을 하나로, 안을 바깥처럼, 바깥을 안처럼, 위를 아래처럼 만들 때, 남자와 여자를 하나로 만들어 남자는 남자가 아니고 여자는 여자가 아닌 것으로 만들 때, 눈이 있는 자리에 눈들을, 손이 있는 자리에 손을, 발이 있는 자리에 발을, 닮은 것이 있는 자리에 닮은 것을 만들 때, 그대들은 천국에 들어가리라.”(도마복음 22절)

제자들이 예수에게 말하길, “죽은 자의 휴식은 언제 오며 언제 새로운 세계가 오나이까? 예수께서 제자들에게 말하길, “그대들이 기대하고 있는 것은 이미 왔으나 그대들이 단지 알아보지 못

할 뿐이니라."(도마복음 51절)

성경에서 말하는 '지옥(게헨나)'은 '힌놈의 골짜기'라는 뜻의 히브리어 게힌놈(Ge Hinnom)에서 유래한다. 원래는 암몬족의 신 몰록에게 어린아이들을 희생 제물로 불태워서 바치던 예루살렘 남서쪽 계곡을 가리키는 말이었다. 이 단어는 4복음서에 11회 나오며 놀랍게도 지옥으로 번역되었다.

성경에는 '게헨나' 외에도 '하데스'가 지옥으로 사용된다. 이 단어는 구약성경의 '스올'에 해당하는 말이다. 이것은 신약성경에서 '지옥'이라고 번역되었는데 죽으면 가게 되는 '무덤'이나 '죽음'을 뜻하는 것으로 이해되고 있다. 하데스가 〈공동번역〉과 〈표준번역〉에서는 지옥으로 〈개역개정〉과 〈개역한글〉에서는 음부로 번역되었다. '하데스'를 '지옥'으로 번역하는 것은 상당히 문제가 많다.

성경의 지옥은 죽어서 가는 장소가 아니라 어둠과 부조화의 상징으로 이해하여야 한다. 그리스도 명상공동체의 로렌스 신부는 지옥은 어느 특정한 공간에 있는 것이 아니라 하느님에게서 떨어져나가는 경험이며 우리가 하느님으로부터 떨어져 있다고 생각하면 우리는 바로 지옥에 있다고 말하였다. 지옥은 빛을 따르지 않는 사람들이 세상의 어둠과 부조화 속에서 겪게 되는 육체적, 정신적 고통을 말한다.

2장

4복음서의 영지주의적 해석

예수의 탄생과 사역 준비 기간

요한복음 1:1~5절

태초에 이성이 있었다.

태초에 말씀이 있었다. 말씀은 하느님과 함께 하였고 하느님이었다. 말씀은 태초에 하느님과 함께 하였다. 모든 것은 말씀을 통하여 생겨났고 이 말씀 없이 생겨난 것은 하나도 없다. 그 안에 생명이 있었고 그 생명은 모든 사람의 빛이었다. 그 빛이 어둠 속에서 비치니 어둠이 빛을 이기지 못하였다.

해석 신약성경은 그리스어(헬라어)로 기록이 되었는데 "말씀"에 해당하는 그리스어가 로고스이다. 요한복음에서 로고스는 말씀으로 사용되나 그리스어인 로고스에는 말씀 외에도 "이성(reason)"이라는 뜻이 있다. 그리스 철학에서 로고스는 우주에 내재하면서 우주를 다스리는 절대자의 이성으로 이해되었다.

그러므로 위의 구절을 "말씀" 대신에 "이성"으로 대치하여 읽을 수도 있다. 즉 "태초에 이성이 있었고 이성은 하느님과 함께 있었다. 이성은 하느님이었다. 모든 것은 이성으로 말미암아 생겨났고 이성 없이 생겨난 것은 하나도 없다."

이처럼 이성은 신에 내재하는 신과 분리할 수 없는 속성이다. 모든 것은 이성으로 창조되고 인간을 살아있게 만드는 법칙도 이성으로 창조된다. 인간을 통하여 표현되는 이성은 인간을 신성한 존재로 만드는 빛이다. 참된 빛은 인간의 신성한 속성인 이성이다. 이성

없이 질서정연한 창조가 불가능하다.

우리에게 이성이 존재하기에 신을 이해하고 신과 하나가 될 수 있다. 요한복음 14장 20절은 모두가 하나임을 보여준다(그날이 오면 너희는 내가 아버지 안에 있다는 것과 너희가 내 안에 있고 내가 너희 안에 있다는 것을 깨닫게 될 것이다).

이처럼 이성은 우리에게 내재하는 신적 속성이며 예수는 이성의 완전한 예였다. 그의 삶은 이성으로 작동되었고 일반인이 종속되어 있는 감정에 의하여 흔들리지 않았다. 성경을 보면 예수가 이성적으로 그리고 논리적으로 대화를 이끌어 나가는 것을 본다.

그러나 교회는 맹목적인 믿음을 강요하거나 감성을 자극하면서 이성적인 사고는 무시한다. 이것은 사람들 내면의 영적 빛을 차단하는 행위이며 신의 뜻을 어기는 행위이다. 종교생활이든 사회생활이든 모든 행위에는 이성이 바탕이 되어야 한다. 이성 없는 믿음은 맹신이다.

유대신비가르침인 카발라에서 보면 모든 것은 신의 숨으로 창조되고 이 창조의 숨은 신의 의지, 신의 말씀, 우주법칙, 진리의 영으로 표현되기도 한다. 그래서 신의 말씀은 창조의 근원이고 우주 법칙이고 진리이며 이것에 따라 만물이 움직인다.

요한복음에서 로고스 즉 말씀/이성을 예수와 동일시하는 것은 예수가 근원 즉 하느님과 합일 상태에 있었기 때문이다.

요한복음은 영지주의 색채가 강한 복음서로 공관복음서에서 잘 드러나지 않았던 예수의 영지 가르침이 어느 정도 드러난다. 대표적 영지주의 복음서 중 하나인 "진리복음서"에 말씀과 관련된 구절이 나오는데 요한복음과 마찬가지로 첫 구절에 나온다.

진리의 아버지가 **말씀(Logos)의 권능**을 통하여 그분을 알도록 사람들에게 선물을 주었고 이것을 받은 사람들에게 있어서 진리의 복음은 기쁨 그 자체이다. **그분은 아버지의 생각과 마음 안에 있는 플레로마(충만)에서 나왔고, '구원자'로 일컬어지는데** 이는 그가 아버지를 몰랐던 사람들을 구원하기 위하여 해야 하는 사역의 이름이기 때문이다. 이 복음의 이름은 희망의 계시인데 이는 그분을 찾는 사람들이 **발견해야 하는 것**이기 때문이다. 만물은 자신이 근원한 그분을 찾으려고 힘썼다. (이전에) 만물은 모든 생각을 넘어 계신, 한계가 없고 도저히 생각할 수도 없는 그분 안에 있었다.(진리복음서 1절)

진리 복음서의 첫 구절은 예수가 하느님에게서 나온 이유가 인류를 구하기 위함임을 밝히고 있다. 하느님이 말씀의 권능을 통하여 선물한 복음은 사람들에게는 기쁨이고 희망인데 이는 사람들이 하느님에게 돌아가기 위하여 알아야 하는 내용이기 때문이다. 첫 구절부터 이 복음서는 구원은 신에 대한 믿음이 아니라 예수가 전하는 영지가르침을 분명히 한다.

"만물은 자신이 근원한 그분을 찾으려고 힘썼다."에서 만물은 인간의 영혼을 의미하여 인간 모두는 모든 것을 넘어선 근원적 존재로부터 발출되어 나왔다.

요한복음 1:6~18절

말씀으로 오신 예수와 사람들의 무지

하느님께서 보내신 사람이 있었는데 그의 이름은 요한이었다. 그는 그 빛을 증언하러 왔다. 모든 사람이 자기 증언을 듣고 믿게 하려는 것이었다. 그는 빛이 아니라 다만 그 빛을 증언하러 왔을 따름이다. 말씀이 곧 참 빛이었다. 그 빛이 이 세상에 와서 모든 사람을 비추었다. 말씀이 세상에 계셨고 세상이 이 말씀을 통하여 생겨났는데도 세상은 그분을 알아보지 못하였다.

말씀이 자기 나라에 오셨지만 백성들은 그분을 맞아주지 않았다. 그러나 그분을 맞아들이고 그분의 이름을 믿는 사람들에게는 하느님의 자녀가 되는 특권을 주셨다. 그들은 혈육으로나 육정으로나 사람의 욕망으로 난 것이 아니라 하느님에게서 난 것이다.

말씀이 사람이 되어서 우리와 함께 계셨는데 우리는 그분의 영광을 보았다. 그것은 은혜와 진리가 충만한 아버지의 독생자의 영광이었다.

요한은 그분을 증언하여 "그분은 내 뒤에 오시지만 사실은 내가 나기 전부터 계셨기 때문에, 나보다 앞서신 분이라고 말한 것은 바로 이분을 두고 한 말이다." 라고 외쳤다. 우리는 모두 그분에게서 넘치는 은총을 받고 또 받았다. 율법은 모세에게서 받았고, 은혜와 진리는 예수 그리스도로 말미암아 생겨났다. 지금까지 아무도 하느님을 본 사람이 없었다. 그러나 아버지 품에 계시는 독생자께서 하느님을 알려주셨다.

해석 하느님의 말씀을 전하는 예수가 그 말씀/진리와 함께 세상에 왔고 세례요한은 예수를 증언하는 선지자였다. 4복음서에서 예수를 빼면 가장 중요한 인물이 세례요한이다. 그는 예수가 오기 전에 그 길을 닦는 역할이 주어진 선지자였다. 그는 사람들에게 세례를 베풀면서 그들이 예수를 받아들이도록 전도하였다. 예수의 12제자 상당수가 요한의 제자였거나 그의 가르침을 받은 사람들이었다. 요한은 자신의 역할을 완수하고 죽음을 맞이하였고 덕분에 예수는 좀 더 수월하게 복음을 전할 수 있었다. 영지주의 복음서에 예수가 세상에 나타났을 때 예수가 사람들에게 가졌던 흥미로운 생각이 담겨있다.

> 예수께서 말씀하시길, "나는 세상 한가운데 와서 육체로 사람들에게 나타났노라. 나는 사람들 모두가 취했음을 알았고 그들 어느 누구도 목말라 하지 않았노라. 내 영혼은 사람들의 아들들 때문에 마음 아팠노라. 그들은 마음의 눈이 멀어 앞을 보지 못하고 빈손으로 세상에 와서 빈손으로 세상을 떠나려 하기에 그랬노라. 그러나 지금 당장은 취해있겠으나 그들이 자신들의 포도주를 던져버릴 때 비로소 그들은 회개할 것이니라."(도마복음 28절)

예수는 육체로 윤회할 필요가 없는 위대한 영혼이었다. 그러나 복음을 전하고자 예수는 자유로운 영혼에게는 무덤에 해당하는 육체를 입고 다시 사람들 사이에 나타났음을 도마복음(28절) 첫 문장에서 밝힌다. 그러나 사람들은 물질 욕망에 빠져 누구도 진리를 갈구하지 않았다. 예수는 물질 욕망에 눈이 멀어 미래에 어떤 일이 벌어질 줄 모르는 불쌍한 영혼들을 보고는 마음이 아팠다.

깨닫지 못하여 그 빈곤함을 채우고자(영적 성장) 이 세상에 보내졌으나(윤회), 물질 욕망에 사로잡혀 진리와 지혜를 얻지 못하고 이 세상을 하직하려 하는 사람들을 보니 예수의 마음이 답답하고 아픈 것이다. 마지막 문장은 사람들이 물질에 취해 있으나 진리를 배워 이 물질 욕망을 던져버릴 때 비로소 자신들이 잘못 살아왔음을 알고 회개할 것이라는 뜻이다.

마태복음 1:18~25, 2:1절(누가 1:26~38, 2:1~7)

예수 탄생과 성령의 숨겨진 의미

예수 그리스도가 태어난 경위는 이러하다. 예수의 어머니 마리아는 요셉과 약혼을 하고 같이 살기 전에 잉태한 것이 드러났다. 그 잉태는 **성령으로 말미암은** 것이었다. 마리아의 남편 요셉은 법대로 사는 사람이었고 또 마리아의 일을 세상에 드러낼 생각도 없었으므로 남모르게 파혼하기로 마음먹었다. 요셉이 이런 생각을 하고 있을 무렵에 주의 천사가 꿈에 나타나서 "다윗의 자손 요셉아, 두려워하지 말고 마리아를 아내로 맞아들여라. 그의 태중에 있는 아기는 성령으로 말미암은 것이다. 마리아가 아들을 낳을 터이니 그 이름을 예수라 하여라. 예수는 자기 백성을 죄에서 구원할 것이다." 하고 일러주었다.

이 모든 일로써 주께서 예언자를 시켜, "동정녀가 잉태하여 아들을 낳으리니 그 이름을 임마누엘이라 하리라." 하신 말씀이 그대로 이루어졌다. 임마누엘은 '하느님께서 우리와 함께 계시다.'는 뜻이다. 잠에서 깨어난 요셉은 주의 천사가 일러준 대로 마리아를 아내로 맞아들였다. 그러나 아들을 낳을 때까지 동침하지 않고 지내다가 마리아가 아들을 낳자 그 아기를 예수라고 불렀다.(마태

1:18~25). 헤롯 왕 때에 예수께서 유대 베들레헴에서 나셨다.(마태 2:1)

그 무렵에 로마 황제 아우구스토가 온 천하에 호구 조사령을 내렸다. 이 첫 번째 호구 조사를 하던 때 **시리아에는 구레뇨**라는 사람이 총독으로 있었다. 그래서 사람들은 등록을 하러 저마다 본고장을 찾아 길을 떠나게 되었다. 요셉도 갈릴리 지방의 나사렛 동네를 떠나 유다 지방에 있는 베들레헴이라는 곳으로 갔다. 베들레헴은 다윗 왕이 난 고을이며 요셉은 다윗의 후손이었기 때문이다. 요셉은 자기와 약혼한 마리아와 함께 등록하러 갔는데 그때 마리아는 임신 중이었다. 그들이 베들레헴에 가 머물러 있는 동안 마리아는 달이 차서 드디어 첫아들을 낳았다. 여관에는 그들이 머무를 방이 없었기 때문에 아기는 포대기에 싸서 말구유에 눕혔다.(누가 2:1~7)

해석 마태와 누가는 예수의 메시아 자격을 증명하기 위하여 다윗을 포함하는 찬란한 가계도(마태 1:1~17, 누가 3:23~38)를 만들었고 예수의 신성함을 드러내기 위하여 성령에 의한 예수 탄생을 고안하였다. 두 저자는 예수 탄생을 설명하면서, 구약(미가 5:2, 사무엘하 7:14~16)에 의거 예수가 메시아임을 증명하려고 다윗 혈통과 베들레헴의 출생을 무리하게 언급하고 있다. 고대 이스라엘 전설에 따르면 하느님은 다윗 왕에게 그의 후손이 항상 이스라엘을 옥좌에 앉게 될 거라고 약속했다(사무엘하 7:14~16). 반면에 마가복음과 요한복음에는 이에 대한 언급이 없다.

호구 조사 때문에 요셉이 1천 년 전에 살았던 조상인 다윗의 고향으로 돌아간다는 것은 상식적으로 말이 되지 않는다. 헤롯왕의 시대에 예수가 탄생했다는 마태의 주장과 구레뇨가 시리아 총독일 때 예수가 태어났다는 누가의 주장은 서로 다르다. 역사가 요세푸스의 자료를 비롯한 많은 역사적 자료에 따르면 구레뇨는 서기 6년경에 총독이 되었고 이 시기는 헤롯이 죽은 지 10년이 지난 때였다.

성령으로 임신한 마리아와 예수 탄생은 상징적인 글이어서 문자 그대로 해석하면 안 된다. 그런데 가톨릭에서는 마리아는 예수를 낳은 어머니지만 평생 처녀의 몸이었다고 주장한다. 예수를 낳기 전에도 처녀였고 예수를 낳은 다음에도 처녀의 몸이었다는 것이다. 상당수의 기독교인들은 예수의 동정녀 출생을 믿고 있다. 예수가 정말 동정녀에서 태어났는가와 마리아가 평생 처녀의 몸이었는지가 왜 그렇게 중요한 주제가 되어야 하는지 생각해 볼 문제이다.

예수가 직접 "내가 동정녀에서 태어났다."고 말을 한 적이 없다. 예수 탄생 설화는 제3자인 마태와 누가가 예수를 위대하게 보이기 위하여 꾸민 극적인 장치로 볼 수 있다. 우리에게 중요한 것은 예수가 전하는 메시지이지 이를 위한 장치는 아니다.

마태복음(1:23~25)에 언급된 예수의 탄생을 예시하는 이사야 구절(7:1, 그러므로 주께서 친히 징조를 너희에게 주실 것이라 보라 처녀가 잉태하여 아들을 낳을 것이요 그 이름을 임마누엘이라 하리라.)은 성서학자들에 의하여 예수와는 전혀 상관없는 구절로 증명되었다. 마태가 동시대 유대인들의 권위와 동정을 얻으려고 이 구절을 예수와 연계시켰을 뿐이다.

예수가 신의 은총으로 아버지 없이 동정녀에게서 출생하였다는 내용은 붓다의 탄생 신화(붓다가 탄생하자 많은 신들이 하늘에서 내려와 그 손으로 태자를 받들었다고 하고 하늘에서 두 줄기의 온수(溫水)가 쏟아져 태자의 몸을 씻어드렸고 붓다가 일곱 걸음을 내디디고서 천상천하유아독존이라고 외친 것)와 같은 맥락으로 이해하는 것이 올바른 태도이다. 마리아가 평생 동정녀였다는 주장은 복음서에서 거짓으로 드러난다.

“저 사람은 그 목수의 아들이 아닌가? 어머니는 마리아요, 그 형제들은 야고보, 요셉, 시몬, 유다가 아닌가? 그리고 그의 누이들은 모두 우리 동네 사람들이 아닌가? 그런데 저런 모든 지혜와 능력이 어디서 생겼을까?”(마태 13:55~56)

그때 예수의 어머니와 형제들이 밖에 와 서서 예수를 불러 달라고 사람을 들여보냈다.(마가 3:31~35)

즉 마리아는 여러 자녀를 낳았다. 마리아의 평생 동정을 주장하는 사람들은 이 구절에 나오는 형제들은 마리아가 낳은 것이 아니라 예수 사촌 형제라는 주장을 하기도 한다.

동정녀로 태어났으면 예수의 족보는 필요가 없는데 마태와 누가는 장황하게 예수의 족보를 언급하고 있다. 그런데 두 복음서를 살펴보면 두 사람이 진술하는 예수 족보가 일치하지 않는다. 신의 아들로 동정녀에게서 태어난 예수에게 왜 이런 불필요한 족보를 부여하였을까? 그것은 앞에서 언급하였듯이 유대인의 메시아 신앙과 연관된다. 유대인들은 다윗 가계에서 메시아가 태어나 자신들을 구원해 주리라는 믿음이 있었고 그래서 동정녀 출생과는 별도로 예수는 다윗의 가계와 연결이 되어야 했다. 영지주의 복음서에 이런 구절이 있다.

어떤 이들은 “마리아가 성령으로 임신했다.”고 말했다. 그들은 잘못 알고 있다. 그들은 자신들이 무슨 말을 하는지 알지 못한다.(빌립 복음서 16절)

예수의 동정녀 출생은 예수를 돋보이게 하기 위한 복음서 저자들의 장치였지만 동시에 그것에는 깊은 상징이 숨겨져 있다. 예수가 성령으로 잉태하였다고 하는데 이 성령이 무엇인지 아는 것이 중요하다. 성령은 성경에 여러 가지로 표현된다. 숨결, 불, 물처럼 비인격적으로 표현되는 경우와 마음이나 뜻, 감정을 지닌 존재로 표현되는 경우도 있다. 그런데 의인화가 성령이 인격체임을 증명하는 것은 아니다. 성경에서 인격체가 아닌 어떤 것을 인격화하거나 의인화하는 것은 특이한 일이 아니기 때문이다. 성령이 비유로 표현되었기 때문에 일어나는 문제이다. 성령에 대한 주요 성경구절에 보면

> "내가 아버지께 구하겠다. 그리하면 아버지께서 다른 보혜사를 너희에게 보내셔서, 영원히 너희와 함께 계시게 하실 것이다. 그는 **진리의 영**이시다. 세상은 그를 보지도 못하고 알지도 못하므로, 그를 맞아들일 수가 없다. 그러나 너희는 그를 안다. 그것은, 그가 너희와 함께 계시고, 또 너희 안에 계실 것이기 때문이다."(요한복음 14:16~18)

> "보혜사 곧 아버지께서 내 이름으로 보내실 **성령** 그가 너희에게 모든 것을 가르치시고 내가 너희에게 말한 모든 것을 생각나게 하시리라."(요한복음 14:26)

> "아직도 나는 할 말이 많지만 지금은 너희가 그 말을 알아들을 수 없을 것이다. 그러나 **진리의 성령**이 오시면 너희를 이끌어 진리를 온전히 깨닫게 하여주실 것이다. 그분은 자기 생각대로 말씀하시지 않고 들은 대로 일러주실 것이며 앞으로 다가올 일들도 알려주실 것이다. 또 그분은 나에게서 들은 것을 너희에게

전하여 나를 영광스럽게 하실 것이다."(요한복음 16:12~14)

이처럼 요한복음은 성령을 진리의 영으로 정의한다. 신의 말씀은 진리이고, 예수는 신과 하나였기에 성령 즉 진리 그 자체였다. 그래서 예수는 성령으로 태어났다고 말할 수 있는 것이다. 예수는 하느님 말씀(우주 법칙, 진리의 영)을 전하기 위하여 이 세상에 왔다. 그러나 안타깝게도 예수가 남긴 참 가르침은 일반 복음서에는 거의 남아 있지 않다. 더군다나 그것도 엉뚱하게 해석되어 바울신학 같은 기상천외한 교리의 소재가 되었다.

예수 탄생 후에 일어난 동방박사 방문, 헤롯왕의 탄압, 이집트 피난과 나사렛 거주(마태 2장), 목자에게 나타난 천사, 예수 할례, 성전에 봉헌, 나사렛 귀환(마가 2:8~40)은 두 복음서 내용이 서로 모순됨을 보여준다.

예수 그리스도 탄생의 참 의미는 무엇일까? 전해지는 고대지혜의 가르침에 따르면 예수는 자신이 전하는 진리로 누구나가 내면의 참자아를 밝혀서 그리스도(깨달은 자, 기름 부음을 받은 자)가 되도록, 자발적으로 육체를 입고 이 세상에 태어났다. 우리가 내면의 신성 빛을 밝힐 때 우리도 그리스도가 된다.

그런 점에서 진리의 상징인 예수 그리스도의 탄생은 1세기에 일어난 과거의 사건도 아니고 크리스마스 때마다 기려야 하는 의례적인 축제도 아니다. 지금 이 순간 예수가 전한 가르침을 통하여 우리 스스로 내면을 밝혀서 그리스도가 되어야 하는 것이고, 이것은 우리의 새로운 탄생이며 그리스도 의식의 재림이기도 하다.

부처님 오신 날을 맞이하여 사람들이 "성불하세요." 라고 하듯이 성탄절을 맞이하여 우리는 사람들에게 "그대 내면의 그리스도 의식이 깨어나소서.” 라고 해야 한다.

참고로 4복음서는 익명으로 유포되다가 거의 100년이 지난 후에야 복음서 앞에 저자들의 이름이 붙었다. 사도들이 복음서를 직접 쓰지 않았다는 증거이다.

누가복음 2:41~52절

예수의 소년 시절

해마다 유월절이 되면 예수의 부모는 명절을 지내러 예루살렘으로 가곤 하였는데 예수가 열두 살이 되던 해에도 예년과 마찬가지로 예루살렘으로 올라갔다. 그런데 명절의 기간이 다 끝나 집으로 돌아올 때에 어린 예수는 예루살렘에 그대로 남아 있었다. 그런 줄도 모르고 그의 부모는 아들이 일행 중에 끼여 있으려니 하고 하룻길을 갔다. 그제야 생각이 나서 친척들과 친지들 가운데서 찾아보았으나 보이지 않으므로 줄곧 찾아 헤매면서 예루살렘까지 되돌아갔다.

사흘 만에 성전에서 그를 찾아냈는데 거기서 예수는 학자들과 한자리에 앉아 그들의 말을 듣기도 하고 그들에게 묻기도 하는 중이었다. 그리고 듣고 있던 사람들은 모두 그의 지능과 대답하는 모습에 경탄하고 있었다. 그의 부모는 그를 보고 깜짝 놀랐다. 어머니는 예수를 보고 “얘야, 왜 이렇게 우리를 애태우느냐? 너를 찾느라고 아버지와 내가 얼마나 고생했는지 모른다.” 하고 말하였다. 그러자 예수는 “왜, 나를 찾으셨습니까? 내가 내 아버지의 집에 있어야 할 줄을 모르셨습니까?” 하고 대답하였다.

그러나 부모는 아들이 한 말이 무슨 뜻인지 알아듣지 못하였다. 예수는 부모를 따라 나사렛으로 돌아와 부모에게 순종하며 살았다. 그 어머니는 이 모든 일을 마음속에 간직하였다. 예수는 몸과 지혜가 날로 자라면서 하느님과 사람의 총애를 더욱 많이 받게 되었다.

해석 12세 이후부터 공생애를 시작할 때까지의 예수 행적에 대한 자료가 없다. 그 사이에 어디에서 무엇을 하였는지 수많은 억측이 있다. 이 기간 동안 예수가 팔레스타인에 없었다는 증거가 되기도 한다. 이 사라진 기간에 대한 대표적인 주장이 예수가 이집트와 인도 그리고 티베트를 여행하였다는 내용이다. 이 이야기는 비의 단체에서는 상당히 많이 알려진 일이기도 하다. 12살의 예수 행적만이 복음서에 언급이 되고 있다는 것은 상당히 흥미로운 일이다. 12라는 숫자는 12부족, 22개 히브리 문자 중에 12단자 등에서 보듯이 유대인에게는 상당히 중요한 상징이다. 12살 나이에 예수는 이미 학자들과 대담을 나눌 수 있을 정도로 학식이 있었고 이미 독립적인 인격체였음을 보여주는 증거이다. 예수가 문맹자였다고 주장하는 일부 학자들도 있는데 이는 터무니없는 억측이다.

"내가 내 아버지의 집에 있어야 할 줄을 모르셨습니까?"라고 예수가 말한 이유는 성전과 지성소의 상징을 알아야 한다. 성전/사원(Temple)의 중심인 지성소는 유대인에게 신이 현존하는 신성한 장소로 알려졌고 예수는 하느님과 하나로 연결되어 있어서 성전은 아버지의 집이면서 동시에 자신의 집이기도 하였기 때문이었다. 또한 상징적으로 성전은 인간의 몸이고 지성소는 인간의 영혼이 거주하는 머리 중심에 위치한 송과선이다. 이것에 대해서는 뒤에서 자세히 다룬다.

누가복음(2;29~30)에서 예수는 베들레헴에서 태어난 후에 나사렛으로 돌아가는 것으로 나오고, 마태복음(2:13~15)에서는 예수가 갓난아이였을 때 헤롯왕의 박해를 피하여 이집트로 피난 갔다가 나사렛으로 돌아오는 것으로 나오는데, 무엇이 올바른 것인지는 알 수가 없다. 비의단체의 자료에 따르면 예수가 12세에 이집트로 가서 고대신비지식을 공부하였고 이어서 티베트로 갔다고 기록되어 있다.

요한복음 1:19~28절

선지자 세례 요한의 예수 증거

유대인들이 예루살렘에서 제사장들과 레위 지파 사람들을 요한에게 보내어 "당신은 누구시오!"라고 요한의 정체를 물었을 때에 요한은 이렇게 증언하였다.

"나는 그리스도가 아니오." 그는 조금도 숨기지 않고 분명히 말해 주었다. 그들이 "그러면 누구란 말이오? 엘리야요?" 하고 다시 묻자 요한은 또 "아니요" 라고 대답하였다(1). "그러면 우리가 기다리던 그 예언자요?" 그들이 다시 물었을 때 요한은 그도 아니라고 하였다.

"우리를 보낸 사람들에게 대답해 줄 말이 있어야 하겠으니 당신이 누군지 좀 알려주시오. 당신은 자신을 누구라고 생각하고 있소?" 이렇게 다그쳐 묻자, 요한은 그제야 "나는 예언자 이사야의 말대로 '주님의 길을 곧게 하여라.' 하며 광야에서 외치는 이의 소리요." 하고 대답하였다. 그들은 바리새인들이 보낸 사람들이었다.

그들은 또 요한에게 "당신이 그리스도도 아니요 엘리야도 아니요 그 예언자도 아니라면 어찌하여 세례를 베푸는 거요?" 하고 물었다. 요한은 이렇게 대답하였다. "나는 다만 물로 세례를 베풀 따름이오. 그런데 당신들이 알지 못하는 사람 한 분이 당신들 가운데 서 계십니다. 이분은 내 뒤에 오시는 분이지만 나는 이분의 신발 끈을 풀어드릴 만한 자격조차 없는 몸이오." 이것은 요한이 세례를 베풀던 요르단 강 건너편 베다니에서 일어난 일이었다.

해석 복음서 저자들에게 요한의 존재는 자신들이 각색한 예수 드라마라는 극본의 핵심 인물이었다. 그가 있어서 예수가 메시아임이 증명되었기에 그들에게 요한이 없는 예수는 생각할 수가 없다. 그래서 4복음서 모두에서 세례요한이 등장하는데 누가복음에서는 세례요한의 탄생을 예수 탄생 못지않게 신비하게 표현하고 있는 정도이다.

요한과 예수의 행적은 요한복음과 공관복음서에서 다르게 묘사되는데 공관복음서에서는 예수가 세례를 받지만 요한복음서에서는 그런 구절이 없다. 공관복음서에는 공생애 시작이 요한이 구속된 후로 나오나 요한복음서에는 두 사람이 상당기간 경쟁적인 관계를 유지하는 것으로 나온다. 요한과 예수의 활동시기가 일부 겹치지만 어떤 학자들은 두 사람이 함께 활동한 시기는 없었다는 주장도 한다. 예수의 오심을 미리 전한 요한의 활동이 있었고 이어서 예수가 활동을 시작했기에 그가 요한에게 세례 받을 수가 없었으며, 신과 하나였던 예수 입장에서는 아직 영적으로 완전하지 못한 요한에게 세례를 받을 필요가 없었다는 주장도 있다. 요한복음은 이런 입장에서 저술된 것으로 보인다.

마태복음(11:13~14)에서 예수는 요한의 전생이 엘리야였다고 말했지만, 요한은 자신의 전생을 볼 정도까지 영적으로 성장한 영혼은 아니었다. 그래서 "당신이 엘리야입니까?(1)"란 질문에 아니라고 한다. 그는 철저히 자기를 낮춘 채 백성들이 메시아 예수를 영접할 수 있도록 예비시키는 선구자로서의 역할에 충실했다.

성서는 헤롯왕의 부정한 결혼을 비판한 것 때문에 그가 처형당한 것으로 기록하나, 요세푸스의 〈유대고대사〉에서는 세례요한에게 몰려든 군중들이 반란을 일으킬 수도 있다는 두려움 때문이었다고 기록한다. 역사가와 신앙고백자의 기록 중에 어떤 기록이 정확한지 우리가 알 수는 없지만 복음서 내용은 저자들이 극적 감흥을 위하여 많이 각색되었음을 기억해야한다. 영지복음서에서는 예수가 지상에 온 이유를 이렇게 밝힌다.

> 주님께서 말씀하시길, "나는 아래에 있는 것을 위에 있는 것처럼 만들고, 바깥에 있는 것을 안에 있는 것처럼 만들기 위해 왔다. 나는 이곳에서 그것들을 합체하기 위해 왔다." 그분은 상징과 이미지를 통해 이곳에 자신을 드러내셨다.(빌립 복음서 67절)

이 복음서에서 보듯이 예수는 신으로부터 분리된 인간을 다시 신과 합일시키기 위해서 세상에 왔다. 근원에서 떨어져 나온 것이 분리라면 근원으로 돌아가는 것은 합일이다. 진리가 이미지와 상징을 통하여 세상에 나왔듯이 진리의 화신인 예수도 이미지와 상징으로 세상에 오셨다. 진리와 상징에 대해서는 이렇게 언급한다.

> "진리는 알몸으로 이 세상에 온 것이 아니라 상징과 이미지로 왔다. 우리는 다른 방식으로는 진리를 받아들일 수 없다. **부활이 있고 부활의 상징이 있다**(2). 상징을 통해 다시 태어나는 것이

분명히 필요하다. 부활이란 무엇인가? 상징은 상징을 통해 다시 살아나야 한다. 신랑과 그 상징은 상징을 통해 진리로 들어가야 한다. 이것이 회복이다.

이것을 지닌 자들은 아버지와 아들과 성령의 이름을 얻게 되는데 그것을 **자력으로** 얻었다고 말하는 것이 맞을 것이다. 누군가 **자력으로**(3) 그 이름을 얻지 못한다면 그는 "그리스도인"이라는 이름을 빼앗길 것이다. 그러나 사람은 십자가의 권능이 주는 향기로운 성유 속에서 그것들을 받는다. 사도들은 이 권능을 "오른쪽과 왼쪽"이라고 불렀다. 이 사람은 더 이상 기독교인이 아니라 또 하나의 그리스도이기 때문이다."(빌립 복음서 65절)

도덕경에 "도를 도라 하면 도가 아니다"라는 유명한 말이 있다. 진리는 인간의 의식수준에 어울리는 개념과 언어로 표현이 될 뿐이지 진리 그 자체가 아니다. 인간의 숫자만큼 신이 존재한다고 하듯이 진리는 의식 수준에 따라 천차만별로 이해되어 받아들여지고 있다. 신이 "I am that I am(나는 나이다, 나는 스스로 있는 자이다)" 이듯이 진리는 "Truth is that it is(진리는 있는 그대로 이다.)" 즉 진리에 대한 어떤 개념적 정의도 진리에 대한 올바른 설명이 되지 않는다. 진리는 개념을 넘어선 그리고 설명을 넘어선 어떤 것이다.

그래서 예로부터 성인들은 진리가 왜곡되지 않도록 진리를 이미지나 상징으로 표현하였다. 예를 들면 예수 부활은 상징이다(2). 이 상징을 통하여 우리는 다시 태어나는 것인데 이것의 의미는 잠자는 내면의 신의 불꽃을 깨워서 다시 원래의 신성한 존재로 부활하는 것이다. 즉 육체의 부활이 아니라 영혼의 부활이다. 마찬가지로 신랑으로 표현되는 상징을 이해함에 의하여 그 상징을 통하여 제시되는 진리를 알 수가 있고 회복 즉 구원을 얻는 것이다. 그리고 이런 구원은 믿음을 통한 것이 아니라 영지를 통하여 스스로 얻는 것이다. 예수는 믿음이 아니라 **자력**을 절대적으로 중시했다(3).

마가복음 1:1~8절(요한 1:29~34, 마태 3:1~12, 누가 3:1~20)

물과 성령의 세례와 그 숨겨진 의미

하느님의 아들 예수 그리스도에 관한 복음의 시작은 이러하다. 예언자 이사야의 글에, "이제 내가 일꾼을 너보다 먼저 보내니 그가 네 갈 길을 미리 닦아놓으리라." 하였고, 또 "광야에서 외치는 이의 소리가 들린다. '너희는 주의 길을 닦고 그의 길을 고르게 하여라.'" 하였는데, 기록되어 있는 대로, 세례 요한이 광야에 나타나 "**회개하고** 세례를 받아라. 그러면 죄를 용서받을 것이다." 하고 선포하였다.

그때 온 유대 지방과 예루살렘에 사는 모든 사람이 그에게 와서 죄를 고백하며 요르단 강에서 세례를 받았다. 요한은 낙타털 옷을 입고 허리에 가죽 띠를 두르고 메뚜기와 석청을 먹으며 살았다.

그는 사람들에게 이렇게 외쳤다. "나보다 더 훌륭한 분이 내 뒤에 오시오. 나는 몸을 굽혀 그의 신발 끈을 풀어드릴 만한 자격조차 없는 사람이오. 나는 당신들에게 물로 세례를 베풀었지만 그분은 **성령으로 세례를 베푸실 것이오.**"

해석 복음서에서 예언 성취를 주장하려고 인용된 대다수의 구약 구절이 복음서 구절과 연관이 없듯이 여기 나오는 이사야 구절도 세례 요한과는 관련이 없다. 다만 선지자로서의 요한의 증언을 강조하려는 의도로 사용되었다고 본다.

성경에는 물의 세례와 성령의 세례, 불의 세례가 나온다. 물의 세례에서 세례는 죄를 회개하고 새롭게 거듭난다는 의미와 하느님 나라의 자녀가 된다는 의미 그리고 구원의 의미가 담겨있다. 세례를 통하여 새롭게 마음을 다지고 하느님 말씀대로 살겠다는 다짐이기도 하다. 반면에 성령의 세례는 진리를 통한 영적 변화를 가지고 오는 세례이다. 그러므로 물의 세례는 심리적 위안을 줄 수 있지만 이 세례만으로 내면의 변화나 은총이 주어지는 것은 아니다. 물의 세례는 성령의 세례 즉 영적 세례의 상징적 행위일 뿐이다. 그래서 영적 세례가 일어나야 성경에서 말하는 하늘나라에 들어갈 수 있다.

성령의 세례는 마음과 의식으로부터 기존의 모든 교리나 신념을 깨끗하게 청소하는 것이다. 이렇게 될 때 왜곡이나 방해 없이 진리에 다가갈 수 있고 진리를 받을 수 있다. 성령으로 세례 받을 때 그릇된 오랜 개념이나 생각은 깨끗해지고 과거의 개념에 방해받음이 없이 새로운 것을 받아들일 수 있게 된다. 불은 우리의 고정 관념이나 개념을 태워 없애는 의미가 내포되어 있다. 그러므로 불의 세례는 성령의 세례의 다른 이름이기도 하다. 진리의 불(성령)을 통하여 진리가 아닌 그릇된 생각과 개념은 파괴된다.

왜 고정관념이나 그릇된 생각이 진리 수용에 방해가 되는지는 예수의 다음과 같은 비유에서 잘 알 수 있다.

> "낡은 가죽부대에 새 포도주를 넣는 사람은 없다. 그렇게 하면 새 포도주가 부대를 터뜨려 포도주도 부대에 다 버리게 된다. 새 포도주는 새 부대에 담아야 한다."(마가복음 2:22)

이 말은 구습(舊習)이나 기존 개념을 버리지 않으면 진리가 이들로 말미암아 왜곡되어 버린다는 것을 말하고 있다. 새 포도주는 새 포대에 담겨야 하고 진리는 깨끗한 마음에 담겨야 한다. 예수는 이렇게 분명하게 말한다.

> "정말 잘 들어 두어라. 물과 **성령으로 새로** 나지 않으면 아무도 하느님 나라에 들어 갈 수 없다."(요한복음 3:5~6)

> "그러므로 너희는 가서 이 세상 모든 사람들을 내 제자로 삼아 아버지와 아들과 **성령의 이름으로** 그들에게 세례를 베풀고 내가 너희에게 명한 모든 것을 지키도록 가르쳐라."(마태복음 28:19~20)

세례 요한은 예수가 베풀 세례에 대하여 이렇게 말한다.

> "나는 너희를 회개시키려고 물로 세례를 베풀거니와 내 뒤에 오시는 분은 **성령과 불로 세례**를 베푸실 것이다. 그분은 나보다 훌륭한 분이어서 나는 그분의 신발을 들고 다닐 자격조차 없는 사람이다."(마태복음 3:11)

공생애 첫해

요한복음 2:1~12절

첫 번째 기적

갈릴리 지방 가나에 혼인 잔치가 있었다. 그 자리에는 예수의 어머니도 있었고 예수도 그의 제자들과 함께 초대를 받고 와있었다. 그런데 잔치 도중에 포도주가 다 떨어지자 예수의 어머니는 예수에게 포도주가 떨어졌다고 알렸다. 예수는 어머니를 보고 "어머니, 그것이 저에게 무슨 상관이 있다고 그러십니까? 아직 제 때가 오지 않았습니다." 하고 말하였다.

그러자 예수의 어머니는 하인들에게 "무엇이든지 그가 시키는 대로 하여라." 하고 일렀다. 유대인들에게는 정결 예식을 행하는 관습이 있었는데 거기에는 그 예식에 쓰이는 두세 동이들이 돌 항아리 여섯 개가 놓여 있었다.

예수가 하인들에게 "그 항아리마다 모두 물을 가득히 부으시오." 하고 일렀다. 그들이 여섯 항아리에 물을 가득 채우자, 예수는 "이제는 퍼서 잔치 맡은 이에게 갖다 주시오." 라고 하였다. 하인들이 잔치 맡은 이에게 갖다 주었더니 물은 어느새 포도주로 변해 있었다. 물을 떠간 그 하인들은 그 술이 어디에서 났는지 알고 있었지만 잔치 맡은 이는 아무것도 모른 채 술맛을 보고 나서 신랑을 불러 "누구든지 좋은 포도주는 먼저 내놓고 손님들이 취한 다음에 덜 좋은 것을 내놓는 법인데 이 좋은 포도주가 아직까지 있으니 웬일이오!" 하고 감탄하였다.

이렇게 예수는 첫 번째 기적을 갈릴리 지방 가나에서 행하여 당신의 영광을 드러내었다. 그리하여 제자들은 예수를 믿게 되었다. 이 일이 있은 뒤에 예수는 어머니와 형제들과 제자들과 함께 가버나움에 내려가서 거기에 여러 동안 머물렀다.

해석 예수는 갈릴리 가나에서 열린 혼인 잔치에 참석하였고 그곳에서 물을 포도주로 만드는 기적을 보였다. 이것은 계획하지 않았던 일이었다. 아들의 능력을 누구보다 잘 알고 있었던 마리아는 아들이 자랑스러웠고 그래서 사람들에게 기적을 보여주고 싶어서 일어난 일로 보인다. 어머니 마리아의 간청도 있었고, 무엇보다 제자들에게 믿음을 주기 위해서 예수는 기적을 행하였다.

사람들은 예수가 위대한 존재이므로 당연히 기적을 행할 수 있었을 거란 생각을 한다. 그렇지 않다. 예수는 이런 것이 일어나는 작동 원리를 알고 그것을 실행했을 뿐이다. 우주법칙이 모든 것을 다스리고 그 법칙에 따라 우주가 운행이 된다. 그래서 법칙을 알면 누구나 할 수가 있다.

모든 물질은 진동으로 이루어졌고 그 진동의 차이로 온갖 다양한 물질이 존재한다. 예수는 물을 구성하는 물질의 진동을 변화시켜 포도주를 구성하는 물질로 변화시킨 것이다. 집중된 순수한 생각의 힘이 진동을 변화시킬 수 있다. 이 사건 이후 제자들은 예수에 대한 경외감이 생겼고 그를 성자로 믿기 시작했다.

요한복음 2:13~22절

성전에서 분노하는 예수

유월절이 다가오자 예수는 갈릴리를 떠나 예루살렘으로 갔다. 예수는 성전 뜰에 소와 양과 비둘기를 파는 사람들과 환전상들이 앉아 있는 것을 보고, 노끈으로 채찍을 만들어, 양과 소와 함께 그들을 모두 성전에서 내쫓고, 환전상들의 돈을 쏟아버리고 상을 둘러엎었다. 그리고 비둘기 장사꾼들에게 "이것들을 거두어가라. 다시는 내 아버지의 집을 장사하는 집으로 만들지 마라." 하고 꾸짖었다.

그때에 유대 사람들이 나서서 "당신이 이런 일을 하는데, 당신에게 이럴 권한이 있음을 증명해 보시오. 도대체 무슨 기적을 보여주겠소?" 하고 예수께 대들었다. 예수는 "이 성전을 허물어보시오. 내가 사흘 안에 다시 세우겠소." 하고 대답하였다. 그러자 그들이 "이 성전을 짓는 데 사십육 년이나 걸렸는데, 그래 당신은 그것을 사흘이면 다시 세우겠단 말이오?" 라고 대들었다.

해석 예수는 환전상과 장사꾼들이 폭리를 취하는 것이 못마땅하여 성전에서 이런 과격한 행동을 하였다. 주변의 유대 사람들이 무슨 권한으로 이러느냐는 항의에, 예수는 그들에게, 상징적인 의미로 성전을 사흘 안에 다시 세우겠다는 말을 했다. 사실 그 성전은 예수 자신의 몸을 두고 한 말이었다. 상징적으로 우리 몸은 성전이고 영혼이 거주하는 송과선은 지성소에 해당한다. 나중에 다루겠지만 송과선은 영적 결혼(깨달음)이 일어나는 신방이다. 예수가 메시아란 주장을 들었던 유대 사람들은 기적을 보여주길 바랐으나 그러지 못하자 분노와 회의감으로 자리를 떠났다.

분노하는 예수의 모습은 좀 낯설어 보이는데 그가 감정을 통제하지 못한 사람으로 오해받을 수도 있다. 우리는 성자가 늘 인자한 사람이기를 바라는 것 같다. 성자의 내면은 늘 평온하고 초연함을 유지하나 필요에 따라 감정을 이용하기도 한다. 예수는 그들에게 교훈을 주려고 일부러 화를 내는 연극을 하였을 뿐이다.

요한복음 3:1~21절

사람의 아들의 참 의미

바리새인 출신의 유대지도자 니고데모가 예수의 명성을 듣고 예수에게 찾아왔다. 그는 예수가 전하는 새로운 가르침에 두려움을 느꼈고 혹시 예수란 누구인지 그리고 그와 협력할 여지는 있는지를 알아보려고 온 것이었다.

그는 예수를 찾아와서 “선생님, 우리는 선생님을 하느님께서 보내신 분으로 알고 있습니다. 하느님께서 함께 계시지 않고서야 누가 선생님처럼 그런 기적들을 행할 수 있겠습니까?” 라며 약간 아첨이 섞인 말을 하였다.

그러자 예수는 이렇게 말하였다. “내가 솔직하게 말하지만 누구든지 다시 태어나지 않으면 하느님 나라를 볼 수 없소(1).”

그러자 니고데모는 예수께 물었다. “나이가 들어 늙은 사람이 어떻게 다시 태어나겠습니까? 태어나려고 어머니의 뱃속으로 다시 들어갈 수 없지 않습니까?”

예수는 이것을 다시 다른 상징으로 말했다. “진실로 말하지만. 누구든지 물과 성령으로 새로 태어나지 않으면(2) 하느님 나라에 들어갈 수 없소. 육체에서 난 것은 육체이고 성령으로 난 것은 영입니다(3). 내가 '다시 태어나야 한다.' 라고 말한 것을 이상히 생각하지 마시오. 바람은 불고 싶은 대로 불고 당신은 그 소리를 듣고도 그 바람이 어디서 오는지 그리고 어디로 가는지 알지 못하지 않소. 성령으로 태어난 사람도 모두 이와 같소이다."

니고데모는 전혀 알 수가 없어서 이렇게 물었다.

"어떻게 이런 일이 있을 수 있습니까?"

그래도 유대사회에서 덕망 있는 유대지도자인데 이렇게나 무지한 것을 보고 예수는 "이스라엘의 선생이면서도 이런 일을 이해하지 못합니까? 라고 힐난하면서 이렇게 말하였다.

"잘 들으세요. 우리는 아는 것을 말하고 본 것을 증언하는데 당신은 우리의 증언을 받아들이지 않고 있소. 내가 땅의 것을 말해도 당신은 믿지 않는데 하물며 하늘의 것을 말하면 이것을 믿겠소? 하늘에서 내려온 사람, 곧 **사람의 아들**(4) 외에는 하늘로 올라간 사람이 없소이다. 모세가 광야에서 뱀을 들어 올린 것같이 **사람의 아들도 들어 올려 져야 합니다**. 그것은 그를 믿는 사람마다 영생을 얻게 하려는 것입니다.

하느님께서는 세상을 사랑하시어 외아들(5)을 주셨는데 이는 **그를 믿는 사람마다 멸망하지 않고 영생을 얻게 하려는 것입니다**(6). 하느님께서 자신의 아들을 세상에 보내신 것은 세상을 심판하시려는 것이 아니라 그 아들을 통해 세상을 구원하시려는 것입니다(7).

아들을 믿는 사람은 심판을 받지 않으나 믿지 않는 사람은 이미 심판을 받았습니다. 이는 하느님의 독생자의 이름을 믿지 않았기 때문입니다. 심판을 받았다고 하는 것은, 빛이 세상에 들어왔지만, 사람들이, 자기들의 행위가 악하므로, 빛보다 어둠을 더 좋아하였다는 것을 뜻합니다. 악한 일을 일삼는 자는 자기 죄상이 드러날까 봐 빛을 미워하고 멀리합니다. 그러나 진리를 따라 사는 사람은 빛으로 나아옵니다. 그것은 자기의 행위가 하느님 안에서 이루어졌음을 드러내내려는 것입니다."

해석 "누구든지 다시 태어나지 않으면 하느님 나라를 볼 수 없소(1)." 란 말은 기존의 낡은 개념이나 사고를 바꾸라는 것이다.

"성령으로 새로 태어나지 않으면(2)"의 뜻은 앞에서 설명했지만 성령은 진리를 말하는 것이고 이 진리로 낡은 개념이나 고정관념을 정화하지 못하면 하늘나라 즉 깨달음을 얻지 못한다는 의미이다. 예수가 말하는 하늘나라 혹은 하느님 나라는 뒤에서 다루겠지만 물질적인 장소가 아니라 모든 욕망에서 벗어난 깨끗한 마음상태 즉 깨달은 상태를 말한다.

"육체에서 난 것은 육체이고 성령으로 난 것은 영입니다(3)."는 "신은 영이므로 영과 진리로 경배되어야 한다(요한 4:24)."에서 그 의미를 찾을 수 있다. 여기서 영은 물질이 아닌 그 너머의 신성한 존재나 속성을 말한다. 그러므로 우리 육체에서 생겨나는 온갖 욕망이나 감정은 물질적인 것이나 성령 즉 하느님의 진리로 깨어난 사람의 영혼은 영인 것이다. 신의 일부인 영혼은 영적 존재이므로 신의 말씀인 성령으로 깨어나야 한다.

사실 성경에서 영은 여러 가지 의미로 사용된다. 기본적으로 그리스어 프뉴마(영)는 "호흡이나 바람"을 의미하지만 이 의미에서 확대되어 (가)생명을 살아있게 만드는 생명에너지, (나)물질을 넘어서 있는 영적 속성을 띤 존재로 신이나 신의 일부인 인간 영혼, (다)천사나 잡신, 사악한 존재, (라)신의 말씀 즉 진리의 성령 등으로 사용된다.

성경에 보면 예수가 마지막 순간에 영을 내보냈다고 나오는데, 여기서 영은 생명에너지를 말한다. 생명력이 나가면 육체는 죽지만 영혼은 그 수준에 따라 윤회하거나 하늘로 올라간다. 즉 신과 하나인 상태가 된다.

"사람의 아들(4)"은 비의 가르침에 따르면 원래는 "사람 안의 태양"이었는데 구두점도 띄어쓰기도 대소문자 구분도 없는 그리스 사본이 필사되어 전해지는 과정에서 태양(Sun)이 아들(son)로 잘못 기록되었다고 한다. 예로부터 태양은 신을 상징하는 단어였고, 깨달음을 얻어 신과 하나가 된 사람을 지칭하는 단어이기도 하였다. 또한 원래는 순수한 빛이지만 물질에 매여 있는 우리 영혼을 태양 혹은 빛으로 불렀다. 왜냐하면 잠에서 깨어나면 영혼은 신의 눈부신 빛/태양이기 때문이다. 우리 영혼을 물질 속박에서 위로 들어 올려 신과 하나가 되게 결합시키면 우리는 영생을 얻게 된다. 신과 하나인 예수 같은 사람은 사람의 태양으로 불렸고 그런 점에서 누구든 깨달으면 사람의 태양이 될 수 있다.

그러므로 여기서 인자(사람의 아들/태양)는 예수를 상징하지만 동시에 우리 모두의 신성한 영혼을 상징하기도 한다. 예수처럼 깨달은 영혼이 아니면 하늘나라에서 살 수가 없다. 즉 신과 하나로 존재할 수 없다. 내면의 눈부신 영혼인 신의 불꽃이 바로 사람 안의 태양이고 이 영혼은 물질에 사로잡혀 육체에 갇혀 있다. 마음을 정화하여 그 영혼을 하느님에게로 들어 올려야하는 것이 우리 모두가 존재하는 이유이다.

기독교인들이 이교도에게 많이 내세우는 단어가 "독생자(5)"인데, 이것은 예수가 하느님의 유일한 아들이란 말이 아니다. 구약에는 신의 아들들에 대하여 언급하는 여러 구절이 있다("하느님의 아들들이 그 사람의 딸들을 보고 마음에 드는 대로 아리따운 여자를 골라 아내로 삼았다." 창세기 6:2). 이는 신의 아들이 많다는 것이다. 독생자를 이해하려면 카발라 창조론을 알아야 하는데, 여기에 따르면 우주에는 신에 해당하는 영태양이 있고 이것은 하나지만 여기에서 수많은 빛(영혼)이 세상으로 발출되어 나왔다. 그래서 영혼 모두가 신의 아들이지만, 지금은 어둠에 갇혀 신과 분리되어서 자신이 신의 아들임을 자각하지 못하고 있다.

빛이신 하느님은 말씀으로 세상을 창조하고 세상에 온갖 만물을 창조하고 마지막에 자신의 일부인 영혼을 수많은 광선으로 내려보내 이 세상을 다스리게 하였다. 그러다 뜻하지 않는 사건으로 영혼은 추락을 하게 되었다(구약에서 이 사건은 상징적으로 에덴동산에서 추방으로 나온다). 반면에 예수는 어둠으로 떨어진 적이 없는 영혼이어서 신과 합일 속에 있었고 신의 빛이 흐르는 통로였다. 예로부터 예수처럼 빛을 전하는 위대한 존재들은 빛의 태양 혹은 사람의 태양(성경에는 사람의 아들, 즉 인자로 나온다)으로 불렸다. 비유적으로 말하면 하느님은 눈부신 태양이고 우리는 그 빛의 일부이다. 영지주의 복음서에도 신의 아들들이란 말이 나온다.

> "생명은 너희 것이니라. **하느님의 아들들**로서 기뻐하고 즐거워하여라. 구원 받기 위해 그분의 의지를 행하라. 나의 꾸지람을 듣고 **스스로를 구원하여라.** 나는 너희를 대신해 아버지께 탄원할 터이니, 그분께서 너희를 많이 용서하리라."(야고보 비밀의 서 12절)

여기서 예수는 제자들을 "하느님의 아들들"로 부르며 기뻐하라고 한다. 정통기독교인들은 상상도 할 수 없는 말을 하느님의 독생자로 알고 있는 예수가 한 것이다. 사실 이런 주장은 모든 위대한 영적 가르침에서 나오는 기본적인 내용이어서 놀랄 일도 아니다. 시공간을 초월하여 모든 사조와 사상을 통하여 흐르는 변함없는 진리를 "영원의 철학"이라고 부르기도 하는데 이것은 "고대지혜의 가르침"으로 불리기도 한다. 고대지혜의 가르침으로 불리는 이유는 누군가 진리를 새롭게 창조하는 것이 아니라 고대로부터 존재하고 있는 진리를 드러내는 것뿐이기 때문이다.

인간이 신의 신성한 일부분, 신의 불꽃, 신의 확장이라는 내용은 진실을 전하는 모든 영적 가르침에서는 기본적인 가르침이다. 우리 모두는 하느님 아들이다. 우리는 이런 하느님 아들의 자격을 당당히 주장하고 그 권한을 받아들여야 한다.

"그를 믿는 사람마다 멸망하지 않고 영생을 얻게 하려 한다는 것(6)"은 예수가 전하는 진리로 사람들이 깨달아서 더 이상 윤회하지 않고 신과 하나로 영생하라는 의미이다.

"세상을 심판하시려는 것이 아니라 그 아들을 통해 세상을 구원하시려는 것입니다(7)."는 하느님이 예수가 전하는 진리의 영을 통하여 모두가 무지에서 해방되기를 바란다는 의미이다. 구원은 믿음이 아니라 진리 즉 영지지식이다. 믿음에 의한 구원은 예수가 아니라 바울이 창조한 이론이다.

요한복음 4:1~42절

사마리아 여인과 만남

예수는 예루살렘을 떠나 유대지방에서 가르침을 전한 후에 유대지방을 떠나 갈릴리로 가다가 중간 지역인 사마리아에 있는 야곱의 우물가에서 한 여인을 만났다. 물 길으러 온 사마리아 여자에게 물을 좀 달라고 말하였다.

사마리아 여자가 예수께 말하기를 "선생님은 유대 사람인데, 어떻게 사마리아 여자인 나에게 물을 달라고 하십니까?" 하였다. 그러자 예수는 그 여자에게 이렇게 대답하였다. "그대가 하느님의 은사를 알고, 또 그대에게 물을 달라는 사람이 누구인지를 알았더라면, 도리어 그대가 그에게 청하였을 것이며, 그는 그대에게 생명수(1)를 주었을 것이요."

생명수가 예수가 전하는 가르침임을 모르는 여인은 이렇게 질문을 하였다. "선생님에게는 두레박도 없고, 이 우물은 깊은데, 어떻게 나에게 생명수를 구해 주시겠습니까? 선생님이 우리 조상 야곱보다 더 위대한 분이라는 말입니까? 그는 우리에게 이 우물을 주었고, 그와 자녀들과 그 가축까지, 다 이 우물의 물을 마셨습니다."

예수는 좀 더 인내심을 가지고 "이 물을 마시는 사람은 다시 목마를 것이요. 그러나 내가 주는 물을 마시는 사람은, 영원히 목마르지 않을 것이요. 내가 주는 물은 그 사람 속에서, 영생에 이르게 하는 샘물이 될 것이요." 라고 말하였다.

그러나 여전히 상징을 이해하지 못한 여자가 "선생님, 그 물을 나에게 주셔서, 내가 목마르지도 않고, 또 물을 길으러 여기까지 나오지도 않게 해주십시오." 라고 말하였다.

그러자 예수는 상징을 이해하지 못하는 여자에게 다른 방법으로 접근을 시작했다. 여자에게 "남편을 불러오시오." 하니, 여자가 "저에게는 남편이 없습니다." 라고 하였다. 예수는 여자에게 "남편이 없다는 그대 말은 옳소. 그대에게는 남편이 다섯이나 있었고, 지금 같이 살고 있는 남자도 그대 남편이 아니니, 제대로 말하였소." 라고 여자의 비밀을 알아 맞혔다. 여자는 놀라워하며 "선생님은 예언자이십니다. 우리 조상은 이 산 위에서 예배를 드렸는데, 선생님네 사람들은 예배드려야 할 곳이 예루살렘에 있다고 합니다." 라고 하였다.

예수가 말하길 "나의 말을 믿으시오. 그대들이 이 산 위에서도 예루살렘에서도 아닌 곳에서 아버지께 예배드릴 때가 올 것이요. 영과 진리로 참되게 아버지께 예배를 드릴 때가 올 것이요. 지금이 바로 그때입니다. 하느님은 영이십니다. 그러므로 하느님께 예배를 드리는 사람은 영과 진리로 예배를 드려야 합니다(2)."

그러자 여자가 "저는, 메시아가 오실 것을 압니다. 그가 오시면, 우리에게 모든 것을 알려 주실 것입니다." 하니, 예수가 "그대에게 말하고 있는 내가 바로 그 사람이오." 하고 말하였다.

이때에 돌아온 제자들이 예수가 사마리아 여자와 말씀을 나누는 것을 보고 놀랐다. 유대인들 특히 랍비나 사제들은 사마리아인을 무시하였는데 예수가 사마리아 여인과 대화는 놀라운 일이었기 때문이었다.

그 여인은 물동이를 버려두고 동네로 들어가서, 사람들에게 자신이 한 일을 모두 알아맞히신 분이 계신다며 그분이 그리스도 같다고 전하니 동네 사람들이 예수에게 모여들었다. 그러는 동안에, 제자들이 예수에게 "스승님, 뭘 좀 드십시오." 하고 권하였다. 그러나 예수는 그들에게 "나에게는 너희가 알지 못하는 먹을 양식이 있노라." 하였다. 그러자 제자들은 서로에게 "누가 잡수실 것을 가져다 드렸을까?" 하고 말하였다.

예수는 그들에게 말하길, "나의 양식은, 나를 보내신 분의 뜻을 행하고, 그분의 일을 이루는 것이다. 너희는 넉 달이 지나야 추수 때가 된다고 하였지만 나는 너희에게 말하노라. 눈을 들어서 밭을 보아라. 이미 곡식이 익어서, 거둘 때가 되었다. 거두는 이는 삯을 받고 영원한 생명에 이르는 알곡을 거두어들인다. 그러면 씨 뿌리는 이와 거두는 이가 함께 기뻐할 것이다. 그러므로 '한 사람은 뿌리고, 한 사람은 거둔다.' 한 말이 옳다. 나는 너희가 수고하지 않은 것을 거두게 하려고 너희를 보냈다. 수고는 남들이 하였는데, 너희가 수고의 결실에 참여하게 된 것이다."

그 동네 많은 사마리아 사람들이 예수를 믿었다. 그것은 그 여자가, 자기가 한 일을 예수께서 다 알아맞히셨다고 증언하였기 때문이다. 사마리아 사람들이 예수에게 자기들과 함께 머무르시기를 청하였고 예수께서 이틀 동안 거기에 머물렀다. 그래서 더 많은 사람들이 예수의 말씀을 듣고 믿었다. 그래서 마을 사람들은 자신들이 믿는 것은 이제 여자의 말이 아니라 자신들이 말씀을 직접 들어 보고, 이분이 참으로 세상의 구세주이심을 알았기 때문이라고 여자에게 말하였다.

해석 여기서 "생명수(1)"는 사람들을 물질 욕망에서 벗어나게 할 예수의 참 가르침 즉 영지였다.

"이 산 위에서도 예루살렘에서도 아닌 곳에서 아버지께 예배드릴 때가 올 것이며 영과 진리로 참되게 아버지께 예배를 드릴 때가 바로 지금입니다. 하느님은 영이십니다. 그러므로 하느님께 예배를 드리는 사람은 영과 진리로 예배를 드려야 합니다(2).”에서 보듯이 당시 유대인들은 예루살렘 성전에서, 사마리아 사람들은 산 위에서 신에게 예배를 드렸다. 이것은 신을 인간의 형상을 한 물질적 존재로 보고 제물을 바친 것이었다. 그러나 신은 물질이 아니라 영적인 존재여서 예수는 예배장소가 중요한 것이 아님을 말하면서 하느님은 물질 너머의 영적 존재이므로 제물이나 물질이 아니라 영과 진리로 예배드려야 한다고 말한 것이었다.

유대인들은 물질에 불과한 예루살렘 성전에 대한 집착이 무척 강하였고 신을 즐겁게 하기 위하여 성전에서 양을 잡아 신에게 공물로 바치는 것을 즐겼다. 예수는 이런 외부 의식을 거부하고 각자의 내면으로 들어가 신에게 예배드릴 것을 전파하였다.

누가복음 3:19~20절(마가 1:14, 마태 4:12)

세례요한 구속

영주 헤롯은 자기 동생의 아내 헤로디아를 처로 맞아들인 일과 그 밖의 온갖 잘못을 들어 자기를 책망했다고 하여 요한을 감옥에 가두었다. 이리하여 헤롯은 악한 일 한 가지를 더하게 되었다.

공생애 2년

요한복음 4:43~54절(마태 4:12, 마가 1;14, 누가 4:14~15)

예수 갈릴리로 귀환

이틀 뒤에 예수께서는 그곳을 떠나 갈릴리로 갔다. 예수는 친히 “예언자는 자기 고향에서 존경을 받지 못한다.” 하고 말한 일이 있었다. 갈릴리에 도착하자 그곳 사람들은 예수를 환영하였다. 그들은 명절에 예루살렘에 갔다가 거기에서 예수가 한 일을 모두 보았던 것이다.

예수는 전에 물로 포도주를 만든 적이 있는 갈릴리의 가나에 다시 갔다. 거기에 고관 한 사람이 있었는데 그의 아들이 가버나움에서 앓고 있었다. 그는 예수가 유대지방을 떠나 갈릴리에 왔다는 말을 듣고 예수를 찾아와 자기 아들이 거의 죽게 되었으니 가버나움으로 내려가서 아들을 고쳐달라고 사정하였다. 예수는 그에게 “그대는 기적이나 신기한 일을 보지 않고서는 믿지 않구려." 하고 말하였다.

그래도 그 고관은 “선생님, 제 자식이 죽기 전에 같이 좀 가주십시오.” 하고 애원하였다. 예수는 “집에 돌아가시오. 그대 아들은 살 것이오." 하니 그는 예수의 말씀을 믿고 떠나갔다.

그가 집으로 돌아가는 도중에 그의 종들이 길에 마중 나와 그의 아들이 살아났다고 전해 주었다. 그가 종들에게 자기 아이가 낫게 된 시간을 물어보니 오후 한 시에 열이 떨어졌다는 것이었다. 그 아버지는 그때가 바로 예수께서 “그대 아들은 살 것이오.” 하고 말한 시간이라는 것을 알았다. 그래서 그와 그의 온 집안이 예수를 믿었다. 이것은 예수가 유다를 떠나 갈릴리에 돌아온 뒤에 보여준 두 번째 기적이었다.

해석 갈릴리로 돌아온 예수는 그곳 사람들의 환대를 받았다. 그들도 유월절을 지키러 예루살렘에 갔다가, 예수가 그곳에서 한 일을 보았거나 들었기 때문이다. 예수는 여러 회당에서 가르침을 폈고 사람에게 칭송을 받았다. 예수는 전에 물로 포도주를 만든 갈릴리 가나로 갔다가 한 고관을 만나 가버나움에서 앓고 있는 고관의 아들을 보지도 않고 치유하는 기적을 보였다.

보지 않고 치유하는 것을 원격치유라고 한다. 원격치유 조건으로는 환자를 심상하기 위한 환자에 대한 정보(외모, 이름, 상태, 거주지 등)가 필요하다. 예수는 심상을 통하여 환자와 동조하고 치유에너지를 보내 치유하였을 것이다. 우리 생각은 거리와 시간에 구속되지 않고 순식간에 시공간을 달려간다. 그리고 생각에는 창조에너지가 담겨있다. 생각의 기적을 생각하면 공감이 갈 것이다.

누가복음 4:16~30절(참고: 마태 13:53~58, 마가 6:1~5)

나사렛에서 배척을 받다

예수는 자기가 자라난 나사렛에 가서 안식일이 되자 늘 하던 대로 회당에 들어갔다. 그리고 일어서서 이사야 예언서의 두루마리를 받아 들고 이러한 말씀이 적혀 있는 대목을 펴서 읽었다.

"주님의 성령이 나에게 내리셨다. 주께서 나에게 기름을 부으시어 가난한 이들에게 복음을 전하게 하셨다. 주께서 나를 보내시어 묶인 사람들에게는 해방을 알려주고 눈먼 사람들은 보게 하고, 억눌린 사람들에게는 자유를 주며 주님의 은총의 해를 선포하게 하셨다."

예수가 두루마리를 말아서 시중들던 사람에게 되돌려주고 자리에 앉자 회당에 모였던 사람들의 눈이 모두 예수에게 쏠렸다. 예수는 "이 성서의 말씀이 오늘 당신들이 들은 이 자리에서 이루어졌소이다." 하고 말하였다.

사람들은 모두 예수를 칭찬하였고 그가 하는 은총의 말에 탄복하면서도 기이하게 여겨 "저 사람은 요셉의 아들이 아닌가?" 하고 수군거렸다. 이에 예수는 "당신들은 필경 '의사여, 네 병이나 고쳐라.' 하는 속담을 들어 나더러 가버나움에서 했다는 일을 네 고장인 여기에서도 해보라고 하고 싶을 것이오." 하고는 또 이렇게 말하였다. "사실 어떤 예언자도 자기 고향에서는 환영을 받지 못하오. 잘 들으시오. 엘리야 시대에 삼 년 반 동안이나 하늘이 닫혀 비가 내리지 않고 온 나라에 심한 기근이 들었을 때 이스라엘에는 과부가 많았지만, 하느님께서는 엘리야를 그들 가운데 아무에게도 보내시지 않고 다만 시돈 지방 사렙다 마을에 사는 어떤 과부에게만 보내주셨소. 또 예언자 엘리사 시대에 이스라엘에는 많은 나병환자가 살고 있었지만 그들은 단 한 사람도 고쳐주시지 않고 시리아 사람인 나아만만을 깨끗하게 고쳐주셨소."

회당에 모였던 사람들은 이 말을 듣고는 모두 화가 나서 들고일어나 예수를 동네 밖으로 끌어냈다. 그 동네는 산 위에 있었는데 그들은 예수를 산벼랑까지 끌고 가서 밀어 떨어뜨리려 하였다. 그러나 예수는 그들의 한가운데를 지나서 자기의 갈 길을 갔다.

해석 예수는 자기가 자라난 나사렛에 가서, 안식일에 회당에 들어갔다. 그리고 평소와는 다르게 성경을 읽으면서 가르침을 주었다. 사람들은 그의 가르침에 감탄은 하면서도 예수가 요셉의 아들인 것을 알고 그다지 존경심을 보이지는 않았다. 그들은 예수가 다른 곳에서 보인 이적이 정말인지 그것을 보고 싶어 했다. 그들에게 예수는 어린 시절부터 보아온 평범한 동네사람일 뿐이었다.

예수는 사람들의 이런 심리를 알고는 어떤 예언자도 자기 고향에서는 환영을 받지 못한다는 말을 하고는 예언자 엘리야와 엘리사에게도 그런 일이 있었음을 말하자 마을 사람들은 무척 화가 나서 예수를 동네 밖으로 쫓아냈다. 그들은 예수를 가까운 산벼랑으로 끌고 가서, 밀쳐 떨어뜨리려고 하였으나 예수는 그들을 물리칠 위엄과 힘이 있었다. 예수는 당당하게 그들 한가운데를 지나 마을을 떠나갔다.

"어떤 예언자도 자기 고향에서는 환영을 받지 못한다."는 것은 치유나 이적에는 상대방의 동조와 긍정적 심리가 중요한데 고향 사람들은 치유자에 대한 선입감을 가지고 있어서 치유가 어렵다는 의미이다. 영지주의 복음서에도 유사한 구절이 나온다.

> 예수께서 말하길, "예언자는 자신의 고향에서 환영받지 못하고 의사는 자신을 아는 사람을 치유하지 못하노라."(도마복음 31)

누가복음 4:31~32절

가버나움에 거주하다

예수는 갈릴리의 가버나움 동네로 가서, 안식일에 사람들을 가르쳤다. 그 말에 권위가 있었기 때문에 듣는 사람마다 그 가르침에 경탄하여 마지않았다.

해석 가버나움은 다마스쿠스와 연결되는 주요한 무역 중심지어서 많은 여행자들이 방문하는 곳이었다, 그래서 예수의 이름과 가르침이 빠르게 여러 곳으로 퍼질 수 있었다. 전통과 의례에 매여 있던 기존 유대전통과는 달리 하느님과 하늘나라에 대한 새로운 개념을 제시하는 예수의 가르침은 일반인이나 유대사제나 모두에게 놀라운 사건이었다. 예수의 치유와 가르침에 대한 소문을 듣고 많은 사람들이 그를 보기 위하여 멀리 떨어진 여러 지방에서 찾아왔다. 사람들이 권위 있는 그의 가르침에 경탄할수록 정통회당의 사제들이나 학자들은 불안하였고 경계를 하기 시작하였다.

누가복음 4:33~37절(마가 1:23~28)

예수의 엑소시즘, 마귀의 정체

때마침 그 회당에 더러운 귀신 들린 한 사람이 와 있다가 큰소리로 "나사렛 예수님, 왜 우리를 간섭하시려는 것입니까? 우리를 없애려고 오셨습니까? 나는 당신이 누구신지 압니다. 하느님께서 보내신 거룩한 분이십니다." 하고 외쳤다.

예수는 "입을 다물고 이 사람에게서 썩 나가거라." 하고 꾸짖었다. 그러자 마귀는 사람들이 보는 앞에서 그 사람을 쓰러뜨리고 떠나갔다. 그러나 그 사람은 아무런 상처도 입지 않았다. 이것을 본 사람들은 모두 놀라며 "정말 그 말씀은 신기하구나! 권위와 능력을 가지고 명령하시니 더러운 귀신들이 다 물러가지 않는가!" 하면서 서로 수군거렸다. 예수의 이야기가 그 지방 방방곡곡에 퍼져 나갔다.

해석 귀신 들린 사람은 악령에 빙의된 것으로 과거나 지금이나 세계 곳곳에서 일어나는 현상이다. 무당이 신이 들리는 것도 악령이 저지르는 현상이고 심지어 채널링도 마찬가지이다. 이 귀신의 정체에 대해서는 여러 설이 있다. 이것을 물리치는 방법으로는 예로부터 강력한 힘의 진언과 특정한 모양의 도형이 사용되어 왔다. 그러므로 예수는 회당에서 귀신 들린 사람을 보고 강력한 주문과 손에는 악령이 두려워하는 어떤 도형을 보여주면서 악령을 꾸짖어 사람 몸에서 내쫓았다고 여겨진다.

아무도 함부로 다루지 못했던 귀신이었으나 우주법칙을 아는 예수 앞에서는 소용이 없었다. 귀신도 복종시키는 예수의 위력을 지켜본 사람들은 모두 놀라워했고 예수의 소문은 갈릴리 주위의 온 지역에 두루 퍼졌다. 이를 지켜본 제자들도 놀랍기는 마찬가지였다.

누가복음 4:38~40절(마가 1:29~34, 마태 8:14~15)

베드로 장모를 위시한 많은 사람 치유

회당에서 나온 예수는 장모가 심한 열병으로 앓고 있는 시몬의 집으로 갔다. 예수는 그 여자에게 다가서서 그 여자의 손에 손을 대니 열병이 떠나고, 그 여자는 일어나서, 그의 시중을 들었다. 해가 질 때에 사람들이 온갖 병으로 앓는 사람들을 있는 대로 다 데리고 예수께로 왔다. 예수는 각자에게 손을 얹어서, 그들을 고쳐주었다.

해석 예수가 환자 손에 손을 대었는데 치유가 일어났다. 사람들은 이런 치유력이 위대한 예수에게만 주어졌다고 생각하기 쉽지만 앞에서 말했지만 법칙을 알면 누구나 할 수 있는 일이다. 물론 그 법칙을 안다는 것이 쉬운 일은 아니다.

우리 몸에는 눈에 보이지 않는 여러 종류의 영적 에너지가 흐르고 있으나 사람들은 그 에너지를 쓰는 방법을 모르고 있을 뿐이다. 무엇보다 중요한 것은 그런 힘이 흐르는 통로가 되게끔 몸과 마음을 정화해야 한다. 예수가 사용한 에너지는 여러 치유 에너지 중의 하나로 예수의 오른 손에서 나와 환자 왼 손으로 들어가서 환자의 질병을 치유한다. 치유가 일어나는 메커니즘은 앞에서 말하였듯이 집중된 생각의 힘과 긴밀히 연결된다.

마가복음 1:40~45절(누가 5:12~16, 마태 8:1~4)

나병 환자를 고치신 예수

나병환자 하나가 예수에게 와서 무릎을 꿇고 애원하며 "선생님은 하고자만 하시면 저를 깨끗이 고쳐주실 수 있습니다." 하고 말하였다. 예수는 측은한 마음이 들어 그에게 손을 갖다 대며 "그렇게 해주겠소. 깨끗하게 되어라." 하자, 그는 곧 나병 증세가 사라지면서 깨끗이 나았다. 예수는 곧 그를 보내면서 "아무에게도 말하지 말고 다만 사제에게 가서 그대 몸을 보이고 모세가 명한 대로 예물을 드려 그대가 깨끗해진 것을 그들에게 증명하시오." 하고 엄하게 일렀다.

그러나 그는 물러가서 이 일을 널리 선전하며 퍼뜨렸기 때문에 그때부터 예수는 드러나게 동네로 들어가지 못하고 동네에서 떨어진 외딴 곳에 머물렀다. 그래도 사람들은 사방에서 예수에게 모여들었다.

해석 당시 유대인들에게 나병은 치유가 불가능한 질병으로 알려졌다. 그래서 유대인들은 신만이 이것을 치유할 수 있다고 생각했다. 그런데 예수가 나병을 치유하자 사람들이 놀라서 그에게 모여들었던 것이다.

마가복음 2:1~12절(누가 5:17~26, 마태 9:1~8)

중풍병자를 고치신 예수

며칠 뒤에 예수는 다시 가버나움으로 갔는데 예수가 집에 있다는 말이 퍼지자 많은 사람이 모여들어 마침내 문 앞에까지 빈틈없이 들어섰다. 그리고 예수께서는 그들에게 하느님의 말씀을 전하고 있었다.

그때 어떤 중풍병자를 네 사람이 들고 왔다. 그러나 사람들이 너무 많아 예수께 가까이 데려갈 수가 없었다. 그래서 예수가 계신 바로 위의 지붕을 벗겨 구멍을 내고 중풍병자를 요에 눕힌 채 예수 앞에 내려 보냈다.

예수는 그들의 믿음을 보고 중풍병자에게 "그대는 죄를 용서받았소." 하고 말하였다. 거기 앉아 있던 율법학자 몇 사람이 속으로 "이 사람이 어떻게 감히 이런 말을 하여 하느님을 모독하는가? 하느님 말고 누가 죄를 용서할 수 있단 말인가?" 하며 중얼거렸다.

예수는 그들의 생각을 알아채고 이렇게 말하였다. "어찌하여 당신들은 그런 생각을 품고 있소? 중풍병자에게 '당신은 죄를 용서받았소.' 하는 것과 '일어나 그대 요를 걷어가지고 걸어가시오.' 하는 것과 어느 편이 더 쉽겠소? 이제 땅에서 죄를 용서하는 권한이 사람의 아들에게 있다는 것을 보여주겠소."

그러고 나서 중풍병자에게 "내가 말하는 대로 하시오. 일어나 요를 걷어가지고 집으로 가시오." 라고 말하였다, 중풍병자는 사람들이 보는 앞에서 벌떡 일어나 곧 요를 걷어가지고 나갔다. 그러자 모두들 몹시 놀라서 "이런 일은 정말 처음 보는 일이다." 하며 하느님을 찬양하였다.

해석 예수가 죄를 사한다고 말하는 것은 율법학자가 보기에는 하느님에 대한 불경이었다. 그런 권한은 오직 하느님에게만 있다고 믿고 있었다. 그들은 또 모든 질병이나 아픔은 죄의 결과로 믿고 있었다. 사람의 아들 즉 사람의 태양인 예수는 신과 하나이고 우주법칙에 통달하여서 중풍환자의 불완전한 육체를 바르게 할 수 있었다.

지혜의 가르침에 따르면 죄란 우주법칙과의 부조화로 생겨난 것이다. 예수의 이런 치유 효과가 지속될지 여부는 앞으로 환자의 태도에 달려있다고 할 수 있다. 깊게 따지면 이런 치유사건은 개인의 카르마와 연관이 된다. 중풍환자는 인연이 되었기에 예수를 만날 수 있었고 더 나아가 치유 받을 수 있었다.

요한복음 5:1~18절

예루살렘에서 안식일에 환자 치유

그 후 유대 명절인 유월절을 맞이하여 예수는 예루살렘으로 올라갔다. 예루살렘의 '양의 문' 근처에는 히브리말로 '베데스다'라고 하는 못이 있었는데 그 못 주위는 다섯 개의 문이 있었다. 여기에는 많은 장애인들이 누워 있었는데 이는 주의 천사가 가끔 내려와 물을 휘저어 놓는데 이때 먼저 못에 들어가는 사람은 무슨 병에 걸렸든지 다 낫는다고 믿었기 때문이다.

거기에 38년 동안 병을 앓고 있는 사람이 있었는데 예수는 누워있는 그를 보고 "그대 병이 낫기를 원하시오?" 라고 물었다. 그러자 환자가 대답하기를, "선생님, 물이 움직일 때 못에 들어가도록 나를 도와주는 사람이 없습니다. 다른 사람들이 나보다 먼저 물속에 들어갑니다."

그러자 예수가 그에게 말하였다. "일어나 그대 자리를 걷어가지고 들고 걸어가시오." 그러자 그는 곧 나아서 자리를 걷어 들고 걸어갔다. 그날은 안식일이었다. 유대 사람들이 병이 나은 사람에게 "오늘은 안식일이니 자리를 걷어가지고 가는 것은 옳지 않소." 라고 말하였고, 그 사람은 "내 병을 고치신 분이 내게 '자리를 들고 걸어가라.'고 하셨소."라고 말하였다.

그러자 유대 사람들이 그에게 묻기를, "당신에게 자리를 들고 걸어가라고 말한 사람이 대체 누구요?" 그러나 예수는 이미 그 자리를 떠났기 때문에 병이 나은 사람은 그분이 누구인지 알 수 없었다.

나중에 예수가 성전에서 이 사람을 만나 "그대가 다 나았구려. 더 심한 병이 그대에게 생기지 않도록 이제 다시는 죄를 짓지 마시오." 하고 말하였다. 그 사람은 유대 사람들에게 가서 자기 병을 고치신 분이 예수라고 말했다. 그 일로 유대 사람들은 예수가 안식일에 그런 일을 한다면서 그를 핍박하였고 예수는 그들에게 "내 아버지께서 지금까지 일하시니, 나도 일합니다." 라고 말하였다.

유대 사람들은 이 말을 듣고 더욱 예수를 죽이려고 하였다. 그것은, 예수가 안식일을 범하였을 뿐만 아니라, 하느님을 자기 아버지라고 부르면서 자신을 하느님과 동등한 위치에 놓았기 때문이었다.

해석 율법에 매인 사람들에게 안식일 준수는 법이고 삶이었다. 안식일에 생계활동은 물론이고 심지어 물건을 옮기는 것도 금지되었다. 이런 금지를 어긴 예수는 핍박의 대상이었다. 예수는 시공간에 따라 달라질 수밖에 없는 율법에 매인 사람들을 불쌍히 여겼고 이들을 교화시키는 것이 쉽지 않음을 알고 있었다. 유대인들에게 하느님은 하늘에서 옥좌에 앉아 세상을 다스리는 존재였고 그들은 하느님을 기쁘게 하고 복을 받기 위하여 동물을 죽여 하느님에게 공물로 바치는 일도 서슴지 않았다.

신은 영적 존재여서 영으로 경배되어야 했는데 물질적으로 경배되었다. 또한 하느님의 피조물로 알고 있는 예수란 사람이 감히 하느님의 아들로 칭하니 그들에게 그것은 불손이고 용서할 수 없는 일이었다.

율법에 매인 유대인들의 안식일에 대한 준수는 상상할 수 없을 만큼 엄격했고 그 전통은 지금도 이어져오고 있다. 영지주의 복음서에도 예수가 안식일에 대한 맹목적 준수를 나무라는 구절이 있다.

> "그분은 안식일에조차도 구덩이에 빠진 양을 보시면 그 양을 구하시기 위해 일하셨다. 그분은 그 양을 구덩이에서 꺼내서 그 양에게 생명을 주셨나니, 이는 안식일이 무엇인지 충분히 알게 하시려는 것이다. **안식일에 구원의 일을 태만히 하는 것은 합당치 않다.** 이것은 너희가 밤이 없는 하늘의 낮과 완전하여 지지 않는 태양에 대하여 말하게 하시려는 것이다. 그러니 마음으로 너희는 완전한 낮이며, 너희 안에는 사라지지 않는 빛이 있다고 말하라."(진리복음서 26절)

요한복음 5:19~30절

예수의 권위와 우주법칙

이런 사람들을 보고 예수가 그들에게 말하길, "내가 진정으로 말하겠소. 아들은 아버지께서 하시는 것을 따라 할 뿐이요, 아무것이나 마음대로 할 수 없소. 아버지께서 하시는 일은 무엇이든지, 아들도 그대로 합니다. 아버지께서는 아들을 사랑하여, 하시는 일을 모두 아들에게 보여 주시기 때문입니다. 또한 이보다 더 큰일들을 아들에게 보여 주어서, 당신들을 놀라게 하실 것입니다.

나의 말을 듣고 또 나를 보내신 분을 믿는 사람은 영생을 얻고, 심판을 받지 않습니다. **죽은 사람들이**(1) 하느님의 아들의 음성을 들을 때가 오는데 지금이 바로 그 때입니다. 그리고 그 음성을 듣는 사람은 살 것입니다.

아버지께서는 아들에게 심판하는 권한을 주셨는데 그것은 아들이 사람의 아들(태양)이기 때문입니다. **나는 아무것도 내 마음대로 할 수 없습니다**(2). 나는 아버지께서 하라고 하시는 대로 심판합니다. 나의 심판은 올바릅니다. 그것은 내가 내 뜻대로 하려 하지 않고, 나를 보내신 분의 뜻대로 하려 하기 때문입니다."

해석 예수는 신과 인간을 창조자와 피조물의 관계로 이해하는 유대인이 얼마나 자신의 말을 받아들이고 이해할 수 있을지 의문이었다. 카발라와 영지주의 가르침에 따르면 인간은 신의 신성한 발출물이고 에덴동산에서 아담의 추락은 신과의 분리 사건을 상징적으로 묘사한 것이었다. 분리 전에는 모두가 신의 정원에서 신과 연결되어 살고 있었다. 그래서 추락 전에는 모두는 신의 한 부분, 신의 아들이었고 신과 하나였다. 그러나 신과 분리로 인하여 무지와 암흑 속에 살아가는 사람들은 더 이상 신과 하나는 아니었다. 그래서 다시 원래 상태로 복귀시키는 일이 예수에게 주어진 사명이었다. 그것은 신의 뜻이었고 신의 의지를 실현시키는 일이었다.

예수가 전할 진리는 더 이상 죽음을 경험하지 않도록 하고 영생을 보장하는 것이었다. 예수의 음성 즉 가르침을 받아들여 어둠에서 벗어나는 사람은 영생할 것이었다. 예수는 신과 분리가 된 적이 없는 눈부신 태양 같은 존재였고 그래서 사람의 태양이었다. 그러나 그렇지 못한 사람들은 어둠에 싸여서 영혼이 죽은 상태에 있었다.

여기에 나오는 죽은 사람들(1)은 바로 영혼이 죽은 상태에 있는 사람들을 가리킨다. 내면의 영혼을 밝혀 신에게 돌아가는 것이 죽은 영혼이 영원히 사는 길이었다. 신에게 돌아가는 사다리는 예수가 전하는 가르침이었다.

예수가 "아무것도 내 마음대로 할 수 없다(2)"고 한 의미는 예수도 신의 말씀인 우주법칙에 따라 살아간다는 말이었다. 예수가 잡히기 전에 겟세마네에서 "저의 뜻이 아니라 아버지 뜻대로 하소서!"라고 한 말도 같은 의미이다. 예수의 의지는 신의 의지와 합일되어 있었다. 그러나 사람들은 신의 의지가 아니라 개인의 뜻을 따른다. 우리가 구원받으려면 개인의 의지가 아니라 신의 의지를 우선해야 한다. 신의 의지와 어울리지 못하는 개인의 의지는 욕망에 불과하지만 신의 의지는 우주법칙이고 우주계획이기 때문이다. 신의 의지에 관해서 마태복음에 이런 구절이 있다.

> "너희는 먼저 하느님의 나라와 하느님께서 의롭게 여기시는 것을 구하여라. 그러면 이 모든 것도 곁들여 받게 될 것이다."(마태복음 6:33).

예루살렘에서 갈릴리로 돌아오다

마가복음 2:18~22절(마태: 9:14~17, 누가 5:33~39)

금식의 참 의미, 새 포도주는 새 부대에 담아야

요한의 제자들과 바리새인들이 단식을 하고 있던 어느 날, 사람들이 예수에게 와서 "요한의 제자들과 바리새인 제자들은 단식을 하는데 선생님의 제자들은 왜 단식을 하지 않습니까?" 하고 물었다.

예수는 이렇게 대답하였다. "잔칫집에 온 신랑 친구들이 신랑이 함께 있는 동안에야 어떻게 단식을 할 수 있겠소? 신랑이 함께 있는 동안에는 그럴 수 없지요. 그러나 이제 신랑을 빼앗길 날이 올 것이오. 그때에 가서는 그들도 단식을 하게 될 것이오."

그리고 예수는 이렇게 말하였다. "낡은 옷에 새 천 조각을 대고 깁는 사람은 없소. 그렇게 하면 낡은 옷이 새 천 조각에 켕겨 더 찢어지게 되오. 또 낡은 가죽 부대에 새 포도주를 넣는 사람도 없소. 그렇게 하면 새 포도주가 부대를 터뜨려 포도주도 부대도 다 버리게 되오. 새 포도주는 새 부대에 담아야 하오."

해석 예수 당시 유대인들은 특히 바리새인들은 엄격한 율법주의자였다. 이들은 구약 율법에 따라 일 년에 한번 금식하였다.

> 이것은 너희가 길이 지킬 규정이다. 일곱째 달에 들어 그 달 십일이 되면 본토 주민이든지 너희 가운데 몸 붙여 사는 사람이든지 할 것 없이 모두 단식해야 하며 아무 일도 해서는 안 된다.

그 날은 너희의 죄를 벗겨 너희를 정하게 하는 날이므로 너희가 야훼 앞에서 모든 잘못을 벗고 정하게 되리라. 그 날은 너희가 철저하게 쉬어야 하는 안식일이다. 너희는 단식을 해야 한다. 이것이 너희가 길이 지킬 규정이다.(레위기 16:29~31)

누가복음(18장 12절)에 보면 "나는 이레에 두 번씩 금식하고 또 소득의 십일조를 드리나이다." 라고 자랑하는 바리새인 이야기가 나온다. 예수가 금식을 부정한 것은 아니지만 형식적인 금식은 반대하였다. 금식에 대해 예수는 이렇게 말한다.

"금식할 때에 너희는 외식하는 자들과 같이 슬픈 기색을 내지 말라. 너희는 금식하는 것을 사람에게 보이려고 얼굴을 흉하게 하느니라. 내가 진실로 너희에게 이르노니 너희는 자기상을 이미 받았느니라. 너희는 금식할 때에 머리에 기름을 바르고 얼굴을 씻으라. 이는 금식하는 자로 사람에게 보이지 않고 오직 은밀한 중에 계신 네 아버지께 보이게 하려 함이라 은밀한 중에 보시는 네 아버지께서 갚으시리라."(마태복음 6:16~18)

유대교는 구약(레위기 11장)에 의거하여 금지하는 음식이 많았다. 이런 문제에 유대인들은 크게 신경을 쓰고 있었다. 유대교 금지 음식을 대략 정리하면 비늘과 지느러미가 없는 생선(뱀장어, 미꾸라지, 메기 종류), 맹금류(독수리, 솔개, 매 등)나 갈매기, 굽이 갈라져도 되새김질을 하지 않는 동물고기(돼지는 되새김질 하지 않아 먹을 수 없으며, 말은 새김질을 하나 굽이 갈라지지 먹을 수 없음). 또한 유대인들은 고기나 고기제품은 우유나 우유제품과 함께 요리하거나 먹어서는 안 되었다.

예수는 마가복음 2:18~22절에서 금식이 마치 대단한 행위인 것처럼 자랑하는 사람들의 위선을 지적하면서 상황에 따라 음식을 즐기는 것이 필요하다는 것을 비유를 들어서 말하였다.

또한 예수는 진리는 낡고 그릇된 개념을 지닌 사람에게 전해질 수 없음을 포도주 부대를 비유로 들면서 설명하였다. 왜냐하면 그릇된 개념을 지닌 사람에게 진리가 전해지면 왜곡되고 오염되기 때문이었다. 이는 포도주와 포도주 부대가 찢어져서 못쓰게 되는 꼴이었다.

예수는 구습에 매여 있는 사람들이 아직 자신의 가르침을 받아들일 준비가 되지 않았음을 알고 있었다. 묵은 포도주 즉 그릇된 개념에 익숙한 사람들은 새 포도주 즉 참 진리를 거부하기 때문이었다. 영지주의 복음서에도 포도주 부대에 대한 내용이 있다.

> "오래된 포도주를 마시고 즉시 새 포도주를 마시기를 원하는 사람은 없나니. 새 포도주는 오래된 포대에 넣지 않으니 이는 포대가 찢어질 수 있기 때문이요, 오래된 포도주를 새 포대에 넣지 않으니 이는 새 포대가 상할 수 있기 때문이니라. 낡은 헝겊으로 새 옷을 기우지 않으니 이는 새 옷이 찢어질 수 있기 때문이니라."(도마복음 47절)

사실 금식이 음식에만 한정되는 것이 아니다. 가장 중요한 것은 모든 물질에 대한 금식 즉 탐욕을 삼가는 일이다. 욕망에서 해방 없이는 천국은 드러나지 않는다. 물질 욕망이 장막처럼 천국을 가리기 때문이다. 티베트 불교에서는 욕망과 무지가 사라진 깨끗한 마음 상태를 "Clear Light"로 표현한다. 한 점 방해됨이 없이 내면의 신성 빛이 빛나는 상태이다. 마음이 맑게 빛나는 상태가 되어야 하느님 나라 천국을 볼 수 있다. 세상에 대한 금식에 대하여 영지주의 복음서는 이렇게 말한다.

> "세상에 대하여 금식하지 않는다면 천국을 찾지 못할 것이니라. 안식일을 안식일답게 지키지 못한다면 아버지를 보지 못할 것이니라."(도마복음 27절)

마가복음 2:23~28절(마태 12:1~8, 누가 6:1~5)

안식일의 주인

안식일에 예수가 밀밭 사이로 지나가게 되었다. 제자들이 길을 내면서, 밀 이삭을 자르기 시작하였다. 바리새파 사람이 예수에게 "보십시오, 어찌하여 이 사람들은 안식일에 해서는 안 되는 일을 합니까?" 그러자 예수가 그들에게 "다윗과 그 일행이 먹을 것이 없어서 굶주렸을 때에, 다윗이 어떻게 하였는지를 당신들은 읽지 못하였소? 아비아달 대제사장 때에, 다윗이 하느님의 집에 들어가서, 제사장들 밖에는 먹지 못하는 제단 빵을 먹고, 그 일행에게도 주지 않았소? 안식일이 사람을 위하여 생긴 것이지, 사람이 안식일을 위하여 생긴 것이 아니요. 그러므로 사람의 아들(태양)은 안식일에조차도 주인이라오." 라고 말하였다.

해석 유대인들은 구약에 의거 철저히 안식일을 지켰다. 금요일 해질 때부터 토요일 해질 때까지 안식일을 지켰으며 안식일을 철저히 지키기 위해 온갖 법을 만들었다.

"안식일을 기억하여 거룩히 지키라 엿새 동안은 힘써 네 모든 일을 행할 것이나 제 칠일은 너의 하느님 여호와의 안식일인즉 너나 네 아들이나 네 딸이나 네 남종이나 네 여종이나 네 육축이나 네 문안에 유하는 객이라도 아무 일도 하지 말라. 이는 엿새 동안에 나 여호와가 하늘과 땅과 바다와 그 가운데 모든 것을 만들고 제 칠일에 쉬었음이라 그러므로 나 여호와가 안식일을 복되게 하여 그날을 거룩하게 하였느니라.(출애굽기 20:8~11)

이 구절 외에도 안식일은 출애굽기 31장 13절, 에스겔 20장 12절, 20장 20절에서도 언급되고 있다. 유대인들은 안식일에 일을 하는 것이 금지되었다. 모든 음식은 안식일 전에 준비가 되었어야 하고 주방용 불을 사용할 수 없어서 찬 음식을 먹었다. 그러나 사제들은 예외였다. 유대인들에게 안식일은 모든 노동을 그치고 하느님의 섭리를 묵상하는 시간이었다. 그런데 예수 제자들이 밀 이삭을 잘랐으니 위법 행위라는 것이다.

예수는 사제들이 만든 이런 터무니없는 규정을 비난하면서 안식일이 사람을 위하여 생긴 것임을 분명히 하였다. 그런데 안식일을 만든 이유는 무엇일까? 그것은 특정일에 아무 일도 하지 않고 휴식하라는 말이 아니라 바쁘게 살아가는 사람들에게 일주일에 하루라도 시간을 내어 세속의 욕심을 버리고 자신을 성찰하고 신에게 감사하고 마음을 정화하라는 의미의 휴일이었다.

이렇게 안식일을 정해 놓았기에 바쁜 일상에서도 사람들은 시간을 내어 그날만큼은 형식적이든 아니든 간에 자신에 대하여 성찰하고 신에게 기도한다. 강제성이 없으면 한없이 게으른 것이 인간이기 때문이다. 그러니 안식일이 아침에 면도하고 세수하듯 별의미를 두지 않고 습관적으로 하는 행사라면 안식일의 의미는 없는 셈이다.

어떤 의미에서 아침이나 저녁에 시간을 내어 기도하고 명상하는 시간이 안식일이고 장소나 시간과 상관없이 깨어서 자신을 성찰하는 순간이 안식일이다. 참된 안식일은 특정일이나 특정 형식을 요구하는 것이 아니라 마음의 태도에 달려있다. 형식에 매여 진실을 놓치는 사람들의 무지와 위선을 보면서 예수는 안타까워했다.

누가복음 6:6~11절(마태 12:9~14, 마가 3:1~6)

손 오그라든 사람을 고치다

또 다른 안식일에 예수가 회당에 들어가서 가르치는데, 거기에는 오른손이 오그라든 사람이 있었다. 율법학자들과 바리새인들이 예수를 고발할 구실을 찾으려고, 예수가 안식일에 병을 고치는지 엿보고 있었다. 예수가 그들의 생각을 알고는, 손이 오그라든 사람에게 "일어나서, 가운데 서시오." 하고 말하였다. 그러자 그는 일어나서 섰다.

그리고 예수는 자신을 지켜보는 바리새인들을 둘러보고서는 말하였다. "그대들에게 물어보겠소. 안식일에 착한 일을 하는 것이 옳은 것이오? 악한 일을 하는 것이 옳은 것이오? 목숨을 구하는 것이 옳은 것이오? 죽이는 것이 옳은 것이오?" 그리고는 예수는 그 사람에게 "손을 펴시오." 하고 말하였다. 그 사람이 그렇게 하니, 그의 손이 바로 되었다. 그러자 그들은 화가 잔뜩 나서, 예수를 어떻게 할까 하고 서로 의논하였다.

해석 예수가 비유를 들어가며 안식일에 환자를 치유하는 까닭을 논리적으로 잘 설명하였지만 구습에 매여 있는 바리새인들은 전혀 받아들이지 못하고 예수에 대한 적의를 드러내었다. 4복음서에는 안식일을 지키지 않는 예수에 대하여 분노하는 유대인들의 모습이 놀라울 정도로 많이 나온다. 그만큼 이들이 안식일이라는 의식(Ritual)에 매여 있었다는 증거이다. 그들은 율법 준수가 자신들을 구원한다고 생각했다.

치유에는 상대방의 협력이 필요한데, 환자는 자발적으로 손을 펴려고 노력하였고 이런 협력을 통하여 예수의 영적 에너지가 그에게 작동하여 치유가 일어난 것으로 보인다,

누가복음 6:12~16절(마가 3:13~19, 마태 10;1~4)

12 제자 선정

그 무렵에 예수는 기도하려고 산에 들어가 밤을 새우며 하느님께 기도하였다. 날이 밝자 제자들을 불러 그중에서 열둘을 뽑아 사도로 삼았다. 열두 제자는 시몬 베드로, 세베대의 아들 야고보와 요한, 안드레, 빌립, 바돌로매, 마태, 도마, 알패오의 아들 야고보, 다대오, 가나안 사람 시몬, 가롯 유다였다.

해석 12명은 이스라엘의 12지파, 히브리 12문자, 12황도대, 12영센터 등을 상징하는 숫자였다. 이곳에서 비로소 예수의 열두 제자가 확정되었고 그들은 자신의 일과 가족을 버리고 예수의 사역에 자신들의 삶을 바치게 된다. 이들 중에는 세례요한의 제자들이 많았고

그들은 예수 사역을 위하여 미리 준비된 사람들이었다.

예수는 제자들이 자신을 메시아로 부르지 못하게 하였다. 예수는 자신을 지칭할 때는 사람의 아들(태양)로 하였다. 이는 메시아에 대하여 유대인들의 지닌 그릇된 개념을 우려했기 때문이었다. 제자들은 존경하는 스승이나 선생의 의미로 사용되었던 '랍비(rabbi)'라는 호칭으로 예수를 불렀다.

유대인들은 암울한 로마 지배로부터 자신들을 구원해 줄 메시아를 기다리고 있었다. 메시아에 대한 유대교 교리는 다윗 왕이 기름부음을 받으면서 들었던 약속, 즉 그와 그의 자손들이 마지막 시대까지 이스라엘을 다스릴 것이며 이민족을 다스리게 될 것이라는 믿음에 그 기초를 두고 있었다. 왕국 멸망 후에는 이 믿음은 다윗 왕가의 통치가 기적적으로 회복되리라는 예언자적인 대망으로 변했다. 마태복음과 누가복음 저자는 이런 믿음에 부응하여 예수 탄생을 각색하였음을 앞에서 언급하였다.

유대인들은 메시아가 정치적, 군사적 지도자로 실제적인 국가를 세울 것으로 생각했다. 이런 점에서 예수는 유대인의 기대에 부응할 만한 것을 가지지 못하였다. 그는 민족주의자가 아니었고 더군다나 구원을 위해서는 율법에 대한 순종이 아니라 회개와 사랑을 주장했기에 바리새인들이 예수를 받아들일 수는 없었다. 예수는 심판자이며 율법주의자 같은 하느님의 이미지를 위협하였고 사람들이 형식적인 율법에서 벗어나도록 가르쳤기에 정통 유대인들의 분노를 샀다.

산상 설교

예수가 무리를 보고 산에 올라가 앉자 제자들이 곁으로 다가왔다. 예수는 비로소 입을 열어 이렇게 가르쳤다.(마태복음 5~7장, 누가 6;20~49)

마태복음 5:3~12절

산상설교: 복이 있는 사람

"마음이 가난한 사람은(1) 복이 있노니 하늘나라가 그들의 것이기 때문이다. 슬퍼하는 사람은(2) 복이 있노니 그들은 위로를 받을 것이기 때문이다. 온유한 사람은 복이 있노니. 그들은 땅을 차지할 것이기 때문이다. 옳은 일에 주리고 목마른 사람은 복이 있노니 그들은 만족할 것이기 때문이다. 자비를 베푸는 사람은(3) 복이 있노니. 그들은 자비를 입을 것이기 때문이다.

마음이 깨끗한 사람은(4) 복이 있노니 그들은 하느님을 뵙게 될 것이기 때문이다(5). 평화를 위하여 일하는 사람은 복이 있노니 그들은 하느님의 아들이 될(5) 것이기 때문이다. 옳은 일을 하다가 박해를 받는 사람은 복이 있노니 하늘나라가 그들의 것이기 때문이다.

나 때문에 모욕을 당하고 박해를 받으며 터무니없는 말로 갖은 비난을 다 받게 될 때 그대들은 복이 있다 할 것이다. 기뻐하고 즐거워하여라. 너희가 받을 큰 상이 하늘에 마련되어 있다. 옛 예언자들도 너희에 앞서 같은 박해를 받았다."

해석 "마음이 가난하다(1)"의 뜻은 영적으로 자신의 부족함을 아는 사람을 의미한다. 이들은 자신의 부족함을 자각하고 노력하기에 하늘나라 즉 깨달음에 이르기 때문이다. "슬퍼한다는 것(2)"은 현재에 만족하지 않고 비통해 하는 것을 의미한다. 그들은 갈구하기 때문에 진리가 주어질 것이며 복이 있는 것이다. "자비를 베푸는 사람(3)"은 그 공덕으로 좋은 카르마를 만날 것이기 때문에 복이 있는 것이다.

"마음이 깨끗한 사람(4)"은 마음이 맑다는 것이다. 신을 알거나 기도가 신에게 전해지려면 우선 마음이 맑아야 한다. 이것은 기도의 전제 조건이기도 하다. 힘이 들 때마다 울고불고 기도한다고 신은 들어주지 않는다. 신은 완전한 평화, 평온, 조화, 순수함으로 존재하기에 자신에게 그런 상태로 다가오는 것에만 동조하고 인식할 수 있다. 마음이 맑은 사람은 하느님과 동조할 수 있기 때문에 복이 있는 것이다.

"하느님을 뵙게 된다거나, 하느님 아들이 된다거나, 하늘나라의 주인이 된다(5)." 라는 말은 모두 신과 하나 즉 깨달음을 얻게 된다는 의미이다. 다시 강조하지만 하늘나라는 장소가 아니라 의식 상태이다.

마태복음 5:13~16절

산상설교: 소금과 빛

"너희는 세상의 소금이다. 만일 소금이 짠 맛을 잃으면 무엇으로 다시 짜게 만들겠느냐? 그런 소금은 아무 데에도 쓸데없어 밖에 내버려져 사람들에게 짓밟힐 따름이다. 너희는 세상의 빛이다. 그 빛으로 산 위에 있는 마을이 드러나도다. 등불을 켜서 됫박으로 덮어두는 사람은 없다. 누구나 등경 위에 얹어둔다. 그래야 집 안에 있는 사람들을 다 밝게 비출 수 있지 않겠느냐? 너희도 이와 같이 너희의 빛을 사람들 앞에 비추어 그들이 너희의 착한 행실을 보고 하늘에 계신 아버지를 찬양하게 하여라."

해석 예수의 가르침을 세상에 전하는 제자들은 세상의 부패를 방지하는 소금과 같은 존재이다. 그러나 받은 진리를 세상에 드러내지 않는 사람은 짠 맛이 사라진 소금처럼 그 존재 가치가 없다. 예수에게 전해들은 빛/진리를 감추지 말고 세상에 전파하라는 말이다.

마태복음 5:17~20절

산상설교: 율법의 완성인가 법칙의 완성인가!

"내가 율법(법칙)이나 예언서의 말씀을 없애러 온 줄로 생각하지 마라. 없애러 온 것이 아니라 오히려 완성하러 왔다. 분명히 말해 두는데, 천지가 없어지는 일이 있더라도 율법(법칙)은 일 점 일획도 없어지지 않고 다 이루어질 것이다. 그러므로 가장 작은 법칙 중에 하나라도 스스로 어기거나, 어기도록 남을 가르치는 사람은 누구나 하늘나라에서 대접 받지 못할 것이다. 그러나 스스로 율법(법칙)을 지키고, 남에게도 지키도록 가르치는 사람은 누구나 하늘나라에서 큰 대접을 받을 것이다. 잘 들어라. 너희가 율법학자들이나 바리새인들보다 더 옳게 살지 못한다면 결코 하늘나라에 들어가지 못할 것이다."

해석 이 구절은 율법과 관련하여 논란이 많다. 율법에 매인 바리새인을 비난하던 예수가 율법의 완성을 외치니 모순된다는 것이다. 그런데 이런 오해는 여기에 나오는 율법을 유대 계율로 이해하는데서 생겨난다. 사실 예수는 여기서 율법이 아닌 우주법칙을 말하고 있다. 율법에 심하게 구속된 바리새인을 비난한 예수를 생각하면 이해가 될 것이다. 하느님의 말씀이고 진리인 우주법칙은 어느 누구도 거역할 수가 없다.

마태복음 5:27~30절

산상설교: 간음하지 마라

'간음하지 마라.'라는 말을 들었을 것이다. 그러나 나는 너희에게 이렇게 말하고 싶다. "누구든지 여자를 보고 음란한 생각을 품는 사람은 마음으로 그 여자를 간음했다고 할 수 있다."

해석 음란한 생각도 간음이란 말은 상징으로 이해하여야 한다. 이 말은 부정적 생각을 경계하는 말로 행동만이 아니라 생각도 중요하니 늘 생각을 올바르게 유지하도록 하라는 의미이다.

마태복음 5:33~37절

산상설교: 맹세하지 말라

'거짓 맹세를 하지 마라. 그리고 주님께 맹세한 것은 다 지켜라.'

라는 말을 들었을 것이다. 그러나 나는 이렇게 말하겠다. "아예 맹세를 하지 마라. 하늘을 두고도 땅을 두고도 예루살렘을 두고도 맹세하지 마라. 네 머리를 두고도 맹세하지 마라. 너희는 '예' 할 때에는 '예'라는 말만 하고, '아니오.' 할 때에는 '아니오.'라는 말만 하여라. 이보다 지나친 것은 악에서 나오는 것이다."

해석 자신에게 솔직하라는 말이다. 우리는 체면 때문에 혹은 친분 때문에, 상대방의 환심을 사거나 감정을 상하지 않게 하려고 'no' 대신에 'yes'라고 하거나, 상대방이 싫어서 혹은 자존심 때문에 'yes' 대신에 'no'라고 말할 때가 있다. 이것은 올바른 행동이 아니다. yes나 no를 말하기 곤란하면 아예 아무 말도 하지 말아야 한다.

마태복음 5:38~42절

산상설교: 악에 저항하지 말라

'눈은 눈으로, 이는 이로' 라는 말을 너희는 들었을 것이다 그러나 나는 이렇게 말한다. "악에 저항하지 마라(That ye resist not evil). 누가 오른뺨을 치거든 왼뺨마저 돌려 대고 또 재판에 걸어 속옷을 가지려고 하거든 겉옷까지도 내주어라. 누가 억지로 오리를 가자고 하거든 십리를 같이 가주어라. 달라는 사람에게 주고 꾸려는 사람의 청을 물리치지 마라."

해석 예수는 "원수를 사랑하라(마태 5:44)." 라고 한다. 이것과 비슷한 구절이 바로 "악에 저항하지 말라(마태 5:39)." 라는 구절이다.

누군가가 해코지를 하거나 위협을 가할 때 저항하지 않을 수 있겠는가? 성경구절 자구 하나에도 신의 의지가 개입되어 있다면서 성경을 철저하게 믿고 따르는 원리주의자들이 예수의 이 말을 실천하고 있는지 모르겠다.

예수의 이 말을 사람들은 어떻게 이해하고 있을까? 올바르게 알고는 있을까? 이 말은 올바름 혹은 선함이 파괴되어도 그냥 보고만 있으라는 말이 아니라는 것은 누구나 알고 있을 것이다.

예수가 의미하는 것은 악의 세력이나 적이 우리를 파괴하도록 그냥 두라는 말이 아니라 상대방에게 적의를 가지지 말라는 뜻이다. 적의 없이 방어를 하면 악은 힘을 잃는다. 악에 대하여 적의를 가지고 물리적으로 대항하거나 부정적 생각을 보내면 악에 힘을 더하는 것이고 불 위에 기름을 붓는 격이다. 이렇게 되면 악은 더욱 커지고 카르마를 쌓게 된다. 그러므로 악에는 악으로 저항하지 말아야 한다.

개입할 필요가 없는 사안은 그것에서 물러나는 것이 좋고(소극적 대처), 개입을 해야 하는 사안에는 미움이나 악이 아니라 사랑과 정의의 마음으로 대항하여야 한다(적극적 대처). 이렇게 되면 악에 힘을 보태지 않게 되고 궁극적으로는 악은 소멸된다.

성경에 보면 회당에서 악을 행하는 고리대금업자를 보고 예수가 화를 내며 그들을 회당에서 강제로 쫓아낸다. 예수에게는 미워하는 마음이 없었다. 오히려 그들에게 연민을 느꼈고 사랑했기에 그런 행동을 하였다. 악의 없이 초연한 마음으로 행한 사랑의 행동이었다.

마태복음 5:43~48절

산상설교: 원수를 사랑하라!

'네 이웃을 사랑하고 원수를 미워하여라.' 란 말을 들었을 것이다. 그러나 나는 이렇게 말한다. "원수를 사랑하고 너희를 박해하는 사람들을 위하여 기도하여라. 그래야만 너희는 하늘에 계신 **아버지의 아들**(1)이 될 것이다. 아버지께서는 악한 사람에게나 선한 사람에게나 똑같이 햇빛을 주시고 옳은 사람에게나 옳지 못한 사람에게나 똑같이 비를 내려주신다. 너희가 자기를 사랑하는 사람들만 사랑한다면 무슨 상을 받겠느냐? 세리들도 그만큼은 하지 않느냐? 또 너희가 자기 형제들에게만 인사를 한다면 남보다 나을 것이 무엇이냐? 이방인들도 그만큼은 하지 않느냐? 하늘에 계신 아버지께서 완전하신 것같이 너희도 완전한 사람이 되어라(2)."

해석 이 구절은 "악에 저항하지 말라는 말"과 같은 의미를 내포하고 있다. 원수에게 미운 감정을 가지고 대하지 말고 그들을 사랑하는 마음으로 대하라는 말이다. 여기서 사랑은 필요에 따라서는 힘이나 꾸중, 엄함이 수반된 정의로운 행위이다. 자녀가 잘 되라고 엄하게 훈육하는 것이 사랑이듯 자신에게 못된 짓을 한 사람을 좋게 변화시키기 위하여 행하는 엄한 행동도 사랑이다. 핵심은 분노의 감정 없이 정의를 행한다는 공평한 마음으로 해야 한다.

"아버지의 아들이 된다(1)."는 말은 바로 우리 영혼이 깨어나서 신과 하나가 된다는 의미이다. 그런데 예수가 이렇게 분명하게 말해도 기독교인들은 절대 그렇게 받아들이지 못한다.

"하늘에 계신 아버지께서 완전하신 것같이 너희도 완전한 사람이 되라(2).” 라는 말은 정통 기독교인들이 생각도 할 수 없는 무척 불경스러운 말일 것이다. 그런데 예수는 분명하게 우리도 신처럼 완전하게 되라고 말한다. 예수의 가르침이 무엇인지, 영지주의가 무엇인지 안다면 이런 내용은 너무도 자연스러운 말이다.

신의 불꽃인 영혼을 깨워서 우리가 신과 동조하게 되면 신과 하나가 되고 신처럼 완전하게 된다. 이 말은 요한복음에 나오는 “우리가 신이다.”란 구절이나. “우리가 신 안에 신이 우리 안에 있다.” 라는 구절과 같은 취지의 말이다. 이 구절 하나만으로도 예수가 세상에 어떤 가르침을 펼쳤는지 분명하게 알 수가 있다. 그러나 기독교인들은 예수가 아닌 바울이 창작한 비이성적이고 모순투성이 교리에 목숨을 걸고 있다.

마태복음 6:1~4절

산상설교: 자선에 대한 가르침

“너희는 일부러 남들이 보는 앞에서 선행을 하는 일이 없도록 하여라. 그렇지 않으면 하늘에 계신 아버지에게서 아무런 상도 받지 못한다. 자선을 베풀 때에는 위선자들이 칭찬을 받으려고 회당과 거리에서 하듯이 그렇게 스스로 나팔을 불지 마라. 분명히 말하는데 그들은 이미 받을 상을 다 받았다. 자선을 베풀 때에는 오른손이 하는 일을 왼손이 모르게 하여 그 자선을 숨겨두어라. 그러면 숨은 일도 보시는 네 아버지께서 갚아주실 것이다.”

해석 사람들은 남에게 자신의 관대함을 보여주려고, 신에게 잘 보이려고, 혹은 보답을 바라고 선행을 한다. 예수는 이런 행위는 선업이 되지 못한다고 말한다. 올바른 일이면 보상 심리 없이 바로 행하는 것이 도리이다. 유대교에서는 세상을 정의롭게 하려는 마음으로 자선을 베풀어야 한다고 한다.

유명한 유대철학자 모세스 마이모니데스(Moses Maimonides)는 자선을 8등급으로 분류하여 설명한다.

1등급: 돈을 빌려주거나, 사업 파트너로 받아들이거나, 일자리 구하는 것을 도와줌으로써 가난한 사람을 지원하는 방법. 이는 도움을 주어 스스로 일어서게 하는 방법이다.

2등급: 도움을 주는 자나 받는 자가 서로를 모르는 상태에서 도움을 주고받는 방법이다.

3등급: 주는 사람은 누가 받는지 알지만, 받는 사람은 누구 주는지 모르는 방법이다.

4등급: 받는 사람은 누가 주는지 알지만, 주는 사람은 누가 받는지 모르는 방법이다.

5등급: 받는 사람이 요청하기 전에 자신의 손으로 도움을 건네는 방법이다.

6등급: 받는 사람이 도움을 요청 한 후에 도움을 건네는 방법이다.

7등급: 받는 사람의 요청으로 도움을 주되 요청한 것보다 작게 주는 방법이다.

8등급: 언짢아하며 마지못해 주는 방법이다.

마태복음 6:5~15절

산상 설교: 기도의 비밀, 신방과 지성소

"기도할 때에도 위선자들처럼 하지 마라. 그들은 남에게 보이려고 회당이나 한길 모퉁이에 서서 기도하기를 좋아한다. 나는 분명히 말한다. 그들은 이미 받을 상을 다 받았다. 너는 기도할 때에 골방/내부성소(inner room)(1)에 들어가 문을 닫고 보이지 않는 네 아버지께 기도하여라. 그러면 숨은 일도 보시는 아버지께서 다 들어주실 것이다.

너희는 기도할 때에 이방인들처럼 빈말을 되풀이하지 마라(2). 그들은 말을 많이 해야만 하느님께서 들어주시는 줄 안다. 그러니 그들을 본받지 마라. 너희의 아버지께서는 구하기도 전에 벌써 너희에게 필요한 것을 알고 계신다(3). 그러므로 이렇게 기도하여라.

하늘에 계신 우리 아버지, 온 세상이 아버지를 하느님으로 받들게 하시며 아버지의 나라가 오게 하시며 아버지의 뜻이 하늘에서와 같이 땅에서도 이루어지게 하소서. 오늘 우리에게 필요한 양식을 주시고 우리가 우리에게 잘못한 이를 용서하듯이 우리의 잘못을 용서하시고 우리를 유혹에 빠지지 않게 하시고 악에서 구하소서. 아멘

너희가 남의 잘못을 용서하면 하늘에 계신 아버지께서도 너희를 용서하실 것이다. 그러나 너희가 남의 잘못을 용서하지 않으면 아버지께서도 너희의 잘못을 용서하지 않으실 것이다."

해석 '골방(1)'에서 기도하라고 하는데 이 단어는 영어로 'closet, chamber, inner room' 등으로 번역되었으나 그리스 원본의 의미는 '내부 신전(Inner Sanctuary)', '내부 성소(inner Holy, 지성소)'에 가

깝다.

예수가 한 말은 골방에서 기도하라는 말이 아니라 내부 성소에 들어가서 기도하라는 말이었다. 오컬트 가르침에 따르면 머릿속의 공동(空洞)인 제3뇌실(腦室)이 내부성소이다. 예로부터 신비단체에서는 이 내부성소에 있는 송과선을 혼이 거주하는 장소로 보았다.

참된 기도는 명상을 통하여 내면의 성소(聖所)인 송과선에 몰입하여 침묵 속으로 들어가는 것이다. 참된 기도를 하기 위해서는 마음에서 조화롭지 못한 생각을 제거하여 의식 속에 완전한 평화와 조화만을 유지하여야 한다. 이렇게 될 때 마음속에 침묵이 자리 잡는다. 이렇게 되면 신과 동조가 되어 기도가 응답되어진다.

예수는 기도에서 빈말이나 말을 많이 하지 말라고 한다(2). 그러나 사람들은 큰 목소리에 절절한 감정을 담아 기도를 한다. 기도도 신에 대한 온갖 찬양과 자신에 대한 겸손과 속죄의 말로 구성된다. 그런 말로 감정을 불러일으켜 스스로 최면 상태에 빠지기도 하고, 기도를 주도하는 목사의 경우는 사람들을 격한 감정 상태에 빠뜨려 일종의 집단최면 상태로 이끌기도 한다. 예수는 이런 기도는 응답이 없다고 분명하게 말한다.

모든 것을 주관하는 절대자는 이미 우리의 기도 내용을 알고 있으나(3) 우리 의식이 신의식과 조화로운 상태에 있지 않아 그 문제를 해결할 수 있는 영적 지침이나 힘을 내려 보낼 수가 없다. 그러므로 기도가 응답되도록 의식을 침묵 상태에 두어야 한다.

영지가르침에서 이 골방(송과선)은 신방 혹은 지성소로 상징되는데 이는 마치 남녀가 신방에서 합방하듯 신에게서 떨어져 나온 우리 영혼이 다시 신과 합일하는 장소이기 때문이다. 상징적으로 육체는 신의 사원, 머리의 3뇌실은 성소, 송과선은 신의 제단이 놓인 지성소이다.

(1)많은 이들이 문 앞에 서있으나, 홀로된 자만이 **신방**에 들어가리라.(도마복음서 75절)

(2)신방은 짐승들을 위한 것도, 노예들을 위한 것도, 더러운 여인들을 위한 것도 아니다. 그것은 자유인들과 처녀들을 위한 방이다.(빌립 복음서 75절)

(3)지성소는 신방이다. 세례는 부활과 구원을 수반한다. **구원은 신방에서 일어난다**. 신방은 그 어느 것들보다 더 높은 곳에 있다. 너희는 그와 같은 것을 발견하지 못할 것이다.(빌립 복음서 78절)

(4)신방에서 하나로 합일한 사람들은 더 이상 분리되지 않는다. 이처럼 신방의 이브는 아담과 합일되지 않았기 때문에 아담으로부터 분리되었다.(빌립 복음서 81절)

(5)성유식은 세례보다 더 높다. 왜냐하면 우리가 그리스도인들이라고 불린 것은 세례라는 말 때문이 아니라 성유식이라는 말에서 오기 때문이다. 그리스도가 그의 이름을 지니신 것은 성유식 때문이다. 아버지께서 그 아들에게 기름을 부으셨으며, 아들이 사도들에게, 그리고 사도들이 우리에게 기름을 부었기 때문이다. 기름부음을 받은 자는 모든 것을 소유한다. 그는 부활과 빛과 십자가와 성령을 소유한다. 아버지께서는 **신방에서** 이것을 그에게 주셨으며, 그는 그것을 선물로 받았다. 아버지는 아들 안에 계시며 아들은 아버지 안에 있다. 이것이 하늘의 왕국**이다.**(빌립

복음서 95절)

(1)에 대한 설명: 여기서 홀로된 자가 상징하는 것은 명예, 재산, 집착을 다 버리고 혼자인 사람을 의미한다. 도마복음 54절에서 마음에 욕심이 없는 자가 하늘나라에 간다고 하듯이 마음이 세속적 욕망으로부터 비워져서 철저히 혼자인 사람이 신방으로 들어간다는 말이다.

(2)에 대한 설명: 자유로운 사람과 동정녀는 도마복음 75절의 홀로된 자와 같은 의미이다. 동물이나 노예나 불경한 여자가 의미하는 것은 그러한 속성을 지닌 사람들은 신방(송과선)에 들어가지 못함을 말한다. 마음이 정화되고 욕망에서 해방이 되어야 우리는 신방에 들어갈 수 있다. 신랑과 신부가 하나가 되는 신방은 근원(신)에서 분리되어 참모습을 보지 못하던 우리가 마침내 근원과 합일하여 원래의 모습을 발견하는 곳이다.

우리가 깨끗한 마음으로 신의 속성을 지닌 영혼이 거주하는 송과선에 들어가 영혼과 합일하면 우리는 이 영혼을 통하여 전체(신)와 합일하게 된다. 이전까지는 우리는 무지와 부정적인 생각 등으로 영혼의 희미한 빛만으로 살아왔다. 그래서 비의 가르침은 마음의 정화와 무지의 극복을 깨달음의 중요한 조건으로 강조하고 있다.

(3)에 대한 설명: 성소와 지성소에는 중요한 상징이 숨겨져 있다. 이 상징을 이해 못하면 의미 파악을 할 수가 없다. 비의 가르침에서는 상징적으로 우리 몸은 사원이고 머리의 3뇌실이 성소, 영혼이 거주하는 송과선은 지성소로 본다. 그리고 이 지성소를 신방으로 부른다. 왜냐하면 이곳에서 영혼과 신의 합일이 일어나서 신과 하나 즉 구원이 일어나기 때문이다.

(4)에 대한 설명: 아담과 이브는 원래 하나였다. 인간의 영혼은 에덴동산에서 추락하기 전에는 자웅동체였는데 분리로 인하여 남녀로 존재하게 되었다. 신방에서 다시 합일이 일어난다. 경우에 따라 우리 영혼(soul)을 여성으로, 신의 속성인 띤 영(Spirit)을 남성으로 보고, 이 두 남녀의 결합을 아담과 이브의 합일로 설명하기도 한다.

(5)에 대한 설명: 참된 세례는 진리의 영을 통하여 마음에서 그릇된 개념이나 부정함을 없애는 것이고, 그 다음 단계가 성유식 즉 기름 붓는 의식(Ritual)이다. 그리스도가 기름 부음을 받은 깨달은 자를 상징하듯이 이것은 우리로 하여금 그리스도가 되게 한다. 그러므로 세례보다 성유식이 더 높다. 성유식에 사용되는 성유는 성령 즉 진리를 상징하고 이것을 통하여 우리는 깨닫게 된다.

신방은 외적 자아(에고)와 내적 자아(참 자아) 그리고 더 나아가서는 신 의식과 합일하는 장소를 상징하는 단어이다. 앞에서 설명하였듯이 신방이 상징하는 것은 인간의 혼이 거주하는 머리 중심의 송과선이며 여기에서 신의 신비가 일어난다.

빌립 복음서 95절의 "아버지는 아들 안에 계시며 아들은 아버지 안에 있다. 이것이 하늘의 왕국이다."라는 구절은 요한복음(14:20, 그 날이 오면 너희는 내가 아버지 안에 있다는 것과 너희가 내 안에 있고 내가 너희 안에 있다는 것을 깨닫게 될 것이다)과 같은 말이다.

하느님과 예수와 우리는 하나인데 신과 분리로 인하여 우리의 비극이 시작되었다. 진리를 통하여 다시 하나가 되는 날 우리는 천국에 있게 된다. 이처럼 분명하게 마태복음서나 요한복음서 그리고 영지주의 복음서는 다 같은 말을 하고 있다. 놀랍지 않은가!

마태복음 6:16~18절(참고: 마가 2:18~22절, 마태 9:14~17, 누가 5:33~39)

산상설교: 단식에 대한 가르침

"너희는 단식할 때에 위선자들처럼 침통한 얼굴을 하지 마라. 그들은 단식한다는 것을 남에게 보이려고 얼굴에 그 기색을 하고 다닌다. 나는 분명히 말한다. 그들은 이미 받을 상을 다 받았다. 단식할 때에는 얼굴을 씻고 머리에 기름을 발라라. 그리하여 단식하는 것을 남에게 드러내지 말고 보이지 않는 네 아버지께 보여라. 그러면 숨은 일도 보시는 아버지께서 갚아주실 것이다."

해석 예수는 남에게 자신의 얼마나 신앙심이 깊고 고상한지 보여주려고 침통한 얼굴을 하는 위선적인 사람들을 경멸하였다. 금식은 몸에 대한 지배력을 얻어서 내면으로 들어가 영혼과 만나려는 것이 목적이다. 그러므로 우리는 그 단식 과정에서 경험하는 것에 기뻐해야 한다. 금식에 대해서는 앞에서 설명하였다(116쪽).

마태복음 6:19~21절

산상설교: 하늘에 재물을 쌓기

"재물을 땅에 쌓아두지 마라. 땅에서는 좀먹거나 녹이 슬어 못쓰게 되며 도둑이 뚫고 들어와 훔쳐간다. 그러므로 재물을 하늘에 쌓아두어라. 거기서는 좀먹거나 녹슬어 못쓰게 되는 일도 없고 도둑이 뚫고 들어와 훔쳐가지도 못한다. 너희의 재물이 있는 곳에 너희의 마음도 있다."

해석 죽으면 가지고 갈 수 없는 것이 재산이고 명예이다. 생전에 선행을 하여 공덕을 쌓는 일, 즉 좋은 카르마를 쌓는 일이 하늘에 재물을 쌓는 방법이다.

마태복음 6:22~23절

산상설교: 제3의 눈

"그 눈은 몸의 등불이다. 그러므로 그대의 그 눈이 성하면 온몸이 밝을 것이며 그 눈이 성하지 못하면 온몸이 어두울 것이다. 그러니 그대 안에 있는 빛이 어두우면 그 어두움이 얼마나 심하겠느냐?(The light of the body is the eye: if therefore **thine eye be single,** thy whole body shall be full of light. But if thine eye be evil, thy whole body shall be full of darkness. If therefore the light that is in thee be darkness, how great is that darkness.)"

해석 성경학자들은 "Single eye"를 바른 눈(성한 눈)으로 해석하지만 비의 단체에서는 "Single Eye"를 영혼이 거주한다는 제3의 눈 즉 머리 중심의 송과선으로 본다. 이 눈이 깨어나면 내면의 빛이 온몸을 빛으로 채운다. 일반인의 경우 이 제3의 눈은 부분적으로 열려있어서 거의 죽어있는 것과 마찬가지이다. 그러나 영적 수준이 높은 사람은 제3의 눈이 열려 있어서 그 눈을 통하여 내면의 빛이 빛난다. 예수가 기도할 때 들어가라는 골방도 바로 제3의 눈이고 송과선이다.

부처상 이마에 박힌 보석은 제3의 눈을 상징하며 그 눈을 통하여 진리가 온 세상으로 나옴을 상징한다. 우리는 이 눈을 깨워야 한다. 그래야 영적인 빛이 나와 우리 몸과 마음을 밝히고 우리에게 존재하는 어둠을 몰아낸다. 영지주의 복음서에도 제3의 눈을 언급하고 있다. 여기서는 세례 요한의 제3의 눈이 파괴되지 않았다고 나온다.

> 예수께서 말씀하시길, "아담으로부터 세례 요한까지 여자에게서 태어난 사람들 가운데 세례 요한보다 더 위대한 자가 없으니 왜냐하면 **그의 눈이 파괴되지 않았기 때문이니라.** 그러나 너희 가운데 어린아이가 되는 사람은 누구든지 왕국을 알게 될 것이며 요한보다 위대하게 될 것이라고 나는 말하였느니라."(도마복음 46절)

마태복음 6:24절

산상설교: 하느님과 재물

"아무도 두 주인을 섬길 수는 없다. 한 편을 미워하고 다른 편을 사랑하거나 한 편을 존중하고 다른 편을 업신여기게 된다. 너희는 하느님과 재물을 아울러 섬길 수 없다."

해석 하느님은 영생하는 영이고 재물은 사라질 물질이다. 이 둘은 속성상 함께 할 수 없다. 우리는 명예나 재산에 집착하면서 동시에 하늘나라를 얻을 수는 없다.

마태복음 6:25~34절(누가복음 12:22~32)

산상설교: 먼저 하느님 나라를 구하라!

"그러므로 나는 분명히 말한다. 너희는 무엇을 먹고 마시며 살아갈까, 또 몸에는 무엇을 걸칠까 하고 걱정하지 마라(1). 목숨이 음식보다 소중하지 않느냐? 또 몸이 옷보다 소중하지 않느냐? 공중의 새들을 보아라. 그것들은 씨를 뿌리거나 거두거나 곳간에 모아들이지 않아도 하늘에 계신 너희의 아버지께서 먹여주신다. 너희는 새보다 훨씬 귀하지 않느냐? 너희 가운데 누가 걱정한다고 목숨을 한 시간인들 더 늘일 수 있겠느냐? 또 너희는 어찌하여 옷 걱정을 하느냐? 들꽃이 어떻게 자라는지 살펴보아라. 그것들은 수고도 하지 않고 길쌈도 하지 않는다. 그러나 온갖 영화를 누린 솔로몬도 이 꽃 한 송이만큼 화려하게 차려 입지 못하였다. 너희는 어찌하여 그렇게도 믿음이 약하냐?(2) 오늘 피었다가 내일 아궁이에 던져질 들꽃도 하느님께서 이처럼 입히시거든 하물며 너희야 얼마나 더 잘 입히시겠느냐?

그러므로 무엇을 먹을까 무엇을 마실까, 또 무엇을 입을까 하고 걱정하지 마라. 이런 것들은 모두 이방인들이(3) 찾는 것이다. 하늘에 계신 아버지께서는 이 모든 것이 너희에게 있어야 할 것을 잘 알고 계신다. 너희는 먼저 하느님의 나라와 하느님께서 의롭게 여기는 것을 구하여라. 그러면 이 모든 것도 곁들여 받게 될 것이다(4). 그러므로 내일 일은 걱정하지 마라(5). 내일 걱정은 내일에 맡겨라.

하루의 괴로움은 그날에 겪는 것만으로 족하다."

해석 "너희는 무엇을 먹고 살아갈까, 또 몸에다 무엇을 걸칠까 하고 걱정하지 마라(1)."와 유사한 내용이 영지주의 복음서에 나온다.

> 예수께서 말씀하시길, "밤낮으로 무엇을 먹을까, 무엇을 입을까 염려하지 말라. 그대들은 길쌈도 하지 않는 백합보다 더욱 귀하니라. 그대들에게 의복이 없을 때 무엇을 입겠느냐. 누가 그대 키를 크게 하겠느냐. 바로 그분이 그대들에게 의복을 주실 것이니라."(도마복음 36절)

예수는 이렇게 말하고 있는 것이다. "공중에 나는 새들도 들판에 피어나는 들꽃도 하느님이 보살피는데 하물며 신의 일부분인 인간은 오죽하겠느냐? 세상의 주인이 먹을 것과 입을 것을 걱정하는 것과 다를 것이 없어 보이노라."

사람들은 자신의 참된 신분과 능력을 망각하고 밤낮으로 살아갈 일에 걱정한다. 우리는 하늘나라(영적세계)를 먼저 찾지 않고 자기 자신(물질세계)을 먼저 찾는다. 우리의 참된 자아는 육체가 아니라 영혼이다. 영혼에게는 하느님 말씀이 필요하다.

"그렇게도 믿음이 약하냐?"(2)는 신에 대한 맹목적인 믿음을 말하는 것이 아니라, 제자들이 신으로부터 나온 신성한 존재이므로 신처럼 위대하다는 것을 믿으라는 말이다. 자신의 신성에 대한 믿음이다.

"이방인(3)"은 자신의 신성을 모르고 살아가는 사람들을 일컫는 말이다.

"먼저 하느님의 나라와 하느님께서 의롭게 여기는 것을 구하여라. 그러면 이 모든 것도 곁들여 받게 될 것이다(4)."의 의미는 먼저 영적인 것을 추구하면 물질적인 것은 저절로 따라온다는 말이다. 우리가 신의 속성을 지닌 신성한 존재라는 것을 알게 되고 신과 연결되어 있음을 깨닫게 되면, 우리의 근심 걱정은 사라진다. 하늘나라의 풍족함이 우리를 통하여 넘쳐날 것이기 때문이다.

마지막 문장(5)은 과거는 이미 지나갔고 미래는 오지 않았으니 지금 이 순간에 살라는 의미이다. 이것은 영원한 지금(eternal now)으로 불린다. 오직 지금만이 존재하기 때문이다.

마태복음 7:1~5절

산상설교: 남을 판단하지 마라!

"판단 받지 않으려면 남을 판단하지 마라. 남을 판단하는 대로 너희도 하느님의 심판을 받을 것이고 남을 저울질하는 대로 너희도 저울질을 당할 것이다. 어찌하여 너는 형제의 눈 속에 있는 티는 보면서 제 눈 속에 들어 있는 들보는 깨닫지 못하느냐? 제 눈 속에 있는 들보도 보지 못하면서 어떻게 형제에게 '네 눈의 티를 빼내어 주겠다.' 하겠느냐? 이 위선자야! 먼저 네 눈에서 들보를 빼내어라. 그래야 눈이 잘 보여 형제의 눈에서 티를 빼낼 수 있지 않겠느냐?"

해석 심판은 우리가 하는 것이 아니라 우주법칙 중의 하나인 원인과 결과의 법칙(카르마 법칙)이 한다. 자신의 잣대(말, 행동, 생각)로 누군가를 심판하려 한다면 나중에 그 결과를 받게 된다. 하느님의 심판은 공정한데 왜냐하면 신은 누구를 편애하지도 않고, 기분에 따라 판단하지도 않고, 오직 우주법칙에 따라 행하기 때문이다. 그래서 하느님을 법칙의 신, 공의의 신이라고 한다.

마태복음 7:6절

산상설교: 거룩한 것을 욕되게 하지 말라!

"거룩한 것을 개에게 주지 말고 진주를 돼지에게 던지지 마라. 그것들이 발로 그것을 짓밟고 돌아서서 너희를 물어뜯을지도 모른다."

해석 진리의 가치를 모르는 사람에게 진리를 전해주면 돼지처럼 뭉개버린다. 심지어는 자신의 신념이나 가치관과 다르다며 박해하고 위해를 가할 수 있다. 그래서 예수는 영지주의 가르침을 소수의 준비된 제자들에게만 전하였다. 정통교회에 진주를 던지면 그것이 진주인 줄 모르고 진주를 밟고 심지어 그것을 던져준 사람을 비난하고 박해할 것이 아닌가?

마태복음 7:7~11절

산상설교: 구하라, 찾으라, 문을 두드려라!

"구하라, 받을 것이다. 찾아라, 얻을 것이다. 문을 두드려라, 열릴 것이다. 누구든지 구하면 받고, 찾으면 얻고, 문을 두드리면 열릴 것이다. 너희 중에 아들이 빵을 달라는데 돌을 줄 사람이 어디 있으며 생선을 달라는데 뱀을 줄 사람이 어디 있겠느냐? 너희는 악하면서도 자기 자녀에게 좋은 것을 줄 줄 알거든 하물며 하늘에 계신 너희 아버지께서야 구하는 사람에게 더 좋은 것을 주지 않겠느냐?"

해석 행동함이 없이 맹목적 믿음이나 율법 준수로는 아무것도 주어지지 않는다. 진리를 구하고 두드려야 그 문이 열린다. 먼저 요청하고 구하지 않으면 높은 것을 얻을 수 없다. 지혜의 보관자는 사람들이 가르침을 얻으려고 행동으로 보여주지 않으면 지혜의 문을 열지 않는다. 요청하고 구하는 자만이 지혜의 문을 여는 열쇠를 발견한다. 우주에는 우연히 주어지는 것이 아무 것도 없다. 원인과 결과의 법칙만이 작동한다. 구함과 관련하여 영지주의 복음서에 흥미로운 구절이 있다.

> 예수께서 말씀하시길. "구하는 자는 찾을 때까지 구함을 멈추지 말라. 그가 찾게 될 때 불안하게 될 것이요, 그 불안은 놀라움으로 바뀔 것이며 마침내 그는 모든 것을 지배하리라."(도마복음 2절)

이 말은 진리를 얻을 때까지 멈추지 말라는 말이다. 진리를 찾아 나서는 사람은 많으나 끝까지 남아 진리를 발견하는 사람은 드물다. 쉬운 길을 찾아 이곳저곳 헤매다 흥미를 잃고 그만두는 것이 일반적이다. 세속적인 박사학위도 초등학교에서 시작하면 20년 이상이 걸리는데 사람들은 그보다 비교할 수 없을 만큼 소중한 자신의 본질을 찾는 일에는 시간을 아까워한다.

우리는 중요한 일에 시간과 노력을 기울이지 않고 중요하지 않은 일에 99%의 노력을 투자한다. 자신이 누구인지 모르고 살아간다면 그 삶이 어떠하든 아무런 의미 없는 일이 된다. 왜 존재하는지, 신과 나와의 관계는 무엇인지, 우주와 인간의 신비 등 너무나 궁금해야 할 일이 많이 있다. 진리를 구하는데 정해진 시한은 없다. 삶이 구도여행이 되어야 하는 이유이다.

재미있는 구절은 "진리를 찾게 되면 불안하게 된다는 것이다." 진리가 마음을 편안케 하지 않고 불안하게 한다면 이상하지 않은가? 참된 가르침에서는 하나 같이 그대는 신성한 존재이고 이 세상은 환영이니 물질집착을 버리라고 한다. 보이는 것을 진실하다고 믿고 사랑하는 가족과 천년만년 이 세상에 살고 싶어 하는 것이 사람들 마음인데, 모든 것은 꿈이니 집착하지 말라고 하니 불안할 수밖에 없을 것이다.

더군다나 자신이 신의 속성을 지닌 신성한 존재라고 하니 이것은 절대자에 대한 불경(不敬)을 저지르는 것 같아 마음은 두려움으로 불안해질 것이다. 누구나 신에 대한 경외감과 두려움을 지니고 있다. 여러 종교에서 신은 인간의 형상을 한 심판자의 모습으로 나타난다. 오직 신의 말만 따라야 하고 이를 어기면 벌을 주는 심판자의 모습으로 존재한다. 특히 구약의 신은 분노하고 질투하고 징벌하는 파괴적인 모습이 많다. 이런 문화적 배경을 지닌 유대사회에서 우리가 신이 일부분이라는 주장은 확실히 불안한 일이었을 것이다.

자신이 신이라는 불경스러운 말에 불안해 하다가 마침내 자신 내부에 모든 잠재성이 숨어있고, 성경말씀(요한복음 14:18, 20~21)처럼 '하느님 안에 자신이 있고 자신 안에 하느님이 있음'을 알게 되자 놀라게 된다. 외부가 아니라 자신 내부에 신이 있고 자신이 종이 아니라 주인임을 알게 된다. 이렇게 되면 삶의 주인으로 세상의 주인으로 살아가게 된다. 영지주의 복음서에 이런 흥미로운 구절이 있다.

> 당나귀가 맷돌을 돌리면서 100마일에 해당하는 거리를 걸었으나 당나귀가 맷돌에서 풀려나서 보니 여전히 제자리에 있음을 알았다. 이와 같이 많은 여행을 했으나 목적지로 조금도 나아가지 못하는 사람들이 있다. 그들에게 저녁이 찾아왔을 때, 그들은 도시나 마을도, 인공물이나 자연 현상도, 힘이나 천사도 보지 못했다. 그 가련한 자들은 헛수고를 하였다.(빌립 복음서 48절)

이 구절은 지혜 없이 열심히 살아가는 것만이 능사는 아님을 말한다. 거짓 가르침에 속아서 세월을 허비하는 사람이 많다. 그러므로 영지 같은 올바른 가르침을 만나는 일이 무척 중요하다. 맷돌을 돌리듯 기존 가르침에 따라 습관적으로 살아가면 영적으로 거의 한 발짝도 나아가지 못한다. 영혼이 죽고 육체가 산다면 무슨 소용이 있겠는가? 내적 성장 없는 제자리걸음은 윤회의 반복을 가져온다.

마태복음 7:12절

산상설교: 황금률 정신

"너희는 남에게서 바라는 대로 남에게 해주어라. 이것이 율법과 예언서의 정신이다."

해석 예수가 강조한 것이 이 황금률 정신이다. 자신의 종교를 인정받고 싶으면 타종교를 존중해야 하고, 자신의 교리가 존중되기를 바란다면 다른 교리도 존중해야 한다. 존중 정신이 없다면 존중받지 못한다. 소극적 황금률은 "그대에게 싫은 것을 남들에게 행하지 말라."이다.

마태복음 7:13~14절(참고: 누가 13:24)

산상설교: 좁은 문

"좁은 문으로 들어가거라. 멸망에 이르는 문은 크고 또 그 길이 넓어서 그리로 가는 사람이 많지만 생명에 이르는 문은 좁고 또 그 길이 험해서 그리로 찾아드는 사람이 적다."

해석 대중이 걷는 길은 넓지만 그것은 어둠으로 이끄는 길이다. 반면에 진리로 이끄는 길은 험하고 좁다. 맹목적 믿음이나 율법준수는 대중들이 좋아하는 쉬운 길이고, 내면을 성찰하여 지혜를 얻는 것은 소수만이 추구할 수 있는 좁고 힘든 길이다. 진리를 추구하는 사람은 힘은 드나 좁고 바른 길로 걸어가야 한다.

마태복음 7:15~20절

산상설교: 열매를 보고 나무를 안다, 카르마 법칙

"거짓 예언자들을 조심하여라. 그들은 양의 탈을 쓰고 너희에게 나타나지만 속에는 사나운 이리가 들어 있다. 너희는 행위를 보고 그들을 알게 될 것이다. 가시나무에서 어떻게 포도를 딸 수 있으며 엉겅퀴에서 어떻게 무화과를 딸 수 있겠느냐? 이와 같이 좋은 나무는 좋은 열매를 맺고 나쁜 나무는 나쁜 열매를 맺게 마련이다. 좋은 나무가 나쁜 열매를 맺을 수 없고 나쁜 나무가 좋은 열매를 맺을 수 없다. 좋은 열매를 맺지 못하는 나무는 모두 찍혀 불에 던져진다. 그러므로 너희는 그 행위를 보아 그들이 어떤 사람인지 알게 된다."

해석 "좋은 나무는 좋은 열매를 맺고 나쁜 나무는 나쁜 열매를 맺게 마련이다."는 한 마디로 "뿌린 대로 거두리라!"라는 말이다. "콩 심은데 콩 나고 팥 심은데 팥 난다." 라는 우리 속담과도 어울리는 말이다. 악업을 쌓은 사람이 좋은 결과를 바라는 것은 가시나무에서 포도를 구하는 것과 마찬가지이다. 선업을 쌓은 사람은 자신의 삶에 좋은 것을 가져오고 악업을 쌓은 사람은 자신의 삶에 나쁜 것을 가져온다.

우리가 잘 알고 있는 카르마는 원인과 결과의 법칙이라고도 하는데 이것은 우주를 지배하는 주요 법칙 중의 하나이다. 세상에는 우연은 없고 모든 것은 이 법칙에 따라 운행된다. 누구도 이 법칙을 벗어날 수 없다. 사람들이 이 법칙을 이해하고 살아간다면 세상은 참으로 살기 좋은 곳이 될 것이다. 도마복음에 유사한 구절이 나온다.

> 예수께서 말씀하시길, "가시나무에서 포도를 엉겅퀴에서 무화과를 수확하지 못하느니라. 이는 이들이 과실을 산출하지 못하기 때문이니라. 선한 자들은 자신의 창고에서 좋은 것을 가져오고 악한 자는 그들 마음속의 악한 창고에서 악한 것을 가져오고 악

한 것을 말하느니라. 이는 그 마음에 넘쳐나는 악으로부터 그들이 나쁜 것을 가져옴이라."(도마복음 45절)

마태복음 7:21~23절

산상설교: 하늘나라의 열쇠는 믿음이 아니라 영지지식

"나더러 '주님, 주님!' 하고 부른다고 다 하늘나라에 들어가는 것이 아니다. 하늘에 계신 내 아버지의 뜻을 실천하는 사람이라야 들어간다. 그날에는 많은 사람이 나를 보고 '주님, 주님! 우리가 주님의 이름으로 예언을 하고 주님의 이름으로 마귀를 쫓아내고 또 주님의 이름으로 많은 기적을 행하지 않았습니까?' 하고 말할 것이다. 그러나 그때에 나는 분명히 그들에게 '악한 일을 일삼는 자들아, 나에게서 물러가거라. 나는 너희를 도무지 알지 못한다.' 하고 말할 것이다."

해석 예수는 맹목적 믿음이 아니라 하느님의 뜻을 실천하는 사람이 하늘나라에 들어간다고 분명하게 말한다. 유사한 구절이 영지주의 복음서에 나온다.

"구원 받기 위해 **그분의 의지를 행하라**. 나의 꾸지람을 듣고 **스스로를 구원하여라**."(야고보 비밀의 서 12절)

예수께서 "진실로 너희에게 말하노니, 내가 명령한다 해도 어느 누구도 하늘의 왕국에 들어갈 수는 없으니라. 다만 **너희들 자신이 충만하게 되어야 들어갈 수 있노라**. 내가 야고보와 베드로

두 사람을 충만하게 할 터이니 두 사람은 따로 남으라."라고 말했습니다.(야고보 비밀의 서 2절)

오늘날 기독교 교회에서는 구원을 위해서 하느님과 예수에 대한 거의 맹목적인 믿음을 강조하지만, 여기서 예수는 분명하게 다른 말을 한다. 신이 의지를 행하고 스스로를 구원하라고 한다. 또한 예수는 자신이 명령한다 해도 제자들 스스로가 충만하게 되지 않으면 하늘나라 즉 구원이 불가능하다고 말한다. 이것은 예수 자신에 대한 믿음이 아니라 우리가 내적으로 지혜롭게 되어야 하늘나라에 들어갈 자격이 된다는 말이다. 이것이 정통기독교와 영지주의 가르침의 결정적인 차이이다. 여기서 충만하게 되기 위해서 필요한 것이 바로 예수가 전하는 비밀 지식 혹은 영지(그노시스)이다.

사실 이것은 너무도 상식적인 말이지만 믿음을 최고로 강조하는 기독교 종파에서는 이것을 받아들이지 못한다. 우주법칙 중에 중요한 것이 원인과 결과의 법칙(카르마 법칙)인데 이것은 쉽게 말해서 뿌린 대로 거둔다는 말이다. 그러므로 어느 누구도 우리를 대신할 수 없다는 말이기도 하다. 예수가 우리에게 지혜를 전해서 우리가 영적으로 성숙하도록 도와줄 수는 있어도 아직 영적으로 성숙하지 못한 사람을 예수 마음대로 하늘나라에 보낼 수는 없다. 만약 그렇지 않다면 조화롭게 운행되는 우주는 대 혼란에 빠질 것이다. 하느님도 우주법칙에 따라 우주를 다스리고 그 우주 법칙은 신의 신성한 의지(말씀)이기도 하다

마태복음 7:24~27절

산상설교: 말씀을 듣고 실행하라.

"그러므로 지금 내가 한 말을 듣고 그대로 실행하는 사람은 반석 위에 집을 짓는 슬기로운 사람과 같소. 비가 내려 큰물이 밀려오고 또 바람이 불어 들이쳐도 그 집은 반석 위에 세워졌기 때문에 무너지지 않소. 그러나 지금 내가 한 말을 듣고도 실행하지 않는 사람은 모래 위에 집을 짓는 어리석은 사람과 같소이다. 비가 내려 큰물이 밀려오고 또 바람이 불어 들이치면 그 집은 여지없이 무너지고 말 것이오." 예수가 이 말을 마치자 군중은 그의 가르침을 듣고 놀랐다. 그의 가르침에는 율법학자들과는 달리 권위가 있었기 때문이었다.

해석 예수는 자신이 전하는 진리를 실행하라고 한다. 진리가 삶에 응용되지 않으면 그것은 머릿속의 지식으로만 존재하지 우리를 하늘나라로 인도하지는 않는다. "내가 한 말을 듣고 그대로 실행하는 사람" 구절과 관련하여 영지주의 복음서에 유사한 구절이 있다.

> 예수께서 말씀하시길, "나의 입으로부터 나오는 것을 마시는 사람은 **나와 같이 될 것이며**, 내 자신이 바로 그 사람이 될 것이니라. 그러면 감추어진 것들이 그에게 드러나게 될 것이니라."
> (도마복음 108조)

여기서 예수는 진리를 받아들인 사람은 자신과 같아지며 자신이 그 사람이 된다고 말한다. 요한복음서에 나오는 "하느님이 그대 안에 있고 그대가 하느님 안에 있다."는 말과 같은 내용이다. 이처럼 신과 하나가 되면 모든 신비가 드러나게 된다.

예수는 설교를 하면서 자신의 권위를 위하여 성경이나 전승 자료를 인용하지 않았는데 이는 예수의 말은 진리 그 자체였기 때문이었다. 무엇에도 흔들리지 않는 것은 진리뿐이다.

마태복음 8:5~13절(누가 7:1~10)

백부장 하인 치유, 원격치유

예수께서 가버나움에 들어갔을 때에 한 백인대장이 예수에게 와서 "주님, 제 하인이 중풍으로 집에 누워 몹시 괴로워하고 있습니다." 하고 사정하였다. 예수가 "내가 가서 고쳐주겠소." 하자, 백인대장은 "주님, 저는 주님을 제 집에 모실만한 자격이 없습니다. 그저 한 말씀만 하시면 제 하인이 낫겠습니다. 저도 남의 밑에 있는 사람입니다만 제 밑에도 부하들이 있어서 제가 이 사람더러 가라 하면 가고 또 저 사람더러 오라 하면 옵니다. 또 제 종더러 이것을 하라 하면 합니다." 하고 대답하였다.

이 말을 듣고 예수는 감탄하며 따라오는 사람들에게 이렇게 말하였다. "정말 어떤 이스라엘 사람에게서도 이런 믿음을 본 일이 없소. 잘 들으시오. 많은 사람이 사방에서 모여들어 하늘나라에서 아브라함과 이삭과 야곱과 함께 잔치에 참석하겠으나 이 나라의 백성들은 바깥 어두운 곳(1)에 쫓겨나 땅을 치며 통곡할 것이오." 그러고 나서 예수는 백인대장에게 "가보시오. 그대가 믿는 대로 될 것이오." 하고 말하였다. 바로 그 시간에 그 하인의 병이 나았다.

해석 백부장은 이방인이었고 유대인이 이방인의 집을 방문하는 것은 불결한 행위로 간주되었다. 그래서 백부장은 예수가 비난받을 것에 대해 우려하여 자신의 집으로 초대하는 것을 꺼려하였다. 그는 예수가 원격치유도 할 수 있다는 것을 알았던 것으로 보인다. 예수는 유대인보다 더 많이 알고 지혜도 있는 백부장에게 놀라워한다.

"바깥 어두운 곳(1)"은 마지막 시기까지 깨닫지 못하여 하느님에게서 버려질 영혼이 거주하는 장소이다. 이것은 "카발라"와 "영지주의 복음서"에서 중요하게 다루어진다. 이에 대해서는 뒤에서(마태 25:14~30) 다룬다.

누가복음 7:27~35절(마태 11:7~19)

세례요한에 대한 예수의 증언. 윤회와 전생

세례자 요한에 대한 예수의 증언은 이렇다

"'너보다 앞서 내 사자를 보내니 그가 네 갈 길을 미리 닦아놓으리라.' 하신 성경 말씀은 바로 이 사람을 가리킨 것이오. 분명히 말하지만, 일찍이 여자의 몸에서 태어난 사람 중에 세례자 요한보다 더 큰 인물은 없었소. 그러나 하늘나라에서 가장 작은 사람이라도 그 사람보다는 크다오(1). 세례자 요한 때부터 지금까지 하늘나라는 폭행을 당해 왔소. 그리고 폭행을 쓰는 사람들이 하늘나라를 빼앗으려고 하오. 그런데 모든 예언서와 율법이 예언한 것이 요한까지요. 당신들이 그 예언을 받아들인다면 요한이 바로 오기로 되어 있는 엘리야라오(2).

들을 귀가 있는 사람은 알아들으시오. 이 세대를 무엇에 비길 수 있으리오. 마치 어린아이들이 장터에 앉아 다른 아이들에게 이렇게 말하는 것과 같소. '우리가 너희를 위해 피리를 불어도 너희는 춤추지 않았고 우리가 애도하는 노래를 불러도 너희는 슬피 울지 않았다.'

요한이 나타나서 먹지도 않고 마시지도 않으니까 '저 사람은 미쳤다.' 하더니, 사람의 아들이 와서 먹기도 하고 마시기도 하니까 '보아라, 저 사람은 즐겨 먹고 마시며 세리와 죄인하고만 어울리는구나.' 하고 말하오. 그러나 하느님의 지혜가 옳다는 것은 지혜를 받아들인 모든 사람에게서 드러나고 있소."

해석 "일찍이 여자의 몸에서 태어난 사람 중에 세례자 요한보다 더 큰 인물은 없었소. 그러나 하늘나라에서 가장 작은 사람이라도 그 사람보다는 크다오(1)."는 지상에서 태어난 사람 중에 요한만한 사람이 없었으나 하늘나라 즉 깨달은 사람에 비교한다면 요한은 수준이 낮다는 것이다. "요한이 엘리야란 말은(2)" 그의 전생을 말하는 것으로 윤회를 전제로 한 말이다.

두 번째 단락에서 예수는 무엇을 하든 비난을 일삼았던 유대 사람들을 비난한다. 이와 유사한 내용이 영지주의 복음서에 나온다.

> 예수께서 말씀하시길, "아담으로부터 세례 요한까지 여자에게서 태어난 사람들 가운데 세례 요한보다 더 위대한 자가 없으니 왜냐하면 그의 눈이 파괴되지 않았기 때문이니라. 그러나 너희 가운데 어린아이가 되는 사람은 누구든지 왕국을 알게 될 것이며 요한보다 위대하게 될 것이라고 나는 말하였느니라."(도마복음 46절)

여기서 "그의 눈이 파괴되지 않았기 때문이라."는 흥미로운 말이 나온다. 이 눈은 앞에서 언급했듯이 영혼이 거주하는 송과선(제3의 눈)을 의미한다.

예수는 요한을 엘리야라고 두 번이나 말한다(마태복음 11:14, 17:10~13). 엘리야가 세례요한이므로 엘리야가 윤회하여 세례요한으로 태어난 것이 되는 셈이다. 이것은 성경에서 윤회와 관련되는 구절 중의 하나이다.

사실 4세기까지만 하여도 기독교 사회에서 윤회가 큰 거부감 없이 논의되었고 특히 기독교 영지주의 학파에서는 윤회가 교리의 중심에 있었다. 정통 교회가 여러 학파와의 다툼에서 승리하고 로마 황제가 정통 교회를 인정한 후에 영지주의는 탄압을 당하여 사라지고 윤회사상도 같은 운명에 처하였다.

성경구절을 떠나서도 윤회 없이는 삶의 현상이 이성적으로 설명이 되지 않는다. 기독교 교리에서처럼 인간에게 출생 후 한 번의 기회만 주어지고 그 결과에 따라 천당과 지옥이 결정된다면 논리적으로 이해가 되지 않는 부분이 너무 많다.

목사 집안에 태어나서 예수 믿은 사람은 천국 가고, 이슬람 집안이나 불교집안에 태어나 예수를 접할 수 없어 예수를 믿지 않은 사람은 지옥에 간다면 참으로 불공평한 경쟁이 아닌가? 이것은 출발부터 공정치 못한 게임이다. 신이 출생 할 때마다 혼을 창조한다면 이러한 차별적인 조건은 정의롭다고 할 수 없다.

이러한 논리적 모순을 설명하는 가장 합리적인 교리가 윤회이다. 지금 자신이 처한 상황은 과거 자신이 설정한 원인 때문으로 이해한다면 출발부터 불공정한 게임은 아니며 누구를 비난할 일도 아닌 것이다. 그리고 윤회를 통하여 자신의 부족한 점을 극복할 기회가 주어지니 합리적이다.

기독교에서는 윤회를 이교도 가르침으로 생각하여 무척이나 거부감을 가지고 있다. 그러나 다행스럽게도 성경에는 윤회를 인정하는 구절이 있다. 성경의 예수 어록에서 윤회의 증거를 찾으면 윤회에 대한 기독교인의 거부감이 사라질지 모르겠다. 그러나 교리 전체가 무너지는 충격을 감내하면서 윤회를 받아들이려는 기독교인이 얼마나 될지 의문이다. 성경에 이런 윤회 구절이 있다.

그때에 제자들이 '율법학자들은 엘리야가 먼저 와야 한다고 하는데 어떻게 된 일입니까?' 하고 물었다. 예수께서는 '과연 엘리야가 와서 모든 준비를 갖추어 놓을 것이다. 그런데 실상 엘리야는 벌써 왔다. 그러나 사람들이 그를 알아보지 못하고 제 멋대로 다루었다. 사람의 아들도 이와 같이 그들에게 고난을 받을 것이다.' 하고 대답하셨다. 그제야 비로소 제자들은 이것이 세례자 요한을 두고 한 말인 줄을 깨달았다."(마태복음 17:10~13)
= 예수가 세례요한이 엘리야임을 밝힌다. 이것보다 더 명확한 윤회 인정 구절은 없다.

"나는 승리하는 자를 내 하느님의 성전 기둥으로 삼을 것이며, 그는 다시는 그 성전을 떠나지 않게 될 것이다."(요한계시록 3:12)
= 상징적인 글인데, 여기서 승리하는 자는 윤회를 통하여 깨달은 영혼이고, 떠나지 않게 될 것이란 말은 더 이상 윤회하지 않게 됨을 의미한다. 이것은 윤회를 인정하는 구절이다.

"너희는 남에게서 바라는 대로 남에게 해 주어라. 이것이 율법과

예언서의 정신이다."(마태복음 7:12)
= 성경만이 아니라 거의 모든 경전에 나오는 '황금률'이다. 예수가 이 말을 한 이유는 카르마 법칙을 말하고자 함이다. 즉 좋은 원인을 쌓으면 좋은 결과를 받는다는 말이다. 원인과 결과의 법칙이 아니라 신의 일방적 행동에 의해서 모든 것이 결정된다면 도덕적으로 혹은 황금률에 따라 살 필요가 없기 때문이다. 카르마 법칙은 윤회를 인정해야 존재한다. 황금률처럼 모든 종교나 문화에서 회자되는 격언이 "뿌린 대로 거두리라, As you sow so shall you reap" 라는 문구이다. 이 말도 카르마 법칙을 의미하고 윤회를 인정한다는 것이다.

"너희는 행위를 보고 그들을 알게 될 것이다. 가시나무에서 어떻게 포도를 딸 수 있으며 엉겅퀴에서 어떻게 무화과를 딸 수 있겠느냐? 이와 같이 좋은 나무는 좋은 열매를 맺고 나쁜 나무는 나쁜 열매를 맺게 마련이다. 좋은 나무가 나쁜 열매를 맺을 수 없고 나쁜 나무가 좋은 열매를 맺을 수 없다. 좋은 열매를 맺지 못하는 나무는 모두 찍혀 불에 던져진다. 그러므로 너희는 그 행위를 보아 그들이 어떤 사람인지 알게 된다."(마태복음 7:16~20)
= 카르마 법칙을 말하고 있다.

"주님께서 일을 시작하시던 그 태초에, 님께서 모든 것을 지으시기 전에, 이미 주님께서는 나를 데리고 계셨다. 영원 전, 아득한 그 옛날, 땅도 생기기 전에, 나는 이미 세움을 받았다. 아직 깊은 바다가 생기기도 전에, 물이 가득한 샘이 생기기도 전에, 나는 이미 태어났다. 아직 산의 기초가 생기기 전에, 언덕이 생기기 전에, 나는 이미 태어났다. 주님께서 아직 땅도 들도 만들지 않으시고, 세상의 첫 흙덩이도 만들지 않으신 때이다. 주님께서 하늘을 제자리에 두시며, 깊은 바다 둘레에 경계선을 그으실 때에도, 내가 거기에 있었다. 주님께서 구름 떠도는 창공을 저 위 높이 달아매시고, 깊은 샘물을 솟구치게 하셨을 때에, 바다의 경계를 정하시고, 물이 그분의 명을 거스르지 못하게 하시고, 땅의 기초를 세우셨을 때에, 나는 그분 곁에서 창조의 명공이 되어, 날마다 그분을 즐겁게 하여 드리고, 나 또한 그분 앞에서 늘 기뻐하였다."(잠언 8:22~30)

= 솔로몬의 잠언에서 솔로몬은 태초에 이미 존재하고 있었음을 말하고 있다. 태어날 때마다 영혼이 새롭게 창조된다는 영혼창조설이 설 근거가 없다. 윤회를 인정하지 않으면 이해할 수 없는 구절이다.

누가복음 7:36~50절

예수에게 향유를 바른 여자

예수가 어떤 바리새인의 초대를 받고 그의 집에 들어가 음식을 먹게 되었다. 마침 그 동네에는 행실이 나쁜 여자가 하나 살고 있었는데 그 여자는 예수께서 그 바리새인의 집에서 음식을 잡수신다는 것을 알고 향유가 든 옥합을 가지고 왔다. 그리고 예수 뒤에 와서 발치에 서서 울며 눈물로 그 발을 적시었다. 그리고 자기 머리카락으로 닦고 나서 발에 입 맞추며 향유를 부어드렸다.

예수를 초대한 바리새인이 이것을 보고 속으로 "저 사람이 정말 예언자라면 자기 발에 손을 대는 저 여자가 어떤 여자며 얼마나 행실이 나쁜 여자인지 알았을 텐데!" 하고 중얼거렸다. 그때에 예수는 "시몬아, 그대에게 물어볼 말이 있다." 하고 말하였다. "예, 선생님, 말씀하십시오." 그러자 예수는 이렇게 말하였다.

"어떤 돈놀이꾼에게 빚 진 사람 둘이 있었다. 한 사람은 오백 데나리온을 빚졌고 또 한 사람은 오십 데나리온을 빚졌다. 이 두 사람이 다 빚을 갚을 힘이 없었기 때문에 돈놀이꾼은 그들의 빚을 다 탕감해 주었다. 그러면 그 두 사람 중에 누가 더 그를 사랑하겠느냐?" 시몬은 "더 많은 빚을 탕감 받은 사람이겠지요." 하였다. 예수는 "옳은 생각이다." 하고는 그 여자를 돌아보며 시몬에게 말을 계속하셨다. "이 여자를 보아라. 내가 네 집에 들어왔을 때 너는 나에게 발 씻을 물도 주지 않았지만 이 여자는 눈물로 내 발을 적시고 머리카락으로 내 발을 닦아주었다. 너는 내 얼굴에도 입 맞추지 않았지만 이 여자는 내가 들어왔을 때부터 줄곧 내 발에 입 맞추고 있다. 너는 내 머리에 기름을 발라주지 않았지만 이 여자는 내 발에 향유를 발라주었다. 잘 들어두어라. 이 여자는 이토록 극진한 사랑을 보였으니 그만큼 많은 죄를 용서받았다. 적게 용서받은 사람은 적게 사랑한다."

그리고 예수는 그 여자에게 "그대 죄는 용서받았소." 하고 말하였다. 그러자 예수와 한 식탁에 앉아 있던 사람들이 속으로 "저 사람이 누구인데 죄까지 용서해 준다고 하는가?" 하고 수군거렸다. 그러나 예수는 그 여자에게 "네 믿음이 너를 구원하였다. 평안히 가거라." 라고 말하였다.

해석 예수가 죄지은 여인처럼 사회 소외층에게 매우 관심을 가졌다는 것을 보여주는 구절이다. 유대인들은 하느님만이 죄를 용서할 수 있다고 믿었는데 예수가 이런 말을 하니 분노하여 놀라워한다.

마태복음 12:22~32절(마가 3:19~30, 누가 11:14~23)

바알세불과 성령의 힘

사람들이 마귀가 들려 눈이 멀고 벙어리가 된 사람 하나를 예수에게 데려왔다. 예수가 그를 고쳐주자 그는 말도 하고 보게도 되었다. 그러자 모든 군중이 깜짝 놀라며 "이 사람이 혹시 다윗의 자손이 아닐까?" 하고 수군거렸다. 그러나 바리새인들은 이 말을 듣고 "그는 마귀의 두목 바알세불의 힘을 빌려 마귀를 쫓아내고 있는 것이오." 하며 헐뜯었다.

예수가 그들의 생각을 알아채고 이렇게 말하였다. "어떻게 사탄이 사탄을 쫓아낼 수 있겠소. 내가 당신들 생각대로 바알세불의 힘을 빌려 마귀를 쫓아낸다고 하면 그런 일을 하는 바리새인 사제들은 누구의 힘으로 마귀를 쫓아낸다는 말이요? 그러니 당신들 말이 그르다는 것이요. 나는 하느님께서 보내신 **성령의 힘으로** 마귀를 쫓아내고 있소(1). 그러니 하느님의 나라는 이미 당신들에게 와 있는 것이오. (29~30 절 생략)

그러므로 잘 들으시오. 사람들이 어떤 죄를 짓거나 모독하는 말을 하더라도 그것은 다 용서받을 수 있지만 **성령을 거슬러 모독한 죄만은 용서받지 못할 것이오.** 또 사람의 아들을 거역해서 말하는 사람은 용서받을 수 있어도 성령을 거역해서 말하는 사람은 현세에서도 내세에서도 용서받지 못할 것이오(2)."

해석 "나는 하느님께서 보내신 성령의 힘으로 마귀를 쫓아내고 있소(1)."에서 사람들은 성령을 유형의 형체를 지닌 존재로 생각하는데 앞에서 언급하였듯이 진리 즉 영지지식을 의미한다. 예수는 진리로 마귀를 쫓아낼 수 있었다. 영지지식을 지닌 사람은 예수처럼 마귀를 쫓아낼 수 있다.

"사람의 아들을 거역해서 말하는 사람은 용서받을 수 있어도 성령을 거역해서 말하는 사람은 현세에서도 내세에서도 용서받지 못할 것이오(2)."는 쉽게 이해가 되지 않을 수 있다. 유사한 구절이 도마복음에 나온다.

> 예수께서 말씀하시길, "아버지에 불경(不敬)을 저지르는 사람은 용서받을 것이며 그 아들에게 불경을 저지르는 사람도 용서받을 것이나 성령에게 불경을 저지르는 사람은 지상에서나 하늘에서 용서 받지 못할 것이다."(도마복음 44절)

이 구절을 보면 하느님이나 예수에게 불경을 저지르는 것은 용서되나 성령에 저지르는 불경은 용서되지 않는다 한다. 성령이 신으로부터 나온 것인데 이것이 가능한 일인가? 이것은 성령의 의미를 바로 알면 이해가 된다.

앞에서 성령을 신의 말씀, 진리로 해석하였다. 무지에서 해방 즉 구원은 예수를 통해서가 아니라 예수가 전하는 말씀을 통하여 가능하다. 비유를 든다면 대통령에 대한 불경은 용서되지만 대통령이 공고하여 시행중인 법에 위반하면 벌을 받는 것과 마찬가지이다.

하느님은 아들을 통하여 자신의 말씀을 전하였다. 그 말은 우주 법칙이며 변할 수 없는 진리이다. 이 진리가 우리를 자유롭게 하듯이 진리에 대한 불경은 우리를 어둠속에 가두어 버릴 것이다. 가장 큰 죄는 진리에 대한 불경(不敬)이다. 하느님의 말씀인 진리의 영은 우주법칙이고 그 법칙이 사람들을 모든 속박에서 자유롭게 만든다. 그러므로 하느님의 말씀인 진리의 영을 거역하면 용서받지 못한다. (좀 더 자세한 내용은 52쪽 참조할 것)

마태복음 12:38~42절(누가 11:29~32)

요나의 표적과 3일의 기간

그때에 율법학자들과 바리새인들 가운데 몇 사람이 예수에게 대답하여 말하였다. "선생님, 우리는 선생님에게서 표적을 보았으면 합니다." 예수는 그들에게 말하였다. "악하고 음란한 세대가 표적을 요구하지만, 이 세대는 예언자 요나의 표적 밖에는 아무 표적도 받지 못할 것이오. 요나가 사흘 낮과 사흘 밤 동안을 큰 물고기 뱃속에 있었던 것과 같이, 인자도 사흘 낮과 사흘 밤 동안을 땅속에 있을 것이오."(41~42절 생략)

해석 율법학자와 바리새인들 몇이 예수를 함정에 몰아넣어서 예수를 잡아가두려고 표적/기적을 보여주기를 원하였다. 예수는 이를 알아채고 기적이 아니라 말로 요나가 큰 물고기의 뱃속에서 삼 주야를 지냈던 것과 같이 사람의 태양인 자신도 땅 속에서 3일을 보낼 것이라고 말하였다. 물고기는 우주의 상징이고 3일는 사람이 죽고 다시 태어나기까지 걸리는 기간을 말한다. 그 기간 동안 영혼이 머무는 곳을 중간 세계 혹은 바르도라고 한다.

누가복음 11:37~54절(참고: 마태복음 23:1~36)

율법 교사들의 위선

예수는 말을 마치고 한 바리새인의 저녁 초대를 받아 그 집에 들어가 식탁에 앉았다. 그런데 예수가 손 씻는 의식을 치르지 않고 음식을 먹는 것을 보고 그 바리새인은 깜짝 놀랐다. 그래서 주께서 이렇게 말하였다. "그대들 바리새인들은 잔과 접시의 겉은 깨끗이 닦아놓지만 속에는 착취와 사악이 가득 차 있소. 이 어리석은 사람들이여, 겉을 만드신 분이 속도 만드신 것을 모르시오? 그릇 속에 담긴 것을 가난한 사람들에게 주시오. 그러면 모든 것이 다 깨끗해질 것이오.

당신들 바리새인들은 화를 입을 것이오. 그대들이 박하와 운향과 그 밖의 모든 채소는 십분의 일을 바치면서 정의를 행하는 일과 하느님을 사랑하는 일은 대수롭지 않게 여기는구려. 십분의 일을 바치는 일도 소홀히 해서는 안 되지만 이것도 실천해야 하지 않겠소?

당신들 바리새인들은 화를 입을 것이오. 그대들은 회당에서는 높은 자리를 즐겨 찾고 장터에서는 인사받기를 좋아하오.

당신들 바리새인들은 화를 입을 것이오. 당신들은 드러나지 않는 무덤과 같소. 사람들은 무덤인 줄도 모르고 그 위를 밟고 지나다니오."

이때 율법교사 한 사람이 나서서 "선생님, 그런 말씀은 저희에게도 모욕이 됩니다." 하고 투덜거렸다. 그러자 예수는 "당신들 율법 교사들도 화를 입을 것이오. 그대들은 견디기 어려운 짐을 남에게 지워놓고 자기는 그 짐에 손가락 하나 대지 않소.

그대들은 화를 입을 것이오. 당신들은 자신들의 조상들이 죽인 예언자들의 무덤을 꾸미고 있소. 그렇게 해서 당신들은 조상들의 소행에 대한 증인이 되었고 또 그 소행을 두둔하고 있소. 그대들 조상들은 예언자들을 죽였고 당신들은 그 무덤을 꾸미고 있으니 말이오.

그래서 하느님의 지혜가 '내가 그들에게 예언자들과 사도들을 보낼 터인데 그들은 더러는 죽이고 더러는 박해할 것이다.' 하고 말씀하셨던 것이오. 그러므로 이 세대는 창세 이래 모든 예언자가 흘린 피에 대한 책임을 져야 할 것이오. 잘 들으시오. 아벨의 피를 비롯하여 제단과 성소 사이에서 살해된 사가랴의 피에 이르기까지 그 일에 대한 책임을 이 세대가 져야 할 것이오.

당신들 율법 교사들도 화를 입을 것이오. 그대들은 지식의 열쇠를 치워버렸고 자기도 들어가지 않으면서 들어가려는 사람마저 들어가지 못하게 하였소(1)."

예수가 그 집을 나왔을 때 율법학자들과 바리새인들은 앙심을 품고 여러 가지 질문을 던져 예수의 대답에서 트집을 잡으려고 노리고 있었다.

해석 예수는 여러 사례를 들어가며 바리새인의 위선을 신랄하게 비판한다.

"당신들 율법 교사들도 화를 입을 것이오. 그대들은 지식의 열쇠를 치워버렸고 자기도 들어가지 않으면서 들어가려는 사람마저 들어가지 못하게 하였소(1)."와 유사한 구절이 영지주의 복음서에 있다.

> 예수께서 말씀하시길, "바리새인들과 학자들이 지식(영지)의 열쇠들을 취하여 감추었느니라. 그들 자신도 들어가지 않으면서

들어가기를 원하는 자들도 들어가도록 허용치 않느니라. 그러나 그대들은 뱀들처럼 지혜롭고 비둘기들처럼 순수하라."(도마복음 39절)

예수 탄생 오래 전에 유대인들은 훌륭한 명상법과 가르침을 가지고 있었다. 그러나 세월이 흐르면서 고대 히브리어로 기록되거나 구전되어진 가르침과 명상법은 성직자나 학자들의 전유물이 되어갔다. 왜냐하면 예수가 활동하는 시기에 이미 유대인들은 고대 히브리어 대신 당시 유대 지방에 광범위하게 사용되던 아람어를 사용하였고 고대 히브리어는 문서 속에만 존재하는 언어가 되어있었다. 일반인들은 히브리어로 기록된 문서를 읽을 수가 없었다.

대중이 무지할수록 정치지도자나 종교지도자들은 쉽게 대중을 지배할 수 있고 역할은 커지는 법이다. 유대 성직자들이나 학자들은 일반인이 알아보기 어려운 히브리어를 사용하여 자신들의 권위를 높였다. 그러나 이들도 의미보다는 의식(Ritual)에만 치우쳤고 유대 고대지혜는 사람들에게 잊혀져갔다. 예수는 당시의 상황을 말하고 있다.

누가복음 12:16~21절

재물에 묶인 어리석은 부자 이야기

군중 속에서 어떤 사람이 예수께 "선생님, 제 형더러 저에게 아버지의 유산을 나누어주라고 일러주십시오." 하고 부탁하자, 예수는 "누가 나를 그대들의 재판관이나 재산 분배자로 세웠단 말이오?" 하고 대답하였다. 그리고 사람들에게 "어떤 탐욕에도 빠져들지 않도록 조심하시오. 사람이 제아무리 부유하다 하더라도 그의 재산이 생명을 보장해 주지는 못하오." 하고는 비유를 들어 이렇게 말하였다.

"어떤 부자가 밭에서 많은 소출을 얻게 되어 이 곡식을 쌓아둘 곳이 없으니 어떻게 할까? 하며 혼자 궁리하다가 옳지! 좋은 수가 있다. 내 창고를 헐고 더 큰 것을 지어 거기에다 내 모든 곡식과 재산을 넣어두어야지. 그리고 내 영혼에게 말하리라. '영혼아, 많은 재산을 쌓아두었으니 너는 이제 몇 년 동안 걱정할 것 없다. 그러니 실컷 쉬고 먹고 마시며 즐겨라.' 하고 말했소. 그러나 하느님께서는 '이 어리석은 자야, 바로 오늘 밤 네 영혼이 너에게서 떠나가리라. 그러니 네가 쌓아둔 것은 누구의 차지가 되겠느냐?' 하였소. 이렇게 자기를 위해서는 재산을 모으면서도 하느님께 인색한 사람은 바로 이와 같이 될 것이오."

해석 첫 번째 문단과 비슷한 구절이 영지복음서에 나온다.

> 한 사람이 예수께, "나의 형제들에게 말씀하시어 내 아버지의 재산을 나와 나누도록 해주소서." 라고 요청하자, 예수께서 그 사람에게 말씀하시길, "이 사람아, 누가 나를 나누는 자로 만들었는가?" 하시고는 제자들에게 돌아서서 "나는 나누는 자가 아니로다. 그렇지 아니한가?" 라고 말씀하셨다.(도마복음 72절)

예수는 진리를 전하는 영적 스승이지 개인의 사소한 금전 문제를 해결해 주는 세속적인 지도자는 아니었다. 예수는 우리 내면에 있는 천국을 보여주기 위하여 이 세상에 왔지 세속의 지도자가 되려고 오지 않았다. 예수의 위대함을 보지 못하고 이런 사소한 질문을 하는 사람에게 답을 해야 하는 예수의 당혹스러움이 느껴진다. 당시 사람들의 관심이 진리보다는 세속적 욕망에 있었음을 보여주는 예이다.

이런 문자적 해석 외에 다른 숨은 의미는 없을까? 예수가 제자들에게 돌아서서 "나는 나누는 자가 아니로다. 그렇지 아니한가?" 라고 말하셨을, 예수는 자신이 신과 인간을 분리시키는 나누는 자가 아니라 두개를 조율시켜 서로 합일시키는 자임을 말하고 있다. 근원에서 떨어져 나온 것이 분리라면 근원으로 돌아가는 것이 합일이다.

부자의 어리석음을 말하는 2번째 단락과 유사한 내용이 영지복음서에도 있다.

> 예수께서 말씀하시길, "많은 돈을 가진 부자가 있었느니라. 그가 '내가 나의 돈을 들여 씨를 뿌리고 길러서 수확하여 창고에 가득 채워 아무런 부족함이 없게 하리라.' 생각하였으나 그날 밤 그는 죽었느니라. 여기 귀 가진 자들은 들으라."(도마복음 63절)

참으로 어리석은 사람 이야기다. 100년도 못살면서 천년만년 살아갈듯 재산을 모으는 사람들이 얼마나 많은가? 잠자리에 들어 다음날 깨어나지 못할 수 있는 것이 삶임을 예수는 말하고 있다. 그러나 우리는 죽을 때까지 재산과 명예에 집착하며 살아간다. 우리는 삶에 있어서 무엇이 가장 중요한지 모르고 살아간다. 자신이 누구인지 모르면 백만장자가 되고 높은 직위에 올라도 그 삶은 주인 없는 삶이 된다.

언제 죽을지 모르는 불안한 삶에서 운명의 주인이 되는 당당한 삶을 살아야 한다. 하늘나라는 지금 이 순간 우리 안에 있기 때문이다. 주인이 되는 삶은 살아서 하늘나라를 즐기는 삶이며 그것은 바로 깨달음의 삶이다. 법구비유경에 이와 비슷한 어리석은 중생 이야기가 나온다.

옛날 부처님께서 사위국에 계셨다. 그때 성 안에 80살 먹은 어떤 바라문이 있었는데, 그 사람은 재물이 수없이 많았으나, 그의 사람됨이 완고하고 미련하며 인색하고 탐욕이 많아 교화하기 어려웠다. 도덕을 알지도 못하고 무상함을 생각하지도 않았다. 게다가 집짓기를 좋아하여 앞에는 사랑채를 짓고, 뒤에는 별당을 지었으며, 시원한 다락과 따뜻한 방을 만들고, 동서 양쪽으로는 수십 칸의 행랑을 지었다. 다만 뒤채 별당의 앞 차양을 아직 마치지 못했을 뿐이었는데, 그 바라문은 직접 그 공사를 맡아서 온갖 일을 지휘하고 있었다.

부처님께서는 도의 눈(道眼, 도안)으로 그 노인이 그날이 다 하기 전에 죽을 것을 아셨다. 그러나 그는 그런 줄도 모르고 한창 바삐 돌아다니느라 몸은 여위고 힘은 다 빠져 정신이 없었으니 매우 가엾은 일이었다. 부처님께서 아난을 데리고 그 집으로 가서 그를 위로하셨다.

"노인장, 얼마나 고생스럽소? 지금 이 집들을 이렇게 지어 누가 살려고 하는 것이오?" 그는 "앞 사랑채에서는 손님을 대접하고 뒤채 별당에서는 내가 살고, 동·서 양쪽의 행랑에서는 자식과 종들을 살게 하고 또 재물을 보관할 것입니다. 여름에는 시원한 다락에 오르고 겨울에는 따뜻한 방에 들어갈 것입니다."라고 말하였다.

이에 부처님께서 이렇게 말씀하셨다. "노인장의 이름은 이미 오래 전에 들었는데 만나 이야기하는 것이 늦었소. 마침 생사(生死)와 관련된 중요한 게송이 있어 일러 주고 싶었는데, 잠깐 일을 멈추고 같이 앉아 이야기할 수 없겠소?"

그가 이렇게 대답하였다. "지금 한창 바빠 앉아서 이야기할 겨를이 없습니다. 뒷날 다시 오시면 함께 대화를 나누도록 하겠습니다. 중요한 게송이 있다 하셨으니 그 게송이나 말씀해 주십시오." 이에 세존께서는 게송을 말씀하셨다.

자식이 있고 재물이 있다 하여
어리석은 사람 공연히 허덕이누나.
나[我(아)]라 하는 이 몸도 내가 아니거니
자식과 재물을 무엇 때문에 걱정하리.
더울 때는 여기서 머물고
추울 때는 저기서 머물겠다고
어리석은 사람 미리 걱정 많건만
다가오는 변고는 알지 못하네.
어리석고도 어리석은 사람은
제 자신을 두고 지혜롭다 하나니
어리석은데 뛰어나게 지혜롭다 말하면
그야말로 지극히 어리석은 사람이라네.

재산을 바로 사용하지 못하는 것도 죄악이다. 욕심 부리고 살다가 죽고 나면 그 재산은 누구 것이 되겠는가? 자식이 어리석어 재산을 헛되이 낭비한다면 죽은 자의 책임도 면할 수 없는 법이다. 그러므로 현자는 혈연관계를 떠나 자신의 재산을 바르게 사용할 수 있는 사람에게 물려주며 죽기 전에 자선을 베풀어 하늘나라에 공덕을 쌓는다.

사회나 공익단체에 재산을 기부하고 자선을 베푸는 것은 개인의 공덕이 되고 사회의 정의를 세우는 일이다. 우주에서 나의 것이라 주장할 것은 아무 것도 없다. 재산이란 신이 우주적 차원에서 영적 성장과 사회 정의를 위하여 우리에게 잘 사용하라고 위탁한 것이다. 잘못 사용하면 책임이 따른다. 모든 금전 철학에서 주장하듯 우리는 돈이 흐르는 통로가 되어야 하지 돈이 머무는 댐이 되어서는 안 된다.

누가복음 12:33~34절

재물을 하늘에 쌓아라!

"너희는 있는 것을 팔아 가난한 사람들에게 주어라. 해어지지 않는 돈지갑을 만들고 축나지 않는 재물 창고를 하늘에 마련하여라. 거기에는 도둑이 들거나 좀먹는 일이 없다. 너희의 재물이 있는 곳에 너희의 마음도 있다."

해석 "재물 창고를 하늘에 마련하라."는 말은 물질 집착을 버리고 좋은 카르마를 위하여 공덕을 쌓으라는 말이다.

누가복음 12:49~53절(마태 10;34~39)

불을 지르러 왔다.

"나는 이 세상에 불을 지르러 왔다. 이 불이 이미 타올랐다면 얼마나 좋았겠느냐? 내가 받아야 할 세례가 있다. 이 일을 다 겪어 낼 때까지는 내 마음이 얼마나 괴로울지 모른다. 내가 이 세상을 평화롭게 하려고 온 줄로 아느냐? 아니다. 사실은 분열을 일으키러 왔다. 한 가정에 다섯 식구가 있다면 이제부터는 세 사람이 두 사람을 반대하고 두 사람이 세 사람을 반대하여 갈라지게 될 것이다. 아버지가 아들을 반대하고 아들이 아버지를 반대할 것이며 어머니가 딸을 반대하고 딸이 어머니를 반대할 것이며 시어머니가 며느리를 반대하고 며느리가 시어머니를 반대하여 갈라질 것이다."(누가 12:49~53)

"내가 세상에 평화를 주러 온 줄로 생각하지 마라. 평화가 아니라 칼을 주러 왔다. 나는 아들은 아버지와 맞서고 딸은 어머니와, 며느리는 시어머니와 서로 맞서게 하려고 왔다(1). 집안 식구가 바로 자기 원수다. 아버지나 어머니를 나보다 더 사랑하는 사람은 내 사람이 될 자격이 없고(2) 아들이나 딸을 나보다 더 사랑하는 사람도 내 사람이 될 자격이 없다. 또 자기 십자가를 지고 나를 따라오지 않는 사람도 내 사람이 될 자격이 없다(3). 자기 목숨을 얻으려는 사람은 잃을 것이며 나를 위하여 자기 목숨을 잃는 사람은 얻을 것이다."(마태 10:34~39)

해석 "예수는 칼을 주러왔으며 아들은 아버지와 맞서고 딸은 어머니와, 며느리는 시어머니와 서로 맞서게 하려고 왔다(1)."고 말한다. 예수가 보았을 때 사람들은 자신 내면의 신성과 하늘나라를 잊어버리고 물질세계에 취하여 살아가는 어리석은 중생이었다. 사람들이 그토록 믿고 의지하고 살아가는 가족제도, 사회 제도, 사회 가치관이나 문화, 종교는 물질에 취한 사람들의 어리석은 의식의 반영일 뿐이었다. 이들에게 하느님 말씀을 전하는 일은 기존 틀을 흔드는 파괴적인 힘이어야 했다. 구습, 고정관념, 그릇된 가치를 태워 없애야 그 자리에 새로운 가치관이 들어설 수 있는 법이다.

새 포도주는 새 포대에 담아야 한다는 말도 같은 맥락으로 이해하면 된다. 우주적 차원에서 이런 예수 행동은 사랑이겠지만 물질계에 집착하여 살아가는 사람들에게는 파괴자로 비칠 것이다. 예수는 곧 사라질 재산이나 명예, 육체에 집착하여 살아가는 사람들에게 영원히 존재하는 내면의 신성한 영혼에 대하여 알려주려고 하는 것이다. 예수는 사람들의 기존 가치관을 흔드는 진리의 불꽃을 던져놓고 이것이 타오르기를 기다리고 있다. 예수가 전하는 진리는 사람들이 믿고 따르는 기존의 체계를 태워버리고 난 후에 뿌리내려야 하였다. 예수의 복음에 대하여 사람들 사이에 심지어 가족 간에 의견이 분분하고 갈등과 반목이 생겨날 터였다.

"아버지나 어머니를 나보다 더 사랑하는 사람은 내 사람이 될 자격이 없다(2)."는 예수에 대한 사랑을 가족보다 중시하라는 것이 아니라 예수가 전하는 진리를 가장 소중히 하라는 말이다. 우리는 예수가 전한 진리보다 예수에게 집착하는 사람들을 많이 본다. 우리가 깨달으면 우리가 예수의 역할을 할 수 있는 것이다.

"또 자기 십자가를 지고 나를 따라오지 않는 사람도 내 사람이 될 자격이 없다(3)."는 자신처럼 각자가 자신의 십자가를 짊어지지 않은 사람은 가치 없는 사람이라는 말을 한 것이다. 자신의 십자가를 짊어지지 않으려는 사람이 너무도 많다. 많은 기독인교인들은 예수가 자신들의 죄를 대신하여 십자가에 못 박혀 죽었다고 한다. 그러므로 자신들은 예수를 믿기만 하면 구원이 된다고 믿는다.

이것은 자신의 십자가를 짊어지지 않으려는 터무니없는 궤변이며 예수의 가르침과는 전혀 다른 주장이다. 예수는 우리의 죄를 대신하여 십자가에 못 박혀 돌아가신 것이 아니다. 그것은 부활을 통하여 인간이 죽음도 극복할 수 있음을 보여주기 위함이었다. 인간이 극복해야 할 마지막 적은 죽음이다. 죽음을 극복함은 다른 말로 깨달음이며 신과 하나 되는 것이기도 하다.

우리는 각자 극복해야 할 업(과거에 설정한 행위의 결과)이 있으며 자신을 대신하여 업을 짊어질 사람은 존재하지 않는다. 업을 해소하는 수단으로 윤회가 존재하는 것이다. 신은 법칙으로 움직이지 인간처럼 개인에 대한 호감이나 특정한 감정으로 판단하지 않는다. 법칙이 무너지면 우주의 존재 근거는 사라진다. 신은 질서이며 우주도 질서이고 우리는 질서 속에 살아가고 있다. 법칙은 질서이다. 우리 모두는 자신의 십자가(업)를 짊어져야 한다. 사실 십자가에는 우리가 알고 있는 의미 외에 카발라 차원에서 깊이 숨겨진 의미가 있다. 이와 유사한 구절이 영지주의 복음서에 있다.

> 예수께서 말하길, "세상 사람들은 내가 이 세상에 평화를 주기위하여 온 것으로 알고 있으나 내가 세상에 불과 검과 전쟁이라는 분쟁을 주러 온 줄 모르고 있도다. 왜냐하면 집안에 다섯 사람이 있는데 세 사람이 두 사람과 다투고 두 사람은 세 사람과 다투고 아버지는 아들과 아들은 아버지와 다툴 것이기 때문이다. 그래서 그들은 서로 분리되어 있을 것이다."(도마복음 16절)

> 예수께서 말씀하시길. "나는 이 세상에 불을 던졌노라. 보라, 이것이 타오를 때까지 내가 지키고 있노라."(도마복음 10절)

> "자신의 아버지나 어머니를 미워하지 않는 사람은 나의 제자가 될 수 없도다. 자신의 형제자매를 미워하지 않는 사람과 나처럼 자신의 십자가를 짊어지지 않은 사람은 나에게는 가치 없는 사람이니라."(도마복음 55절)

누가복음 13:1~5절

회개의 참 의미

어떤 사람들이 예수에게 와서 빌라도가 희생물을 드리던 갈릴리 사람들을 학살하여 그 흘린 피가 제물에 물들었다는 이야기를 일러 드렸다. 예수는 이 말을 듣고 그들에게 말하길, "그 갈릴리 사람들이 다른 지역 갈릴리 사람보다 죄가 커서 그런 변을 당한 줄 아시오? 잘 들으시오. 그대들도 회개하지 않으면 모두 그렇게 망할 것이오. 또 실로암 탑이 무너질 때 깔려 죽은 열여덟 사람은 예루살렘에 사는 다른 모든 사람보다 죄가 더 많은 사람들인 줄 아시오? 잘 들으시오. 그대들도 **회개**하지 않으면 모두 그렇게 망할 것이오."

해석 타인의 재난이 자신에게는 예외라는 생각을 하는 사람들에게 "그대들도 회개하지 않으면 모두 그렇게 망할 것이오." 라고 말한다. 예수가 말하는 회개의 참된 의미는 무엇일까? 기독교인들이 생각하는 회개는 하나님 앞에 자신이 죄인임을 인정하고 예수에 대한 절대적 믿음을 받아들이는 것이다. 대부분의 그리스도인들은 회개를 이렇게 감정적 수준에서 받아들이는 경향이 크다.

반면 카르마(원인과 결과의 법칙)를 믿는 불교인의 경우는 자신이 행한 일은 반드시 그 결과를 받을 것이란 것을 알기에 단박에 구원 받는 그런 허황된 생각보다는 차분히 선업을 쌓으려고 노력한다. 또한 잘못을 범하려다가도 그 행위로 나중에 받게 될 카르마를 생각하고는 멈추는 경우가 많다. 원인과 결과의 법칙은 우주를 정의롭게 하고 우주를 지배하는 법칙이다. 이 법칙에 벗어날 방도는 없다. 회개는 평생 계속해서 이루어지는 일이며 안에 있는 부정적 속성과 잘못된 습관이 끊어질 때까지 지속적으로 반복해서 돌이키는 일이다. 회개를 어떻게 이해하는가의 문제겠지만 참된 의미에서 회개는 자기 수련 과정이며 동양의 명상과 다를 바가 없다.

진정한 회개와 구원은 무엇일까? 구약을 신비적으로 해석하는 카발라 사상에 보면 인간의 회개는 우주적 차원의 복귀 과정이고 구원은 신에게 돌아가는 것을 의미한다. 여기서 신에게 돌아간다는 것은 우리가 신의 피조물로서 천국에 거주하는 그런 차원이 아니라 신과 하나가 됨을 의미하는 것이다.

카발라의 대표적 문헌인 〈조하르〉에 보면 두 종류의 회개가 나온다. 그것은 낮은 회개와 높은 회개인데 전자는 신에 대한 두려움 즉 징벌에 대한 두려움에서 생겨나는 회개이고, 후자는 신에 대한 경건한 두려움에서 생겨나는 회개이다. 신의 거대함과 위대함을 명상할 때 우리를 압도하는 경건한 두려움이 그러하다. 징벌의 두려움으로 생겨나는 회개는 저열하고 낮은 수준의 회개이지만 이것은 높은 회개(경건한 두려움)의 디딤돌로 작동한다. 많은 사람들은 낮은 수준의 회개에 머문다.

이런 회개 위에는 또 다른 회개가 있는데 이것은 "회개의 회개"로 불린다. 이것은(회개의 회개) 높은 회개를 성취하게 되면 그때 신에게 돌아가지 못한 것에 대한 후회로 아파하는 마음을 말한다. 여기에서 근원과 합일의 열망이 생겨난다. 이런 회개를 통하여 신에게 돌아갔을 때 이것이 카발라에서 말하는 구원이다. 카발라에는 자신을 완전하게 하는 방법으로 히브리문자 명상, 신의 문자 명상 등이 있다. 이것은 자기 구원의 성격이 강하다. 유대 하시디즘(후대 카발라 학파)에서는 이렇게 말한다.

"회개는 온 마음과 영혼을 다하여 신에게 복귀하는 것이다. 회개의 핵심은 마음 깊이 후회하여 **내면의 최고 빛을 불러내는 것이다**. 빛을 끌어내어서 세상을 밝히기 위해서는 자선이나 체다카(세상을 정의롭게 하는 행동) 같은 실제적인 행동이 필요하다."

여기서 말하는 내면의 최고 빛은 신성한 영혼의 불꽃이다. 회개의 의미를 바로 알고 회개방식을 바꾸지 않는다면 회개는 내면의 변화를 가져오지 못하고 단지 자기위안과 자기기만에 가까운 습관적 행위가 될 것이다. 영지주의 복음서에서는 회개를 이렇게 설명한다.

> 이것이 위로부터의 구원을 기다리는 자들이 플레로마를 발견하도록 하는 복음의 말씀이다. 그들이 기다리고 있는 희망이 아직 오지 않고 있지만, 그들의 형상이 그림자 없는 빛이 되면(1) 그 때에 플레로마가 올 것이다. 물질의 결핍은 결핍이 있으면 오는 아버지의 무한함 때문에 생긴 것이 아니다. 아무도 불멸이신 분이 이런 식으로 오리라고는 말할 수 없다. 오히려 아버지의 심연은 깊어지고, 오류의 생각은 그분과 함께하지 않는다. 이것은 넘어졌다가 원래 상태로 되돌아가려는 그에게 오신 분을 발견하게 하여 다시 가뿐히 일어서게 한다. **이 되돌아가려는 것을 "회개(2)"라고 부른다**.(진리복음서 31절)

여기서 플레로마는 충만함이고 합일이며 이것은 우리가 진리를 통하여 깨달음을 얻을 때 온다. "형상이 그림자 없는 빛이 되면(1)"의 뜻은 형상 너머의 근원과 합일한다는 의미이다. 원래 자리인 근원으로 돌아가려는 것이 바로 회개(2)이다. 이것은 기독교인이 알고 있는 회개와는 아주 다르다. 회개는 신과의 분리 상태에서 벗어나 원래의 상태인 신과 합일하려는 우리의 의지이고 행동이다.

마태복음 12:46~50절(마가 3:31~35, 누가 8:19~21)

누가 내 어머니이며, 내 형제이냐?

예수가 군중에게 말하고 있을 때에 예수의 어머니와 형제들이 밖에 와 서서 예수와 이야기를 나눌 기회를 찾고 있었다. 그래서 어떤 사람이 예수에게 "선생님, 선생님의 어머님과 형제분들이 선생님과 이야기를 하겠다고 밖에 서서 찾고 계십니다." 하고 알려드렸다. 예수는 말을 전해 준 사람에게 "누가 내 어머니이고 내 형제란 말이오?" 하고 물었다.

그리고 제자들을 가리키며 "바로 이 사람들이 내 어머니이고 내 형제들이오. 하늘에 계신 내 아버지의 뜻을 실천하는 사람이면 누구나 다 내 형제요 자매요 어머니요." 하고 말하였다.

해석 예수는 진리의 길 위에 서있는 사람이 자신의 형제임을 밝힌다. 혈연관계의 집착에서 벗어난 예수였다. 어떤 상황에서도 초연함을 유지할 수 있는 존재였다. 이런 내용은 영지주의 복음서에도 나온다.

> 제자들이 예수께 "당신의 형제들과 어머니가 밖에 서 있나이다." 라고 하니 예수께서 제자들에게 말씀하시길, "내 아버지가 뜻하시는 바대로 행하는 자들이 나의 형제요 나의 어머니이니라. 그들이 내 아버지의 나라에 들어갈 사람들이니라."(도마복음 99절)

이 구절을 보고 예수를 부모 형제도 모르는 척하는 냉정한 사람으로 오해할 수도 있으나 깨달은 자에게 부모나 형제자매는 무지 속에 헤매는 가련한 영혼일 뿐이다. 아직도 세속적 잣대를 가지고 예수를 자식이나 형제로 생각하는 가족에게 예수는 하느님 말씀을 따르는 사람이 바로 자신의 형제이며 부모라고 말한다.

큰 의미에서 보면 우리 모두는 신에게서 나온 신성한 존재들이다. 무지에서 벗어나 신 의식 속에 하나가 되면 모든 사람은 하나이다. 타인은 또 다른 우리 자신이기 때문에 보살이 모든 중생이 깨달음을 얻을 때까지 해탈을 뒤로 미루면서 봉사하고, 깨달은 영혼이 무덤처럼 갑갑한 육체로 들어와서 가르침을 펴는 것이다.

마태복음 13:1~9절(마가 4:1~9, 누가 8:4~5)

씨 뿌리는 사람

예수가 호숫가에서 가르치는데 많은 사람들이 모여들어서 예수는 배를 타고 그 안에 앉은 채로 호숫가에 서있는 대중에게 비유로 여러 가지를 가르치면서 이렇게 말하였다.

“씨 뿌리는 사람이 씨를 뿌리러 나갔는데 어떤 것은 길바닥에 떨어져 새들이 와서 쪼아 먹었고 어떤 것은 흙이 많지 않은 돌밭에 떨어졌지만. 싹은 곧 나왔지만 흙이 깊지 않아서 해가 뜨자 타버려 뿌리도 붙이지 못한 채 말랐소. 또 어떤 것은 가시덤불 속에 떨어졌는데. 가시나무들이 자라자 숨이 막혀 열매를 맺지 못하였소. 그러나 어떤 것은 좋은 땅에 떨어져서 맺은 열매가 백배가 된 것도 있고 육십 배가 된 것도 있고 삼십 배가 된 것도 있었소. 들을 귀가 있는 사람은 알아들으시오.”

마태복음 13:10~17절(누가 8:9~10, 마가 4;10~12)

비유로 말씀하신 이유

제자들이 예수에게 가까이 와서 "저 사람들에게는 왜 비유로 말씀하십니까?" 하고 묻자 예수께서 이렇게 대답하였다. "너희는 하늘나라의 신비를 알 수 있는 특권을 받았지만 다른 사람들은 받지 못하였다. 가진 사람은 더 받아 넉넉하게 되겠지만 못 가진 사람은 그 가진 것마저 빼앗길 것이다(1). 내가 그들에게 비유로 말하는 이유는 그들이 보아도 보지 못하고 들어도 듣지 못하고 깨닫지도 못하기 때문이다.(14~15절 생략). 그러나 너희의 눈은 볼 수 있으니 행복하고 귀는 들을 수 있으니 행복하다. 나는 분명히 말한다. 많은 예언자들과 의인들이 너희가 지금 보는 것을 보려고 했으나 보지 못하였고 너희가 지금 듣는 것을 들으려고 했으나 듣지 못하였다(2)."

해석 여러 비유에서 보듯이 당시 대중들은 예수의 말씀을 일상적인 일과 관련된 비유를 통하여서만 그것도 약간만 이해를 했다. 대중의 수준이 너무 낮았다. 대중은 수준이 낮아서 수준 높은 우주법칙 즉 진리에 대한 설명은 늘 이들의 생활에서 알 수 있는 일상사에 대한 비유를 통하여 이루어졌다. 초등학생에게 칸트철학을 혹은 불교의 4성제를 설명한다고 생각해보라. 무슨 말로 이해시킬 것인가?

예수는 수준 낮은 사람들에게 친숙한 주제를 가지고 비유로 혹은 아주 단순하게 설명할 수밖에 없었다. 그래서 진리와는 멀어진 설명이 되었다. 그러나 준비된 제자들에게는 분명하게 이야기했다.

이와 관련 도마복음 62절에 이런 구절이 있다.

예수께서 말씀하시길, "나의 비밀을 받을만한 가치 있는 자들에게만 나의 비밀을 말하노라. 그대 오른손이 하는 일을 왼손이 알지 못하도록 하라."(도마복음 62절)

"가진 사람은 더 받아 넉넉하게 되겠지만 못 가진 사람은 그 가진 것마저 빼앗길 것이다(1)."는 영적으로 부유한 사람은 그 지혜로 더욱 영적으로 부유해지고 반대로 영적으로 가난한 사람은 더욱 영접 결핍에 빠질 것이라는 말이다. 영지주의 복음서에도 이런 구절이 있다.

예수께서 말씀하시길, "가진 자는 더 많이 받을 것이며 가진 것이 없는 사람은 자신이 가진 작은 것 마저 빼앗길 것이니라."(도마복음 41절)

"너희가 네 자신을 알게 되면 너희는 알려질 것이요 **살아계신 아버지의 자녀가 자신임**을 깨닫게 되리라. 그러나 자신을 모른다면 빈곤 가운데 사는 것이며 빈곤 그 자체이니라."(도마복음 3절)

도마복음 3절에서 예수는 우리가 누구인지 알게 될 때 모든 것이 드러나며 우리 자신이 바로 하느님의 자녀 즉 신의 일부분임을 알게 된다고 한다. 그렇게 되면 우리는 세상의 주인이 되어 영적으로 풍족한 삶을 살게 되지만 자신이 누구인지 모르는 사람은 등불 없이 어두운 산속 길을 걷는 것과 같으며 무지로 인하여 일어나는 온갖 고난에 시달리며 살아가게 된다. 이것이야 말로 자신을 몰라서 일어나는 빈곤 그 자체인 셈이다.

"많은 예언자들과 의인들이 너희가 지금 보는 것을 보려고 했으나 보지 못하였고 너희가 지금 듣는 것을 들으려고 했으나 듣지 못하였다(2)"의 의미는 예수가 전하는 가르침이 최고의 진리란 것이다. 이와 유사한 내용이 영지주의 복음서에 나온다.

> 제자들이 예수에게 말하길, "이스라엘에서 24명의 예언자가 말씀하였고 그들 모두는 당신에 대하여 말하였나이다." 예수가 말씀하길, "그대들은 그대들 앞에 있는 살아있는 자를 빠트리고 죽은 자에 대하여 말하고 있도다."(도마복음 52절)

마태복음 13:18~23절(누가 8: 11~15, 마가 4;13~20)

씨 뿌리는 사람의 비유에 대한 설명

이제 너희는 씨 뿌리는 사람의 비유가 내포한 뜻을 들어보아라. 누구든지 하늘나라에 관한 말씀을 듣고도 깨닫지 못할 때에는 악한 자가 와서 그 마음에 뿌려진 말씀을 빼앗아 간다. 길바닥에 떨어졌다는 것은 바로 이런 사람을 두고 하는 말이다. 또 돌밭에 떨어졌다는 것은 그 말씀을 듣고 곧 기꺼이 받아들이기는 하지만 그 마음 속에 뿌리가 내리지 않아 오래 가지 못하는 사람을 두고 하는 말이다. 그런 사람은 그 말씀 때문에 환난이나 박해가 닥쳐오면 곧 넘어지고 만다. 또 가시덤불에 떨어졌다는 것은 말씀을 듣기는 하였지만 세상 걱정과 재물의 유혹이 말씀을 억눌러 열매를 맺지 못하는 사람을 두고 하는 말이다. 그러나 좋은 땅에 떨어졌다는 것은 그 말씀을 듣고 잘 깨닫는 사람을 두고 하는 말이다. 그 사람은 백 배

혹은 육십 배 혹은 삼십 배의 열매를 맺는다.

해석 이 구절은 후대에 삽입된 내용으로 보인다. 예수는 준비된 사람들은 자신의 비유를 이해할 것으로 생각했으므로 이것을 설명하지는 않았을 것 같다. 준비되지 않은 사람에게는 설명해도 소용이 없었을 것이기 때문이다. 여기서 씨 뿌리는 사람은 예수, 씨앗은 진리이다.

마태복음 13:24~30절

가라지 비유

예수는 그들에게 또 다른 비유를 말하였다.

"하늘나라는 어떤 사람이 밭에 좋은 씨를 뿌린 것에 비길 수 있소. 사람들이 잠을 자고 있는 동안에 원수가 와서 밀밭에 가라지를 뿌리고 갔소이다. 밀이 자라서 이삭이 팼을 때 가라지도 드러났소. 종들이 주인에게 와서 '주인님, 밭에 뿌리신 것은 좋은 씨가 아니었습니까? 그런데 가라지는 어디서 생겼습니까?' 하고 묻자, 주인의 대답이 '원수가 그랬구나!' 하였소. '그러면 저희가 가서 그것을 뽑아 버릴까요?' 하고 종들이 다시 묻자, 주인은 '가만 두어라. 가라지를 뽑다가 밀까지 뽑으면 어떻게 하겠느냐? 추수 때까지 둘 다 함께 자라도록 내버려두어라. 추수 때에 내가 추수꾼에게 일러서 가라지를 먼저 뽑아서 단으로 묶어 불에 태워버리게 하고 밀은 내 곳간에 거두어들이게 하겠다.' 하고 대답하였소."

마태복음 13:36~43절

가라지 비유 설명

그 뒤에 예수가 대중을 떠나 집으로 들어갔다. 그러자 제자들이 와서 "그 밀밭의 가라지 비유를 자세히 설명해 주십시오." 하고 청했다. 예수는 이렇게 설명하였다.

"좋은 씨를 뿌리는 이는 사람의 아들이요, 밭은 세상이요, 좋은 씨는 하늘나라의 자녀요, 가라지는 악한 자의 자녀를 말하는 것이다. 가라지를 뿌린 원수는 악마요, 추수 때는 세상이 끝나는 날이요, 추수 꾼은 천사들이다. 그러므로 추수 때에 가라지를 뽑아서 묶어 불에 태우듯이 세상 끝나는 날에도 그렇게 할 것이다. 그날이 오면 사람의 아들이 자기 천사들을 보낼 터인데 그들은 남을 죄짓게 하는 자들과 악행을 일삼는 자들을 모조리 자기 나라에서 추려내어 불구덩이에 처넣을 것이다. 그러면 거기에서 그들은 가슴을 치며 통곡할 것이다. 그 때에 의인들은 그들의 아버지의 나라에서 해와 같이 빛날 것이다. 들을 귀가 있는 사람은 알아들어라."

마가복음 4:21~25절(누가 8:16~18, 마태 5:15, 10:27)

등불의 비유

예수는 사람들에게 또 이런 비유를 말하였다. "등불을 가져다가 됫박 아래나 침상 밑에 두는 사람이 어디 있겠소? 누구나 등경 위에 얹어놓지 않소? 감추어둔 것은 드러나게 마련이고 비밀은 알려지게 마련이오. 들을 귀가 있는 사람은 알아들으시오."

또 말하길, "내 말을 마음에 새겨들으시오. 그대들이 헤아려 주는 만큼 그대들이 헤아림을 받을 것이요, 또 덤으로 더 헤아려 받을 것이요. 누구든지 가진 사람은 더 받을 것이며 가지지 못한 사람은 그 가진 것마저 빼앗길 것이오."

해석 첫 번째 단락은 예수가 제자들에게 자신의 가르침을 감추지 말고 사람들에게 전해줄 것을 당부하는 내용이다. 영지주의 복음서에도 유사한 내용이 나온다.

> 예수께서 말씀하길, "그대가 듣게 될 것을 지붕위에 서서 (사람들에게) 전하라. 등불을 켜서 감추거나 숨겨진 곳에 두는 사람은 없기 때문이다. 오히려 사람들은 등불을 받침대에 두어 오가는 모든 사람들이 그 빛을 보도록 한다."(도마복음 33절)

두 번째 단락의 "누구든지 가진 사람은 더 받을 것이며 가지지 못한 사람은 그 가진 것마저 빼앗길 것이오."는 앞에 나온 내용이다(마태 13:10~17).

마태복음 13:31~32절(마가 4:30~32, 누가 13:18~19)

하늘나라의 겨자씨 비유

예수가 또 다른 비유를 말하였다. "하늘나라는 겨자씨에 비길 수 있소. 어떤 사람이 밭에 겨자씨를 뿌렸소. 겨자씨는 모든 씨앗 중에서 가장 작은 것이지만 싹이 트고 자라나면 어느 푸성귀보다 커져서 공중의 새들이 날아와 그 가지에 깃들일 만큼 큰 나무가 되오."

해석 예수는 대중에게 알아들을 수 있을 정도로 여러 가지 비유로만 진리를 전하였지만 그럼에도 수준 낮은 대중은 이런 비유를 이해하지 못하였다. 그 의미를 직접적으로 설명했더라면 더욱 이해하지 못하였을 것이다. 자신들의 영혼이 신의 일부분이고 눈부신 태양이라는 말은 그들이 지닌 개념으로 도저히 이해할 수 없는 일이었을 것이다. 지금도 유일신 종교인들이 깨달음의 종교를 이해 못하는 것과 마찬가지이다.

하늘나라는 부정 속에 가려져서 아주 작아 보이는 우리 내면의 태양 즉 영혼을 상징한다. 이것은 주변의 어떤 것보다 작아 겨자씨처럼 작으나 내면의 태양이 충분히 빛나면 그 어떤 것보다 크다. 그렇게 될 때 많은 사람에게 안식을 제공한다. 하늘나라를 진리나 깨달음으로 대치할 수도 있다. 이와 유사한 영지주의 구절이 있다.

> 제자들이 예수에게 여쭈었다. “천국은 무엇과 같은지 말씀해 주십시오.” 예수께서 말하길, “천국은 겨자씨 같도다. 씨 중에 가장 작은 씨이나 좋은 토양에 떨어지면 커다란 식물로 자라 공중을 날아다니는 새들의 보금자리가 되는 것과 같도다.”(도마복음 20절)

마태복음 13:33절(누가 13: 20~21)

누룩의 비유

예수께서 또 다른 비유를 그들에게 말씀하셨다. “어떤 여자가 누룩을 밀가루 서 말 속에 집어넣었더니 온통 부풀어 올랐소. 하늘나라는 이런 누룩에 비길 수 있소."

해석 누룩은 인간에게 숨겨진 빛 즉 신성한 영혼이고 그 빛으로 밝아지면 하늘나라에 거주하게 된다.

마태복음 13:44~51절

보물과 진주와 그물의 비유

또 예수는 제자들에게 이런 비유를 말하였다. "하늘나라는 밭에 묻혀 있는 보물과 같다. 그 보물을 찾아낸 사람은 그것을 다시 묻어두고 기뻐하며 돌아가서 있는 것을 다 팔아 그 밭을 산다. 또 하늘나라는 어떤 장사꾼이 좋은 진주(1)를 찾아다니는 것에 비유될 수 있다. 그는 값진 진주를 하나 발견하면 돌아가서 있는 것을 다 팔아 그것을 산다.

또 하늘나라는 바다에 그물을 쳐서 온갖 것을 끌어올리는 것에 비유될 수 있다. 어부들(2)은 그물이 가득 차면 해변에 끌어올려 놓고 앉아서 좋은 것은 추려 그릇에 담고 나쁜 것은 내버린다.

세상의 마지막 날에도 이와 같을 것이다(3). 천사들이 나타나 선한 사람들 사이에 끼여 있는 악한 자들을 가려내어 불구덩이에 처넣을 것이다. 그러면 거기서 그들은 가슴을 치며 통곡할 것이다." 예수는 이 말을 마치고 "지금 한 말을 다 알아 듣겠느냐?" 하고 물었다. 그러자 제자들은 "예." 하고 대답하였다.

해석 여기서 보물이나 진주(1)는 진리나 우리 내면의 신성한 영혼을 상징하고 장사꾼은 진주의 가치를 아는 사람이다. 그는 가진 것 모두를 팔아 진주를 구입한다. 현명한 자는 장사꾼처럼 진리를 발견하면 다른 것에 집착하지 않고 그 진리만 구한다.

석가가 왕위와 부귀영화를 버리고 왕궁을 나선 것도 이 진주를 찾기 위함이었다. 우리가 찾아나서야 할 것이 바로 이 진주이다. 티베트 불교에서 영혼을 연꽃 속의 진주라 칭한다. 이 영혼을 흘낏 본 사람은 그것을 완전히 드러내려고 모든 시간과 재산을 그것에 투자한다. 다른 것에 대한 욕망은 사라진다. 이와 유사한 구절이 도마복음에 나온다.

> 예수께서 말씀하시길, "아버지의 나라는 많은 물건을 가지고 있던 중에 진주 하나를 발견 장사꾼과 같도다. 그 장사꾼은 현명한 사람이어서 가지고 있던 모든 물건을 팔아서는 자기 자신을 위하여 단지 진주 하나만을 샀느니라." 그러므로 그대도 벌레가 먹지 않고 좀도 슬지 않는 곳에 영원히 존재하는 그런 보물을 찾으라."(도마복음 76절)

두 번째 단락에서 어부들(2)은 신이나 신의 사역자들을 가리키고 바다는 세계, 물고기는 인간을 상징한다. 그물에 끌어올린 고기란 죽어서 심판대에 선 혼들을 상징한다. 영적으로 성숙하여 더 이상 세계로 나갈 필요가 없는 혼(큰 고기)은 하늘나라에 머물게 되고 나머지 작은 물고기(아직 영적으로 성숙하지 못하여 좀 더 경험이 필요한 혼)는 바다로 돌려보내진다. 이것은 윤회를 말하고 있다. 유사한 구절이 도마복음에 나온다.

> 예수께서 말씀하시길, "그 사람은 그물을 바다에 던져 작은 물고

기를 가득 잡아 올리는 지혜로운 어부 같도다. 지혜로운 어부는 그 가운데서 크고 좋은 물고기 한 마리를 찾아내어 나머지 작은 물고기들을 바다에 되던져 넣고 어려움 없이 그 큰 물고기를 선택하였느니라. 귀 있는 자들은 들어라!"(도마복음 8절)

"세상 마지막 날에도 이와 같을 것이다(3)." 라는 구절은 세상의 마지막 날이 있다는 것이고 그날까지도 윤회에서 벗어나지 못하고 미망 속에 헤매는 혼은 걸러져 버려진다는 말이다. 그 이전에는 수많은 윤회를 통하여 개선의 기회가 주어진다.

마가복음 4:35~41절(마태 8:23~27, 누가 8:22~25)

예수의 호령으로 잔잔해진 풍랑

그날 저녁이 되자 예수는 제자들에게 "호수 저편으로 건너가자." 하고 말하였다. 그래서 그들이 군중을 남겨둔 채 예수가 타고 있던 배를 저어 가자 다른 배들도 함께 따라갔다. 그런데 마침 거센 바람이 일더니 물결이 배 안으로 들이쳐서 물이 배에 거의 가득 차게 되었다. 그런데도 예수는 뱃고물을 베개 삼아 잠자고 있었다. 제자들이 예수를 깨우며 "선생님, 저희가 죽게 되었는데도 돌보시지 않습니까?" 하고 부르짖었다. 예수가 일어나 바람을 꾸짖으며 바다를 향하여 "고요하고 잠잠해져라!" 하고 호령하자 바람은 그치고 바다는 아주 잔잔해졌다. 그렇게 하고 나서 예수는 그들에게 "왜 그렇게들 겁이 많으냐? 아직도 믿음이 없느냐?" 하고 책망하였다. 그들은 두려움에 사로잡혀 '도대체 이분이 누구인데 바람과 바다까지 복종

할까?" 하며 서로 수군거렸다.

해석 죽은 사람을 살린 것만큼이나 믿기 어려운 내용일 수 있으나 우주법칙에 통달한 예수는 지수화풍을 다스릴 수 있었다.

마태복음 8:28~34, 9:18~26절(마가 5:1~43, 누가 8:26~56)

마귀와 예수의 옷에 손을 댄 여자, 살아난 회당장의 딸

예수가 호수 건너편 가다라 지방에 이르렀을 때에 마귀 들린 사람들이 무덤 사이에서 나오다가 예수를 만났다. 그들은 너무나 사나워서 아무도 그 길로 다닐 수가 없었다. 그런데 그들은 갑자기 "하느님의 아들이여, 어찌하여 우리를 간섭하시려는 것입니까? 때가 되기도 전에 우리를 괴롭히려고 여기 오셨습니까?" 하고 소리 질렀다. 마침 거기에서 조금 떨어진 곳에 놓아기르는 돼지 떼가 우글거리고 있었는데 마귀들은 예수에게 "당신이 우리를 쫓아내시려거든 저 돼지들 속으로나 들여보내 주십시오." 하고 간청하였다. 예수가 "가라." 하고 명령하자 마귀들은 나와서 돼지들 속으로 들어갔다. 그러자 돼지 떼는 온통 비탈을 내리달려 바다에 떨어져 물속에 빠져 죽었다.

돼지 치던 사람들이 이것을 보고 읍내로 달려가서 이 모든 일과 마귀 들렸던 사람들의 일을 알렸다. 그러자 온 읍내 사람들이 예수를 만나러 나와서 예수를 보고는 저희 고장에서 떠나가 달라고 간청하였다.(마태 8:28~34)

예수가 이 말을 하고 있을 때에 한 회당장이 와서 예수에게 절하며 "제 딸이 방금 죽었습니다. 그렇지만 저의 집에 오셔서 그 아이에게 손을 얹어주시면 살아날 것입니다." 하고 간청하였다. 예수가 제자들과 함께 일어나 그를 따라갔다.

마침 그때에 열두 해 동안이나 하혈병을 앓던 어떤 여자가 뒤로 와서 예수의 옷자락에 손을 대었다. 예수의 옷에 손을 대기만 해도 병이 낫을 것으로 생각하였던 것이다. 예수가 돌아서서 그 여자를 보고 "안심하시오, 그대 믿음이 그대를 낫게 하였소." 하고 말하자 그 여자는 대뜸 병이 나았다.

예수가 회당장의 집에 이르러 피리 부는 사람들과 곡하며 떠드는 무리를 보고 "다들 물러서시오. 그 아이는 죽은 것이 아니라 잠들어 있소." 하고 말하였다. 그러나 사람들은 모두 코웃음만 쳤다. 그 사람들이 다 밖으로 나간 뒤에 예수가 방에 들어가 소녀의 손을 잡자 그 아이는 곧 일어났다. 이 소문이 그 지방에 두루 퍼졌다.(마태 9:18~26)

해석 마귀 복종에서부터 죽은 사람 살리기까지 예수의 치유 분야는 한계가 없었다. 예수의 능력을 신뢰하였던 하혈병 환자에게 기적 같은 일이 일어났는데 이것은 치유자에 대한 믿음이 환자의 내면에 있는 치유에너지를 깨웠기 때문이다.

마태복음 9:27~34절

소경 두 사람을 고치심, 벙어리를 고치심

예수가 그곳을 떠나 길을 가는데 소경 두 사람이 따라오면서 "다윗의 자손이여, 저희에게 자비를 베풀어주십시오." 하고 소리쳤다. 예수가 집 안으로 들어가자 그들은 거기까지 따라 들어왔다. 그래서 예수가 "내가 그대들의 소원을 이루어줄 수 있다고 믿으시오?" 하고 물었다. "예, 믿습니다, 주님." 하고 그들이 대답하자, 예수는 그들의 눈을 만지며 "그대들이 믿는 대로 될 것이오." 하고 말하였다. 그러자 그들의 눈이 뜨이었다. 예수는 그 일을 아무에게도 알리지 말라고 단단히 일러두셨지만 그들은 나가서 예수의 소문을 그 지방에 두루 퍼뜨렸다.

그들이 나간 뒤에 사람들이 마귀 들린 벙어리 한 사람을 예수께 데려왔다. 예수가 마귀를 쫓아내자 벙어리는 곧 말을 하게 되었다. 군중은 놀라서 이스라엘에서는 처음 보는 일이라면서 웅성거렸다. 그러나 바리새인들은 "저 사람은 마귀 두목의 힘을 빌려 마귀를 쫓아낸다." 하고 말하였다.

공생애 3년

마태복음 13:53~58절(마가 6:1~5, 참고, 누가 4:16~30)

예언자는 고향에서 존경받지 못한다.

예수는 그곳을 떠나 제자들과 함께 고향으로 돌아갔다. 안식일이 되어 회당에서 가르치자 사람들은 놀라서 말하였다. “이 사람이 어디에서 이런 지혜와 놀라운 능력을 얻었을까? 이 사람은 목수의 아들이 아닌가? 그의 어머니는 마리아이고, 그의 아우들은 야고보와 요셉과 시몬과 유다가 아닌가? 또 그의 누이들은 모두 우리와 같이 살고 있지 않은가? 그런데 이 사람이 이 모든 것을 어디에서 얻었을까?” 그러면서 그들은 예수를 달갑지 않게 여겼다. 예수는 그들에게 “어디서나 존경을 받는 예언자도 제 고향과 제 집에서만은 존경을 받지 못하오.” 하고 말하였다. 예수는 그들이 믿지 않으므로 거기에서는 기적을 많이 행하지 않았다

해석 비슷한 내용이 영지주의 복음서에 나온다.

예수께서 말하길, “예언자는 자신의 고향에서 환영받지 못하고 의사는 자신을 아는 사람을 치유하지 못하노라.”(도마복음 31절)

예언자나 성자가 영적 성장을 하여 고향에 돌아오더라도 자라는 과정을 지켜본 사람들은 항상 자신의 기억 속에 각인된 이미지로 그들을 판단하는 경향이 있다. 어린 시절부터 예수를 지켜본 사람들

은 예수를 항상 목수의 아들로 기억할 뿐이다. 하느님 아들 그리스도로 추앙받는 예수를 고향사람들이 인정하기는 어려울 것이다. 이것은 가족이나 친지의 경우도 마찬가지이다. 자식이나 형제, 조카였던 사람을 성자로 받아들이기는 어려운 일이다. 부모에게 자식은 영원히 자식일 뿐이다.

의사가 자신을 아는 사람을 치유하지 못한다는 말도 같은 의미이다. 치유의 첫 번째 조건은 치유에 대한 믿음이다. 그런데 자신이 어린 시절부터 보아온 사람이 자신을 치유한다면 일단 믿음이 가지 않는다. 마음에 의심이 있거나 믿음이 없으면 아무리 훌륭한 의사가 좋은 약을 쓰더라도 치유는 일어나기 어렵다. 이것은 위약효과로 설명이 된다.

위약효과(플라시보 효과)는 어떤 약 속에 특정한 유효성분이 들어있는 것처럼 속여 환자에게 투여할 때 일어나는 심리적 효과를 말한다. 불면증 환자에게 소화제를 수면제로 위장하여 주면 환자가 편안하게 잠드는 경우가 있고 증류수를 해열제로 속이고 의사가 주사하면 실제 열이 내리기도 한다. 살충제를 먹고 자살한 사람이 있는데 실제로 그가 마신 것은 살충제가 아니라 독이 없는 액체였다.

위약효과가 침술에서도 작동함을 보여주는 사례도 있다. 환자들에게 편두통 완화를 위한 침술을 시술한다고 하고 흉내만 낸 경우에도 실제 시술한 경우(효과 51%)보다는 효과는 낮지만 편두통 감소를 경험한 환자가 15%나 되었다(독일 뮌헨 공과대학의 클라우스 린데 박사 연구팀이 2002년과 2003년에 302명의 편두통 환자를 연구해 나온 결론)

"생각하는 대로 된다."는 말이 있듯이 치유는 생각의 힘이 큰 역할을 한다. 생각에는 창조력이 있어 그 작동 메커니즘만 알면 우리는 엄청난 창조력을 발휘할 수 있다. 어떻게 생각에 창조력이 숨어있을까? 창조력은 우리가 많이 들어 알고 있는 잠재의식의 힘과 관련이 된다. 그러나 이 잠재의식에 왜 이런 힘이 나오는지를 알려면 좀 더 근원적인 영역인 영혼으로 들어갈 필요가 있다.

의사는 단지 환자 내부에 있는 치유의 힘을 깨워주는 마중물 역할을 할 뿐이다. 예수는 이 말을 하고 있다.

마태복음 10:5~15절(마가 6:7~13, 누가 9:1~6)

열 두 제자의 전도 여행

예수께서 이 열 두 사람을 파견하면서 이렇게 분부하였다. "이방인들이 사는 곳으로도 가지 말고 사마리아 사람들의 도시에도 들어가지 마라. 이스라엘 백성 중의 길 잃은 양들을 찾아가라. 가서 하늘나라가 다가왔다고 선포하여라. 앓는 사람은 고쳐주고 죽은 사람은 살려주어라. 나병환자는 깨끗이 낫게 해주고 마귀는 쫓아내어라. 너희가 거저 받았으니 거저 주어라.

전대에 금이나 은이나 동전을 넣어가지고 다니지 말 것이며 식량 자루나 여벌의 옷이나 신이나 지팡이도 가지고 다니지 마라. 일하는 사람은 자기 먹을 것을 얻을 자격이 있다. 어떤 도시나 마을에 들어가든지 먼저 그 고장에서 마땅한 사람을 찾아내어 거기에서 떠날 때까지 그 집에 머물러 있어라.

그 집에 들어갈 때에는 '평화를 빕니다!' 하고 인사하여라. 그 집이 평화를 누릴 만하면 너희가 비는 평화가 그 집에 내릴 것이고 그렇지 못하면 그 평화는 너희에게 되돌아올 것이다. 어디서든지 너희를 받아들이지도 않고 말도 듣지 않거든 그 집이나 그 도시를 떠날 때에 발에 묻은 먼지를 털어버려라. 나는 분명히 말한다. 심판 날이 오면 소돔과 고모라 땅이 오히려 그 도시보다 가벼운 벌을 받을 것이다."

해석 예수는 그동안 자신과 함께 하면서 많은 가르침을 받아서 어느 정도 성장한 제자들을 이스라엘 여러 지역으로 파견한다. 흥미로운 것은 이 구절에서 제자들이 예수와 같은 치유능력을 지닌 것으로 나온다. 성경에는 나오지 않지만 예수가 제자들에게 여러 신성 법칙을 가르쳤음을 보여주는 내용이다. 사람들은 예수가 기적을 행하였다고 하지만 기적이 아니라 우주 법칙을 알았기에 가능한 일이었다.

그런데 제자들이 우주법칙에 대하여 전수받았지만 실제로 예수처럼 기적을 행하였다는 말은 아니다. 이론과 실제는 다른 문제이기 때문이다. 성공 여부는 우주법칙과 자신을 조화롭게 동조할 수 있는 능력에 달려있다.

예수가 제자들을 이방인이나 사마리아 사람들이 사는 마을로 들어가지 못하게 한 것은 일전에 예수가 사마리아에서 사람들에게 가르침을 준 것과 모순되지만 이유가 있다. 제자들이 아직 이방인의 교리에 맞서 그 사람들을 가르치고 설교할 수준이 되지 않았기 때문이다. 제자들은 유대 교리에 친숙하므로 이스라엘 땅에서 유대 사람들을 만나 예수가 전하는 새로운 메시지를 전할 수 있도록 했다. 이를 통하여 예수의 존재가 곳곳에 전해질 것이었다.

여기서 예수는 제자들을 떠나보내기에 앞서 부모가 어린 자녀에게 하듯 여러 주의사항을 말한다. 이것은 제자들이 아직 충분히 준비가 되지 않아서 신경을 써야할 일이 많았기 때문이었다. 이런 심정을 알 수 있는 구절이 영지주의 복음서에 나온다.

> 제자들이 예수에게 묻기를, "저희가 금식하기를 원하십니까? 어떻게 기도해야 합니까? 저희가 자선을 베풀어야 하나요? 어떤 음식을 삼가 해야 합니까?" 예수께서 말씀하시길 "거짓말하지 말라! 그리고 너희가 미워하는 일을 하지 말라! 모든 것은 천국 앞에 드러나기 때문이다. 감추어지고 가려진 것은 드러날 것이기 때문이다."(도마복음 6절)

> 예수가 말씀하시길, "그대들이 금식하면 자신에게 죄를 불러올 것이며, 그대들이 기도하면 비난받을 것이며 그대들이 자선을 베푼다면 그대 영혼에 해가 될 것이니라. 그대들이 어느 지역을 방문하든 그 지역 사람들의 초대를 받는 경우 그들이 제공하는 음식을 먹을 것이며 아픈 사람들을 치료하라. 입으로 들어가는 것이 그대들을 더럽히는 것이 아니라 그대들 입에서 나오는 것이 그대들을 더럽히기 때문이니라."(도마복음 14절)

토라를 배우고 이것의 실천으로 자선을 베풀고, 기도하고, 율법에 따라 음식을 가려먹고, 금식하는 것을 죄를 사해 받고 하늘에 공덕을 쌓는 일로 보았던 제자들이었다.

음식과 금식, 기도 그리고 자선에 대해서 질문하는 제자들에게 예수는 신랄하게 꾸짖는다. 신에게 또는 사람들에게 보이기 위한 겉과 속이 다른 위선적인 행동으로 변해버린 의식을 그만 두라는 의미로 한 말이었다. 제자들도 주변 사람들과 마찬가지로 금식이나 기도, 자선을 형식적으로 할 뿐이지 이것의 진정한 의미를 생각하지 않고 있었다.

전도 여행 중에 사람들이 제공하는 음식이 율법에 어긋나는 것이어도 먹어야 하는지 아니면 거절해야 하는지 제자들은 난감해 할 것이 확실하였다. 그래서 예수는 "입으로 들어가는 것이 그대들을 더럽히는 것이 아니라 그대들 입에서 나오는 것이 그대들을 더럽힘을 명심하라." 라고 하였고, 제자들이 자신의 신심을 보이려고 위선적인 기도를 할 것 같아서 "남에게 자신의 신심을 보이려는 기도가 아닌 실제로 그들에게 도움이 되는 치유를 행하라." 라고 하였다.

마가복음 6:30~44절(마태 14:13~21, 누가 9:10~17, 요한 6:1~15)

오천 명을 먹인 기적

제자들이 돌아와서 자신들이 한 일과 가르친 것을 예수께 낱낱이 보고하였다. 예수는 찾아오는 사람이 너무 많아서 음식을 먹을 겨를조차 없어서 예수와 일행은 배를 타고 따로 한적한 곳을 찾아 떠났다. 그런데 사람들은 그 일행이 떠나는 것을 보고 그들을 알아보고는 여러 마을에서 달려 나와 육로로 해서 그들을 앞질러 그곳에 갔다.

예수는 사람들이 많이 모여 있는 것을 보시고 목자 없는 양과 같은 그들을 측은히 여겨 여러 가지 가르침을 주었다. 저녁때가 되자 제자들이 예수에게 이곳은 외딴 곳이고 시간도 이미 늦었으므로 사람들이 제각기 음식을 사 먹도록 농가나 근처 마을로 보내는 것이 좋겠다는 의견을 말하였다. 그러자 예수가 "너희가 먹을 것을 주어라." 하고 이르자 제자들은 "그러면 저희가 가서 빵을 이백 데나리온 어치나 사다가 먹이라는 말씀입니까?" 하고 물었다. 그러자 예수는 지금 가지고 있는 빵이 몇 개나 되는가 알아보고는 제자들에게 사람들을 풀밭에 앉게 하라고 일렀다. 군중은 백 명씩 또는 오십 명씩 모여 앉았다.

예수는 가지고 있는 빵 다섯 개와 물고기 두 마리를 손에 들고 하늘을 우러러 감사의 기도를 드린 다음, 빵을 떼어 제자들에게 주며 군중들에게 나누어 주라고 하였다. 그리고 물고기 두 마리도 모든 사람에게 나누어 주었다. 그리고 남은 빵조각과 물고기를 주워 모으니 열두 광주리에 가득 찼으며 먹은 사람은 남자만도 오천 명이나 되었다.

해석 혼인잔치에서 보았던 예수의 기적과 유사한 현상이다. 비의 단체에서는 예수가 눈에 보이지 않는 에테르(에텔)라는 질료에 자신의 창조 생각을 투사하여 물질창조를 하였다고 한다.

마가복음 6:45~52절(마태 14:22~33, 요한 6:16~21)

물 위를 걷는 기적

그 뒤에 곧 예수는 제자들을 먼저 배를 태워 가버나움으로 가게 하고는 군중을 돌려보냈다. 그들을 보내고 나서 기도하려고 산으로 올라갔다. 날이 저물었을 때에 배는 바다 한가운데 있었고 예수는 혼자 육지에 있었다. 제자들은 마침 역풍을 만나 배를 젓느라고 몹시 애를 쓰고 있었다. 이것을 본 예수는 물 위를 걸어서 제자들 쪽으로 오다가 그들 곁을 지나쳐가려고 하였다. 제자들은 물 위를 걸어오는 예수를 보고 유령인 줄 알고 비명을 지르며 모두 겁에 질렸다. 그러자 예수가 제자들을 향하여 자신이 예수라며 겁내지 말라고 하였다. 예수가 그들이 탄 배에 오르자 바람이 그쳤다. 제자들은 너무나 놀라 어찌할 바를 몰랐다. 그들은 마음이 무디어서 군중에게 빵을 먹인 기적도 아직 깨닫지 못하였던 것이다. 배는 곧 그들이 가려던 땅에 도착했다.

해석 우주법칙에 통달한 예수는 지수화풍을 다스릴 수 있었다.

요한복음 6:22~71절

예수가 전하는 진리인 생명의 떡

그 다음날 호수 건너편에 남아 있던 군중은, 거기에 배가 한 척밖에 없었는데 예수는 그 배에 타지 않고 제자들끼리만 타고 떠난 것을 알고 있었다. 한편 다베라로부터 다른 작은 배 몇 척이 예수가 감사 기도를 드리고 빵을 나누어 5천여 명에게 주었던 곳으로 가까이 와 닿았다. 거기에서도 예수와 제자들의 모습이 보이지 않자 그 배들을 타고 예수를 찾아 가버나움으로 떠났다. 그들은 호수를 건너가서야 예수를 찾아내고 "선생님, 언제 이쪽으로 오셨습니까?" 하고 물었다.

예수가 "당신들이 지금 나를 찾아온 것은 내 기적의 뜻을 깨달았기 때문이 아니라 빵을 배불리 먹었기 때문이오. 썩어 없어질 양식을 얻으려고 힘쓰지 말고 영원히 살게 하는 없어지지 않을 양식을 얻도록 힘쓰시오(1). 이 양식은 사람의 아들이 그대들에게 주려는 것이오. 하느님 아버지께서 사람의 아들에게 그 권능을 주셨기 때문이오." 하고 말하였다.

사람들은 이 말을 듣고 "하느님의 일을 위해서 우리는 무엇을 해야 합니까?" 하고 물었다. 예수는 "하느님께서 보내신 이를 믿는 것이 곧 하느님의 일을 하는 것이오." 하고 대답하였다. 그들은 다시 "무슨 기적을 보여 우리로 하여금 믿게 하시겠습니까? 선생님은 무슨 일을 하시렵니까? 우리 조상들은 광야에서 만나를 먹었습니다. 성경에 이렇게 기록됐습니다. '그분은 하늘에서 빵을 내려 그들에게 먹게 하셨다.'"

예수는 이렇게 말하였다. "내가 진실로 말하겠소. 하늘에서 빵을 내려 주신 분은 모세가 아니라 오직 내 아버지께서 하늘로부터 참된 빵을 그대들에게 내려 주시는 것이오. 하느님의 빵은 하늘에서 내려와 세상에 생명을 주시는 것이오."

이 말을 듣고 그들이 "선생님, 그 빵을 항상 저희에게 주십시오." 하자, 예수는 이렇게 대답하였다.

"내가 바로 생명의 빵이오(2). 나에게 오는 사람은 결코 배고프지 않고 나를 믿는 사람은 결코 목마르지 않을 것이오. 내가 이미 말하였지만 왜 나를 보고도 나를 믿지 않는 것이오. 나는 내 뜻을 이루려고 하늘에서 내려온 것이 아니라 나를 보내신 분의 뜻을 이루려고 왔소. 나를 보내신 분의 뜻은 내게 맡기신 사람을 하나도 잃지 않고 마지막 날에 모두 살리는 일이오. 내 아버지의 뜻은 아들을 보고 믿는 사람은 누구나 영원한 생명을 얻게 하는 것이오. 나는 마지막 날에 그들을 모두 살릴 것이오."

이 때 유대인들은 '나는 하늘에서 내려온 빵이다." 하신 예수의 말이 못마땅해서 웅성거리기 시작하였다. "아니, 저 사람은 요셉의 아들 예수가 아닌가? 그의 부모도 우리가 다 알고 있는 터인데 자기가 하늘에서 내려왔다니 말이 되는가?"

그 말을 듣고 예수는 "무엇이 그렇게 못마땅하시오. 나를 보내신 아버지께서 이끌어주시지 않으면 아무도 내게 올 수 없소. 그리고 내게 오는 사람은 마지막 날에 내가 살릴 것이오. 정말 잘 들어두시오. 나는 생명의 빵이오. 그대들 조상들은 광야에서 만나를 먹고도 다 죽었지만 하늘에서 내려온 이 빵을 먹는 사람은 죽지 않소. 나는 하늘에서 내려온 살아 있는 빵이오. 이 빵을 먹는 사람은 누구든지 영원히 살 것이오. 내가 줄 빵은 곧 나의 살이오. 세상은 그것으로 생명을 얻게 될 것이오(3)." 하고 말하였다.

유대인들이 이 말을 듣고 "이 사람이 어떻게 자기 살을 우리에게 먹으라고 내어줄 수 있단 말인가?" 하며 서로 따졌다.

예수는 다시 이렇게 말하였다. "잘 들으시오. 만일 그대들이 사람의 아들의 살과 피를 먹고 마시지 않으면 그대 안에 생명을 간직하지 못할 것이오(4). 그러나 내 살을 먹고 내 피를 마시는 사람은 영원한 생명을 누릴 것이며 내가 마지막 날에 그를 살릴 것이오. 내 살은 참된 양식이며 내 피는 참된 음료이기 때문이오. 내 살을 먹고 내 피를 마시는 사람은 내 안에서 살고 나도 그 안에서 사오. 살아 계신 아버지께서 나를 보내셨고 내가 아버지의 힘으로 사는 것과 같이 나를 먹는 사람도 나의 힘으로 살 것이오. 이것이 바로 하늘에서 내려온 빵이오. 이 빵은 그대 조상들이 먹고도 결국 죽어간 그런 빵이 아니오. 이 빵을 먹는 사람은 영원히 살 것이오."

제자들 가운데 여럿이 이 말을 듣고 "이렇게 말이 어려워서야 누가 알아들을 수 있겠는가?" 하며 수군거렸다. 예수는 제자들이 자신의 말을 못마땅해 하는 것을 알아채고

"내 말이 귀에 거슬리느냐? 사람의 아들이 전에 있던 곳으로 올라가는 것을 보게 되면 어떻게 하겠느냐? 육적인 것은 아무 쓸모가 없지만 영적인 것은 생명을 준다. 내가 너희에게 한 말은 영적인 것이며 생명이다. (64. 그러나 너희 가운데는 믿지 않는 사람들이 있다." 하고 말하였다. 예수는 믿지 않는 사람들이 누구며 자기를 배반할 자가 누구인지 처음부터 알고 계셨던 것이다.) 예수께서는 또 이어서 "그래서 나는 아버지께서 허락하신 사람이 아니면 나에게 올 수 없다고 말했던 것이다." 하고 말하였다.

이때부터 많은 제자들이 예수를 버리고 물러갔으며 더 이상 따라다니지 않았다. 그래서 예수는 열두 제자를 보고 "자, 너희는 어떻게 하겠느냐? 너희도 떠나가겠느냐?" 하고 물었다. 그러자 시몬 베드로가 나서서 "주님, 주님께서 영원한 생명을 주는 말씀을 가지셨는데 우리가 주님을 두고 누구를 찾아가겠습니까? 우리는 주님께서 하느님이 보내신 거룩한 분이심을 믿고 또 압니다." 하고 대답하였다.

(70. 그러자 예수는 "너희 열둘은 내가 뽑은 사람들이 아니냐? 그러나 너희 가운데 하나는 악마이다." 하고 말하였다. 71. 이것은 가리옷 사람 시몬의 아들 유다를 가리켜 한 말이었다. 유다는 비록 열두 제자 가운데 하나였지만 나중에 예수를 배반할 자였다.)

해석 예수는 비유로 자신의 전하는 진리에 대하여 설명을 하지만 사람들은 알아듣지 못한다. "영원히 살게 하는 없어지지 않을 양식(1)"은 사람들을 어둠에서 해방시킬 영지지식이다. "생명의 빵(2)"은 사람들의 내면에 있는 신성한 영혼을 자각하도록 내려온 진리이다.

"내가 줄 빵은 곧 나의 살이오. 세상은 그것으로 생명을 얻게 될 것이오(3)."에서 빵과 살은 예수가 전하는 진리이고 세상이 이것을 받아들이면 세상 사람들이 하늘나라 즉 깨달음을 얻게 된다는 뜻이었다. 진리의 화신인 예수는 말 그대로 세상을 밝히는 빛이었다. 진리의 상징인 예수는 사람들의 영혼을 살리는 생명의 빵과 같았기에 그 빵이 자신의 살과 같다는 비유를 한다. 그러나 의식수준이 낮은 사람들은 이 말을 이해 못하고 "어떻게 자기 살을 자신들에게 먹으라고 할 수 있는지." 라며 따진다. 예수의 살과 피는 영생의 음식으로 깨달음으로 안내하는 진리의 상징이었고 영생의 열쇠였다.

"사람의 아들의 살과 피를 먹고 마시지 않으면 그대 안에 생명을 간직하지 못할 것이오(4)."는 사람들의 오해를 불러일으켰다. 당시에는 여러 나라에서 피 희생의식이 있었다. 예수가 하는 말의 상징을 놓치고 이런 식인 풍습을 생각한 사람들은 이것은 말도 안 되는 것이라고 생각했다. 예수가 말하는 상징을 이해하지 못한 무지한 사람들은 예수가 자신을 죽여 그 살을 먹어야 한다고 말하는 것으로 생각했을 것이다. 지금 우리는 이런 우매한 대중의 행동을 도저히 이해할 수 없겠지만 그 당시에는 가능한 일이었다. 그래서 수많은 사람들이 예수를 떠났다.

예수가 이렇게 상징으로 말을 한 것은 자신을 이해할 수 없는 수준이 낮은 사람들이 떠나도록 하기 위함이었다고 보인다. 유다에 대한 구절(64, 70~71절)은 후대에 삽입된 것으로 강하게 의심이 된다. 기억할 것은 4복음서에 나오는 예수 어록 전부가 예수의 말은 아니라는 점이다.

마가복음 7:1~23절(마태 15:1~20)

바리새인을 책망하다. 율법 준수와 개념 넘어서기

바리새인들과 예루살렘에서 내려온 율법학자 몇 사람이 예수에게로 몰려왔다가 예수의 제자들 가운데 몇 사람이 부정한 손으로, 곧 씻지 않은 손으로 빵을 먹는 것을 보았다. 바리새인과 모든 유대 사람은 조상들의 전통을 지켜, 규례대로 손을 씻지 않고서는 음식을 먹지 않았으며, 또 시장에서 돌아오면, 정결하게 하지 않고서는 먹지 않았다. 그밖에도 그들이 지키는 규례가 많이 있었는데, 그것은 가령 잔이나 단지나 놋그릇 같은 것을 씻는 일들이 그것이었다.

그래서 바리새인들과 율법학자들이 예수에게 물었다. "왜 당신의 제자들은 조상들이 전하여 준 관습을 따르지 않고, 부정한 손으로 음식을 먹습니까?"

예수가 답하길, "이사야가 당신들 같은 위선자들을 두고 이렇게 예언하였지요. '이 백성은 입술로는 나를 공경해도, 마음은 내게서 멀리 떠나 있다. 그들은 사람의 훈계를 교리로 가르치며, 나를 헛되이 예배한다.' 했는데 이것은 바로 당신들과 같은 위선자를 두고 한 말이오. 당신들은 하느님의 계명은 버리고 사람의 전통을 고집하고 있소."

그리고 이어서 이렇게 말하였다. "당신들은 전통을 지킨다는 구실로 교묘하게 하느님의 계명을 어기고 있소. 모세가 '부모를 공경하여라.' 하였고 또 '아버지나 어머니를 욕하는 자는 반드시 사형을 받는다.' 하였는데 사람들이 아버지나 어머니에게 '내가 아버지나 어머니에게 드리려던 것이 하느님께 드리는 예물이 되었습니다.' 하기만 하면 그만이라고 말하오. 그러면서 아버지나 어머니에게 그 이상 아무것도 해 드리지 못하게 하지요. 이것이 바로 전해 오는 전통을 핑계 삼아 하느님의 말씀을 무시하는 일이 아니고 무엇이오? 당신들은 이 밖에도 그런 일을 많이 저지르고 있소."

예수는 다시 사람들을 불러 모아 이렇게 가르쳤다. "그대들은 내 말을 새겨들으시오. 무엇이든지 밖에서 몸 안으로 들어가는 것은 사람을 더럽히지 않소. 더럽히는 것은 도리어 사람에게서 나오는 것이오."

예수가 군중을 떠나 집에 들어갈 때에 제자들이 그 비유의 뜻을 묻자, 예수는 "너희도 이렇게 알아듣지를 못하느냐? 밖에서 몸 안으로 들어가는 것은 사람을 더럽히지 못한다는 것을 모르느냐? 모두 뱃속에 들어갔다가 그대로 뒤로 나가버리지 않느냐? 그것들은 마음속으로 파고들지는 못한다." 하며 모든 음식은 다 깨끗하다고 하였다.

그리고 다시 이렇게 말하였다. "참으로 사람을 더럽히는 것은 사람에게서 나오는 것이다. 안에서 나오는 것은 곧 마음에서 나오는 것인데 음행, 도둑질, 살인, 간음, 탐욕, 악의, 사기, 방탕, 시기, 중상, 교만, 어리석음 같은 여러 가지 악한 생각들이다. 이런 악한 것들은 모두 안에서 나와 사람을 더럽힌다."

해석 바리새인들의 전통에 대한 집착은 예수와의 갈등의 원인이 되었다. 그들은 그것이 구원에 절대 필요하다고 생각하였다. 예수는 입을 통하여 표현되는 사람의 생각이 더럽다고 말한다. 사실 들어온 음식은 분해되고 소화되어 에너지로 변화된다. 할랄 제도나 금기음식 등이 우리를 깨끗하게 하거나 더럽게 하는 것이 아니라 우리의 생각이 그러하다.

모든 문제는 우리의 관념에 놓여있다. 많은 것이 잘못된 고정관념의 소산이다. 특정 개념에 사로잡혀 있는 한 우리는 삶의 주인이 아니라 그 개념의 하인으로 살아가는 것이다. 영지주의 복음서에 개념과 관련된 흥미로운 구절이 나온다.

> 세상 만물에 주어진 이름은 참으로 기만적이다. 이름은 우리의 생각을 올바른 것에서 그릇된 것으로 돌려놓는다. 그래서 "하느님"이라는 말을 듣는 자는 올바른 것을 인식하지 못하고 그릇된 것을 인식한다. 이것은 "아버지"와 "아들" "성령" "생명" "빛" "부활" 그리고 "교회" 등 그 모든 것도 마찬가지이다. 사람들은 올바른 것을 알게 되지 않으면 올바른 것을 인식하지 못하고 그릇된 것을 인식한다. 우리가 듣는 이름들은 우리를 속이기 위해 세상에 있다. 만일 이름들이 에온(Aeon, 영원한 영역을 구성하는 존재) 안에 있다면 그것들은 결코 세상에 있는 이름처럼 쓰이지 않을 것이다. 그 이름들은 이 세속적인 것에 놓여있지 않았고 에온 안에 있다.(빌립 복음서 10절)

이 내용은 있는 그대로 보라는 의미이다. 자신의 한정된 생각이나 개념을 가지고 산과 물 혹은 신을 보게 되면 그것은 산은 산이 아니고 물은 물이 아니고 신은 신이 아닌 것이다. 그러므로 우리에게 비추어지는 어떤 대상이나 사물은 원래 그대로의 순수한 대상이나 사물이 아니라 우리의 생각이 투영된 대상이나 사물일 뿐이다. 인간의 숫자만큼 신이 존재하다는 말도 같은 뜻이다.

하느님은 우리의 개념으로 한정지울 수 없고 생각할 수도 없는 존재이나 우리가 그것에 이름을 부여하는 순간 그것은 더 이상 원래의 하느님이 아닌 것이다. 기독교의 하느님, 영지주의자의 하느님, 카발라의 하느님, 한국 정통 신앙에서의 하느님 등은 모두 참 하느님을 한정시키는 이름이다. 말 그대로 우리는 이름에 속는다. 참된 이름은 이 세상에 아니라 이 세계 너머의 영원한 영역에만 있다. 개념을 넘어서라는 말이다.

마태복음 15:21~28절(마가 7:24~30)

가나안 여자의 믿음

예수가 거기를 떠나 두로와 시돈 지방으로 갔다. 이때 그 지방에 와서 사는 가나안 여자가 나서서 큰소리로 "다윗의 자손이시여, 저에게 자비를 베풀어주십시오. 제 딸이 마귀가 들려 몹시 시달리고 있습니다." 하고 계속 간청하였다. 그러나 예수는 아무 대답도 하지 않았다. 그때에 제자들이 가까이 와서 "저 여자가 소리를 지르며 따라오고 있으니 돌려보내시는 것이 좋겠습니다." 하고 말하였다.

예수는 "나는 길 잃은 양과 같은 이스라엘 백성만을 찾아 돌보려고 왔소." 하고 말하였다. 그러자 그 여자가 예수께 다가와서 꿇어 엎드려 "선생님, 저를 도와주십시오." 하고 애원하였다. 그러나 예수는 "자녀들이 먹을 빵을 강아지에게 던져주는 것은 옳지 않소." 하며 거절하였다. 그러자 그 여자는 "선생님, 그렇긴 합니다마는 강아지도 주인의 상에서 떨어지는 부스러기는 주워 먹지 않습니까?" 하고 말하였다. 그제야 예수는 "여인이여! 참으로 그대 믿음이 장하시오. 그대 소원대로 이루어질 것이오." 하고 말하였다. 바로 그 순간에 그 여자의 딸이 나았다.

해석 가나안 여자의 간청을 무시하고 "나는 이스라엘 백성만 찾아 돌보려고 왔소." 라고 말하는 예수가 몹시 낯설어 보일 수도 있다. 이것은 예수를 비판하는 자료가 되기도 한다. 예수에게 이방인에 대한 사랑의 마음이 없어서가 아니라 자신에게 주어진 시간이 부족해서 어쩔 수가 없는 일이었다. 예수는 유대신비 사상인 카발라가 전해진 이스라엘 사람들이 다른 인종보다 자신을 더 잘 이해하리라 생각하고 유대인들에게 가르침을 집중하였다.

마태복음 15:29~31절

많은 병자를 고쳐 주신 예수

예수가 그곳을 떠나 갈릴리 호숫가를 지나서 산에 올라가 앉았다. 그러자 많은 군중이 절름발이와 소경과 곰배팔이와 벙어리와 그 밖의 많은 병자를 예수의 발 앞에 데려다 놓았다. 예수께서는 그들을 다 고쳐주었다. 그리하여 벙어리가 말을 하고 곰배팔이가 성해지고 절름발이가 제대로 걷고 소경이 눈을 뜬 것을 군중이 보고 크게 놀라 이스라엘의 하느님을 찬양하였다.

해석 예수는 많은 곳을 다니면서 치유하였고 이것 때문에 사람들은 그의 가르침에 대한 많은 관심을 가지게 되었다. 이것은 예수가 의도한 것이었다.

마태복음 15:32~39절(마가 8;1~10)

사천 명을 먹이신 기적

그 무렵 사람들이 또 많이 모여들었는데 먹을 것이 없어서 예수는 제자들을 불러 "이 많은 사람들이 벌써 사흘이나 나와 함께 지냈는데 이제 먹을 것이 없으니 참 보기에 안됐다.

그들을 굶겨서 집으로 돌려보낸다면 길에서 쓰러질 것이다. 더구나 그중에는 먼 데서 온 사람들도 있다." 하고 말하였다. 제자들이 "여기는 외딴 곳인데 이 많은 사람들을 배불리 먹일 빵을 어디서 구해 오겠습니까?" 하고 반문하자

예수는 "빵이 몇 개나 있느냐?" 하고 물었다. 그들이 "일곱 개가 있습니다." 하니까, 예수는 사람들을 땅에 앉게 하고 빵 일곱 개를 손에 들고 감사의 기도를 드린 다음 떼어 제자들에게 주며 나누어주라고 하였다. 제자들은 시키시는 대로 나누어주었다.

또 작은 물고기도 몇 마리 있었는데 예수께서는 그것도 축복하신 뒤에 나누어주라고 하였다. 군중은 모두 배불리 먹었다. 그리고 남은 조각을 주워 모으니 일곱 바구니나 되었고 먹은 사람은 약 사천 명이었다. 그 뒤 예수는 군중을 헤쳐 보낸 다음에 제자들과 함께 배를 타고 마가단 지방으로 갔다.

마태복음 16:1~4절(마가 8:11~13, 참고: 마태 12:38~42, 누가 11:29~32)

기적을 요구하는 유대인들

바리새인들과 사두개파 사람들이 와서 예수의 속을 떠보려고 하

느님의 인정을 받았다는 표가 될 만한 기적을 보여 달라고 하자, 이를 안 예수는 "당신들은 저녁때에는 '하늘이 붉은 것을 보니 날씨가 맑겠구나.' 하고 아침에는 '하늘이 붉고 흐린 것을 보니 오늘은 날씨가 궂겠구나.' 합니다. 이렇게 하늘을 보고 날씨는 분별할 줄 알면서 왜 시대의 징조는 분별하지 못하시오? 악하고 절개 없는 이 세대가 기적을 요구하나 요나의 기적밖에는 따로 보여줄 것이 없소." 이렇게 대답하고는 그들을 뒤에 두고 떠나갔다.

해석 이들은 예수를 함정에 빠뜨려 하느님에 대한 불경죄로 잡아가두려고 했다. 예수는 3일 간 물고기 속에서 지낸 요나를 언급했다. 물고기는 우주이고 3일은 죽은 후 다시 태어날 때까지의 기간이다. 비의 단체에서는 이 기간 동안 머무는 장소를 바르도라고 한다. 흥미롭게도 영지주의 복음서에 바르도에 대한 언급이 있다.

> "사람은 세상에 있거나 부활 가운데 있거나 아니면 중간 장소들에 있을 것이다. 하느님께서는 내가 이것들(중간 장소) 가운데서 발견되지 않기를 바라신다. 이 세상에는 선과 악이 있다. 세상의 선은 선이 아니며, 세상의 악은 악이 아니다. 그러나 이 세상 이후에는 진정한 악이 있다. 중간이라고 불리는 것이다. 그것은 죽음이다. 우리가 **이 세상에 있는 동안에 우리 자신을 위해 당연히 부활을 얻어야 한다.** 이는 우리가 육신을 벗어버릴 때 안식 속에서 발견되고 중간 지대에서 걷지 않기 위함이다. 많은 사람이 도중에 길을 잃는다. 죄를 짓기 전에 세상에서 나오는 것이 좋다."(빌립 복음서 61절)

여기서 중간 장소는 죽은 후에 가는 중음계(바르도)를 의미한다.

기독교인들은 이 중간을 지옥으로 그릇 되게 해석하기도 한다. 일반인의 영혼은 업에 따라 중음계 49단계를 거쳐 다시 새로운 육체로 들어온다. 그곳으로 가지 않으려면 살아있을 때 우리 내면의 그리스도 의식을 부활시켜야 한다.

근원과 분리된 이 세상에서 모든 것은 상대적으로 존재한다. 그래서 물질계의 선과 악은 높은 차원에서 보면 선은 선이 아니고 악은 악이 아니다. 분리의 세계에서 단일성의 세계로 들어가면 선과 악은 존재하지 않는다. 영지주의 복음서에 티베트 불교의 바르도 가르침이 있는 것은 시공간을 떠나 진리는 하나임을 보여주는 예이다.

마가복음 8:22~26절(**요한** 9:1~12)

벳새다의 눈먼 사람을 고치다.

그리고 예수와 제자들은 벳새다로 갔다. 그곳 사람들이 눈먼 사람 하나를 예수에게 데려와서, 손을 대어 주기를 간청하였다. 예수가 눈먼 사람의 손을 붙들고, 마을 바깥으로 데리고 나가서, 그 두 눈에 침을 바르고, 그에게 손을 얹고서 "무엇이 보입니까?" 하고 물었다.

그 사람이 쳐다보면서 "사람들이 보입니다. 나무 같은 것들이 걸어 다니는 것 같습니다." 라고 말하였다. 그때에 예수는 다시 그 사람의 두 눈에 손을 얹자, 눈이 완전히 회복되어 모든 것을 똑똑히 보게 되었다. 예수는 "저 마을로는 돌아가지 마시오." 하며 그를 집으로 보내었다.

마태복음 16:13~20절(마가 8:27~30, 누가 9:18~21)

교황수위권의 오해

예수가 가이사랴 빌립보 지방에 있는 여러 마을을 향하여 길을 떠났다. 가는 도중에 제자들에게 "사람들이 나를 누구라고 하더냐?" 하고 물었다. 제자들이 "어떤 사람들은 세례자 요한이라 하고 어떤 사람들은 엘리야라 하고, 예레미야나 예언자 가운데 한 분이라고 하는 사람들도 있습니다." 라고 대답하자

예수는 "그러면 너희는 나를 누구라고 생각하느냐?" 하고 물었다. 시몬 베드로가 "선생님은 살아 계신 하느님의 아들 그리스도이십니다." 라고 대답하자, 예수는 "시몬 바르요나, 네가 복이 있구나. 이것을 네게 계시하신 분은 사람이 아니라 하늘에 계신 내 아버지시다. 잘 들어라. 18 너는 베드로다(이것은 바위이다). 내가 이 바위 위에 내 교회를 세울 터인즉 죽음의 힘도 감히 그것을 누르지 못할 것이다. 19 나는 너에게 하늘나라의 열쇠를 주겠다. 네가 무엇이든지 땅에서 매면 하늘에도 매여 있을 것이며 땅에서 풀면 하늘에도 풀려 있을 것이다." 하고 말하였다. 그러고 나서 예수는 자신이 그리스도라는 것을 아무에게도 말하지 말라고 단단히 당부하였다.

해석 "사람들은 내가 누구라 생각하느냐!" 라는 물음에 제자들이 세례요한, 엘리야, 예레미야 등을 언급한다. 이것으로 보아 당시 사람들은 윤회를 믿었던 것으로 보인다.

"선생님은 살아 계신 하느님의 아들 그리스도이십니다." 라는 베드로의 고백은 공관복음서에 언급이 다 되지만, 마태복음서만이 교황수위권의 논거가 되는 구절(마태16:18절)을 남겼다. 마태의 창작

인지 아니면 다른 복음서 저자가 몰랐던 것인지 알 수는 없지만 이것에 대한 천주교 해석은 문제가 많다. 이 구절을 살펴보자.

> "너는 베드로이다. 내가 이 반석 위에 내 교회를 세울 터인즉 죽음의 힘도 감히 그것을 누르지 못할 것이다."하고 말씀하셨다. "And I also say to you that you are Peter, and upon this rock I will build My church; and the gates of Hades shall not overpower it."(마태복음 16:18)
>
> "kagw de soi legw oti su ei **Petros** kai epi tauq q **petra** oikodomhsw mou qn ekklhsian kai pulai adou ou katiscusousin auqs."(그리스 원본)

여기서 그리스어로 'Peter'는 'Petros/Petrus'이고 의미는 '바위(rock)'이다. 'Petra'는 같은 의미의 '바위'란 단어이나 여성 명사이다. 이 구절에서 "그대는 베드로다." 라는 말 대신 "그대는 바위로다."로 해석을 할 수 있다. 즉 "이것은 바위이며 이 바위 위에 교회를 세울 것이다." 라는 말이었다. 물론 여기서 '바위'는 상징이다. 이것이 상징하는 것은 예수 그리스도일 수 있고 진리일 수도 있다. 그러므로 이 구절은 "진리 위에 교회를 세울 것"이란 말이므로 가톨릭의 교황수위권은 근거가 없는 셈이다.

영지주의 복음서인 도마복음에도 예수에 대한 제자들의 답변이 있는데 여기서 보면 도마복음서 저자의 생각이 공관복음서 저자들의 생각과는 상당히 다름을 알 수 있다.

> 예수께서 제자들에게 말씀하시길, "나를 다른 것에 견주어서 내가 무엇과 같은지 말해보라." 시몬 베드로가 예수께 대답하길,

"당신은 의로운 신의 사자(使者) 같나이다." 마태가 대답하길, "당신은 지혜로운 철학자 같나이다." 도마가 대답하길, "스승이시여, 저는 당신이 무엇과 같은지 제 입으로는 아무것도 말할 수 없나이다."

예수께서 말씀하시길 "나는 너의 스승이 아니니라. 너는 취했고, 내가 측량하여 부여한 솟아나는 샘물로 네가 도취되었기 때문에 그러하느니라." 그리고 예수께서 도마를 데리고 물러나서는 그에게 세 가지를 말씀하셨다.

도마가 동료들에게 돌아왔을 때에 그들이 "예수께서 그대에게 무엇을 말씀하셨는가요?" 하고 물었다. 도마가 그들에게 말하길, "만약 그분께서 나에게 하신 말씀을 그대들에게 하나라도 말한다면, 그대들은 돌을 집어 나를 치겠고 그러면 돌에서 불이 나와 그대들을 불살라버릴 것이오."(도마복음 13절)

여기서 예수는 제자들에게 자신을 어떻게 생각하고 있는지 물어보고 있다. 베드로와 마태는 의로운 사자, 지혜로운 철학자로 말하지만 도마는 스승이라는 말과 함께 감히 입으로는 무엇이라 말할 수 없다고 한다. 예수는 어떤 수식어로 한정하기에는 너무 깊고 높고 거대한 존재였기에 도마는 아무런 말도 할 수 없었던 것이다. 도마의 마음을 이해한 예수는 도마에게 자신은 스승이 아니라고 한다. 자신이 전한 솟아나는 샘물, 즉 마르지 않는 하느님의 말씀인 진리에 도마가 취하여 그렇다고 말한다.

재미있는 구절은 자신은 스승(master)이 아니라는 예수의 말이다. 이것은 위대한 존재인 예수에게 의지하고 숭배하려는 도마의 생각을 알아채고 주의를 주기 위해서이다. 도마가 위대하고 심오하다고 느낀 것은 예수 때문이 아니라 예수가 가지고 온 진리 때문임을 강조하는 구절이다. 달을 가리키는데 달은 보지 않고 손가락을 바라보는 사람이 많다. 진리가 아니라 그 진리를 전하는 스승에게 매여서 숭배하고 살아가는 사람이 그러한 예이다.

석가모니 임종 시에 제자 아난다가 슬퍼하며 "석존께서 돌아가시면 우리는 누구에게 의존하여 살아가나이까?" 라고 말하자 석존은 이런 말을 남긴다. "자신을 빛으로 삼고 자기를 의지하여라. 나의 가르침인 법을 등불로 삼아 의지하여 살아가거라." 위대한 스승들은 같은 말을 하고 있는 것이다.

당시 제자들 수준은 영적으로 높지 않았다. 신약에 보면 상좌격인 베드로는 3번이나 예수를 부정하였고 제자들은 예수가 체포되자 두려워 도망가기까지 하였다. 부활이 있기까지 예수에 대한 제자들의 믿음은 크지 않았다. 이런 제자들에게 예수는 진리를 온전하게 전할 수는 없었다. 영적으로 성숙하지 못한 제자들에게 진리를 전하는데 있어서 예수는 대학 수준의 철학을 중등학생에게 강의하는 교수의 입장에 있었을 것이다. 예수는 그들에게 매우 쉬운 단어를 사용하여 풀어서 설명을 하였다. 그래서 예수는 들을 준비가 된 자에게만 비밀 가르침을 전수한 것이다.

사실 예수는 카발라에 정통한 분이었고 비밀 가르침 상당수가 카발라의 이해 없이는 알 수 없는 내용이다. 카발라는 유대인도 어려워하는 사유체계였다.

예수는 어느 정도 준비 된 도마를 데리고 가서 비밀 가르침을 전해준다. 그러자 제자들이 호기심에 무엇을 들었느냐 물어본다. "전해들은 것을 조금만 말해도 당신들은 내 말을 믿지 못하고 비난을 할 것이나 당신들이 비난하는 그 내용이 바로 당신들의 고정 관념, 무지 등을 없애 줄 것이다." 라고 말하고 있다. 도마가 들은 것은 세상을 밝혀줄 그래서 사람들을 깨달음으로 인도할 비밀가르침이었다. 영지주의 복음서인 "빌립 복음서"에도 예수의 신분과 관련된 이런 구절이 있다.

> 예수께서 그들 모두를 은밀히 맞아들였다. 왜냐하면 예수는 자신의 본 모습대로 자신을 드러내지 않으시고, 그들이 알아볼 수 있을 만한 방식으로 자신을 나타내셨기 때문이다. 그는 그들 모두에게 자신을 드러내셨다. **그는 위대한 자에게는 위대한 자로, 평범한 자에게는 평범하게,** 천사들에게는 천사로, 사람들에게는 사람으로 자신을 나타내셨다. 이 때문에 그의 말씀은 모든 사람에게서 감추어졌다. 어떤 사람들은 예수를 보면서 자기 자신을 보고 있다고까지 생각하였다.
>
> 그러나 예수가 산 위에서 영광 속에서 제자들에게 나타나셨을 때 그는 평범하지 않으셨다. 그는 위대하셨고 제자들이 위대함 속에서 자신을 보도록 제자들을 위대하게 만들었다. 예수께서는 그날 감사기도를 드리면서 이렇게 말씀을 하셨다. "완전한 빛을 성령으로 합체시킨 그대께서 또한 천사들을 이미지인 우리와 합체시켜 주소서."(빌립 복음서 24절)

이것은 예수가 왜 가르침을 비교와 현교로 나누어 전했는지 보여주는 구절이다. 사람의 의식 수준은 천차만별이고 예수는 사람들 수준에 어울리게끔 진리를 설했다. 그래서 진리는 다른 모습으로 알려졌고, 예수가 전하려한 진리는 사람들 마음의 스크린을 통하여 심지어 왜곡되기도 하였다. 그래서 진리는 감추어졌다고 볼 수 있는 것이다. 그나마 진리에 가까운 것은 의식수준이 어느 정도 되는 제자들에게 전해진 영지가르침이었다.

사실 4복음서는 수준 낮은 대중에게 전해진 도덕적 가르침으로 이루어져있다. 어떤 사람이 예수를 보고 자기 자신을 보고 있다고까지 생각한 것은 그만큼 예수는 자신의 수준을 낮추어 그들을 대했고 그들은 눈이 없어 예수의 위대함을 알아보지 못했다는 뜻이다. 예수가 산 위에서 영광 속에서 제자들에게 나타나셨을 때의 장면은 마태복음 17장에서 찾을 수 있다.

마태복음 16:21~28절

(마가 8:31~38, 누가 9:12~27, **참고:** 누가 12:49~53, 마태 10;34~39)

수난에 대한 첫 번째 예고와 예수를 따르는 길

그때부터 예수는 제자들에게 자신이 반드시 예루살렘에 올라가 원로들과 대사제들과 율법학자들에게 많은 고난을 받고 그들의 손에 죽었다가 사흘 만에 다시 살아날 것임을 알려주었다. 베드로는 예수를 붙들고 "스승님, 안 됩니다. 결코 그런 일이 있어서는 안 됩니다." 하고 말리었다. 그러나 예수는 베드로를 돌아다보고 "사탄아, 물러가라. 너는 나에게 장애물이다. 너는 하느님의 일을 생각하지 않고 사람의 일만을 생각하는구나!" 하고 꾸짖었다.

그리고 제자들에게 이렇게 말하였다. "나를 따르려는 사람은 누구든지 자기를 버리고 제 십자가를 지고 따라야 한다(1). 제 목숨을 살리려고 하는 사람은 잃을 것이며 나를 위하여 제 목숨을 잃는 사람은 얻을 것이다. 사람이 온 세상을 얻는다 해도 제 혼을 잃으면 무슨 소용이 있겠느냐(2)? 사람의 혼을 무엇과 바꾸겠느냐? 사람의 아들이 아버지의 영광에 싸여 자기 천사들을 거느리고 올 터인데 그때에 그는 각자에게 그 행한 대로 갚아줄 것이다. 나는 분명히 말한다. 여기 서 있는 사람들 중에는 죽기 전에 사람의 아들이 자기 나라에 임금으로 오는 것을 볼 사람도 있다(3)."

해석 "나를 따르려는 사람은 누구든지 자기를 버리고 제 십자가를 지고 따라야 한다(1)."에 대해서는 앞에서(누가 12:49~53, 마태 10;34~39) 다루었다.

"온 세상을 얻는다 해도 제 혼을 잃으면 무슨 소용이 있겠느냐?(2)"는 물질적으로 크게 성공해도 자신이 누구인지 모르고 어둠 속에 살아간다면 아무런 의미가 없다는 말이다.

"사람들 중에는 죽기 전에 사람의 아들이 자기 나라에 임금으로 오는 것을 볼 사람도 있다(3)."란 구절은 상당한 오해를 받고 있다. 여기 나오는 사람의 아들을 예수로 해석하여 예수가 새로운 세상이 금방 올 것으로 알고 이것을 가르쳤다고 주장하는 학자들도 있다. 이것은 제자들이 죽기 전에 예수가 세상의 왕으로 와서 세상을 다스린다는 의미가 아니다.

앞에서 언급했지만 우리 내면의 영혼은 사람의 아들/태양이고, 예수는 죽기 전에 이 영혼이 깨어나서 죽음을 맛보지 않을 제자가 있을 거라는 말을 하는 것이다. 이렇게 해석하지 않으면 예수의 말은 거짓이 된다.

마태복음 17:1~13절(마가 9:2~13, 누가 9:28~36)

예수의 영광스러운 변모와 세례요한의 전생

엿새 후에 예수께서는 베드로와 야고보와 야고보의 동생 요한만을 데리고 따로 높은 산으로 올라갔다. 그때 예수의 모습이 그들 앞에서 변하여 얼굴은 해와 같이 빛나고 옷은 빛과 같이 눈부셨다. 그리고 난데없이 모세와 엘리야가 나타나서 예수와 함께 이야기하고 있었다. 그때에 베드로가 나서서 예수께 "스승님, 저희가 여기에서 지내면 얼마나 좋겠습니까! 괜찮으시다면 제가 여기에 초막 셋을 지어 하나는 스승님께, 하나는 모세에게, 하나는 엘리야에게 드리겠습니다." 하고 말하였다. 베드로의 이 말이 채 끝나기도 전에 빛나는 구름이 그들을 덮더니 구름 속에서 "이는 내 사랑하는 아들, 내 마음에 드는 아들이니 너희는 그의 말을 들어라." 하는 소리가 들려왔다. 이 소리를 듣고 제자들은 너무도 두려워서 땅에 엎드렸다. 예수는 그들에게 가까이 와서 손으로 어루만지며 "두려워하지 말고 모두 일어나라." 하고 말하였다. 그들이 고개를 들고 쳐다보았을 때는 예수밖에 아무도 보이지 않았다.

예수가 제자들과 함께 산에서 내려오는 길에 "사람의 아들이 죽었다가 다시 살아날 때까지는 지금 본 것을 아무에게도 말하지 마라." 하고 단단히 당부하였다. 그때에 제자들이 "율법학자들은 엘리야가 먼저 와야 한다고 하는데 어떻게 된 일입니까?" 하고 물었다. 예수는 "과연 엘리야가 와서 모든 준비를 갖추어놓을 것이다. 그런데 실상 엘리야는 벌써 왔다. 그러나 사람들이 그를 알아보지 못하고 제멋대로 다루었다. 사람의 아들도 이와 같이 그들에게 고난을 받을 것이다." 하고 대답하였다. 그제야 비로소 제자들은 이것이 세례자 요한을 두고 한 말인 줄을 깨달았다.

해석 유대사회에서는 엘리야가 메시아에 앞서 올 거란 예언이 퍼져있었다. 예수가 자신이 메시아임을 말했어도 제자들은 이런 교리에 빠져서 아직 엘리야가 오지 않았다고 지적한다. 세례요한이 엘리야였다고 확신시키지 않았다면 유대인들은 예수를 메시아로 믿지 않았을 것이다. 누가 7:27~35, 마태 11;7~19 에서도 예수는 엘리야가 세례요한의 전생임을 밝혔다.

마가복음 9:14~29절(마태 17:14~20, 누가 9:37~42)

악령에게 사로잡힌 아이, 믿음과 앎

그들이 군중이 있는 곳으로 돌아와 보니 제자들이 군중에게 둘러싸여 율법학자들과 말다툼을 하고 있었다. 사람들은 예수를 보자 모두 놀라서 달려와 인사를 하였다. 예수가 그들에게 "무슨 일로 저 사람들과 다투고 있소?" 하고 묻자, 그들 가운데 한 사람이 나서서 "선생님, 악령이 들려 말을 못하는 제 아들을 선생님께 보이려고 데려왔습니다. 악령이 한번 발작하면 그 아이는 땅에 뒹굴며 거품을 내뿜고 이를 갈다가 몸이 빳빳해지고 맙니다. 그래서 선생님의 제자들에게 악령을 쫓아내 달라고 했더니 쫓아내지 못했습니다." 하였다. 예수는 "이 세대가 왜 이다지도 믿음이 없을까! 내가 언제까지 그대들과 함께 살며 이 성화를 받아야 한단 말이오? 그 아이를 나에게 데려오시오." 라고 하였다.(마가 9:14~19)

예수가 마귀에게 호령하자 마귀는 나가고 아이는 나았다. 사람들이 없을 때에 제자들이 예수에게 와서 "저희는 왜 마귀를 쫓아내지 못하였습니까?" 하고 물었다. 예수가 이렇게 대답하였다. "너희의 믿음이 약한 탓이다. 내가 분명히 말하지만 너희에게 겨자씨 한 알만한 믿음이라도 있다면 이 산더러 '여기서 저기로 옮겨져라.' 해도 그대로 될 것이다. 너희가 못할 일은 하나도 없을 것이다."(마태 17:18~20)

해석 마귀를 퇴치한 예수에게 제자들이 자신들은 성공하지 못한 까닭을 물어본다. 예수는 믿음을 말하는데 이것은 우리가 알고 있는 예수의 권위에 대한 믿음은 아니다. 무엇을 신뢰한다는 것은 다른 말로는 완전한 앎을 의미한다. 완전한 앎 속에 믿음이 생기고 전적인 신뢰가 일어난다. 앎이 없이 믿는 것은 참된 믿음이 될 수가 없다. 믿는다는 것은 앎을 바탕으로 한 확신이다. 오늘날 기독교인들의 믿음은 신과 예수 그리고 우주법칙에 대한 앎이 없는 맹신이다.

앎이란 이성과 분별력으로 사실을 이해하여 현실에 적용할 수 있는 힘이기도 하다. 아는 것을 삶에 현시할 수 없다면 그것은 완전한 앎이 아니다. 완전한 앎이 존재할 때 믿음은 창조적인 힘이 된다. 그래서 우주 법칙을 삶에 현시하지 못한다면 우리는 우주법칙에 대한 믿음만 가진다고 할 수 있다. 믿음은 나쁜 것이 아니나 앎의 대체물이 될 수는 없다.

제자들은 법칙에 대한 앎이 부족하여서 악령을 몰아내지 못하였다. 그들은 예수가 악령을 몰아내는 방법을 여러 번 지켜보고 그 방법에 대해 배웠지만 아직 악령을 몰아내는데 필요한 집중력을 개발하지는 못하였다. 한마디로 그들은 앎이 부족하였다. 믿음은 아는 만큼 커진다.

마태복음 17:22~23절(마가 9:30~32, 누가 9:43~45)

죽음과 부활의 예언

그들이 갈릴리에 모여 있을 때 예수가 제자들에게 "머지않아 사람의 아들이 잡혀 사람들의 손에 넘어가 그들에게 죽었다가 사흘만에 다시 살아날 것이다." 하고 일러주자 제자들은 큰 슬픔에 잠겼다.

해석 예수는 서서히 제자들에게 자신의 끝이 다가오고 있으며 자신이 계획한 드라마를 알려주기 시작하였다. 그러나 무지한 제자들은 예수가 다시 살아난다는 것에 대한 올바른 이해가 없었다. 그저 예수가 죽는다는 말에만 귀를 기울이면서 슬퍼했다. 다시 살아나는 것 즉 부활은 영생의 의미를 담고 있었지만 제자들은 아직도 그것을 모르고 있었다.

마가복음 9:33~37절(마태 18:1~5, 누가 9:46~48)

하늘나라와 이원성 넘어가기

그들은 가버나움으로 가서 숙소에 묵을 때 예수가 제자들에게 물었다. "오는 길에 너희끼리 왜 논쟁했느냐?" 그러자 제자들은 말이 없었다. 그들은 길에서 누가 가장 큰 사람이냐 하는 문제로 다투었기 때문이었다. 예수가 자리에 앉으면서 열두 제자를 불러 놓고 말하였다. "누구든지 첫째가 되려면 모든 사람의 꼴찌가 돼야 하고 모든 사람을 섬기는 종이 돼야 한다."

그리고 예수는 어린아이 하나를 불러 그들 가운데에 세우고는 제자들에게 말하였다. “나는 분명히 말하지만 너희가 생각을 바꾸어 어린이와 같이 되지 않으면 결코 하늘나라에 들어가지 못할 것이다 (1). 그리고 하늘나라에서 가장 위대한 사람은 자신을 낮추어 이 어린이와 같이 되는 사람이다. 또 누구든지 나를 받아들이듯이 이런 어린이 하나를 받아들이는 사람은 곧 나를 받아들이는 사람이다.”

해석 첫 번째 단락은 제자들 한심한 수준을 보여주는 구절인데 영지주의 복음서에도 유사한 구절이 있다.

> 마리아가 예수에게 말했다. “당신의 제자들은 누구와 같습니까?” 예수께서 말하길, “그들은 남의 밭에 거주하는 아이들과 같도다. 밭의 주인들이 돌아와, 밭을 돌려달라고 말하면 아이들은 주인에게 밭을 돌려주기 위하여 그들 앞에서 옷을 벗을 것이다.”(도마복음 21절)

여기서 예수는 제자들을 아이들로 비유한다. 아이들을 둔 부모의 마음을 생각한다면 제자들에 대한 예수의 마음을 이해할 수 있을 것이다. 더구나 아이들은 남의 밭에서 살고 있다. 집이나 땅이 없는 사람은 주인의 요구가 있으면 언제든지 가진 것을 두고(옷 벗고) 떠나야 한다. 이처럼 예수는 제자들을 진리에 뿌리내리지 못하고 방황하는 부초 같은 존재로 보고 있다. 진리에 뿌리내려 자신의 운명을 지배하며 자신이 주인공인 삶(밭의 주인)을 살아가기를 바라는 마음이 담겨있다.

두 번째 단락의 “어린이와 같이 되지 않으면 결코 하늘나라에 들어가지 못할 것이다(1).”의 의미는 참된 구도자는 그릇된 개념이나 믿음에서 자유로운 어린아이처럼 되어야 한다는 것이다. 이런 상태에서 마음은 진리에 열리게 된다. 여러 번 강조하지만 예수가 말하는 하늘나라는 마음의 상태이다. 이와 유사한 구절이 영지복음서에 나온다.

> 예수께서 젖먹이 아기들을 보고는 제자들에게 "이 아이들은 천국에 들어가는 자들과 같도다." 라고 말씀하셨다. 그러자 제자들이 "그러면 우리도 어린아이처럼 하늘나라에 들어가겠나이까?" 라고 물었다.
>
> 예수께서 제자들에게 말하길, "너희가 둘을 하나로, 안을 바깥처럼, 바깥을 안처럼, 위를 아래처럼 만들 때, 남자와 여자를 하나로 만들어 남자는 남자가 아니고 여자는 여자가 아닌 것으로 만들 때, 눈이 있는 자리에 눈들을, 손이 있는 자리에 손을, 발이 있는 자리에 발을, 닮은 것이 있는 자리에 닮은 것을 만들 때, 그대들은 천국에 들어가리라."(도마복음 22절)

어린아이들이 천국에 들어가는 자들과 같다고 말하자 무지한 제자들이 자신들도 천국에 들어가게 되느냐고 물어본다. 도마복음에 보면 제자들은 줄기차게 외부에서 천국을 구하고 있다. 예수가 어린아이가 천국에 들어간다는 말은 천진난만하고 무지한 아기가 천국에 간다는 말이 아니라 아직 너와 나, 신과 자신, 선과 악, 앞과 뒤, 남과 여 등과 같이 사물을 구분하여 보는 그런 분리의식이 없는 마음의 소유자가 천국에 간다는 의미였다.

"너희가 둘을 하나로, 안을 바깥처럼, 바깥을 안처럼, 위를 아래처럼 만들 때, 남자와 여자를 하나로 만들어 남자는 남자가 아니고 여자는 여자가 아닌 것으로 만들 때, 천국에 간다."고 한다. 이 말은 우리는 전체와 분리되어 한정된 의식으로 신과 천국과 진리를 보고 있으므로 이원성을 극복하여야 원래의 참 모습을 알게 되어 천국으로 들어간다는 뜻이다. 천국은 깨달음의 세계를 말한다.

우주의식/신/은 모든 한계를 초월한 존재이므로 이원성 너머 있다. 만약 신이 남성이라면 반쪽 신일 것이며 그것은 초월의 신이 아닐 것이다. 유한한 마음으로 무한을 알 수 없다. 신에 어떤 속성을 부여하자마자 우리는 모든 근원인 신을 한정시키는 것이다. 천국은 이원성을 극복한 자가 가는 곳이다.

"눈이 있는 자리에 눈들을, 손이 있는 자리에 손을, 발이 있는 자리에 발을, 닮은 것이 있는 자리에 그 닮은 것을 만들 때, 그대들은 천국에 들어가리라."

이 말은 마치 선문답처럼 보인다. 각자의 자리에 있어야 할 것을 만들면 천국에 간다니 참으로 이상한 말이다. 눈의 자리에 눈이 없고 손의 자리에 손이 없는 경우가 있는가?

불교 선사의 "산은 산이고 물은 물이다."와 유사한 구절이다. 이 내용은 있는 그대로 보라는 의미이다. 자신의 한정된 생각이나 개념을 가지고 물과 산을 보게 되면 그것은 산은 산이 아니고 물은 물이 아닌 것이다. 그러므로 우리에게 어떤 대상이나 사물은 원래 그대로의 대상이나 사물이 아니라 우리의 생각이 반영된 대상이나 사물일 뿐이다.

천국이나 깨달음의 세계도 우리는 우리의 한정된 의식으로 바라보고 판단할 뿐이다. 이것은 천국도 깨달음도 아니다. 그러니 예수는 진리의 세계를 왜곡 없이 바로 볼 수 있을 때 천국은 우리 앞에 드러난다고 말하고 있는 것이다. 또 다른 영지복음서인 빌립 복음서에도 이원성 극복에 대해 나온다.

> 빛과 어둠, 삶과 죽음, 오른쪽과 왼쪽은 서로의 형제들이다. 그들은 분리될 수 없다. 왜냐하면 그들은 선은 선이 아니고, 악은 악이 아니며, 삶은 삶이 아니고, 죽음은 죽음이 아니기 때문이다. 이런 이유로 이들 각각은 태초의 근원으로 녹아 들어갈 것이다. 그러나 이런 세상 위로 높여진 사람들은 해체될 수 없어서 영원하다.(빌립 복음서 9절)

이것은 이원성에 대한 이야기이다. 우주의식(신)은 모든 한계를 초월한 존재이므로 이원성 너머에 있다. 천국은 이원성을 극복한 자가 가는 곳이다. 물질계에만 선과 악, 빛과 어둠, 삶과 죽음이 있다. 그러나 이들 모두는 근원에서 나온 것이다. 다만 자신의 한정된 생각이나 개념을 가지고 보니 구분되어 보일 뿐이다. 우리에게 어떤 대상이나 사물은 원래 그대로의 대상이나 사물이 아니라 우리의 생각이 개입되어 반영된 대상이나 사물일 뿐이다.

카발라에서 어둠(부질서, 부조화, 악 등)은 조화롭지 못한 빛으로 표현되며 이것은 조화롭게 조율되면 바로 빛이 된다. 어둠을 조화로운 빛으로 변화시키는 일이 우리에게 주어졌다고 한다. 본질적으로 빛과 어둠은 같은 것이다. 선과 악은 상대적 개념이고 삶과 죽음도 마찬가지이다. 예를 들면 선에 점수(최고 점수 100에서 최하 점수 1까지)를 매긴다면 7은 6에 비하면 선하겠지만 8에 비하면 악이 된다.

물질계의 삶과 죽음은 반대 개념이 아니라 푸른 하늘에 구름이 일어나 사라지듯이 그렇게 이 환영의 세계에서 일어나서 사라지고 다시 일어나는 물결일 뿐이다. 물질 삶과 죽음의 반대는 영적으로 깨어남이다. 환영의 세계인 물질계를 넘어선 사람은 삶과 죽음을 넘어선 것이며 근원과 합일되어 영원히 존재한다.

마태복음 18:6~9절(마가 18:42~50)

죄짓는 사람의 징벌

또 누구든지 나를 믿는 이 보잘 것 없는 이들 중 하나라도 죄짓게 하는 사람은 차라리 큰 맷돌을 목에 달고 바다에 던져지는 것이 나을 것이다. 사람을 죄짓게 하는 이 세상은 참으로 불행하다. 이 세상에 죄악의 유혹은 있게 마련이지만 남을 죄짓게 하는 사람은 참으로 불행하다. 손이나 발이 너희를 죄짓게 하거든 그것을 찍어 던져버려라. 두 손과 두 발을 가지고 영원한 불 속에 던져지는 것보다는 차라리 불구의 몸이 되더라도 영원한 생명에 들어가는 편이 더 낫다. 또 눈이 너희를 죄짓게 하거든 그것을 빼어 던져버려라. 두 눈을 가지고 불붙는 지옥에 던져지는 것보다는 한 눈을 잃더라도 영원한 생명에 들어가는 편이 더 낫다.

해석 문자 그대로 받아들이면 살벌하게 들리는 말이다. 예수의 말은 상징일 뿐이다. 죄 짓게 하는 사람은 잘못된 가르침을 전하는 사람들이다. 거짓 진리로 사람을 헤매게 하여 악업을 짓게 만들면 그 결과는 끔찍할 것이다. 손이나 발, 눈은 우리를 죄짓게 만드는 주변의 사람이나 물건을 상징한다. 이런 사람 혹은 물건에 영향 받아 어둠에 묶이는 것보다는 신체의 일부를 도려내는 아픔을 감내하듯 그렇게 과감하게 그것으로부터 벗어나야 한다.

마태복음 18:10~14절(참고: 누가 15;1~7)

길 잃은 양 한 마리

너희는 이 보잘것없는 사람들 가운데 누구 하나라도 업신여기는 일이 없도록 조심하여라. 하늘에 있는 그들의 천사들이 하늘에 계신 내 아버지를 항상 모시고 있다는 것을 알아두어라. 너희의 생각은 어떠하냐? 어떤 사람에게 양 백 마리가 있는데 그중의 한 마리가 길을 잃었다고 하자. 그러면 그 사람은 아흔아홉 마리를 산에 그대로 둔 채 그 길 잃은 양을 찾아 나서지 않겠느냐? 그 양을 찾게 되면 그는 길을 잃지 않은 아흔아홉 마리 양보다 오히려 그 한 마리 양 때문에 더 기뻐할 것이다. 이와 같이 하늘에 계신 너희의 아버지께서는 이 보잘것없는 사람들 가운데 하나라도 망하는 것을 원하시지 않는다.

해석 여기서 길 잃은 양은 중생이고 양을 찾아 나선 사람은 예수이다. 아흔아홉 마리 양은 신과 하나로 존재하는 깨달은 영혼이다. "보잘 것 없는 사람들 가운데 하나라도 망하는 것을 원하시지 않는다."는 모두가 신의 일부이기에 다시 원래의 상태로 돌아오게 하겠다는 의미이다. 영지주의 복음서에도 하느님이 인간을 소중하게 생각하는 구절이 있다.

> 진주를 진흙 속에 던져도 그 가치가 크게 훼손되지 않으며 그것에다 향유를 바른다고 값이 더 나가지도 않을 것이다. 진주는 소유자의 눈에는 항상 가치가 있다. 이것을 **하느님 아들들과** 비교한다면, 그들이 어디에 있든지 그들은 여전히 아버지 눈에는 값진 존재들이다.(빌립 복음서 44절)

지금은 우리가 육체에 갇혀 자신의 위대한 신분을 잊고 살아가지만 하느님의 아들인 우리는 아버지에게는 늘 소중한 진주 같은 존재이다. 아버지는 어떻게 하면 물질에 매여 살아가는 아들을 구할 수 있을까 고심하고 있으며 구원을 위하여 예수를 위시하여 많은 성자들을 내려 보내셨다.

누가복음 9:57~62절

죽은 사람이 죽은 자를 묻게 하라.

예수 일행이 길을 가고 있을 때 어떤 사람이 예수에게 "저는 선생님께서 가시는 곳이면 어디든지 따라가겠습니다." 하고 말하였다. 그러나 예수는 "여우도 굴이 있고 하늘의 새도 보금자리가 있지만 사람의 아들은 머리 둘 곳조차 없구나." 하고 말하였다. 예수는 다른 사람에게 "나를 따라오시오." 하고 말하자 그는 "선생님, 먼저 집에 가서 아버지 장례를 치르게 해주십시오." 하고 청하였다. 예수는 "죽은 사람들에게 죽은 자를 묻게 하고(1) 그대는 가 하느님 나라의 소식을 전하시오." 하였다. 또 한 사람은 "선생님, 저는 선생님을 따르겠습니다. 그러나 먼저 집에 가서 식구들과 작별 인사를 나누게 해주십시오." 하고 말하였다. 예수는 "쟁기를 잡고 뒤를 자꾸 돌아다보는 사람은 하느님 나라에 들어갈 자격이 없소." 하고 말하였다.

해석 "죽은 사람들에게 죽은 자를 묻게 하고(1)"에서 죽은 사람은 영혼이 깨어나지 못한 자를 말하고 이들은 육체와 함께 살고 있지만 내면의 영혼은 죽은 것과 마찬가지이다. 예수에게는 실제로 죽은 자나 육체는 살아 있으나 영혼이 죽은 사람이나 같은 존재로 간주되었다.

영혼이 깨어나지 못한 사람에게 삶과 죽음은 반대가 아니라 같은 상태이다. 붓다나 위대한 성자들이 삶은 꿈이고 환영이라고 말하는 이유이다. 깨어나지 못한 사람에게 삶도 꿈이고 꿈도 꿈이고 죽어서 가는 바르도계도 꿈이다. 엄밀하게 말하면 죽음은 없고 계속 이어지는 환영의 세계만이 있는 셈이다. 그러므로 삶의 반대는 죽음이 아니라 꿈에서 깨어난 진짜 삶 즉 깨달은 삶이다. 참 본성을 자각하고 신성 빛 속에 살아가는 것이 깨어있는 삶이고 살아 있는 삶이고 그 반대는 죽어있는 삶이다. 영지주의 복음서에 유사한 구절이 있다.

> "너희가 네 자신을 알게 되면 너희는 알려질 것이요 **살아계신 아버지**의 자녀가 자신임을 깨닫게 되리라. 그러나 자신을 모른다면 빈곤 가운데 사는 것이며 빈곤 그 자체이니라." (도마복음 3절)

> "이 가르침은 **살아있는** 예수께서 말씀하신 비밀의 말씀이며 디디모스 유다 도마가 기록한 것이다."(도마복음 1절)

여기에 살아계신 아버지, 살아있는 예수라는 말이 나온다. 도마가 예수님의 말씀을 전하면서 "살아있는"이라는 형용사를 사용한 이유는 예수를 "깨달은 자", "완성 자"로 표현하고자 함이었다. 영혼이 깨어있지 못하다면 그것은 죽은 삶이나 마찬가지이다. 그런 의미에서 도마에게 주변 사람들은 모두 죽은 사람이었다.

요한복음 7:10~52절

초막절 사건: 할례의 숨겨진 의미

예수는 유대인들이 자기를 죽이려고 했으므로 유대지방으로는 다니고 싶지 않아서 갈릴리 지방을 돌아다녔다 유대인의 명절인 초막절이 가까워지자 예수 형제들이 "이곳을 떠나 유대지방으로 가서 당신께서 행하는 그 훌륭한 일들을 제자들에게 보이십시오. 이런 훌륭한 일들을 할 바에는 모습을 세상에 드러내는 것이 좋겠습니다." 하고 권하였다. 이렇듯 예수의 형제들조차도 그분을 믿지 않았던 것이다. 그래서 예수는 "너희에게는 아무 때나 상관없지만 나의 때는 아직 오지 않았다. 세상이 너희는 미워할 수 없지만 나를 미워하고 있다. 세상이 하는 짓이 악해서 내가 그것을 들추어내기 때문이다. 너희는 어서 올라가서 명절을 지내라. 나는 이번 명절에는 올라가지 않겠다."

예수는 그들에게 이렇게 말하고 계속하여 갈릴리에 머물렀다. 그들이 명절을 지내러 올라가고 난 뒤에 예수도 조용히 올라갔다.

명절 동안에 유대인들은 "예수가 어디 있느냐?" 하고 물으며 찾아다녔다. 그리고 군중 사이에서는 예수를 두고 이러쿵저러쿵 말들이 많았다. "그는 좋은 분이오." 하는 사람이 있는가 하면, "아니오, 그는 군중을 속이고 있소." 하는 사람도 있었다. 그러나 유대사람들이 두려워서 예수에 관하여 내놓고 말하는 사람은 하나도 없었다. 명절 중간쯤 해서 예수는 성전으로 올라가 가르치기 시작하셨다.

유대인들은 "저 사람은 배우지도 않았는데 어떻게 저렇듯 아는 것이 많을까?" 하고 기이하게 여겼다. 예수는 그들에게 이렇게 말하였다. "내가 가르치는 것은 내 것이 아니라 나를 보내신 분의 가르침이오. 하느님의 뜻을 실천하려는 사람이면 이것이 하느님으로부터 나온 가르침인지 또는 내 생각에서 나온 가르침인지를 알 것이오. 제 생각대로 말하는 사람은 자기 영광을 구하는 사람이나 자기를 보내신 분의 영광을 위해서 힘쓰는 사람은 정직하며 그 속에 거짓이 없소. 모세가 그대들에게 율법을 제정해 주었는데 그대들 가운데 그 법을 지키는 사람은 하나도 없소. 그런데 어찌하여 나를 죽이려 하시오?"

군중들은 "당신이 미치지 않았소? 누가 당신을 죽이려 한단 말이오?" 하였다. 예수는 이렇게 대답하였다. "내가 안식일에 일을 한 가지 했다고 하여 당신들은 모두 놀라고 있소. 모세가 할례법을 명령했다 하여 그대들은 안식일에도 사내아이들에게 할례를 베풀고 있소. - 사실 할례법은 모세가 정한 것이 아니라 옛 선조에게서 비롯된 것이다. - 그대들은 이렇게 모세의 율법을 어기지 않으려고 안식일에도 할례를 베풀면서 내가 안식일에 사람 하나를 온전히 고쳐주었다고 하여 그렇게 화를 내는 것이오(1)? 겉모양을 보고 판단하지 말고 공정하게 판단하시오."

예루살렘 사람 중에는 "유대 사람들이 죽이려고 찾는 사람이 바로 이 사람이 아닌가? 저렇게 대중 앞에서 거침없이 말하고 있는데도 말 한마디 못하는 것을 보면 혹시 우리 지도자들이 그를 정말 그리스도로 아는 것이 아닐까? 그러나 그리스도가 오실 때에는 어디서 오시는지 아무도 모를 터인데 우리는 이 사람이 어디에서 왔는지 다 알고 있지 않은가?" 하고 말하는 사람도 있었다.

그때 예수는 성전에서 가르치면서 큰소리로 이렇게 말하였다. "당신들은 나를 알고 있으며 내가 어디에서 왔는지도 알고 있소. 그러나 나는 내 마음대로 온 것이 아니요. 나를 보내신 분은 정녕 따로 계시오. 그대들은 그분을 모르지만 나는 알고 있소. 나는 그분에게서 왔고 그분은 나를 보내셨소."

이 말에 그들은 예수를 붙잡으려고 했다. 그러나 아직 때가 되지 않았기 때문에 아무도 그분에게 손댈 수 없었다. 그러나 군중 가운데는 "그리스도가 정말 온다 해도 이분보다 더 많은 기적을 보여줄 수 있겠는가?" 하며 예수를 믿는 사람이 많았다.

사람들이 예수를 두고 이렇게 수군거리는 소리를 바리새인들이 들었다. 그래서 그들과 사제들은 예수를 잡아오라고 성전 경비병들을 보냈다.

그때 예수는 이렇게 말하였다. "내가 아직 얼마 동안은 그대들과 같이 있겠지만 결국 나를 보내신 분에게 돌아가야 하오. 그대들은 나를 찾아다녀도 찾지 못할 것이오. 내가 가 있는 곳에는 올 수가 없기 때문이오."

유대 사람들은 이 말을 듣고 "우리가 자기를 찾아내지 못하리라고 하는데 도대체 어디로 가겠다는 말인가? 그리스인들 사이에 흩어져 사는 유대사람들에게 가서 그리스인들을 가르칠 셈인가? 우리가 자기를 찾아도 찾아내지 못한다느니 또는 자기가 있는 곳에는 올 수 없다느니 하는 말은 대관절 무슨 뜻일까?" 하고 수군거렸다.

초막절의 가장 중요한 날인 마지막 날에 예수께서 일어나 큰 소리로 말하였다. "누구든지 목마른 사람은 다 내게로 와서 마시시오. 나를 믿는 사람은 성서의 말씀대로 그 속에서 **샘솟는 물**(2)이 강물처럼 흘러나올 것이오." 이것은 예수가 자신을 믿는 사람들이 받을 성령을 가리켜 한 말이었다.

이 말을 들은 사람들 중에 몇몇은 "이분은 참으로 그 예언자시다." 라고 말하였고, 어떤 사람들은 "이분은 그리스도다" 라고 했다.

또 다른 사람들은 "그리스도가 어떻게 갈릴리에서 나온단 말인가(3)? 성경에 그리스도는 다윗의 가문에서 나실 것이며 다윗이 살던 동네 베들레헴에서 나신다고 말하지 않았는가?" 라고도 했다. 사람들은 예수로 인해 서로 편이 갈리게 됐다. 그들 가운데 예수를 잡고자 하는 사람들도 있었으나 아무도 예수에게 손을 대지는 못했다.

성전 경비병들이 돌아오자 대제사장들과 바리새인들이 "왜 그를 잡아오지 않았느냐?" 라고 물었다. 경비병들은 "지금까지 이 사람처럼 말하는 사람은 없었습니다." 라고 말하였다. 바리새인들이 경비병들에게 "너희도 미혹된 것이 아니냐? 유대 관원들이나 바리새인들 중에 그를 믿는 사람이 있더냐? 율법도 모르는 이 군중들은 저주를 받은 사람들이다." 라고 말했다.

그들 중 한 사람으로 전에 예수를 찾아갔던 니고데모가 그들에게 말하길, "우리 율법에는 사람을 판결하기 전에 먼저 그 사람의 말을 들어 보거나 또 그 사람이 행한 일을 알아보도록 돼 있지 않소?" 그러자 그들이 대답하길, "당신도 갈릴리 사람이란 말이오? 성경을 살펴보시오. 그러면 갈릴리에서 예언자가 나온다는 말씀이 없다는 것을 알게 될 것이오." 라며 핀잔을 주었다.

해석 예수는 안식일에 신체 일부를 손 데는 할례가 가능하듯 신체 일부보다 더 큰 온몸을 치유하는 것이 중요하다고 말한다(1). 샘솟는 물(2)은 성령 즉 예수가 전하는 진리이다.

여기서 보면 사람들은 예수의 베들레헴 탄생을 알지 못하고 있다(3). 이것은 마태와 누가의 주장과 달리 예수가 갈릴리에서 태어난 증거일 수가 있다. 만약 베들레헴에서 탄생했다면 이런 논쟁은 없었을 것이다. 예수가 부여하는 진리를 샘물에 비유한 구절은 영지주의 복음서에도 나온다.

> 예수께서 제자들에게 말씀하시길, "나를 다른 것에 견주어서 내가 무엇과 같은지 말해보라." 시몬 베드로가 예수께 대답하길, "당신은 의로운 신의 사자(使者) 같나이다." 마태가 대답하길, "당신은 지혜로운 철학자 같나이다." 도마가 대답하길, "스승이시여, 저는 당신이 무엇과 같은지 제 입으로는 아무것도 말할 수 없나이다." 예수께서 말씀하시길 "나는 너 스승이 아니니라. 너는 취했고, **내가 측량하여 부여한 솟아나는 샘물**로 네가 도취되었기 때문에 그러하느니라."(도마복음 13절)

도마복음에는 할례와 관련한 아주 흥미로운 구절이 있다.

> 제자들이 예수에게 말하길, "할례가 유익하나이까?" 예수가 제자들에게 말씀하길, "할례가 유익하다면 그들 아버지가 어머니 뱃속에서 이미 할례가 되어 태어나도록 하였을 것이다. 영(靈)으로 하는 할례가 참으로 유익하도다."(도마복음 53절)

할례는 이슬람과 유대교에서 주로 행해진다. 특히 유대교의 경우 남성 할례를 아주 엄격하게 실시하는데 이것은 구약성서(창세기 17장, 하느님은 계약의 표시로서 이스라엘 백성의 할례를 명령하였으며 이것을 어기는 자는 계약을 깨는 사람으로 간주했다.)에 따른 것이다. 유대인이었던 제자들은 이 율법에 매여 예수에게 질문을 하고 있는 것이다. 그러자 예수는 할례가 유익하면 하느님께서는 당연히 사람이 할례가 되어 태어나도록 하지 않았겠느냐고 답변하면서 영으로 하는 할례가 정말 유익하다고 말한다. 여기서 영의 할례는 진리를 통하여 무지(표피)가 벗겨지고 무지 속에 숨겨졌던 참된 모습이 드러나는 것을 의미한다. 표피를 제거하는 것은 영혼을 가리고 있는 어둠의 장막을 제거한다는 상징이다.

지금도 우리는 알게 모르게 율법이나 전통에 매여 이처럼 어리석은 짓을 저지르는 일이 너무도 많다. 세월에 따라 변하고 문화에 따라 다른 것이 율법이고 전통이다. 전통이나 율법은 사람을 위하여 존재하는 것이지 사람 위에 군림할 수 없다. 진리를 바로 보지 못하는 어리석음 때문에 일어나는 일이다. 예수는 진리가 우리를 자유롭게 하리라 하였다. 우리가 의존해야 하는 것은 진리이지 율법이나 특정 의례나 형식이 아니다.

상징적으로 영의 할례는 영의 세례와 같은 것이다. 영의 세례는 진리의 세례로 우리의 그릇된 개념을 정화하여 우리가 새롭게 태어나게 한다. 영의 세례처럼 영의 할례도 영혼을 가리는 어둠을 제거하여 우리가 새롭게 태어나게 한다.

요한복음 8:1~11절

간음한 여인에게 누가 돌을 던질 수 있는가?

예수가 올리브 산으로 갔다가 다음날 이른 아침에 다시 성전에 나타났다. 그러자 많은 사람들이 몰려들었고 예수는 그들 앞에 앉아 가르치기 시작하였다. 그때에 율법 학자들과 바리새인들이 간음하다 잡힌 여자 한 사람을 데리고 와서 앞에 내세우고 "선생님, 이 여자가 간음하다가 현장에서 잡혔습니다. 우리의 모세 법에는 이런 죄를 범한 여자는 돌로 쳐서 죽이라고 하였는데 선생님 생각은 어떻습니까?" 하고 물었다.

그들은 예수에게 올가미를 씌워 고발할 구실을 찾으려고 이런 말을 하였던 것이다. 그러나 예수는 몸을 굽혀 손가락으로 땅바닥에 무엇인가 쓰고 있었다. 그들이 하도 대답을 재촉하므로 예수는 고개를 들고 "그대들 중에 누구든지 죄 없는 사람이 먼저 저 여자를 돌로 치시오." 하고는 다시 몸을 굽혀 계속해서 땅바닥에 무엇인가를 썼다. 그들은 그것을 읽고는 나이 많은 사람부터 하나하나 가버리고 마침내 예수 앞에는 그 한가운데 서 있던 여자만이 남아 있었다.

예수는 고개를 들고 그 여자에게 "이제 그대의 죄를 묻던 사람은 아무도 없지 않소?" 하고 물었다. "아무도 없습니다, 주님." 그 여자가 이렇게 대답하자 예수는 "나도 그대 죄를 묻지 않겠소. 어서 돌아가시오. 그리고 이제부터 다시는 죄짓지 마시오."라고 말하였다.

해석 유대율법에 따라 여인을 죽이라고 하면 로마법을 어기는 것이 된다. 그래서 예수는 글을 써서 그 사람들을 물리쳤다. 그 글은 현장에 있었던 사람들의 비밀스러운 죄목이라고 전해지기도 한다. 그러나 우리가 그것이 무엇인지 알 수 없는 일이다.

중요한 것은 예수가 개인을 판단하지 않는다는 점이다. 이것은 원인과 결과의 우주법칙이 모든 것을 판단하기 때문이다. 본문비평 성서학자들에 따르면 이 구절은 상당히 믿을 만한 오래된 요한복음 필사본에서는 나오지 않는다고 한다. 그들은 이 구절을 후대 필사자들이 삽입한 것으로 보고 있다.

요한복음 8:12~59절

참 아버지와 가짜 아버지

예수는 사람들에게 다시 말하였다. "나는 세상의 빛이오. 나를 따라오는 사람은 어둠 속을 걷지 않고 생명의 빛을 얻을 것이오(1)." 그러자 바리새인들은 "당신이 당신 자신을 증언하고 있으니 그것은 참된 증언이 못 됩니다." 하며 대들었다.

예수는 이렇게 대답하였다. "나는 내가 어디에서 와서 어디로 가는지 알고 있으니 내가 비록 나 자신을 증언한다 해도 내 증언은 참되오. 그러나 그대들은 내가 어디에서 와서 어디로 가는지를 모르오. 그대들은 사람의 기준으로 사람을 판단하지만 나는 결코 아무도 판단하지 않소이다. 혹시 내가 무슨 판단을 하더라도 내 판단은 공정하오. 그것은 나 혼자서 판단하지 아니하고 나를 보내신 아버지와 함께 판단하기 때문이오(2)."

이 말을 듣고 그들은 "당신 아버지가 도대체 어디 있습니까?" 하고 물었다. 예수는 "그대들은 나를 알지 못할 뿐더러 나의 아버지도 알지 못하오. 그대들이 만일 나를 알았더라면 나의 아버지도 알았을 것이오." 하고 대답하였다. 이런 예수의 말에도 아무도 예수를 잡지 않았다. 아직 접힐 시기가 아니었기 때문이었다.

예수는 다시 그들에게 말하길. "나는 가지만 그대들은 나를 찾다가 자기 죄에서 헤어나지 못하고 죽을 것이어서 내가 가는 곳에는 오지 못할 것이오."

이 말을 듣고 유대 사람들은 "이 사람이 자기가 가는 곳에 우리는 가지 못할 것이라고 하니 자살이라도 하겠다는 말인가?" 하고 중얼거렸다. 예수는 이렇게 말하였다. "그대들은 아래에서 왔지만 나는 위에서 왔소. 그대들은 이 세상에 속해 있지만 나는 이 세상에 속해 있지 않소. 그래서 나는 그대들이 자기 죄에서 헤어나지 못한 채 죽으리라고 한 것이오. 만일 그대들이 내가 그이라는 것을 믿지 않으면 그와 같이 죄에서 헤어나지 못한 채 죽고 말 것이오."

"그러면 당신은 누구요?(3)" 하고 그들이 묻자 예수는 이렇게 대답하였다. "처음부터 내가 누구라는 것을 말하지 않았소? 나는 그대들에 대해서 할 말도 많고 판단할 것도 많지만 나를 보내신 분은 참되시기에 나도 그분에게서 들은 것을 그대로 이 세상에서 말할 뿐이오. 나를 보내신 분은 나와 함께 계시고 나를 혼자 버려두시지는 않소. 나는 언제나 아버지께서 기뻐하시는 일을 하기 때문이오."

이 말을 듣고 많은 사람들이 예수를 믿게 되었다. 예수는 자신을 믿는 유대 사람들에게 이렇게 말하였다. "그대들이 내 말을 마음에 새기고 산다면 그대들은 참으로 나의 제자이오. 그러면 그대들은 진리를 알게 될 것이며 진리가 그대들을 자유롭게 할 것이오(4)."

그들은 이 말을 듣고 "우리는 아브라함의 후손이고, 아무한테도 종살이를 한 적이 없는데 선생님은 우리더러 자유를 얻을 것이라고 하시니 어떻게 된 일입니까?" 하고 따졌다.

예수는 이렇게 대답하였다. "잘 들어두시오. 죄를 짓는 사람은 누구나 다 죄의 노예요. 노예는 자기가 있는 집에서 끝내 살 수 없지만 그 집 아들은 영원히 그 집에서 살 수 있소. 그러므로 아들이 그대들에게 자유를 준다면 그대들은 참으로 자유로운 사람이 될 것이오. 그대들은 아브라함의 후손임에 틀림없소. 그런데도 나를 죽이려고 하오. 그대들에게 내 말을 받아들일 마음이 없기 때문이오. 나는 나의 아버지께서 보여주신 것을 말하고 그대들은 그대들의 아비가 일러준 대로 하고 있소."

그들은 '우리 조상은 아브라함입니다.' 하며 예수께 대들었다. 예수께서 "만일 그대들이 아브라함의 자손이라면 아브라함이 한 대로 할 것이오. 그런데 그대들은 하느님에게서 들은 진리를 전하는 나를 죽이려고 하오. 아브라함은 이런 짓을 하지 않았소. 그러니 그대들은 그대들의 아비가 한 대로 하고 있는 것이오." 하고 말하자 그들은 "우리는 사생아가 아닙니다! 우리 아버지는 오직 하느님 한 분이십니다." 하고 말하였다.

예수는 또 이렇게 말하였다. "내가 하느님에게서 나와 여기 와 있으니 만일 하느님께서 그대들의 아버지시라면 그대들은 나를 사랑했을 것이오. 나는 내 마음대로 온 것이 아니고 하느님께서 보내셔서 왔소. 왜 내 말을 알아듣지 못하는 거요? 내 말을 새겨들을 줄 몰라서 그런 것이 아니요?

그대들은 악마의 자식들이오. 그래서 그 아비의 욕망대로 하려고 하오. 그는 처음부터 살인자였고 진리 쪽에 서본 적이 없소. 그에게는 진리가 없기 때문이오. 그는 거짓말을 할 때마다 제 본성을 드러내오. 그는 정녕 거짓말쟁이이며 거짓말의 아비이기 때문이오. 그대들이 나를 믿지 않는 이유가 바로 여기 있소. 그러나 나는 진리를 말하오. 그대들 가운데 누가 나에게 죄가 있다고 증명할 수 있소? 내가 진리를 말하는데도 왜 나를 믿지 않는 것이오? 하느님에게서 온 사람은 하느님의 말씀을 듣소. 그대들이 그 말씀을 들으려 하지 않는 것은 그대들이 하느님에게서 오지 않았기 때문이오."

유대 사람들은 '당신은 사마리아 사람이며 마귀 들린 사람이오. 우리의 말이 틀렸소?' 하고 말하였다.

이에 대하여 예수는 다음과 같이 대답하였다. "나는 마귀 들린 것이 아니라 내 아버지를 높이고 있소. 그런데도 그대들은 나를 헐뜯고 있소이다. 나는 나 자신의 영광을 찾지 않소. 내 영광을 위해서 애쓰시고 나를 올바로 판단해 주시는 분이 따로 계시오. 내 말을 잘 지키는 사람은 영원히 죽지 않을 것이오(5)."

그러자 유대 사람들은 "이제 우리는 당신이 정녕 마귀 들린 사람이라는 것을 알았소. 아브라함도 죽고 예언자들도 죽었는데 당신은 '내 말을 잘 지키는 사람은 영원히 죽지 않는다.' 하니. 당신이 이미 죽은 우리 조상 아브라함보다 더 훌륭하다는 말이오? 예언자들도 죽었는데 당신은 도대체 누구란 말이오?" 하고 대들었다.

예수는 이렇게 대답하였다. "내가 나 자신을 높인다면 그 영광은 아무것도 아니오. 그러나 나에게 영광을 주시는 분은 그대들이 자기 하느님이라고 하는 나의 아버지이시오. 그대들은 그분을 알지 못하지만 나는 그분을 알고 있소. 내가 만일 그분을 모른다고 말한다면 나도 그대들처럼 거짓말쟁이가 될 것이오. 그러나 나는 그분을 알고 있으며 그분의 말씀을 지키고 있소. 그대들의 조상 아브라함은 내 날을 보리라는 희망에 차 있었고 과연 그 날을 보고 기뻐하였소."

유대 사람들은 이 말을 듣고 "당신이 아직 쉰 살도 못 되었는데 아브라함을 보았단 말이오?" 하고 따지고 들었다. 예수는 "잘 들으시오. 나는 아브라함이 태어나기 전부터 있었소." 하고 대답하였다. 이 말을 듣고 그들은 돌을 집어 예수를 치려고 하였다. 그러나 예수는 몸을 피하여 성전을 떠나갔다.

해석 "나는 세상의 빛이오. 나를 따라오는 사람은 어둠 속을 걷지 않고 생명의 빛을 얻을 것이오(1)."에서 예수는 여기서 강력하게 자신의 존재를 밝힌다. 신과 합일 상태에 있는 예수는 신이며 빛인 까닭이다. 유사한 내용이 영지주의 복음서에 나온다.

> 예수께서 말씀하시길, "나는 모든 것들 위에 있는 빛이며 나는 전체이니라. 나로부터 모든 것이 나왔고, 모든 것은 나에게로 이르느니라. 나무토막을 쪼개보라. 내가 그곳에 있을 것이요. 돌을 들추어보라. 그러면 거기에서 나를 발견할 것이니라."(도마복음 77절)

그리고 도마복음 50절에서 예수는 우리가 빛에서 왔음을 분명하게 선언한다.

> "예수께서 말씀하시길, '사람들이 당신들은 어디서 왔느냐?'고 물으면 '우리는 빛에서 왔으며 빛이 스스로 생겨나기 시작하여 스스로 형성되고 형상으로 나타난 그곳에서 왔노라.' 대답하라. 사람들이 '그것이 당신이냐?'고 묻거든 '우리는 그것의 자녀들이며 살아계신 아버지의 택함을 입은 자들이라.'고 말하라."(도마복음 50절)

다른 가르침을 거부하고 예수만이 진리임을 내세우는 사람들은 자신 또한 빛임을 모르고 있는 것이다. 세상의 비극 그리고 인간의 비극은 자기 자신을 모르는 데에서 비롯된다. 우리도 예수처럼 될 수 있다. 예수가 하느님 아들이듯 우리도 하느님 아들인 까닭이다.

"내가 무슨 판단을 하더라도 내 판단은 공정하오. 그것은 나 혼자서 판단하지 아니하고 나를 보내신 아버지와 함께 판단하기 때문이오(2)."는 바로 앞에서 설명한 원인과 결과의 법칙에 따른다는 말이다. 하느님의 말씀은 우주법칙이고 이 법칙이 세상을 다스린다.

“그러면 당신은 누구요?(3)” 라는 말에 메시아로 말했다면 잡혀갈 수 있었다. 질문은 함정이었다.

그리고 전체 글을 보면 사람들은 참으로 유치한 질문을 하고 있었고 예수는 인내심 있게 응대하고 있다. 우리가 상상도 할 수 없을 만큼 당시 사람들은 무지했다. 초등학생에게 철학을 논할 수는 없는 법이다.

“진리가 그대들을 자유롭게 할 것이오(4).”는 예수 가르침의 핵심이었다. 이것은 예수에 대한 믿음이 아니라 예수가 전한 진리를 통한 자력 구원을 말하는 것이다. 예수가 전한 영지가르침이 그 구원의 길이었다. 4복음서에는 믿음과 관련되는 구절은 그다지 많지는 않지만 있다 하여도 그런 구절은 초기 교회나 혹은 복음서 작가들에 의한 조작일 가능성이 크다. 또한 그런 단어를 해석하는 방법의 문제이기도 하다. 앞에서 다루었지만 믿음의 참된 의미는 완전한 앎이다. 앎이 있어야 믿음이 커진다.

“내 말을 잘 지키는 사람은 영원히 죽지 않을 것이오(5).”는 예수가 전하는 진리를 통하여 육체로 영생한다는 뜻이 아니라 영혼이 깨어나서 신과 하나 되어 살아간다는 뜻이다.

누가복음 10:21~24절

예수의 감사기도

예수가 성령을 받아 기쁨에 넘쳐서 이렇게 말하였다. “하늘과 땅의 주님이신 아버지, 지혜롭다는 사람들과 똑똑하다는 사람들에게는 이 모든 것을 감추시고 오히려 철부지 어린이들에게 나타내 보이시니 감사합니다. 그렇습니다, 아버지! 이것이 아버지께서 원하신 뜻이었습니다. 아버지께서는 모든 것을 저에게 맡겨주셨습니다. 아들이 누구인지는 아버지만이 아시고 또 아버지가 누구신지는 아들과 또 그가 아버지를 계시하려고 택한 사람만이 알 수 있습니다."

그리고 예수는 돌아서서 제자들에게 따로 말씀하였다. "너희가 지금 보는 것을 보는 눈은 행복하다. 사실 많은 예언자들과 제왕들도 너희가 지금 보는 것을 보려고 했으나 보지 못하였고 너희가 듣는 것을 들으려고 했으나 듣지 못하였다."

해석 예수가 전하는 메시지는 하늘나라에 이르는 열쇠였다. 과거에 많은 예언자가 나타나 예언하였지만 그들은 예수의 가르침을 접하지는 못하였다. 이처럼 위대한 예수를 접할 수 있었던 제자들은 참으로 복이 있다 하겠다. 영지복음서에 유사한 구절이 나온다.

> 제자들이 예수에게 말하길, "이스라엘에서 24명의 예언자가 말씀하였고 그들 모두는 당신에 대하여 말하였나이다." 예수가 말씀하길, "그대들은 그대들 앞에 있는 살아있는 자를 빠트리고 죽은 자에 대하여 말하고 있도다."(도마복음 52절)

누가복음 10:25~37절

하느님에 다가가는 4가지 방법과 착한 사마리아인

한 율법학자가 일어나 예수를 시험하려고 물었다 "선생님, 제가 무엇을 해야 영생을 얻을 수 있습니까?" 그러자 예수가 이렇게 말하였다. "율법에 무엇이라 기록돼 있소? 그대는 그것을 어떻게 읽고 있소?" 율법학자가 대답하길, "네 마음을 다하고 네 목숨을 다하고 네 힘을 다하고 네 뜻을 다해 네 하느님을 사랑하여라(1). 또 네 이웃을 네 몸같이 사랑하라'고 했습니다." 이에 예수는 "그대 대답이 옳소. 그대로 행하면 살 것이요."라고 했다.

그런데 이 율법학자는 자신이 옳다는 것을 보이려고 예수께 이렇게 물었다. "그러면 누가 제 이웃입니까?" 예수가 대답하길, "한 사람이 예루살렘에서 여리고로 가다가 강도들을 만나게 됐소. 강도들은 그의 옷을 벗기고 때려 거의 죽게 된 채로 내버려두고 갔소. 마침 어느 사제가 그 길을 내려가다가 그 사람을 보더니 피해서 지나갔소. 또 레위 사람도 그곳에 이르러 그 사람을 보더니 피해서 지나갔소. 그러나 어떤 사마리아 사람은 길을 가다가 그 사람이 있는 곳에 이르러 그를 보고 불쌍한 마음이 들어서 가까이 다가가 상처에 기름과 포도주를 바르고 싸매어주었소(2). 그러고는 그 사람을 자기 나귀에 태워서 여관에 데려가 잘 보살펴 주었소. 이튿날 사마리아 사람은 여관 주인에게 2데나리온을 주며 '저 사람을 잘 돌봐주시오. 돈이 더 들면 내가 돌아와서 갚겠소.' 라고 말했소. 그대는 이 세 사람 중 누가 강도 만난 사람의 이웃이라고 생각하시오?" 율법학자가 대답하길. "자비를 베푼 사람입니다." 그러자 예수가 그에게 "그대도 가서 그렇게 하시오." 라고 말하였다.

해석 "네 마음을 다하고 네 목숨을 다하고 네 힘을 다하고 네 생각(뜻)을 다하여 하느님을 사랑하라(1)."에는 상당히 심오한 의미가 담겨있다. 영어 구절은 Thou shalt love the Lord thy God with all thy **heart**, and with all thy **soul**, and with all thy **strength**, and with all thy **mind**(KJV)인데 한글 성서에서는 Heart, soul, strength, mind를 '마음'과 '목숨', '힘' 그리고 '뜻'처럼 문자적으로 번역하였다.

그런데 신을 우리와 동떨어진 외부의 어떤 존재로 보지 않고 신성이 우리 내면에 깃들어 있고 우리가 바로 신의 일부분임을 인정하는 기독교 신비주의나 카발라에서는 이 구절을 이렇게 해석한다.

신이나 그 일부인 내면의 참자아를 사랑하기 위하여(다른 말로 참자아를 알기 위하여) 힘(strength)과 가슴(heart)과 마음(mind)과 영혼(soul)의 힘을 다하라는 취지이다. 이것은 카발라 우주관에서 우주를 구성하는 4개의 세계(四界, 물질계, 아스트럴계, 멘탈계, 영계)와 연관되고 인도의 4개 요가와도 연관된다.

인도 요가는 신과 합일을 위한 방법으로 가슴(heart)의 길인 박티요가, 영혼(soul, 신성의식)의 길인 라자요가, 마음(mind, 지성)의 길인 지냐나 요가, 육체(strength, 힘)의 길인 카르마 요가를 제시한다. 가슴의 길은 신에 대한 사랑과 헌신을 통하여 신과 만나고, 영혼의 길은 우리 내면의 신성 힘을 드러내어 신과 만나고, 마음의 길은 지성을 통하여 신을 만나고, 육체의 길은 자기를 비우고 모든 것을 신에게 바치는 행위를 통하여 신과 합일을 추구한다.

박티요가나 카르마 요가는 믿음이나 헌신 쪽이 좀 더 강하고 지냐나 요가나 라자 요가는 자력 수련 면이 강하다. 예수는 율법학자에게 영생을 얻으려면 몸과 마음과 가슴과 영혼을 다하여 하느님에 다가가야 한다고 말하고 있다. 그리고 예수가 말하는 영생은 하느님과 하나가 되는 상태 즉 깨달음이다. 예수는 착한 사마리아인을 칭송하면서 동시에 유대인에게 차별받던 사마리아인보다도 못한 사제와 레위 사람의 위선을 통렬히 비난하고 있다(2).

요한복음 9:1~41절

눈멀게 태어난 죄, 토라의 4가지 해석법

예수가 길을 가다가 날 때부터 눈먼 사람을 만났는데 제자들이 예수에게 "선생님, 저 사람이 소경으로 태어난 것은 누구의 죄입니까? 자기의 죄입니까? 그 부모의 죄입니까?(1)" 하고 물었다. 예수는 "자기 죄 탓도 아닐 수 있고 부모의 죄도 아닐 수 있다. 하느님이 하시는 일들을 그에게 드러내려는 것일 수 있도다. 우리는 해가 있는 동안에 나를 보내신 분의 일을 해야 한다. 이제 밤이 올 터인데 그때는 아무도 일을 할 수가 없다. 내가 이 세상에 있는 동안은 내가 세상의 빛이다." 이 말을 하고는 예수는 땅에 침을 뱉어 흙을 이겨서 그 사람의 눈에 발랐다. 그리고 그에게 "실로암 연못으로 가서 씻어라." 하고 말하였다. 그 사람이 연못에 가서 얼굴을 씻고 눈이 밝아져서 집에 돌아갔다.

이웃 사람들과 그가 전에 구걸하던 것을 보아온 사람들은 "저 사람은 앉아서 구걸하던 사람이 아닌가?" 하고 말하였다. 어떤 이들은 바로 그 사람이라고 하였고, 또 어떤 이들은 그 사람을 닮기는 했지만 그 사람은 아니라고도 하였다. 그때 눈을 뜨게 된 사람이 "내가 바로 그 사람입니다." 하고 말하였다.

사람들이 "그러면 당신은 어떻게 눈을 뜨게 되었소?" 하고 묻자, 그는 "예수라는 분이 진흙을 개어 내 눈에 바르고 나더러 실로암에 가서 씻으라고 하기에 가서 씻었더니 이렇게 볼 수 있게 되었습니다." 하고 대답하였다. 그들이 "그 사람이 어디 있소?" 하고 물었으나 그는 모른다고 대답하였다. 사람들은 소경이었던 그 사람을 바리새인들에게 데리고 갔다. 그런데 예수가 진흙을 이겨 그의 눈을 뜨게 한 날이 바로 안식일이었다.

그래서 이번에는 바리새인들이 그에게 눈을 뜨게 된 경위를 물었다. 그는 "그분이 내 눈에 진흙을 발라주신 뒤에 얼굴을 씻었더니 이렇게 보게 되었습니다." 하고 대답하였다. 바리새인들 중에는 "그가 안식일을 지키지 않는 것으로 보면 하느님에게서 온 사람이 아니오." 하는 사람도 있었고 "죄인이 어떻게 이와 같은 기적을 보일 수 있겠소?" 하고 맞서는 사람도 있어서 서로 의견이 엇갈렸다.

그들이 눈멀었던 사람에게 "그가 당신의 눈을 뜨게 해주었다니 당신은 그를 어떻게 생각하오?" 하고 다시 묻자 그는 "그분은 예언자이십니다." 하고 대답하였다. 유대사람들은 그 사람이 본래는 소경이었는데 지금은 눈을 뜨게 되었다는 사실을 믿으려 하지 않고 마침내 그 사람의 부모를 불러 "이 사람이 틀림없이 나면서부터 눈이 멀었다는 당신들 아들이오? 그런데 지금 어떻게 눈을 뜨게 되었소?" 하고 물었다.

그의 부모는 "그가 우리 아들이고 날 때부터 눈먼 사람이었다는 것을 우리가 알지만 그러나 그가 어떻게 지금 보게 되었는지, 또 누가 눈을 뜨게 하여주었는지는 모릅니다. 그가 다 자랐으니 그에게 물어보십시오. 제 일은 제가 대답하겠지요." 하였다.

그의 부모는 유대사람들이 무서워서 이렇게 말한 것이다. 유대사람들은 예수를 그리스도라고 고백하는 사람은 누구나 다 회당에서 쫓아내기로 작정하였던 것이다. 그의 부모가 "다 자란 사람이니 그에게 물어보십시오." 하고 말한 것도 그 때문이었다.

유대사람들은 소경이었던 사람을 다시 불러놓고 "사실대로 말하시오. 우리가 알기로는 그 사람은 죄인이오." 하고 말하였다. 그는 이렇게 대답하였다. "그분이 죄인인지 아닌지는 모르겠습니다. 다만 내가 아는 것은 내가 앞 못 보는 사람이었는데 지금은 잘 보게 되었다는 것뿐입니다."

"그러면 그 사람이 당신에게 무슨 일을 했소? 어떻게 해서 당신의 눈을 뜨게 했단 말이오?" 하고 그들이 다시 묻자, 그는 "내가 이미 말씀 드렸는데도 당신들은 곧이듣지 않았습니다. 왜 똑같은 말을 자꾸 들으려고 합니까? 당신들도 그분의 제자가 되고 싶습니까?" 하고 반문하였다. 이 말을 듣고 그들은 마구 욕설을 퍼부으며 "너는 그자의 제자이지만 우리는 모세의 제자이다. 우리는 하느님께서 모세에게 말씀하셨다는 것을 안다. 그러나 그 사람은 어디서 왔는지 알지 못한다." 하고 말하였다.

그는 이렇게 대꾸하였다. "분명히 내 눈을 뜨게 하여주셨는데 당신들은 그분이 어디에서 오셨는지도 모른다니 이상한 일입니다. 하느님께서는 죄인의 청은 안 들어주시지만 하느님을 공경하고 그 뜻을 실행하는 사람의 청은 들어주신다는 것을 우리는 알고 있습니다. 소경으로 태어난 사람의 눈을 뜨게 하여준 이가 있다는 말을 일찍이 들어본 적이 있습니까? 그분이 하느님께서 보내신 분이 아니라면 이런 일은 도저히 하실 수가 없을 것입니다."

유대사람들은 이 말을 듣고 "너는 죄를 뒤집어쓰고 태어난 주제에 우리를 훈계하려 하구나?" 하며 그를 회당 밖으로 내쫓아버렸다.

예수는 바리새인들이 그 사람을 쫓아냈다는 말을 듣고 그를 찾아가 말하였다. "네가 사람의 아들을 믿느냐?" "선생님, 그분이 누구신지 말씀해 주십시오. 제가 그분을 믿겠습니다." 하고 대답하자, 예수가 "너는 이미 그를 보았다. 지금 너와 말하고 있는 사람이 바로 그 사람이다." 하고 말하였다. 그러자 그 사람이 "주여, 제가 믿습니다." 하고는 예수에게 절했다.

예수는 "내가 이 세상에 온 것은 보는 사람과 못 보는 사람을 가려, 못 보는 사람은 보게 하고 보는 사람은 눈멀게 하려는 것이오." 하고 말하였다. 예수와 함께 있던 바리새인들 몇이 이 말을 듣고 "그러면 우리들도 눈이 멀었단 말이오?" 하고 대들었다. 그러자 예수는 "그대들이 차라리 눈먼 사람이라면 오히려 죄가 없을 것이오. 그러나 그대들은 지금 눈이 잘 보인다고 하니 그대들 죄는 그대로 남아 있소." 하고 대답하였다.

해석 이런 치유는 공감치유(sympathetic magic)로 불린다. 침과 진흙에 힘이 있는 것이 아니라 이것은 환자가 자발적인 노력을 하도록 사용된 심리적 도구였다. 그가 연못에 가서 씻지 않았다면 치유되지 못하였을 것이다. 안식일 치유는 전통에 매인 바리새인 분노를 야기하였다. 그들에게 전통에 따르지 않은 예수는 하느님의 아들이 아님이 분명한 증거였다. 그들은 안식일을 어긴 예수를 바로 죄인으로 낙인찍었다.

"자기의 죄입니까? 그 부모의 죄입니까?(1)" 구절은 제자들이 그 사람이 출생 전에 이미 죄를 범했다는 것을 간주하는 것으로 보인다. 이것은 영혼의 윤회를 받아들여야 가능한 질문이다. 기독교의 육체와 영혼에 대한 학설은 예수 사후에 교부들이 정리한 것이고 예수가 살았던 시기에는 달랐다.

오늘날 교회는 영혼은 각 육체마다 새로 창조되고 임신과 출생 사이에 육체로 들어간다고 한다. 이 이론에 의하면 전생은 없는 셈이다. 정의로운 신이라면 영혼을 창조하여 그들을 죄와 시련의 세계로 보내지는 않을 것이다. 영혼은 이런 신의 창조 행위에 전혀 책임이 없기 때문이다.

기독교 교부들의 영혼에 대한 견해는 크게 세 가지로 나뉜다. 첫째로 이미 창조되어 존재하고 있는 영혼이 출생 시에 육체에 들어온다는 견해로 영혼선재설이라 한다(주요 지지자들: 플라톤, 필로, 오리게네스, 카발라 이론, 대다수 동양종교).

둘째로 부모로부터 영혼과 육체를 함께 물려받는다는 영혼 유전설이 있다. 이 설은 원죄를 설명하기 위하여 주장되었다. 이 설에 따르면 출생을 통하여 영혼은 육체와 함께 존재하게 된다. 영혼은 비물질적이므로 분할될 수 없고 아버지와 어머니의 영혼 중 누구의 것을 유전 받는지 명확하지 못하며 특히 예수가 마리아에게서 영혼을 유전 받았다면 예수의 신성이 문제가 되는 모순이 생겨난다. 물론 교회는 예수가 성령에 의한 동정녀 출생이므로 마리아의 원죄를 물려받지 않았다는 주장을 편다. 주요 인물로는 니사의 그레고리우스와 테르툴리아누스, 아우구스티누스, 루터 등이다.

셋째로 임신이나 출생 시에 하느님이 영혼을 매번 창조한다는 영혼 창조설이 있다. 주요 지지자는 초기 교회 교부들, 가톨릭교회, 토마스 아퀴나스, 칼빈 등이다. 이 이론은 신이 새로 창조한 영혼은 순수할 터인데 왜 원죄를 지니게 되냐는 문제에 봉착하나 원죄가 자리 잡은 곳은 육체라고 주장하여 문제를 비켜나가려한다.

기독교에서는 영혼선재설을 받아들일 수 없다. 왜냐하면 영혼선재설은 모든 인간은 아담의 후손이며 모든 인간은 아담의 범죄로 말미암은 원죄를 지니고 있다는 성경의 가르침에 모순되기 때문이다. 그래서 주장되는 것이 영혼창조설과 영혼유전설이다. 성경구절에 구체적인 명시가 없으니 논쟁은 일어날 수밖에 없는 일이고 어느 학설을 취하든 만족할만한 이유가 되지 못한다.

결국 문제는 신의 아담 창조와 원죄에 있다. 이 논리 때문에 만들어진 것이 영혼창조설과 영혼유전설이다. 그러므로 신의 아담 창조와 원죄가 그 근거가 없다고 밝혀지면 영혼창조설과 영혼유전설은 존재 근거를 상실한다. 구약의 아담창조와 에덴동산에서 추방은 상징이므로 문자적으로 해석하면 안 된다. 이 상징을 어떻게 해석하느냐는 다른 차원의 문제이다.

카발라에서는 우주를 4개의 세계(물질계, 아스트럴계, 멘탈계, 영계)로 구분하는데 토라는 이 4개 차원으로 해석이 된다고 한다. 하나의 구절에 4가지 의미가 중첩되어 숨어있는 것이다. 카발라의 대표적인 문헌인 조하르에서는 이것을 상징적으로 외관, 육체, 영혼, 영혼의 영혼으로 표현한다. 그러므로 모세오경 즉 토라에 나오는 이야기를 문자적으로 이해하면 너무도 많은 것을 놓치게 되며 터무니없는 이야기도 믿어야 하는 상황에 처하게 된다. 우리는 외관 안에 숨어있는 진짜 토라를 보는 지혜를 얻어야 한다. 그렇게 될 때 신의 숨이 토라를 통하여 이 세상에 작동하는 신비를 보게 된다.

요한복음 10:1~21절

선한 목자이신 예수, 자력구원

예수는 또 이런 말을 하였다. "잘 들으시오. 양 우리에 들어갈 때에 문으로 들어가지 않고 딴 데로 넘어 들어가는 사람은 도둑이며 강도요. 양 치는 목자는 문으로 버젓이 들어가오. 문지기는 목자에게 문을 열어주고 양들은 목자의 음성을 알아듣소. 목자는 자기 양들을 하나하나 불러내어 밖으로 데리고 나가오. 이렇게 양떼를 불러낸 다음에 목자가 앞장서 가면 양떼는 그의 음성을 알고 있기 때문에 그를 뒤따라가오. 양들은 낯선 사람을 결코 따라가지 않소. 왜냐하면 그 사람의 음성이 귀에 익지 않기 때문에 오히려 그를 피하여 달아나오."

예수는 그들에게 이 비유를 말해 주었지만 그들은 그 말이 무슨 뜻인지 깨닫지 못하였다. 그래서 예수는 다시 말하였다.

"잘 들으시오. 나는 양이 드나드는 문이오. 나보다 먼저 온 사람은 모두 다 도둑이며 강도요. 그래서 양들은 그들의 말을 듣지 않았소. 나는 문이오. 누구든지 나를 거쳐서 들어오면 안전할 뿐더러 마음대로 드나들며 좋은 풀을 먹을 수 있소. 도둑은 양을 훔쳐다가 죽여서 없애려고 오지만 나는 양들이 생명을 얻고 더 얻어 풍성하게 하려고 왔소.

나는 착한 목자라오. 착한 목자는 자기 양을 위하여 목숨을 바친다오. 목자가 아닌 삯꾼은 양들이 자기 것이 아니기 때문에 이리가 가까이 오는 것을 보면 양을 버리고 도망쳐 버리오. 그러면 이리는 양들을 물어가고 양떼는 뿔뿔이 흩어져버리지요. 왜냐하면 그는 삯꾼이어서 양들을 조금도 생각하지 않기 때문이오.

나는 착한 목자라오. 나는 내 양들을 알고 내 양들도 나를 안다오. 이것은 마치 아버지께서 나를 아시고 내가 아버지를 아는 것과 같소이다. 나는 내 양들을 위하여 목숨을 바친다오. 나에게는 이 양의 우리 안에 들어 있지 않은 다른 양들도 있소. 나는 그 양들도 데려와야 하오. 그러면 그들도 내 음성을 알아듣고 마침내 한 떼가 되어 한 목자 아래 있게 될 것이오.

아버지께서는 내가 목숨을 바치기 때문에 나를 사랑하신다오. 그러나 결국 나는 다시 그 목숨을 얻게 될 것이오. 누가 나에게서 목숨을 빼앗아가는 것이 아니라 내가 스스로 바치는 것이오(1). 나에게는 목숨을 바칠 권리도 있고 다시 얻을 권리도 있소. 이것이 바로 내 아버지에게서 내가 받은 명령이오."

이 말을 들은 유대사람 사이에서는 다시 논란이 일어났다. 많은 사람이 "그는 마귀가 들렸소. 그런 미친 사람의 말을 무엇 때문에 듣는 거요?" 하고 말하는가 하면, 어떤 사람들은 "마귀 들린 사람이 어떻게 그런 말을 하겠소? 더구나 마귀가 어떻게 소경의 눈을 뜨게 할 수 있단 말이오?" 하고 말하였다.

해석 예수는 자신이 사람들을 깨달음으로 안내하는 진리의 문임을 밝히고 있다.

예수는 "누가 나에게서 목숨을 빼앗아가는 것이 아니라 내가 스스로 바치는 것이오(1)."라고 말한다. 기독교인들의 생각과는 달리 예수의 십자가 사건은 예수 스스로 준비한 것이었다. 유다의 배반도 계획된 것이었다. 여러 기적을 행하였고 지수화풍도 다스릴 수 있는 예수였기에 그가 원했다면 얼마든지 체포와 십자가 형벌을 피할 수 있었다.

예수는 인간의 죄를 대신하여 죽은 것은 아니었다. 목마른 사람을 물가로 안내할 수는 있어도 대신 마셔줄 수는 없다. 하늘나라는 의식 수준이 되어야 가는 곳이지 하느님이나 예수도 마음대로 할 수가 없다. 누군가가 남의 죄를 대신할 수는 없는 것이 우주법칙이다. 영지복음서에서 스스로 충만하게 되거나 스스로 구원을 얻으라고 하는 이유이다. 기독교 대속 이론은 바울의 주장이었다.

요한복음 10:22~40절

수전절, 유대 사람들의 무지

예루살렘에서는 수전절 축제가 벌어지고 있었고 겨울이었다. 예수는 성전 구내에 있는 솔로몬 행각을 거닐고 있었는데 유대사람들이 예수를 둘러싸고 "당신은 얼마나 더 오래 우리의 마음을 조이게 할 작정입니까? 당신이 정말 그리스도라면 그렇다고 분명히 말해 주시오(1)." 하고 말하였다.

그러자 예수는 "내가 이미 말했는데도 그대들은 내 말을 믿지 않는구려. 내가 내 아버지의 이름으로 행하는 일들이 바로 나를 증명해 주지 않소. 그러나 그대들은 내 양이 아니기 때문에 나를 믿지 않소이다. 내 양들은 내 목소리를 알아듣고 나는 내 양들을 알고 그들은 나를 따라온다오. 나는 그들에게 영원한 생명을 주기 때문에 그들은 영원히 죽지 않을 것이고 아무도 그들을 내 손에서 빼앗아가지 못할 것이오. 아버지께서 내게 맡겨주신 것은 무엇보다도 소중하기에 아무도 그것을 아버지의 손에서 빼앗아갈 수 없소. 아버지와 나는 하나라오(2)." 하고 대답하였다.

이때에 유대사람들은 다시 돌을 집어 예수께 던지려고 하였다. 그래서 예수께서는 그들에게 "내가 아버지께서 맡겨주신 좋은 일들을 많이 보여주었는데 그중에서 어떤 것이 못마땅해서 돌을 들어치려는 것이요?" 하고 말하였다.

유대사람들은 "당신이 좋은 일을 했다면 우리가 왜 돌을 들겠소? 당신이 하느님을 모독했으니까 그러는 것이오. 당신은 일개 사람인 주제에서 하느님 행세를 하고 있지 않소?" 하고 대들었다.

그러자 예수는 이렇게 말하였다. "그대들이 믿는 율법에 보면 하느님께서 '내가 너희를 신이라 불렀다'(3). 하신 기록이 있지 않소. 이렇게 성서에서는 하느님의 말씀을 받은 사람들을 모두 신이라고 불렀소. 성경 말씀은 영원히 참되시오. 아버지께서는 나에게 거룩한 일을 맡겨 세상에 보내주셨소. 당신들은 내가 하느님의 아들이라고 한 말 때문에 하느님을 모독한다고 하시오? 내가 아버지의 일을 하지 않고 있다면 나를 믿지 않아도 좋소. 그러나 내가 그 일을 하고 있으니 나를 믿지 않더라도 내가 하는 일만은 믿어야 할 것이 아니요. 그러면 아버지가 내 안에 계시고 또 내가 아버지 안에 있다는 것을 확실히 알게 될 것이오."

그때에 유대사람들이 다시금 예수를 붙잡으려고 했으나 예수는 그들의 손에서 벗어나 몸을 피하였다. 예수는 다시 요한이 전에 세례를 베풀던 요단강 건너편으로 가서 거기에 머물게 되었다. 그때 많은 사람들이 예수에게 몰려와서 서로 "요한은 기적을 보여주지 못했지만 그가 이 사람에 관해서 한 말은 모두 사실이었다." 하면서 많은 사람이 거기에서 예수를 믿게 되었다.

해석 바리새인들은 예수의 입을 통하여 그리스도란 말을 듣고 싶었다(1). 그래야 예수를 체포할 수 있었기 때문이었다. 이를 알고 예수는 직접적인 말은 피하였다.

예수가 "자신이 신과 하나라는 말(2)"에 유대사람들은 예수가 자신을 신으로 인정했다고 생각하였고 그래서 예수에게 격노하였다. 사실 이 말은 예수 자신이 세상에 현시하는 신의 빛이라는 말이었고, 신과 목적이 하나라는 의미였다. 요한복음(14:12, 14:20, 17:22~23)에도 신과 우리가 하나라는 내용이 나온다.

"내 너희를 신이라 불렀다(3)."는 성서(시편 82장)를 인용한 것인데, 이는 유대인들이 전통에 매여 있어서 그들이 성경의 말씀을 부정할 수 없음을 알았기 때문이었다. 하느님 말씀을 받은 자는 신으로 불렀다는 말은 자신의 신성을 깨워 깨달은 사람(그리스도의식에 이른 사람)은 신과 하나가 되었음을 말하는 것이다. 자신을 신의 피조물로 설정해 버린 사람들에게 이런 성경구절은 눈에 들어오지 않을 것이다. 아마 이런 구절이 있는지도 모를 것이다. 아는 만큼 보이는 법이다. 아직 깨닫지 못한 사람에게 내면에 신성은 잠자고 있다고.

마지막 몇 달 동안의 사역

요한복음 11:1~44절

죽은 나사로를 살리다.

마리아와 마르다 자매가 사는 베다니 동네에 나사로라는 병자가 있었다. 나사로는 마리아의 오빠였다. 마리아는 주님께 향유를 붓고 머리털로 주님의 발을 닦아드린 적이 있는 여자였다. 마리아와 마르다는 예수에게 사람을 보내어 "주님, 주님께서 사랑하시는 이가 앓고 있습니다." 하고 전했다. 예수는 그 전갈을 받고 "그 병은 죽을 병이 아니다. 그것으로 오히려 하느님의 영광을 드러내고 하느님의 아들도 영광을 받게 될 것이다." 하고 말하였다. 예수는 마르다와 그 여동생과 나사로를 사랑하였지만 나사로가 앓는다는 소식을 들고도 있던 곳에서 더 머물다가 이틀이 지난 뒤에야 제자들에게 "유대지방으로 돌아가자." 라고 말하였다.

제자들이 "선생님, 얼마 전만 해도 유다 사람들이 선생님을 돌로 치려고 하였는데 그곳으로 다시 가시겠습니까?" 하고 걱정하자 예수는 "낮은 열두 시간이나 되지 않느냐? 낮에 걸어 다니는 사람은 세상의 빛을 보기 때문에 걸려 넘어지지 않는다. 그러나 밤에 걸어 다니면 빛이 없기 때문에 걸려 넘어질 것이다." 하며 "우리 친구 나사로가 잠들어 있으니 이제 내가 가서 깨워야겠다." 하고 말하였다.

그러자 제자들은 "주님, 나사로가 잠이 들었다면 곧 살아나지 않겠습니까?" 하고 말하였다. 예수께서 하신 말씀은 나사로가 죽었다는 뜻이었는데 제자들은 그저 잠을 자고 있다는 말로 알아들었던 것이다. 그래서 예수는 분명히 말하였다. "나사로는 죽었다. 이제 그 일로 너희가 믿게 될 터이니 내가 거기 있지 않았던 것이 오히려 잘된 일이다. 그곳으로 가자."

그때에 쌍둥이라고 불리던 도마가 자기 동료인 다른 제자들에게 "우리도 함께 가서 그와 생사를 같이합시다." 하고 말하였다. 예수가 그곳에 이르러 보니 나사로가 무덤에 묻힌 지 이미 나흘이나 지난 뒤였다. 베다니는 예루살렘에서 오리밖에 안 되는 곳이어서 많은 유대 사람들이 오빠의 죽음을 슬퍼하고 있는 마르다와 마리아를 위로하러 와있었다.

예수가 온다는 소식을 듣고 마르다는 마중을 나갔다. 그동안 마리아는 집 안에 있었다. 마르다는 예수에게 이렇게 말하였다. "주님, 주님께서 여기에 계셨더라면 제 오빠는 죽지 않았을 것입니다(1). 그러나 지금이라도 주님께서 구하시기만 하면 무엇이든지 하느님께서 다 이루어주실 줄 압니다." 예수가 "네 오빠는 다시 살아날 것이다." 라고 말하자, 마르다는 "마지막 날 부활 때에 다시 살아나리라는 것은 저도 알고 있습니다(2)." 하고 말하였다.

그러자 예수가 "나는 부활이요 생명이니 나를 믿는 사람은 죽더라도 살겠고 또 살아서 믿는 사람은 영원히 죽지 않을 것이다(3). 너는 이것을 믿느냐?" 하고 물었다. 마르다는 "예, 주님, 주님께서는 이 세상에 오시기로 약속된 그리스도이시며 하느님의 아드님이신 것을 믿습니다." 하고 대답하였다. 이 말을 남기고 마르다는 돌아가 자기 동생 마리아를 불러 귓속말로 "선생님이 오셔서 너를 부르신다." 하고 일러주었다. 마리아는 이 말을 듣고 벌떡 일어나 예수에게 달려갔다. 예수는 아직 동네에 들어가지 않고 마르다가 마중 나왔던 곳에 그냥 있었다.

집에서 마리아를 위로해 주던 유대사람들은 마리아가 급히 일어나 나가는 것을 보고 그가 곡하러 무덤에 나가는 줄 알고 뒤따라 나갔다. 마리아는 예수가 계신 곳에 찾아가 뵙고 그 앞에 엎드려 "주님, 주님께서 여기에 계셨더라면 제 오빠가 죽지 않았을 것입니다." 하고 말하였다.

예수가 마리아뿐만 아니라 같이 따라온 유대사람들까지 우는 것을 보고 비통해하였다. "그를 어디에 묻었느냐?" 하고 예수가 물으니 그들이 "주님, 오셔서 보십시오." 하고 대답하였다. 예수는 큰소리로 흐느끼며 눈물을 흘렸다(4).

그것을 보고 유대사람들은 "저분이 나사로를 무척 사랑했었구나." 하고 말하였다. 또 그들 가운데에는 "소경의 눈을 뜨게 한 사람인데 나사로를 죽지 않게 할 수가 없었단 말인가?" 하는 사람도 있었다. 예수는 다시 비통한 표정으로 무덤으로 갔다. 그 무덤은 동굴로 되어 있었고 입구는 돌로 막혀 있었다.

예수가 "돌을 치워라." 하자 나사로의 누이 마르다가 "주님, 그가 죽은 지 나흘이나 되어서 벌써 냄새가 납니다." 하고 말했다. 예수가 마르다에게 "네가 믿기만 하면 하느님의 영광을 보게 되리라고 내가 말하지 않았느냐?" 하자, 사람들이 돌을 치웠다. 예수는 하늘을 우러러보시며 이렇게 기도하였다. "아버지, 제 청을 들어주셔서 감사합니다. 그리고 언제나 제 청을 들어주시는 것을 저는 잘 압니다. 그러나 이제 저는 여기 둘러선 사람들로 하여금 아버지께서 저를 보내주셨다는 것을 믿게 하려고 이 말을 합니다."

말을 마치고 "나사로야, 나오너라." 하고 큰소리로 외치자, 죽었던 사람이 밖으로 나왔는데 손발은 베로 묶여 있었고 얼굴은 수건으로 감겨있었다. 예수가 사람들에게 "그를 풀어주어 다닐 수 있게 하여라." 하고 말하였다.

마리아를 찾아왔다가 예수가 한 일을 본 많은 유대사람들이 예수를 믿게 되었다. 그러나 더러는 바리새인들에게 가서 예수가 한 일을 일러바치기도 하였다. 그래서 대사제들과 바리새인들은 의회를 소집하고 "그 사람이 많은 기적을 나타내고 있으니 어떻게 하면 좋겠소? 그대로 내버려두면 누구나 다 그를 믿을 것이고 그렇게 되면 로마인들이 와서 이 거룩한 곳과 우리 백성을 짓밟고 말 것입니다." 하며 의논하였다.

그해의 대사제인 가야바가 그 자리에 와 있다가 이렇게 말하였다. "당신들은 그렇게도 아둔합니까? 온 민족이 멸망하는 것보다 한 사람이 백성을 대신해서 죽는 편이 더 낫다는 것도 모릅니까?"

그날부터 그들은 예수를 죽일 음모를 꾸미기 시작하였다. 그래서 예수는 더 이상 유대 지방에서 드러나게 나다니지 않고 그곳을 떠나 광야 근처에 있는 지방으로 가서 제자들과 함께 에브라임이라는 동네에 머물렀다. 유대사람들의 명절인 유월절이 다가오자 많은 사람들이 명절 전에 몸을 정결하게 하려고 시골에서 예루살렘으로 올라갔다. 그들은 예수를 찾아다니다가 성전 뜰 안에 모여서 "어떻게들 생각하십니까? 그가 명절에 참례할 것 같지는 않지요?" 하며 서로 수군거렸다. 대사제들과 바리새인들은 예수를 붙잡으려고 그 거처를 아는 자는 곧 신고하라는 명령을 내려두었던 것이다.

해석 "주님, 주님께서 여기에 계셨더라면 제 오빠는 죽지 않았을 것입니다(1)." 구절을 보면 나사로와 여동생들은 예수 제자로 신심이 아주 강했던 것 같다. 이들은 예수의 치유력에 대한 완전한 믿음을 보여준다.

"마지막 날 부활 때에 다시 살아나리라는 것은 저도 알고 있습니다(2)."는 이들이 종말론과 마지막 심판의 날에 육체가 부활한다는 사상을 믿고 있었다는 증거이다. 바리새인의 조상들이 바빌론 유수 때에 조로아스터교의 종말론을 배워서 이것을 가지고 왔고 바울을 위시하여 많은 유대인들이 이것을 믿었다. 그러나 예수는 이런 종말론을 부정하였다. 예수가 말하는 하늘나라는 어느 순간에도 도달할 수 있는 마음의 상태였고 이것이 영생이었다.

이런 말에 예수가 "나는 부활이요 생명이니 나를 믿는 사람은 죽더라도 살겠고 또 살아서 믿는 사람은 영원히 죽지 않을 것이다(3)." 라고 말한다. 여기서 예수가 말하는 믿음은 자신에 대한 맹목적 의존이나 믿음이 아니라 자신이 전하는 진리에 대한 앎을 말하는 것이다. 이 진리로 영혼이 깨어나면 영원히 죽지 않게 된다.

예수는 기적을 부각시키기 위하여 인간 심리를 이용한다. 그래서 예수는 슬프지 않았지만(나사로 부활에 자신이 있었다) 일부로 눈물을 흘린다(4). 이것을 본 사람들은 예수가 나사로가 정말 죽었다고 생각한다고 확신하게 된다. 예수는 기적처럼 나사로를 살린다. 예수는 강력한 기적을 보여주어서 예루살렘에 이런 소식이 전해지기를 바랐고 유대인들의 마음을 열려고 하였다. 베다니는 예루살렘과 매우 가까워서 이곳의 일은 즉시 알려질 것이었다.

죽은 지 나흘은 바르도 3일을 넘어선 기간이다. 영혼이 다시 육체로 돌아올 가능성이 없는 기간이다. 이미 다른 육체에 태어났을 수도 있었지만 신과 하나였던 예수는 신성한 힘을 사용하여 영혼을 돌아오게 할 수 있었다. 비의 가르침에서는 예수가 사용한 신성한 힘이 신의 이름인 잃어버린 단어(lost words)라고 한다.

누가복음 13:22~30절(참고: 마태 7:13~14)

구원에 이르는 좁은 문

예수가 예루살렘으로 가는 길에 여러 동네와 마을에 들러서 가르쳤다. 그런데 어떤 사람이 "선생님, 구원받을 사람은 얼마 안 되겠지요?" 하고 물었다. 예수는 사람들에게 이렇게 대답하였다. "사실 많은 사람들이 구원의 문으로 들어가려고 하겠지만 들어가지 못할 것이오. 그러니 좁은 문으로 들어가도록 있는 힘을 다하시오. 집주인이 일어나서 문을 닫아버린 뒤에는 그대들이 밖에 서서 문을 두드리며 '주인님, 문을 열어주십시오.' 하고 아무리 졸라도 주인은 '너희가 어디서 온 사람들인지 나는 모른다.' 할 것이오. 그래서 그대들이 '저희가 먹고 마실 때에 주인님도 같이 계시지 않았습니까? 그리고 우리 동네에서 가르치시지 않았습니까?' 해도, 주인은 '너희가 어디서 온 사람들인지 나는 모른다. 악을 일삼는 자들아, 모두 물러가라.' 하고 대답할 것이오.

아브라함과 이삭과 야곱과 모든 예언자들은 다 하느님 나라에 있는데 그대들만 밖에 쫓겨나 있는 것을 보게 되면 거기서 가슴을 치며 통곡할 것이오. 사방에서 많은 사람들이 모여들어 하느님 나라의 잔치에 참석할 것이오. 지금은 꼴찌지만 첫째가 되고 지금은 첫째지만 꼴찌가 될 사람들이 있을 것이오."

해석 좁은 문은 아무나 들어갈 수 있는 문이 아니라 준비된 자만이 들어갈 수 있는 진리의 문이다. 이 문은 붓다가 말한 중도의 문이고 예수가 전한 영지의 문이고 깨달음의 문이다.

누가복음 14:25~27, 33절(마태 10:37~38)

예수 제자의 자격 요건

큰 무리가 예수와 함께 길을 가고 있었는데 예수가 뒤돌아서서 그들에게 말씀하였다. "누구든지 나에게 올 때 자기 부모나 처자나 형제자매나 심지어 자기 자신마저 미워하지 않으면(1) 내 제자가 될 수 없소. 그리고 누구든지 자기 십자가를 지고(2) 나를 따라오지 않으면 내 제자가 될 수 없소. 그대들 가운데 누구든지 나의 제자가 되려면 자기가 가지고 있는 것을 모두 버려야 하오(3)."

해석 부모를 미워하라는 말은 우주적 차원에서 혈육의 정도 집착이므로 버리라는 뜻이고 자신을 미워하라는 말(1)은 물질에 매여서 진리를 탐구하지 않는 그런 자신을 버리라는 말이다. 마태복음(12:46~50)에서 예수의 가족에 대한 태도를 얼핏 엿볼 수 있다. 여기서 예수는 진리의 길을 걷는 사람이 부모형제란 말을 한다. 형제와 부모에 대한 예수의 태도는 도마복음에서 이렇게 나온다.

> 예수께서 말씀하시길 "나처럼 자기의 아버지와 어머니를 미워하지 않는 자는 내 제자가 될 수 없고 나처럼 자기 아버지와 어머니를 사랑하지 않는 자도 내 제자가 될 수 없느니라. 왜냐하면 내 진정한 어머니가 나에게 생명을 주셨기 때문이니라."(도마복음 101절)

예수가 가족을 미워한다는 말은 일반인이 가지고 있는 그런 세속적인 감정을 의미하는 것이 아니라 진리로 인도하기 위한 사랑의 매의 다른 표현이었다. 성전에서 고리대금업자에게 화를 내어 이들을 내쫓은 것도 마음에 미워하는 감정이 있어서가 아니라 그들을 조금이라도 바른 길로 인도하고자 하는 사랑 때문이었었다. 감정을 통제할 수 있으면 상대방에게 메시지나 훈륙을 하기 위하여 여러 감정을 인위적으로 불러일으켜 사용할 수 있다. 일반인은 감정의 노예이지만 예수는 감정의 주재자이기 때문에 가능하다.

예수 입장에서 볼 때 사회의 관습에는 인간의 영적 성장을 방해하는 너무나 많은 악습이 존재하였다. 그 터무니없고 무의미한 관례를 강요하는 사회와 구성원에 저항하지 않으면 그것에 구속될 뿐이다. 잘못된 관습이나 사고방식을 미워하지 않고는 새로운 길을 걸을 수 없고 새로운 가르침을 따를 수 없다. 시대 상황에 따라 수시로 변하는 인간이 만든 법이 아니라 영원불변한 신의 법칙에 따라야 한다. 예수는 미움을 말하고자 함이 아니라 올바른 사랑을 하자고 말하고 있다.

"자신의 십자가를 지라는 말(2)"은 마태16:21~28, 누가 9:23 (218쪽)을 참조하면 된다.

"제자가 되려면 가진 것을 다 버리라는 말(3)"은 부자청년(마태 19:16~26, 마가 10:17~31, 누가 18:18~30 p278)에서 보겠지만 재물이 아닌 재물에 대한 집착을 버리라는 말이다.

누가복음 15;1~7절(참고: 마태 18:10~14))

잃어버린 양 한 마리의 소중함

세리들과 죄인들이 모두 예수의 말씀을 들으려고 모여들었다. 이것을 본 바리새인들과 율법학자들은 "저 사람은 죄인들을 환영하고 그들과 함께 음식까지 나누고 있구나!" 하며 못마땅해 하였다. 그래서 예수는 그들에게 비유로 이렇게 말하였다.

"그대들 가운데 누가 양 백 마리를 가지고 있었는데 그중에서 한 마리를 잃었다면 어떻게 하겠소? 아흔아홉 마리는 들판에 그대로 둔 채 잃은 양을 찾아 헤매지 않겠소? 그러다가 찾게 되면 기뻐서 양을 어깨에 메고 집으로 돌아와 친구들과 이웃을 불러 모으고 '자, 같이 기뻐해 주십시오. 잃었던 양을 찾았습니다.' 하며 좋아할 것이오. 잘 들으시오. 이와 같이 회개할 것 없는 의인 아흔아홉보다 죄인 한 사람이 회개하는 것을 하늘에서는 더 기뻐할 것이란 말이오."

해석 길 잃은 양 한 마리에 대한 구절은 앞에서도 나온 것이다(마태 18:10~14). 신에게서 멀어진 우리 영혼 즉 길 잃은 양을 구원하기 위해 내려온 예수에 대한 비유의 말이다. 목자는 신이고 양 99마리는 신성한 영혼들이고 길 잃은 양 한 마리는 추락하여 어둠 속을 헤매는 영혼을 상징한다. 다 소중한 존재들이나 신은 길 잃은 영혼에 대해서 가장 큰 관심을 기울인다. 나머지는 스스로 자신을 돌볼 줄 알기 때문에 길 잃을 염려가 없으나 길 잃은 양은 산속에서 늑대(어둠/악)에게 잡아먹혀 버릴 수도 있어서 가장 염려하며 찾아나서는 것이다. 예수는 구원의 방법으로 영지를 전하였다. 영지주의 복음서에도 유사한 구절이 있다.

> 그분이 길을 잃지 않은 아흔 아홉 마리의 양을 두고 떠나신 목자이다. 그분은 길을 잃은 한 마리 양을 찾아 떠났다. 그분은 한 마리 양을 찾으시고 기뻐하셨다. 왜냐하면 99마리는 그것을 잡고 있는 왼손의 숫자이기 때문이다. 그러나 하나를 되찾는 순간

에, 그 전체의 숫자가 오른손으로 넘어간다. 하나가 부족한 오른손이 부족한 것을 자기에게로 끌어당겨, 그것을 왼쪽에서 집어다가 오른쪽으로 가져가니, 그 숫자가 100이 된다. 이것은 아버지를 상징한다.(진리복음서 25절)

예수께서 말씀하시길, "왕국은 마치 백 마리의 양을 지닌 한 목자와 같으니라. 어느 날 그 양들 중 가장 큰 양 한 마리가 길을 잃었느니라. 그러자 목자는 다른 아흔 아홉 마리를 남겨두고 길 잃은 양 한 마리를 찾을 때까지 찾아 나섰느니라. 목자는 힘들여 찾은 후에 그 양에게 말하길, '나는 다른 아흔 아홉 마리의 양보다 더 너를 사랑한다.'"(도마복음 107절)

누가복음 17:20~21절

하느님 나라는 외부가 아니라 그대 마음 안에 있다.

하느님 나라가 언제 오겠느냐는 바리새인들의 질문을 받고 예수는 이렇게 대답하였다. "하느님 나라가 오는 것을 눈으로 볼 수는 없소. 또 '보아라, 여기 있다.' 혹은 '저기 있다.' 라고 말할 수도 없소. 하느님 나라는 바로 그대들 가운데 있소이다."

해석 예수는 이렇게 분명하게 하늘나라가 우리 마음 안에 있음을 밝힌다. 도마복음에도 유사한 구절이 나온다.

예수께서 말씀하시길. "만약 너희 인도자들이 너희에게, '보라 천국이 하늘에 있노라.'고 말한다면 공중의 새들이 너희를 앞설 것이요, 만일 그들이 '천국이 바다에 있노라.'고 한다면 물고기들이 너희를 앞설 것이니라. 오히려 천국은 너희 안에도 있으며 너희 바깥에도 있느니라."(도마복음 3절)

제자들이 예수께 묻기를, "언제 (아버지) 왕국이 오겠습니까?" (예수께서 말씀하시길) "그것은 너희가 기다린다고 오지 않을 것이다. '보라, 여기에 있다' 혹은 '보라, 저기에 있다'고 말할 수 있는 것이 아니니라. 오히려 아버지 왕국은 이 땅 위에 펼쳐져 있으나 사람이 보지 않을 뿐이니라."(도마복음 113절)

옛날부터 사람들은 천국을 우리 사는 세계와는 멀리 떨어진 곳으로 상정하여 왔다. 심지어 하느님이 사는 천국이 하늘 높은 곳에 있다고 보고 그곳에서 왕관을 쓰고 옥좌에 앉아 세상을 내려다보며 통치하는 신을 상정하기도 하였다. 예수 당시 많은 종교인들은 사람들에게 천국을 외부에서 찾도록 가르쳤다. 예수 제자들을 포함하여 사람들은 하늘나라를 특정 장소로 이해를 하였다.

예수는 이런 고정관념에 일침을 가하고 있다. 천국이 하늘에 있다면 하늘을 나는 새들이 우리보다 먼저 천국에 갈 것이며 천국이 바다에 있다면 바다에 사는 물고기들이 우리 인간보다 앞서 천국에 가는 것이 논리적일 것이다. 이들 주장이 터무니없음을 비유를 통하여 말하고 있다.

하늘나라는 특정한 장소에 있는 것이 아니라 눈만 뜨면 우리 마음에도 있고 바깥에도 있고 이 자리에 바로 펼쳐져있다. 무지한 사람들은 햇살이 찬란히 비치는데 눈을 감고는 사방이 어둡다며 어디에서 빛을 볼 수 있느냐고 물어본다. 눈 뜨면 그 자리가 햇살이 비치는 환한 곳이다. 예수는 하늘나라가 이 자리에 펼쳐져 있다고 말한다. 하늘나라는 바로 이 자리에 있다. 인도 성자 까비르도 같은 말을 하고 있다.

벗이여, 그대 어딜 가서 나를 찾는가.
눈을 뜨고 보라
나는 지금 그대 옆에 있나니.

나는 사원에도 없고 모스크에도 없고
히말라야 산정에도 없고 카바 신전에도 없고……

저 거룩한 의식 속에도 요가의 수련 속에도
출가 수도의 길에도 나는 없다.

그대 진정한 구도자라면 지금 여기에서 나를 보리라
바로 지금 이 순간에.

진정으로 찾는 이여 찾아 헤매는 이여!
신은 모든 존재의 호흡 속에 있다. 그 호흡 속의 호흡이다.

누가복음 18:9~14절

바리새인의 기도와 세리의 기도

예수는 자기네만 옳은 줄 믿고 남을 업신여기는 사람들에게 이런 비유를 들어 말하였다.

"두 사람이 기도하러 성전에 올라갔는데 하나는 바리새인이었고 또 하나는 세리였다. 바리새인은 보라는 듯이 서서, '하느님! 감사합니다. 저는 다른 사람들과는 달리 욕심이 많거나 부정직하거나 음탕하지 않을 뿐더러 세리와 같은 사람이 아닙니다. 저는 일 주 일에 두 번이나 단식하고 모든 수입의 십분의 일을 바칩니다.' 하고 기도하였다.

한편 세리는 멀찍이 서서 감히 하늘을 우러러보지도 못하고 가슴을 치며 '오, 하느님! 죄 많은 저에게 자비를 베풀어주십시오.' 하고 기도하였다. 잘 들으시오. 하느님께 올바른 사람으로 인정받고 집으로 돌아간 사람은 바리새인이 아니라 바로 그 세리였소. 누구든지 자기를 높이면 낮아지고 자기를 낮추면 높아질 것이오."

해석 예수는 율법과 전통에 매인 바리새인의 보여주기 식 기도를 비판한다. 이런 습관적이고 자기 기만적인 기도에는 진심이 담겨져 있지 않으나 세리의 기도에는 진실함과 절실함이 담겨있다.

마가복음 10:1~12절(마태 19:1~12)

육체 결혼과 영적 결혼, 아담과 이브의 비밀

예수가 유대 지방으로 가서 요단강 건너편으로 가니 사람들이 많이 모여들었고 예수는 늘 하던 대로 그들에게 가르침을 전하였다. 그때에 바리새인들이 와서 예수의 속을 떠보려고 "남편이 아내를 버려도 좋습니까?" 하고 물었다. 예수는 "모세는 어떻게 하라고 일렀소?" 하고 반문하였다.

"이혼장을 써주고 아내를 버리는 것은 허락했습니다." 하고 그들이 대답하자, 예수는 이렇게 말하였다. "모세는 그대들 마음이 굳을 대로 굳어져서 이 법을 제정해 준 것이오. 그런데 천지창조 때부터 하느님께서는 사람을 남자와 여자로 만드셨소(1). 그러므로 사람은 그 부모를 떠나 자기 아내와 합하여 둘이 한 몸이 되는 것이오. 따라서 그들은 이제 둘이 아니라 한 몸이오. 그러므로 하느님께서 짝지어 주신 것을 사람이 갈라놓아서는 안 되오(2)."

집에 돌아 와서 제자들이 이 말에 대하여 물으니 예수는 이렇게 설명하였다. "누구든지 자기 아내를 버리고 다른 여자와 결혼하면 그 여자와 간음하는 것이며 또 아내가 자기 남편을 버리고 다른 남자와 결혼해도 간음하는 것이다."

해석 "천지창조 때부터 하느님께서는 사람을 남자와 여자로 만드셨소(1)."는 창세기(1:27, 하느님이 당신의 형상대로 사람을 창조하셨으니, 곧 하느님의 형상대로 사람을 창조하셨다. 하느님이 그들을 남자와 여자로 창조하셨다. 5:1~2, 아담의 계보는 이러하다. 하느님께서 사람을 지어내시던 날, 하느님께서는 당신 모습대로 사람을 만드시되 남자와 여자로 지어내셨다. 그날 하느님께서는 그들에게 복을 주시며 그 이름을 아담이라 지어주셨다.)에 나온다. 하느님은 자신의 모습을 따라 여자와 남자를 창조하였다. 즉 아버지 하느님은 남녀 속성을 다 지니고 있는 성을 초월한 존재라는 것이다.

그리고 하느님이 자신의 형상대로 인간을 창조하였다는 구절을 두고 여러 의견이 있다. 이 구절을 문자적으로 해석하여 신을 인간 형상을 띤 존재로 생각하고는 그 이미지를 따라 인간이 만들어졌다고 생각하는 사람들이 많다. 신은 어떤 형상을 넘어선 무형의 영적 존재이므로 당연히 인간의 모습을 할 수가 없다.

유대 신비가르침인 카발라에서는 이 구절을 새롭게 해석한다. 카발라에 따르면 신이 자신의 속성을 띤 10개 빛으로 우주를 창조하고 세상에 자신의 일부인 인간 영혼을 내려 보낸다. 비유를 들자면 랜턴에서 나오는 무수한 빛이 모두 하나의 원천에서 시작하듯이 모든 인간도 신/근원에서 나온 신성한 존재라는 의미이다.

그래서 카발라에서는 구약에 나오는 신의 형상을 신의 속성으로 이해한다. 신의 신성한 속성으로 창조된(카발라에서는 창조란 말보다는 발출이라는 말을 쓴다) 인간이므로 인간은 신이 지닌 모든 것을 지니고 있는 신성한 존재라고 한다.

"자기 아내와 합하여 둘이 한 몸이 되는 것이오. 하느님께서 짝지어 주신 것을 사람이 갈라놓아서는 안 되오(2)." 구절에는 깊은 상징이 담겨있다. 이것을 이해하려면 카발라 우주론을 알아야 한다. 여기서 말하는 결혼은 육체의 결혼이 아니라, 참된 결혼 즉 영혼의 결혼에 대한 비유적 설명이다. 카발라 사상을 담고 있는 영지주의 복음서에 아담과 이브에 대하여 이렇게 말한다.

> 이브가 아담과 함께하였을 때에는 죽음이 존재하지 않았다. 그녀가 그에게서 분리되었을 때 죽음이 존재하게 되었다. 만일 아담이 다시 완전해져서 이전의 자아를 얻는다면 죽음은 더 이상 존재하지 않을 것이다.(빌립 복음서 72절)

> 만일 여성이 남성에게서 분리되지 않았다면 여성은 남성과 함께 죽지 않을 것이다. 그의 분리가 죽음의 시작이 되었다. 이 때문에 그리스도께서 시작부터 있었던 그 분리를 고쳐 그 둘을 다시 하나로 만들기 위하여, 그리고 그 분리의 결과로 죽은 자들에게 생명을 주고 그들을 다시 하나로 만드시려고

오셨다.(빌립 복음서 80절)

신방에서 하나로 합일한 사람들은 더 이상 분리되지 않는다. 이처럼 신방에서 이브는 아담과 합일되지 않았기 때문에 아담으로부터 분리되었다.(빌립 복음서 81절)

카발라 가르침에 따르면 남녀의 창조 전에는 남녀는 하나로 존재하는 영혼이었다. 하나 속에 둘이 존재하는 상태였다. 그때는 그 자체로 완전한 상태여서 지금처럼 자신의 짝을 찾을 필요가 없었다. 그런데 어떤 계기로 하나는 둘로 나뉘어 인간 육체로 들어왔다. 이것은 음양의 분리였고 비정상적인 상태였다. 남녀가 하나가 되는 것이 원래의 모습이고 정상이다.

남녀가 서로에게 끌리고 사랑하는 것은 자신에게 없는 한쪽의 속성을 찾기 위한 것이다. 그런데 육체적인 합일은 진정한 만남이 아니다. 내면 의식을 상승시켜 우리의 의식이 신의식과 연결될 때 비로소 완전한 만남이 이루어진다. 예수가 이것을 둘이 한 몸이 되는 것이라 말한다. 영혼의 결합은 신방 즉 송과선에서 일어난다.

마지막 문장에 나오는 "간음"은 상징적인 표현으로 음양으로 결합한 조화로운 영혼이 조화롭지 못한 영혼과 결합하려는 것을 말한다. 영적 결혼에 대해서는 앞에서(마태 6:5~15, p133)도 설명하였다. 영지주의 복음서에 혼인에 대한 흥미로운 구절이 나온다.

혼인의 신비는 위대하다. 그것이 없었으면 이 세상은 존재하지 않았을 것이다. 세상의 존재는 사람에게 달려있고, 사람의 존재는 혼인에 달려있다. 순결한 관계에 대해 생각해 보라. 왜냐하면 그것은 위대한 힘을 지니기 때문이다. 그것의 이미지는 형상의

더럽힘으로 이루어진다.(빌립 복음서 56절)

혼인에는 3단계가 있는데, (1)남녀의 육체적 결합, (2)외적 자아와 영혼의 결합, (3)영혼과 신의 결합이다. 이것은 남녀 영혼의 분리, 내적 자아와 외적 자아의 분리, 신과 영혼의 분리의 반대개념이다. 이처럼 혼인은 신비스러운 의미가 숨겨있다. 우리 모두는 신방에서 영적인 결혼을 통하여 신과 하나가 되어야 한다.

마태복음 19:13~15절(마가 10:13~16, 누가 18:15~17)

어린이를 축복하신 예수와 제자들의 무지

그때 사람들이 어린이들을 예수에게 데리고 와서 머리에 손을 얹어 기도해 주시기를 청하였다. 제자들이 그들을 나무라자, 예수는 "어린이들이 나에게 오는 것을 막지 말고 그대로 두어라. 하늘나라는 이런 어린이와 같은 사람들의 것이다." 하고 말하였다. 그리고 그들의 머리 위에 손을 얹어 축복해 주고 나서 그곳을 떠났다.

해석 하늘나라와 어린아이에 대한 구절은 앞(마가 9:33~37, 마태 18:1~5, 누가 9:46~48, p223)에서 설명하였다. 영지주의 복음서에는 4복음서와 마찬가지로 어린아이에 대한 구절이 많이 나온다.

제자들이 묻기를, "당신은 언제 우리에게 드러낼 것이며 언제 우리가 그런 당신을 볼 수 있겠나이까?" 예수께서 말씀하길, "그대들이 어린아이처럼 부끄럼 없이 옷을 벗어 집어 들고는 발밑에 두고 밟을 때 그대들은 살아있는 분의 아들을 보게 될 것이

며 두려워하지 않을 것이다."(도마복음 37절)

도마복음에서 제자들의 질문 요지는 예수의 참 모습, 정체는 무엇이며 언제 그 참 모습을 볼 수 있겠느냐는 것이다. 제자들은 자신들이 따르고 있는 예수란 사람이 누구인지 궁금하였다. 아는 만큼 이해한다는 말이 있듯이 깨달은 자가 깨달은 자를 알아본다. 제자들은 아직 예수의 참 모습을 볼 수준이 되지 않았다.

예수는 제자들이 자신의 참 모습을 보려면 어린아이처럼 부끄럼 없이 옷을 벗어 집어 들고는 발밑에 두고 밟을 때라고 말한다. 벗는다는 것은 가식을 벗어던지는 것을 말하고 밟는다는 것은 형식이나 명예에 집착하지 않음을 말하는 것이다. 어린아이와 같아야 하늘나라에 갈 수 있다는 구절처럼 예수는 위선과 명예에 대한 집착을 버리면 자신을 바로 볼 수 있다고 말한다.

제자들은 예수를 따르면서도 스승에 대한 믿음이 약하여 자주 흔들렸고 위선적인 태도를 보였고 명예에 집착을 하고 있었다. 이런 상태의 제자들이 예수를 알아 볼 수는 없는 일이었다. 제자들의 영적 수준이 문제였다. 그들은 무지하여 하늘나라가 외부 어디에 있는지, 예수가 자신들을 구원할 구세주인지, 하늘나라에 자신들의 자리가 보장되어 있는지 등에 관심이 있었다. 도마복음에는 제자들의 무지한 모습을 보여주는 다른 유사한 내용이 있다.

제자들이 예수께 말하길, "저희가 당신을 믿을 수 있도록 당신이 누구인지 우리에게 말씀해 주십시오." 예수께서 그들에게 말씀하시길, "그대들은 하늘과 땅의 형세는 분간하면서 그대들 앞에 있는 사람이 누구인지는 알지 못하고 이 순간을 이해할 줄도 모르는구나."(도마복음 91절)

예수에 대한 확신이 부족한 제자들이 자신들이 믿을 수 있도록 예수가 누구인지 이야기해 달라고 조른다. 이런 종류의 질문은 도마복음에서 여러 번 나온다. 예수의 답변에는 제자들의 어리석음에 대한 한심함과 힐난이 드러난다.

제자들은 하늘과 땅의 형세 즉 드러난 세속적인 일에 대해서는 잘 알면서 가까이에서 예수를 모시면서도 여전히 예수가 누구인지 확신하지 못한다. 그들에게 예수는 유대 예언자들에 의하여 예정된 구세주인지 아닌지가 가장 큰 관심이었다. 예수는 행동으로 자신을 드러내었지 자신이 누구인지 말하지 않았다.

예수는 제자들이 이 순간을 이해할 줄 모른다고 나무란다. 제자들이 이 순간 존재하는 예수의 참 모습을 보려고 하지 않음을 나무라는 말이다. 위대한 스승과 함께하는 순간은 천국의 입구에 있는 것이며 신을 보는 셈이다. 그러나 눈이 있어도 보지 못하고 귀가 있어도 듣지 못하는 제자들이라 예수와 함께하는 순간도 의심으로 흔들리고 있다.

마가복음 10:17~31절(마태 19:16~26, 누가 18:18~30)

부자와 천국, 재물에 집착하는 마음

예수가 길을 떠나는데 어떤 사람이 달려와서 그 앞에 무릎을 꿇고 "선하신 선생님, 제가 무엇을 해야 영원한 생명을 얻겠습니까?" 하고 물었다. 예수는 이렇게 대답하였다. "왜 나를 선하다고 하시오? 선하신 분은 오직 하느님뿐이시오. '살인하지 마라.' '간음하지 마라.' '도둑질하지 마라.' '거짓 증언하지 마라.' '남을 속이지 마라.'

'부모를 공경하여라.' 라고 한 계명들을 알고 있을 것이오." 그 사람이 "선생님, 그 모든 것은 제가 어려서부터 다 지켜왔습니다." 하고 대답하였다.

예수는 그를 유심히 바라보고 이렇게 말하였다. "그대에게 한 가지 부족한 것이 있소. 가서 가진 것을 다 팔아 가난한 사람들에게 나누어주시오. 그러면 하늘에서 보화를 얻게 될 것이오. 그러니 내가 시키는 대로 하고 나서 나를 따라오시오."

그러나 그 사람은 재산이 많았기 때문에 이 말을 듣고 울상이 되어 근심하며 떠나갔다. 예수는 제자들을 둘러보며 "재물을 많이 가진 사람이 하느님 나라에 들어가는 것은 얼마나 어려운 일인지 모른다." 하고 말하였다. 제자들은 이 말을 듣고 놀랐다. 그러자 예수는 다시 이렇게 말하였다. "하느님 나라에 들어가기는 참으로 어렵다. 부자가 하느님 나라에 들어가는 것보다는 낙타가 바늘귀로 빠져 나가는 것이 더 쉬울 것이다(1)."

제자들은 깜짝 놀라 "그러면 구원받을 사람이 어디 있겠는가?" 하며 서로 수군거렸다(2). 불만과 불안에 싸인 베드로가 예수에게 말했다. "보시다시피 우리는 모든 것을 버리고 주를 따랐습니다! 그런데 구원이 이렇게 어렵다니 실망입니다." 그러자 예수는 "내가 너희에게 진실로 말하노니 나와 복음을 위해 집이나 형제나 부모나 자식이나 자기 땅을 버린 사람은 지금 이 세상에서 집과 형제자매와 어머니와 자녀와 땅을 100배나 더 받되 핍박도 함께 받을 것이고 이제 올 세상에서는 영원한 생명(3)을 받을 것이다. 그러나 먼저 된 사람이 나중 되고 나중 된 사람이 먼저 되는 일이 많을 것이다." 라고 말하였다.

해석 "부자가 하느님 나라에 들어가는 것보다는 낙타가 바늘귀로 빠져 나가는 것이 더 쉬울 것이다(1)."에서처럼 부자는 천국에 들어가는 것이 정말 어려울까? 이 말이 나온 배경을 살펴보면 부자가 예수에게 영원한 생명을 얻는 방법을 구하자, 예수가 재산을 다 팔아 가난한 사람들에게 나누어 주면 하늘나라에서 보화를 얻게 된다며 시키는 대로 하고 자신을 따라오라고 한다. 재산에 집착이 강했던 부자는 예수의 말을 따를 수가 없어서 떠나간다. 이것을 보고 예수가 "부자가 천국에 들어가는 것보다는 낙타가 바늘귀로 빠져나가는 것이 더 쉬울 것이다."라는 말을 한다.

이 구절은 예수가 가난을 옹호하고 부자를 비난하는 것이 아니라 재산에 매여 있는 부자의 마음을 나무라는 것이다. 만약 부자가 재산에 매여 있지 않았다면 예수는 재산을 팔아 가난한 사람에게 주라는 말을 하지 않았을 것이다. 뒤에 보면 알겠지만 다른 부자에게는 재산을 버리라는 말을 하지 않고 비난도 하지 않는다.

재산이 있으면 사람들은 그것에 묶여버린다. 사람들은 재산을 지키느라 마음은 한시도 편안하지 않다. 심지어 수중에 없는 재산에도 묶여버리는 경우가 있다. 예를 들면 매우 비싼 골동품을 몰라보고 헐값에 팔아버리고 나중에 그 사실을 알고는 죽을 때까지 억울해하고 가슴 아파한다면 그 재산에 묶인 것이다. 모든 것이 끊임없이 변화하는 세상에서 자신의 것이 어디 있는가? 붓다는 이런 말을 하였다.

> 자식이 있고 재물이 있다 하여 어리석은 사람 공연히 허덕이누나. 나라고 하는 이 몸도 내가 아니거니 자식과 재물을 무엇 때문에 걱정하리.

인간을 포함하여 모든 것은 근원에서 나와서 인연이 다하면 근원으로 돌아간다. 그러므로 재산을 개인 소유물로 생각하는 것이 아니라 우주의 정의가 실현되는 도구로 생각하여야 한다. 이런 마음이라면 백만장자도 천국에 들어갈 것이고 가난하면서도 남의 재산을 탐하고 그것에 매여 있다면 그 사람은 천국에 들어가지 못할 것이다. 재산이 많고 적고의 문제가 아니라 마음의 문제이다.

재산에 집착이 없다면 가난한 것보다는 잘사는 것이 좋다. 붓다나 예수가 물질 부를 경계하는 것은 사람들이 그것에 매여 버릴까 하는 노파심이지 그 자체를 부정하지는 않았다. 물질계에 살아가려면 필연적으로 금전이 필요하다. 가난이 게으름의 결과이고 부가 부지런함의 결과라면 부가 비난 받아야 할 일이 아니다. 재산을 버리는 것도 가진 자가 버릴 수 있지 가난하여 버릴 것조차 없는 사람은 그마저 할 수 없다.

우리가 재산에 매여 있지 않다면 재산은 영적인 성장에 도움이 될 수도 있다. 생계를 해결하느라 평생 바쁘게 살다보면 명상이나 수련에 시간을 내기 쉽지 않다. 반면에 부유하여 생계에 부담이 없는 자는 뜻만 있다면 영적 성장에 매진할 기회가 더 많은 편이다.

문제는 가진 것에 만족하지 못하고 끊임 없이 부를 추구하는 어리석은 마음이다. 결국 하늘나라 열쇠는 재산의 많고 적음에 있는 것이 아니라 마음 상태에 달려있다. 사랑으로 이웃을 돕고 사회에 봉사하는 백만장자나 재산에 미련 없이 산중 수도 생활하는 사람은 예수가 말하는 욕심이 가난한 자이나 마음은 부자인 사람들이다. 마음에 욕심이 없는 자는 모든 고통의 원인이 되는 집착에서 벗어나 있으므로 참 자아를 볼 수 있어 하늘나라가 그들 마음에 존재한다.

신은 사람이 가난 속에 살도록 하는 것이 아니라 조화 속에 살도록 한다. 성자가 반드시 낡은 옷을 걸치고 초라한 집에서 거친 음식을 먹으며 살 필요는 없다. 우주의 신성한 법칙과 조화롭게 살아간다면 우리가 필요로 하는 것을 얻을 수 있다. 우주법칙에 따른다면 우리는 건강, 풍요, 행복에 필요한 모든 것을 가질 수 있다.

다시 말하지만 예수는 재산을 반대한 것이 아니라 재산에 대한 집착을 반대하였다. 그 사람이 재물에 구속되지 않았다면 그런 요구도 하지 않았을 것이다. 하늘의 보화는 공덕으로 좋은 카르마를 쌓는 것을 말한다.

"그러면 •구원받을 사람이 어디 있겠는가?(2)"를 보면 아직도 예수의 가르침을 이해 못하는 어리석은 제자들의 수준이 보인다.

영원한 생명(3)은 신과 하나가 되어 살아가는 깨달음의 삶이며. 더 이상 윤회가 필요 없는 삶이다.

마태복음 20:17~19절(마가 10:32~34, 누가 18:31~34)

예수 수난에 대한 세 번째 예고

예수가 예루살렘으로 올라가는 도중에 열두 제자를 가까이 불러 조용히 말하였다. "우리는 지금 예루살렘으로 올라가고 있다. 거기에서 사람의 아들은 대사제들과 율법학자들의 손에 넘어가 사형 선고를 받을 것이다. 그리고 이방인들의 손에 넘어가 조롱과 채찍질을 당하며 십자가에 달려 죽었다가 사흘 만에 다시 살아나게 될 것이다."

마태복음 20:20~28절(마가 10:35~45)

구원은 믿음에 있지 않다.

그때에 세베대의 두 아들이 어머니와 함께 예수에게 왔는데 그 어머니는 무엇인가를 청할 양으로 엎드려 절을 하였다. 예수가 그 어머니에게 "원하는 것이 무엇이오?" 하고 묻자 그 여인은 "주님의 나라가 서면 저의 이 두 아들을 하나는 주님의 오른편에, 하나는 왼편에 앉게 해주십시오." 하고 부탁하였다. 그래서 예수가 그 형제들에게 "너희가 청하는 것이 무엇인지나 알고 있느냐? 내가 마시게 될 잔을 너희도 마실 수 있느냐?" 하고 물었다. 그들이 "마실 수 있습니다." 하고 대답하자, 예수는 다시 이렇게 말하였다. "너희도 내 잔을 마시게 될 것이다. 그러나 내 오른편과 내 왼편 자리에 앉는 특권은 내가 주는 것이 아니다. 그 자리에 앉을 사람들은 내 아버지께서 미리 정해 놓으셨다."

이 말을 듣고 있던 다른 열 제자가 그 형제를 보고 화를 냈다. 예수는 그들을 가까이 불러놓고 "너희도 알다시피 세상에서는 통치자들이 백성을 강제로 지배하고 높은 사람들이 백성을 권력으로 내리누른다. 그러나 너희는 그래서는 안 된다. 너희 사이에서 높은 사람이 되고자 하는 사람은 남을 섬기는 사람이 되어야 하고 으뜸이 되고자 하는 사람은 종이 되어야 한다. 사실 사람의 아들도 섬김을 받으러 온 것이 아니라 섬기러 왔고 많은 사람을 위한 몸값으로 자기 목숨을 주려고 온 것이다." 말하였다.

해석 요한 어머니는 하늘나라를 물질 왕국으로 오해하여서 어리석은 부탁을 하고 있다. 이것에 대하여 질투하는 제자들을 보면 이들도 하늘나라가 무엇인지 이해를 못하고 있는 것 같다. 반면에 야고보와 요한은 예수가 마실 잔을 마실 수 있다는 말을 하는데 이는 이들이 하늘왕국이 무엇인지 알고 있다는 의미이다. 12제자 중에 요한이 가장 뛰어났다고 전해진다.

마지막 단락에 예수가 "사람들 몸값으로 자기 목숨을 주려고 온 것이다."에 대해 이것을 대속론으로 이해하는 사람들이 있기도 하다. 사실 이것은 자신을 희생 제물로 바친다는 것이 아니라 어둠에 갇힌 무지한 사람들을 구원하기 위하여 즉 하늘나라에 이르는 진리를 전파하기 위하여 한 몸을 희생한다는 상징적 의미이다.

바울의 대속론은 구약시대의 희생제사의 신앙 전통 속에서 나왔다. 문명화되지 않았던 옛날 사람들이 동물을 신에게 희생 제물로 바치면 자신들의 죄가 사해진다고 믿었는데, 놀랍게도 바울은 예수가 제물로 나와 인간의 죗값을 대신 치렀으니 인간의 죄가 사하여 진다는 논리를 전개했다. 하느님이 인간의 죄 값으로 예수를 십자가에 매달리게 하셨다는 바울의 주장은 신이 인간을 용서하기 위해서 제물이 필요했다는 논리로, 이것은 무한의 신을 제물이나 받는 아주 이상한 존재로 만들어버린 셈이다.

예수 같은 위대한 영혼이 봉사를 위하여 무덤과 같은 육체에 들어와 살아간다는 것은 엄청난 희생이다. 또한 이 몸값 구절은 예수의 말이 아니라 복음서 저자의 창작일 가능성이 크다. 구원방법과 관련하여 "야고보 비밀의 서"에 아주 흥미로운 구절이 있다.

> "대변자가 필요한 자들에게 화가 있도다! 은혜가 필요한 자들에게 화가 있도다! 솔직하게 의견을 말하고 자신의 힘으로 은혜를 얻은 자들에게 복이 있도다.(야고보 비밀의 서 13절)

여기서 예수는 자신들의 노력이 아니라 대변자 즉 자신들을 대신해서 자신들을 하늘나라로 이끌어줄 사람을 필요로 하는 사람은 화가 있고, 노력 없이 신의 은총으로 구원 받기를 바라는 사람은 화가 있을 거라고 말한다. 제자들은 예수 같은 대변자를 추종하려고 했고, 신으로부터 일방적인 은총을 기대하였다. 예수는 분명하게 자신의 힘으로 구원을 얻은 자는 복이 있다고 말한다. 정통적인 기독교 구원관을 부정하는 내용이다. 이것은 구원에 대한 예수의 분명한 입장을 보여준다. 도마복음에도 구원과 관련된 이런 구절이 있다.

> 예수께서 말씀하시길, "모든 것을 알되 자기 자신을 모르는 사람은 아무것도 모르는 사람이니라."(도마복음 67절)

> "너희가 네 자신을 알게 되면 너희는 알려질 것이요 살아계신 아버지의 자녀가 자신임을 깨닫게 되리라. 그러나 자신을 모른다면 빈곤 가운데 사는 것이며 빈곤 그 자체이다."(도마복음 3절)

> 예수께서 말씀하시길, "자기 자신을 발견하는 사람은 누구나 이 세상보다 더 위대하다."(도마복음 111절)

붓다, 예수, 소크라테스 등과 같은 현자들은 하나같이 "자기 자신을 알라" 라고 한다. 모든 것의 출발점은 자기 자신이다. 자신이 누구인지 모르면 세상의 어떤 명예, 학위, 부귀도 관중 없이 혼자 돌아가는 영사기 필름처럼 의미 없는 것이다. 매일 신에게 기도하고 십일조에다 감사헌금을 하고 성경 말씀을 따르고 열심히 전도까지 해도 자기 자신을 모르면 하늘나라에 결코 갈 수 없다.

예수만 믿으면 구원을 얻는다고 믿는 기독교인들이 많다. 그러나 영지복음서에서 예수는 일관되게 내면에 천국이 있고 자기 자신을 알게 되면 모든 것을 알게 되고 자신이 하느님 자녀임을 알게 된다고 한다. 더 나아가 우리 모두는 빛에서 나온 존재라고 말한다.

예수는 자신을 믿으면 구원받는다는 말을 하는 대신 자신처럼 십자가를 짊어지라고 하였다(도마복음 55절, 누가 12:49~53, 마태 10;34~39). 유사한 구절이 "야고보 비밀의 서"에 나온다.

> 생명은 너희 것이니라. 하느님의 아들들로서 기뻐하고 즐거워하여라. 구원 받기 위해 그분의 의지를 행하라. 나의 꾸지람을 듣고 **스스로를 구원하여라.**(야고보 비밀의 서 12절)

> 예수께서 "진실로 너희에게 말하노니, 내가 명령한다 해도 어느 누구도 하늘의 왕국에 들어갈 수는 없으니라. 다만 **너희들 자신이 충만하게 되어야 들어갈 수 있노라**. 내가 야고보와 베드로 두 사람을 충만하게 할 터이니 두 사람은 따로 남으라." 라고 말했습니다.(야고보 비밀의 서 2절)

여기서 예수는 스스로를 구원하라고 하고 각자가 자신을 충만하게 하여야 하늘나라에 들어간다고 말하고 있다. 이들 구절에 대해서는 마태복음 7:21~23절 해석(p150) 참조할 것.

마태복음 20:29~34절(마가10:46~52, 누가18:35~43, 참고:마태 9:27~31)
여리고의 두 소경과 치유의 조건

그들이 여리고를 떠날 때에 큰 군중이 예수를 따라왔다. 그런데 소경 두 사람이 길가에 앉아 있다가 예수께서 지나간다는 말을 듣고 큰소리로, "다윗의 자손이신 주님, 우리에게 자비를 베풀어주십시오." 하고 외쳤다. 사람들이 떠들지 말라고 꾸짖었으나 그들은 더욱 큰소리로 "다윗의 자손이신 주님, 우리에게 자비를 베풀어주십시오." 하고 외쳤다. 예수는 걸음을 멈추고 그들을 부른 다음, "나에게 바라는 것이 무엇이오?" 하고 물었다. "주님, 눈을 뜨게 해주십시오." 이 말에 예수는 측은한 마음이 들어 그들의 눈에 손을 대자 그들은 곧 눈을 뜨게 되었다. 그리고 예수를 따랐다.

해석 이들은 예수의 힘에 대한 강한 믿음이 있어 치유되었다. 그 믿음은 예수에 대한 치유 소문이다. 치유는 자기치유이고 치유하는 사람은 환자의 내면에 있는 치유력을 끄집어내는 마중물 역할을 한다. 물론 죽은 자를 살린 기적은 다른 메커니즘으로 작동되었다. 치유에는 (1)치유사에 대한 환자의 신뢰가 절대적으로 중요하다. 이것은 〈플라시보 효과〉가 증명하고 있다. 그래서 명의는 뛰어난 의술만이 아니라 환자심리를 꿰뚫어 보는 지혜가 있어야 한다. 명의도 환자의 신뢰를 얻지 못하면 치유할 수 없다. 예수가 고향에서 기적을 행하지 않은 이유도 마을사람의 신뢰에 문제가 있었기 때문이다.

(2)환자를 낫게 할 수 있다는 치유사의 자신감이 있어야한다. 치유사의 집중력과 지식(인간심리, 에너지 운행, 신체와 생각의 관계, 마음의 힘, 혼의 속성과 힘, 인간과 신의 관계 등)은 필수조건이다.

(3)두 사람의 인연이 작동해야 한다. 치유사와 환자의 인연이 치유에 중요한 이유는 질병과 그 치유는 카르마 작동과 청산의 과정이기 때문이다. 그러므로 아직 해결할 특정 카르마가 남아있다면 그것이 청산될 때까지 치유가 되지 않을 수도 있다. 그래서 치유도 인연이 되어야 한다.

누가복음 19:1~10절

세리장 삭개오의 재물에 대한 바른 자세

예수가 여리고에 이르러 거리를 지나가고 있었다. 거기에 삭개오라는 돈 많은 세관장이 있었는데 예수가 어떤 분인지 보려고 애썼으나 키가 작아서 군중에 가려 볼 수가 없었다. 그래서 예수가 지나가는 길을 앞질러 달려가서 길가에 있는 뽕나무 위에 올라갔다. 예수가 그곳을 지나다가 그를 쳐다보며 "삭개오, 어서 내려오시오. 오늘은 내가 그대 집에 머물러야겠소." 하고 말하였다.

삭개오는 이 말을 듣고 얼른 나무에서 내려와 기쁜 마음으로 예수를 자기 집에 모셨다. 이것을 보고 사람들은 모두 수군거리며 "저 사람이 죄인의 집에 들어가 묵는구나!" 하며 못마땅해 하였다. 삭개오는 일어서서 "주님, 저는 제 재산의 반을 가난한 사람들에게 나누어주겠습니다. 그리고 제가 남을 속여먹은 것이 있다면 그 네 배로 갚아주겠습니다." 하고 말하였다. 예수는 삭개오를 보며 "오늘 이 집은 구원을 얻었소. 이 사람도 아브라함의 자손이오. 사람의 아들은 잃어버린 사람들을 찾아 구원하러 온 것이오." 하고 말하였다.

해석 예수가 삭개오 이름을 부는 것으로 보아 이미 그 사람을 알고 있었을 가능성이 크다. 예수는 재물이나 부자를 미워하지 않았다. 그 재물에 대한 사람의 집착을 비난하였다. 예수는 삭개오가 재물에 초연하다는 것을 알았기 때문에 그를 비난하지 않았다.

요한복음 12:1~11절(마태 26:6~13, 마가 14:3~9)

예수의 머리에 향유를 부은 여자

예수가 유월절을 엿새 앞두고 베다니로 갔는데 그곳은 예수가 죽은 자들 가운데서 살린 나사로가 사는 고장이었다. 거기에서 예수를 영접하는 만찬회가 베풀어졌는데 나사로는 손님들 사이에 끼여 예수와 함께 식탁에 앉아 있었고 마르다는 시중을 들고 있었다.

그때 마리아가 매우 값진 순 나르드 향유 한 근을 가지고 와서 예수의 발에 붓고 자기 머리털로 그 발을 닦아드렸다. 그러자 온 집안에 향유 냄새가 가득 찼다.

(4 예수의 제자로서 장차 예수를 배반할 가리옷 사람 유다가 5. "이 향유를 팔았더라면 삼백 데나리온은 받았을 것이고 그 돈을 가난한 사람들에게 나누어줄 수 있었을 터인데 이게 무슨 짓인가?" 하고 투덜거렸다. 6 유다는 가난한 사람들을 생각해서가 아니라 그가 도둑이어서 이런 말을 한 것이었다. 그는 돈주머니를 맡아가지고 거기 들어 있는 것을 늘 꺼내 쓰곤 하였다. 7. 예수께서는 이렇게 말씀하셨다. "이것은 내 장례일을 위하여 하는 일이니 이 여자 일에 참견하지 마라. 8. 가난한 사람들은 언제나 너희와 함께 있겠지만 나는 언제나 함께 있지는 않을 것이다.")

유대 사람들의 큰 무리가 예수가 베다니에 있다는 것을 알고 몰려왔다. 이는 예수뿐 아니라 예수께서 죽은 사람 가운데서 살린 나사로도 보기 위함이었다. 대제사장들은 나사로도 죽이려고 모의했다. 그것은 나사로 때문에 많은 유대 사람들이 떨어져 나가서 예수를 믿기 때문이었다.

해석 마리아는 자신에게 가장 소중한 재산을 아낌없이 예수에게 주었다. 그것은 아무나 할 수 있는 일이 아니었다. 물건이나 재산에 대한 집착이 없어야 가능한 일이었다. 예수는 여자의 행동을 영적인 것을 위하여 물질을 포기한 것으로 받아들였다.

유다에 대한 부정적 구절(4~8)은 유다를 사악한 인물로 보았던 초기교회 당국의 의견으로 보인다. 성서에는 이런 식의 왜곡된 내용이 꽤 존재한다.

전국에서 유월절 축제를 위하여 온 사람들은 예수가 나사로를 살린 것을 듣고 두 사람을 보러온 것이다. 그리고 예수의 가르침을 믿는 사람들은 유월절에 참가하기 위하여 예루살렘에 온 사람들에게 예수가 온 것을 전파했다. 그들은 예수가 행한 기적에 대한 소문을 듣고 메시아로 불리는 그를 보러 왔다. 이런 예수의 인기에 바리새인들은 두려움을 느꼈다.

이 요한복음 내용은 마태복음과 마가복음에도 나오지만 조금 다르게 묘사된다. 마가복음과 마태복음에 보면 한 여자가 예수 머리에 향유를 붓는다. 반면에 요한복음은 예수 발에 향유를 붓고 유다가 이것을 항의하는 장면이 나온다. 복음서 저자들의 시각 차이로 보인다.

예수의 마지막 주간

마가복음 11:1~11절(마태 21:1~11, 누가 19:28~44, 요한 12:12~19)

예루살렘으로 들어가심

그들이 예루살렘에 가까이 와서 올리브 산 근처 벳바게와 베다니에 이르렀을 때에 예수는 두 제자를 보내며 이렇게 일렀다. "맞은편 마을로 가보아라. 거기 들어가면 아직 아무도 타보지 않은 새끼 나귀 한 마리가 매여 있을 것이다. 그것을 풀어서 끌고 오너라. 만일 누가 왜 그러느냐고 묻거든 주님이 쓰신다 하고 곧 돌려보내실 것이라고 말하여라."

그들이 가보니 과연 어린 나귀가 길가로 난 문 앞에 매여 있었다. 그래서 그것을 푸는데 거기 서 있던 사람들이 "왜 나귀를 풀어 가오?" 하고 물었다. 제자들이 예수께서 일러주신 대로 말하자 그들은 막지 않았다.

제자들은 새끼 나귀를 끌고 예수에게 와서 자기들의 겉옷을 그 위에 얹어놓았다. 예수가 거기에 올라앉자 수많은 사람들이 겉옷을 벗어 길 위에 펴놓았다. 또 어떤 사람들은 들에서 나뭇가지를 꺾어다가 길에 깔았다. 그리고 앞서가는 사람들과 뒤따라오는 사람들이 모두 환성을 올렸다.

"호산나! 주의 이름으로 오시는 이여, 축복받으소서! 우리 조상 다윗의 나라가 온다. 만세! 높은 하늘에서도 호산나!" 이윽고 예수가 예루살렘에 이르러 성전에 들어갔다. 거기서 이것저것 모두 둘러보고 나니 날이 이미 저물었다. 그래서 12제자와 베다니로 갔다.

해석 나귀 타고 예루살렘으로 들어오는 것은 구약 스가랴서 9:9의 예언 충족이었고, 메시아가 올리브 산에서 나타난다는 유대인의 대중적인 전승도 충족되었다. 이처럼 예수는 모든 수단을 사용하여 사람들이 그를 지도자로 받아들이도록 하였다. 이런 장면은 전통적인 메시아와 닮은 예수의 모습이고 유대인들에게 받아들여지도록 의도된 것이었다. 내용을 보면 나귀도 이미 주인과 협의가 되어있었던 것으로 보인다.

마태복음 21:12~17절(마가 11:15~19)

성전에서 쫓겨난 상인들

예수는 성전 뜰 안으로 들어가 거기에서 팔고 사는 사람들을 다 쫓아내고 환전상들의 탁자와 비둘기 장수들의 의자를 둘러엎었다. 그리고 그들에게 "성서에 '내 집은 만민이 기도하는 집이라 하리라.'고 기록되어 있지 않느냐? 그런데 너희는 이 집을 '강도의 소굴'로 만들어버렸구나!" 하고 힐난하였다.

대사제들과 율법학자들은 예수가 행한 여러 가지 놀라운 일이며 성전 뜰에서 "호산나! 다윗의 자손!" 하고 외치는 아이들을 보고 자신들의 권위가 훼손되는 것을 우려하면서 예수에 대한 적의가 더욱 커졌다. 예수는 그들을 떠나 성 밖에 있는 베다니로 가서 밤을 지냈다.

해석 요한복음 앞부분에도 이와 유사한 성전 정화가 나오는데, 복음서 저자들이 같은 사건을 다른 시기에 일어난 것으로 배치한 것인지 아니면 두 번의 성전 정화가 있었는지 알 수는 없으나 다른 사건으로 보인다.

마태복음 21:18~22절(마가 11:12~14, 20~26)

저주받은 무화과나무, 기도의 비밀

이튿날 아침에 예수가 성안으로 들어오다가 길가에 무화과나무 한 그루가 서 있는 것을 보고는 그리로 갔다. 그러나 잎사귀밖에는 아무것도 보이지 않는 그 나무를 향하여 "이제부터 너는 영원히 열매를 맺지 못하리라." 하고 말하였다. 그러자 무화과나무는 곧 말라 버렸다. 제자들이 이것을 보고 놀라서 "무화과나무가 어찌하여 그렇게 당장 말라버렸습니까?" 하고 물었다.

예수는 이렇게 말하였다. "분명히 말하지만, 너희가 의심하지 않고 믿는다면(1) 이 무화과나무에서 본 일을 할 수 있을 뿐만 아니라 이 산에게 '번쩍 들려서 바다에 빠져라.' 하더라도 그대로 될 것이다. 또 너희가 기도할 때에 구하는 것이 무엇이든 그것을 이미 받았다고 믿기만 하면 그대로 다 될 것이다(2). 너희가 일어서서 기도할 때에 어떤 사람과 서로 등진 일이 생각나거든 그를 용서하여라. 그래야만 하늘에 계신 너희의 아버지께서도 너희의 잘못을 용서해 주실 것이다."

해석 무화과나무 사건을 마태복음과 마가복음은 그 순서를 다르게 배열하였다. 마태복음과 달리 마가복음은 예수가 무화과나무를 저주한 후에 성전을 정화한다.

복음서에 예수의 힘에 대한 내용이 많이 나오나 이번처럼 파괴적인 힘을 사용하는 경우는 특이한 사례이다. 영적인 힘은 중립이고 사용자의 의지에 따라 치유처럼 건설적으로 사용되거나 무화과나무 사건처럼 파괴적으로 사용이 될 수 있다. 예수는 과실 없는 무화과 나무를 선택하여 피해를 최소화했다. 다시 말하지만 예수가 말하는 믿음(1)은 법칙이 어떻게 작동하는지 그 원리를 아는 것 즉 완전한 앎이다.

"기도할 때에 구하는 것이 무엇이든 그것을 이미 받았다고 믿기만 하면 그대로 다 될 것이다(2)."에서 예수는 아주 중요한 기도의 원칙을 말한다. 예수는 이미 앞에서 같은 말을 했다(p133).

> 그러므로 내 말을 잘 들어 두어라. 너희가 기도하며 구하는 것이 무엇이든 그것을 이미 받았다고 믿기만 하면 그대로 다 될 것이다.(마태 11:24)

요즘 자기계발 도서 중에 성공 법칙을 다루는 책이 많이 팔리고 있다. 물질 성공을 원하는 사람들이 많기 때문이다. 성공을 위하여 이들 책에서 가장 중요시하는 원칙이 원하는 것은 이미 이루어진 것으로 심상하는 일이다. 이것은 예수가 기도에 대해서 한 말과 일치한다.

기도의 성취나 물질 성취를 위한 법칙은 이러하다. 우선 마음으로 원하는 것이 이루어졌음을 명확한 이미지로 심상한다. 그리고 원하는 것과 자신을 연관시키는 것이 매우 중요하다. 이미지를 지켜보는 것에 만족하지 말고 주인공이 되어 실제로 행동하는 것처럼 감정이입을 한다. 원하는 것이 물건이면 그것으로 자신이 무언가를 하는 모습을 심상하고(예를 들면 금전이라면 그 돈으로 즐겁게 물건을 사는 모습을 심상한다) 명예나 직위 같은 추상적인 것이라면 그것과 관련된 행동을 심상한다(예를 들면 승진이라면 승진 인사를 받는 장면이나 기뻐하는 모습을 심상한다). 왜 이것이 작동하느냐면 우리 내면의 신성한 창조력이 마음이 설정한 이미지를 그대로 실행하기 때문이다. 이렇게 함으로써 원인과 결과의 채널이 작동하기 시작하고 원하는 것이 우리 삶에 현시하기 시작한다.

사실 이런 기도의 비밀을 알려면 고대로부터 전해져 내려온 "길과 목적은 하나이다."라는 구절의 의미를 알아야 한다. 기도와는 상관없어 보이는 이 구절에 어떠한 비밀이 담겨있을까?

사람들은 어떤 목적에 도달하기 위해서는 길을 걸어야 한다고 생각한다. 목적이 있으면 그것을 이루기 위한 과정/길을 거쳐야 함을 당연시한다. 이것은 우리가 물질개념에 매여 있어서 일어나는 일이다. 물질세계에서 어떤 지점에서 어떤 지점까지 가기 위해서는 지점과 지점 사이에 놓인 거리를 거쳐야한다. 그래서 마음속에 어떤 목적(깨달음, 건강, 성공 등)을 설정하면 자신도 모르게 습관적으로 그 목적에 이르기 위한 여정을 생각하게 된다. 그러면 목적과 과정은 분리되어 오랫동안 길만 걷게 되는 것이다.

그런데 우리가 잊고 있는 것은 아무리 이루기 힘든 목적도 무한히 멀리 있는 것이 아니라 바로 우리 마음속에 존재한다는 것이다. 3차원인 물질세계에서는 거리가 존재하지만 마음의 세계에는 거리가 없다. 마음의 세계에서는 모든 것(개념)이 한 공간에 존재한다. 이 공간에서는 무엇이든 생각대로 만들 수도 있다. 정확히 같은 것은 아니지만 꿈속에서 일어나는 일을 생각하면 쉽게 이해가 될 수도 있다. 이 상태에서 필요한 것이 개념/마음의 통제이다.

그러므로 모든 개념이 존재하는 내면의 세계로 들어가면 길과 목적은 거리가 아니라 개념으로 존재하고 길과 목적이 분리되어 있는 것이 아니라 하나라는 개념으로 바꾸면 그것은 외부로 현시된다. 이 상태에 도달하면 뜻하는 것은 다 이루진다. 이것은 기도의 법칙에도 동일하게 적용된다.

마가복음 11:27~33절(마태 21:23~27, 누가 20:1~8)

예수의 권한에 대한 질문

예수가 또다시 예루살렘으로 들어가서 성전 뜰을 거닐고 있을 때에 대사제들과 율법학자들과 원로들이 와서 "당신은 무슨 권한으로 이런 일들을 합니까? 누가 권한을 주어서 이런 일들을 합니까?" 하고 물었다.

예수는 "나도 한 가지 물어보겠소. 그대들이 대답하면 내가 무슨 권한으로 이런 일들을 하는지 말하겠소. 요한이 세례를 베푼 것은 하늘에서 권한을 받아 한 것이오, 아니면 사람에게서 받아 한 것이오? 어디 대답해 보시오." 하고 반문하자, 그들은 자기들끼리 "하늘에서 받았다고 하면 어째서 요한을 믿지 않았느냐고 할 터이니 사람에게서 받았다고 할까?" 하고 의논했으나 군중이 모두 요한을 참 예언자로 알고 있었기 때문에 군중이 무서워서 "모르겠습니다." 하고 대답하였다. 예수는 "나도 무슨 권한으로 이런 일들을 하는지 말하지 않겠소." 하고 말하였다.

해석 대사제들과 율법학자들과 원로들은 여전히 예수를 함정에 빠뜨리려고 하였다. 이들의 권위는 구약이나 전통을 언급하는데 있었고 그래서 예수에게 권위를 논하였다. 예수는 영리하게 답변하면서 이를 피하였다.

마태복음 21:28~32절

두 아들의 비유

"또 이런 것은 어떻게 생각하시오? 어떤 사람에게 아들이 둘 있는데, 아버지가 맏아들에게 가서 '얘야, 너 오늘 포도원에 가서 일해라.' 하고 말하였소. 그런데 맏아들은 '싫습니다!' 하고 말하였지만 그 뒤에 뉘우치고 일하러 갔소. 아버지가 둘째 아들에게 가서, 같은 말을 하였소. 작은 아들은 '가겠습니다, 아버지!' 하고는 가지 않았소.

그러면 이 둘 가운데에 누가 아버지의 뜻대로 하였소?" 예수가 이렇게 물으니, 그들이 "맏아들입니다." 하고 대답하였다. 예수는 그들에게 말하였다. "내가 진정으로 그대들에게 말하지만 세리와 창녀들이 오히려 그대들보다 먼저 하느님의 나라에 들어갈 것이요. 요한이 그대들에게 와서, 옳은 길을 보여 주었으나, 그대들은 그를 믿지 않았소. 그러나 세리와 창녀들은 믿었소. 그대들은 그것을 보고도 끝내 뉘우치지 않았으며, 그를 믿지 않았소."

해석 맏아들은 세리와 창녀고 둘째아들은 대사제들과 율법학자들과 원로들을 상징한다.

마태복음 21:33~46절(마가 12:1~12, 누가 20:9~19)

포도원 소작인의 비유

"또 다른 비유를 들겠소. 어떤 **지주**가 **포도원**을 하나 만들고 울타리를 둘러치고는 땅을 파서 포도즙 짜는 틀을 만들고 망대를 세웠소. 그리고는 그것을 소작인들에게 도지로 주고 멀리 떠나갔소. 포도 철이 되자 그는 그 도지를 받아오라고 종들을 보냈소. 그런데 소작인들은 그 종들을 붙잡아, 하나는 때리고, 하나는 죽이고, 하나는 돌로 쳐 죽였소.

지주는 더 많은 종들을 다시 보냈소. 소작인들은 이번에도 그들에게 똑같은 짓을 했소. 주인은 마지막으로 '**내 아들**이야 알아보겠지.' 하며 자기 아들을 보냈는데 소작인들은 그 아들을 보자 '저자는 상속자다. 저자를 죽이고 그가 차지할 이 포도원을 우리가 가로채자.' 하면서 서로 짜고는 그를 잡아 포도원 밖으로 끌어내어 죽였소. 그렇게 했으니 포도원 주인이 돌아오면 그 소작인들을 어떻게 하겠소?"

사람들은 이렇게 대답하였다. "그 악한 자들을 모조리 죽여 버리고 제때에 도지를 바칠 다른 소작인들에게 포도원을 맡길 것입니다." 그래서 예수는 그들에게 이렇게 말하였다. "그대들은 성서에서, '집 짓는 사람들이 버린 돌이 모퉁이의 머릿돌이 되었다. 주께서 하시는 일이라, 우리에게는 놀랍게만 보인다.' 한 말을 읽어본 일이 없소?"

대사제들과 바리새인들은 이 비유가 자기들을 두고 한 말인 것을 알고 예수를 잡으려 하였으나 군중이 두려워서 손을 대지 못하였다. 군중이 예수를 예언자로 알고 있었기 때문이다.

해석 지주는 하느님, 포도원은 세상, 그리고 지주 아들은 예수, 소작인은 바리새인과 율법학자를 상징한다. 재미있는 것은 소작인들이 주인의 아들임을 알면서도 죽였다는 점이다. 성경을 보면 당시 종교인들이나 율법학자들은 예수가 하는 말이 틀림이 없고 진리임을 알고 있었으나 자신들의 종교적 권위와 체계 유지를 위하여 세상에 진리의 불을 던지러 온 예수를 거절한다. 예수는 당시 상황을 비유로 설명하며 자신의 운명을 예언하고 있었다. 도마복음 65절에도 유사한 구절이 나온다.

누가복음 14:15~24절(마태 22:1~14)

혼인잔치에 초대받은 사람

예수는 이렇게 말하였다. "어떤 사람이 **큰 잔치**를 준비하고 많은 사람들을 초대하였소. 잔치 시간이 되자 초대받은 사람들에게 종을 보내어 준비가 다 되었으니 어서 오라고 전하였소. 그러나 초대받은 사람들은 하나같이 못 간다는 핑계를 대었소. 첫째 사람은 '내가 밭을 샀으니 거기 가봐야 하겠소. 미안하오.' 하였고 둘째 사람은 '나는 소 다섯 쌍을 샀는데 그들이 어떻지 보러 가는 길이오. 미안하오.' 하였으며, 또 한 사람은 '내가 지금 막 장가들었는데 어떻게 갈 수가 있겠소?' 하고 말하였소.

심부름 갔던 종이 돌아와서 주인에게 그대로 전하니, 집주인이 대단히 노하여 그 종더러 '어서 동네로 가서 한길과 골목을 다니며 가난한 사람, 불구자, 소경, 절름발이들을 이리로 데려오너라.' 하고 명령하였소. 얼마 뒤에 종이 돌아와서 '주인님, 분부하신 대로 다

했습니다. 그러나 아직도 자리가 남았습니다.' 하고 말하니 주인은 다시 종에게 이렇게 일렀소. '그러면 어서 나가서 길거리나 울타리 곁에 서 있는 사람들을 억지로라도 데려다가 내 집을 채우도록 하여라. 처음에 초대받았던 사람들 중에는 내 잔치에 참여할 사람이 하나도 없을 것이다.'"

해석 이 구절은 사사로운 일에 매여 정말 중요한 것을 놓치는 어리석은 사람들을 비유한 이야기이다. 잔치는 신이 전하는 영지지식이고 초대받았으나 오지 않은 사람들은 세속적인 일에 매여 이런 기회를 놓친 사람들을 말한다. 이들은 신의 초대는 받았으나 선택되지 않은 사람들인 셈이다. 사람들은 물질세계에 빠져 하느님이 준비한 만찬 즉 진리에는 관심이 없다. 참고로 도마복음 64절에도 유사한 구절이 나온다.

마가복음 12:13~17절(마태 22:15~22, 누가 20:20~26)

카이사르의 것은 카이사르에게

그들은 예수의 말을 트집 잡아 올가미를 씌우려고 바리새인과 헤롯 당원 몇 사람을 예수에게 보냈다. 그 사람들은 예수에게 와서 이렇게 물었다. "선생님, 선생님은 진실하시며 사람을 겉모양으로 판단하지 않으시기 때문에 아무도 꺼리시지 않고 하느님의 진리를 참되게 가르치시는 줄 압니다. 그런데 카이사르에게 세금을 바치는 것이 옳습니까? 옳지 않습니까? 바쳐야 합니까? 바치지 말아야 합니까?"

예수는 그들의 교활한 속셈을 알아채고 "왜 나의 속을 떠보는 거요? 데나리온 한 닢을 가져다 보여주시오." 라고 하였다. 그들이 돈을 가져오자 "이 초상과 글자가 누구의 것이요?" 하고 물었다. 그들이 "카이사르의 것입니다." 하고 대답하자, "그러면 카이사르의 것은 카이사르에게 돌리고 하느님의 것은 하느님께 돌리시오." 하고 말하였다. 그들은 예수의 말을 듣고 경탄해 마지않았다.

해석 로마에 내는 세금은 유대인이 노예 상태에 있음을 보여주는 징표여서 유대인은 이에 반감이 컸다. 세금을 내지 말라고 하면 로마에 대한 반항이고 내라고 하면 유대인에 대한 배신이었다. 그래서 이들은 예수에게 유도 질문하여 예수를 사법권을 쥔 총독에게 넘겨서 처벌을 받게 하려는 것이었다.

"그러면 카이사르의 것은 카이사르에게 돌리고 하느님의 것은 하느님께 돌리시오." 라고 말한 것은 세속적인 의무를 완수하라는 것이다. 그러면서 예수는 하느님에 대한 영적 의무도 다하라고 말하고 있다. 이에 대해서는 영지주의 복음서에도 나온다.

> 제자들이 예수께 금화 한 닢을 보여드리며, "로마 황제의 사람들이 우리에게 세금을 요구하고 있습니다." 라고 말하자, 예수께서 제자들에게 말씀하시길, "로마 황제에게 속한 것은 로마 황제에게 주고 하느님에게 속한 것은 하느님에게 나의 것은 나에게 주라."(도마복음 100절)

마태복음 22:23~33절(마가 12:18~27, 누가 20:27~40)

부활 논쟁, 부활의 참 의미, 신방과 지성소

같은 날, 사두개파 사람들이 예수에게 와서, 부활이 없다고 주장하면서, 예수께 물었다.

"선생님, 모세가 '어떤 사람이 자식이 없이 죽으면, 그 동생이 형수에게 장가들어서, 그의 형에게 뒤를 이을 자녀를 세워주어야 한다.' 라고 말하였습니다. 그런데 우리 이웃에 형제가 일곱 있었습니다. 맏이가 장가들었다가, 자식이 없이 죽으므로, 아내를 그 동생에게 남겨 놓았습니다. 둘째도 셋째도 그렇게 해서, 일곱이 다 그렇게 하기에 이르렀습니다. 맨 나중에는 그 여자도 죽었습니다. 그러니 부활 때에 그 여자는 그 일곱 가운데서 누구의 아내가 되겠습니까? 일곱이 다 그 여자를 아내로 맞이하였으니 말입니다."

그러자 예수는 그들에게 이렇게 말하였다. "그대들은 성경도 모르고, 하느님의 능력도 모르므로, 잘못 생각하고 있소. 부활할 때에는, 사람들은 장가도 가지 않고, 시집도 가지 않고, 하늘에 있는 천사들과 같소. 죽은 사람들의 부활을 두고서는 말하면서, 그대들은 아직도 하느님께서 그대들에게 하신 말씀을 읽지 못하시오? 하느님께서는 '나는 아브라함의 하느님이요, 이삭의 하느님이요, 야곱의 하느님이다.' 하고 말씀하시지 않으셨소? 하느님은 죽은 사람의 하느님이 아니라, 살아 있는 사람의 하느님이시오(1)." 무리가 이 말을 듣고, 예수의 가르침에 놀랐다.

해석 바리새인들은 죽은 자 부활 사상을 믿었지만 사두개파는 이런 부활사상을 믿지 않았다. 그들은 메시아를 믿지 않았고 유대전통에 냉소적이었다.

부활의 참 의미는 육체의 부활이 아니라 생전에 육체 속에 갇힌 신성한 우리 영혼의 부활 즉 신성 회복을 의미한다. 이것은 그리스도 재림을 우리 영혼이 신성을 회복하여 부활하는 개별적인 사건으로 보는 것과 마찬가지 해석이다.

생전에 부활하지 못하면 그 영혼은 다른 육체로 윤회하기 때문에 바리새인이 생각하는 그런 사후의 육체 부활은 있을 수가 없다. 그러므로 육체의 결혼이 필요 없다. 오늘날도 바리새인처럼 육체부활을 믿는 기독교인들이 많다. 이 구절은 당시 유대인들의 조상숭배 사상과 자식이 대를 잇는 것을 중시했음을 보여준다. 여기서 언급되는 모세의 계명은 신명기 25:5~10이다.

"하느님은 죽은 사람의 하느님이 아니라, 살아 있는 사람의 하느님이시오(1)."의 의미는 영혼이 깨어난 사람만이 신과 연결되어 있어서 하느님의 통로로 작동한다는 말이다. 대부분의 사람은 영혼이 잠들어 있어서 하느님과 연결되어 있지 않다. 하느님은 깨어있는 사람에게 모습을 드러낸다. 그 장소가 송과선이고 지성소이고 신방이다.

사람들이 오해하는 것이 예수와 그리스도이다. 그리스도는 "기름부음을 받은 자"의 뜻을 지닌 보통명사로 깨달은 자를 지칭하는 말이다. 이것은 불교에서 깨달은 자를 "붓다"라고 칭하는 것과 같다. 지금은 그리스도가 거의 예수를 지칭하는 고유명사로 사용되지만 엄밀하게 따지면 그리스도는 깨달은 자에게 사용될 수 있는 보통명사이다. 석가모니 붓다처럼 예수 그리스도인 것이다. 그래서 우리도 깨달으면 그리스도가 될 수 있는 것이다. 영지주의 복음서인 "빌립복음서"에 그리스도에 대하여 이런 구절이 나온다.

예수는 숨겨진 이름이요, 그리스도는 드러난 이름이다. 이런 이유로 예수는 어떤 다른 언어에는 존재하지 않는다. 그래서 그는 늘 예수란 이름으로 불린다. 그리스도는 고대시리아어(예수가 사용한 아람어와는 근친 언어)로는 메시아요, 희랍어로는 그리스도이다. 분명히 다른 모든 사람도 자기네 말에 따라 그리스도에 대한 이름을 가지고 있다. 나사렛 사람(예수)은 숨겨진 것을 드러내는 자이다. 그리스도는 자신 안에 모든 것을 지니고 계신다. 그것이 인간이든 천사든 신비든 아버지든 그러하다.(빌립 복음서 18절)

이 구절은 그리스도는 예수의 고유한 이름이 아니라 깨달은 자(기름 부음을 받은자)를 의미하는 보통명사라는 것이다. 그러므로 각 나라마다 그리스도를 메시아나, 붓다, 각자(覺者) 등으로 부를 수가 있다. 그러나 예수는 오직 예수에게만 적용되는 단어이다. 예수는 숨겨진 것 즉 사람들을 깨달음으로 안내하는 영지(진리)를 드러내는 사람이다. 신의 일부분인 예수 안에 모든 것이 존재한다.

우리 내면의 그리스도 부활과 관련하여 흥미로운 단어가 셰키나(shekinah)이다. 이것은 히브리어로 신의 임재나 현존을 의미한다. 이것은 유대문헌에서 하느님이 자기 백성들과 가까이 계심을 나타내는 말이다. 이런 유대교 전통과 달리 카발라 전통에서는 학파에 따라 셰키나를 여러 가지 다른 의미로 해석하는데 신의 여성적 힘, 근원과 합일을 갈망하는 신의 일부분인 인간의 영혼 등이 그러하다.

구약에 보면 성전에 하느님의 영광이 임재하였다고 나온다(출애굽기 40:34-35). 이 영광의 빛을 유대 랍비들은 '셰키나'라고 불렀다. 이 성전의 내부에 있는 지성소는 지극히 거룩한 곳이므로 대제사장 외에는 아무도 들어갈 수 없었으며 대제사장도 대속죄일에만 출입할 수 있었다.

지성소로 들어가기 전에 성소와 지성소를 가로막는 휘장이 있었다(출 26:31-33). 지성소 안에는 궤(언약궤)가 있었으며 그 궤 속에는 십계명을 기록한 돌비가 들어있었다(출25:10-16, 37:1-5). 속죄소는 궤의 바로 위에 있었고 그 속죄소에는 순금으로 만들어진 두 그룹(케루빔) 천사가 서로 얼굴을 맞대고 속죄소를 바라보는 모습으로 서 있었다(출 25:17-22, 37:6-9).

이처럼 구약에는 성소에 대한 설명이 자세히 나와 있는데 탈무드에 따르면 유대인에게 가장 강력하고 소중한 신의 이름, 테트라그라마톤(Tetragrammaton, YHVH, יהוה)을 발성할 수 있는 유일한 장소가 예루살렘의 성전에 있는 지성소였다. 그만큼 유대인에게 지성소는 소중하고 중요하였다는 의미이다.

그런데 이 성소와 관련하여 비밀 가르침에서는 이 성소가 우리 머리 안에 있다고 가르친다. 카발라 전통에서는 구약을 4가지 방법으로 해석하는데, 가장 깊은 의미의 해석에 따르면 구약에 나오는 성소는 상징적으로 우리 머리를 가리킨다. 인간의 몸은 사원이고 머리는 사원의 재단이 놓여있는 성소이다. 좀 더 구체적으로 말하면 머릿속의 공동(空洞)인 제3뇌실이 성소이다. 예로부터 신비단체에서는 이 머리 중심에 있는 송과선을 지성소로 보고 인간에게 존재하는 신의 거주지로 간주하였다. 송과선(지성소)을 가로막는 장막은 부조화의 상징이고 우리는 의식의 힘으로 이 장막을 찢어내고 송과선으로 들어가야 한다고 전해진다.

신의 확장인 영혼은 그 자체가 신의 임재(셰키나)이고 현존이며 영광이다. 우리 안에 신이 임재하고 있으나 우리는 그것을 모르고 영적 결핍 속에 살아가고 있다. 우리가 이 신의 빛을 다시 밝힐 때 우리는 그리스도 의식(신 의식)이 된다. 이것이 비의 차원에서 보는 그리스도의 부활이고 재림이다.

마가복음 12:28~34절(마태 22:34~40, 누가 10:25~28)

제일 큰 계명

율법학자 한 사람이 와서 그들이 토론하는 것을 듣고 있다가 예수가 대답을 잘하는 것을 보고 "모든 계명 중에 어느 것이 가장 큰 계명입니까?" 하고 물었다.

예수는 이렇게 대답하였다. "첫 번째 계명은 이것이오. '이스라엘아, 들어라. 우리 하느님은 유일한 주님이시다. 네 마음을 다하고 목숨을 다하고 생각을 다하고 힘을 다하여 주님이신 너의 하느님을 사랑하여라(1).' 둘째 계명은 이것이오. '네 이웃을 네 몸같이 사랑하여라.' 이 두 계명보다 더 큰 계명은 없소."

이 말을 듣고 율법학자는 "그렇습니다, 선생님. '하느님은 한 분이시며 그 밖에 다른 이가 없다.' 하신 말씀은 과연 옳습니다. 또 '마음을 다하고 지혜를 다하고 힘을 다하여 하느님을 사랑하는 것'과 '이웃을 제 몸같이 사랑하는 것'이 모든 번제물과 희생제물을 바치는 것보다 훨씬 더 낫습니다." 하고 대답하였다.

예수는 그가 슬기롭게 대답하는 것을 보고 "그대는 하느님 나라에 가까이 와 있소." 하고 말하였다. 그런 일이 있은 뒤에는 감히 예수께 질문하는 사람이 없었다.

해석 예수가 언급한 첫 번째 계명은 신명기 6:5, 두 번째 계명은 레위기 19:18이다. "네 마음을 다하고 목숨을 다하고 뜻을 다하여 주님이신 너희 하느님을 사랑하시오(1)."는 착한 사마리아 사람(누가 10:25~37, p245)을 해석하면서 설명하였다.

마태복음 22:41~46절(마가 12:35~37, 누가복음 20:41~44)

그리스도는 누구의 자손인가?

예수가 바리새인들이 모여 있는 것을 보고 "그대들은 그리스도를 어떻게 생각하시오? 그는 누구의 자손이겠소?" 하고 물었다. 그들이 "다윗의 자손입니다." 하고 대답하자, 예수는 다시 이렇게 물었다.

"그러면 다윗이 성령의 감화를 받아 그를 주님이라고 부른 것은 어떻게 된 일이오? '여호와(YHVH)께서 내 주님께 이르시길, 내가 네 원수를 네 발 아래 굴복시킬 때까지 너는 내 오른편에 앉아 있어라.' 하고 다윗이 말하지 않았소? 다윗이 그리스도를 주님이라고 불렀는데 그리스도가 어떻게 다윗의 자손이 되겠소?"

그러자 그들은 한마디도 대답하지 못하였다. 그리고 그날부터는 감히 예수에게 질문하는 사람이 없었다.

해석 다윗과 육체적 혈통 관계를 부정하는 것이 아니라 사람의 태양인 예수의 영혼은 누구의 후손일 필요가 없었기 때문이다. 다윗의 후손임을 밝혔으면 사들람 마음을 더욱 끌어당겼겠지만 신과 하나였던 예수는 그럴 필요가 없었다. 이것은 유대전승에서 해방이기도 했다. 예수가 여기서 언급하는 성경구절은 시편 110:1이다.

마태복음 23:1~36절(마가 12:38~40, 누가복음 11:37~54, 20:45~47)

지옥은 장소가 아니라 마음의 상태이다.

그때에 예수가 군중과 제자들에게 이렇게 말하였다. "율법학자들과 바리새인들은 모세의 자리를 이어 받아 율법을 가르치고 있소. 그러니 그들이 말하는 것은 다 실행하고 지켜도 그들의 행실은 본받지 마시오. 그들은 말만 하고 실행하지는 않기 때문이오. 그들은 무거운 짐을 꾸려 남의 어깨에 메워주고 자기들은 손가락 하나 까딱하려 하지 않소.

그들이 하는 일은 모두 남에게 보이기 위한 것이오. 그래서 이마나 팔에 성구 넣는 갑을 크게 만들어 매달고 다니며 옷단에는 기다란 술을 달고 다니오(1). 그리고 잔치에 가면 맨 윗자리에 앉으려 하고, 회당에서는 제일 높은 자리 찾으며, 길을 나서면 인사받기를 좋아하고, 사람들이 스승이라 불러주기를 바라오. 그러나 그대들은 스승 소리를 듣지 마시오.

그대들의 스승은 오직 한 분뿐이고 그대들은 모두 형제들이오. 또 이 세상 누구를 보고도 아버지라 부르지 마시오. 그대들의 아버지는 하늘에 계신 아버지 한 분뿐이시오. 또 그대들은 지도자라는 말도 듣지 마시오. 그대들의 지도자는 그리스도 한 분뿐이시오. 그대들 중에 으뜸가는 사람은 그대들을 섬기는 사람이 되어야 하오.

누구든지 자기를 높이는 사람은 낮아지고 자기를 낮추는 사람은 높아진다오.

율법학자들과 바리새인들이여 그대들 같은 위선자들은 화를 입을 것이오. 그대들은 하늘나라의 문을 닫아놓고는 사람들을 가로막아 서서 자기도 들어가지 않으면서 들어가려는 사람마저 못 들어가게 하오(2).

율법학자들과 바리새인들이여! 그대들 같은 위선자들은 화를 입을 것이오. 그대들은 겨우 한 사람을 개종시키려고 바다와 육지를 두루 다니다가 개종시킨 다음에는 그 사람을 그대들보다 갑절이나 더 악한 지옥의 자식으로 만들고 있소.

그대들 같은 눈먼 인도자들은 화를 입을 것이오. 그대들은 '성전을 두고 한 맹세는 지키지 않아도 무방하지만 성전의 황금을 두고 한 맹세는 꼭 지켜야 한다.' 하는데, 이 어리석고 눈먼 자들이여! 어느 것이 더 중하오? 황금이요? 아니면 그 황금을 거룩하게 만드는 성전이요?

또 그대들은 '제단을 두고 한 맹세는 지키지 않아도 무방하지만 그 제단 위에 있는 제물을 두고 한 맹세는 꼭 지켜야 한다.' 하는데, 이 눈먼 자들이여! 어느 것이 더 중하오? 제물이요? 아니면 그 제물을 거룩하게 만드는 제단이요? 제단을 두고 한 맹세는 제단과 그 위에 있는 모든 것을 두고 한 맹세이고, 성전을 두고 한 맹세는 성전과 그 안에 계신 분을 두고 한 맹세이며, 또 하늘을 두고 한 맹세는 하느님의 옥좌와 그 위에 앉으신 분을 두고 한 맹세요.

율법학자들과 바리새인들이여, 그대들 같은 위선자들은 화를 입을 것이오. 그대들은 박하와 회향과 근채에 대해서는 십분의 일을 바치라는 율법을 지키면서 정의와 자비와 신의 같은 아주 중요한 율법은 대수롭지 않게 여기오. 십 분의 일세를 바치는 일도 소홀히 해서는 안 되겠지만 정의와 자비와 신의도 실천해야 하는 것이오. 이 눈먼 인도자들이여, 하루살이는 걸러내면서 낙타는 그대로 삼키는 것이 바로 그대들이오.

율법학자들과 바리새인들이여, 그대들 같은 위선자들은 화를 입을 것이오. 그대들은 잔과 접시의 겉만은 깨끗이 닦아놓지만 그 속에는 착취와 탐욕이 가득 차 있소. 이 눈먼 바리새인이여, 먼저 잔 속을 깨끗이 닦으시오. 그래야 겉도 깨끗해질 것이오.

율법학자들과 바리새인들이여, 그대들 같은 위선자들은 화를 입을 것이오. 그대들은 겉은 그럴싸해 보이지만 그 속에는 죽은 사람의 뼈와 썩은 것이 가득 차 있는 회칠한 무덤 같소. 이와 같이 그대들도 겉으로는 옳은 사람처럼 보이지만 속은 위선과 불법으로 가득 차 있소.

율법학자들과 바리새인들이여, 그대들 같은 위선자들은 화를 입을 것이오. 그대들은 예언자들의 무덤을 단장하고 성자들의 기념비를 장식해 놓고는, '우리가 조상들 시대에 살았더라면 조상들이 예언자들을 죽이는 데 가담하지 않았을 것이다.' 하고 떠들어대오. 이것은 그대들이 예언자를 죽인 사람들의 후손이라는 것을 스스로 실토하는 것이오. 그러니 그대들 조상들이 시작한 일을 마저 하시오. 이 뱀 같은 자들이여, 독사의 족속들이여! 그대들이 어떻게 지옥(게헨나)(3)의 형벌을 피할 것이오.

그러므로 내가 예언자들과 지혜 있는 자들과 학자들을 그대들에게 보내지만 그대들은 그 가운데서 더러는 죽이고, 더러는 십자가에 못 박고, 더러는 회당에서 채찍질하고, 이 동네 저 동네로 뒤쫓으며 박해할 것이오. 그리하여 의인 아벨의 피로부터, 그대들이 성소와 제단 사이에서 살해한 바라갸의 아들 사가랴의 피에 이르기까지, 땅에 죄 없이 흘린 모든 피가 그대들에게 돌아갈 것이오. 내가 진정으로 그대들에게 말하노니, 이 일의 책임은 다 이 세대에게 돌아갈 것이오."

해석 바리새인들은 율법에 대하여 많은 해석을 더하였기에 이것을 완수하기가 어려웠다. 예수는 이런 율법을 따르지 않았다. 유대사람들이 의식을 행하는 동안 두르는 탈리트(유대인이 기도할 때 어깨에 두르는 숄로 가장자리에는 유대인이 지켜야 할 율법을 상기시키는 술이 있다)와 예배 동안 매야 하는 테필린(출애굽기 13:1-10; 출애굽기 13:11-17; 신명기 6:4-9; 신명기 11:13-21 구절을 적은 양피지를 담은 작은 박스)은 과시를 위한 수단이 되었고 형식으로 흘렀다. 예수는 이런 형식을 비판한 것이다(1).

"그대들은 하늘나라의 문을 닫아놓고는 사람들을 가로막아 서서 자기도 들어가지 않으면서 들어가려는 사람마저 못 들어가게 하오(2)."는 누가복음 11:37~54절(165쪽 참조)에서 설명하였다.

여기서 지옥으로 번역되는 '게헨나(3)'는 '힌놈의 골짜기'라는 뜻의 히브리어 게힌놈(Ge Hinnom)에서 유래한다. 원래는 암몬족의 신 몰록에게 어린아이들을 희생 제물로 불태워서 바치던 예루살렘 남서쪽 계곡을 가리키는 말이었다. 예수가 살벌한 표현으로 게헨나를 말하고 있으나 이것은 어리석은 사람들에게 겁을 주어 바른 길로 안내하려는 의도였다. 게헨나는 빛을 따르지 않는 사람들이 어둠과 부조화 속에서 겪게 되는 육체적 정신적 고통을 상징하는 말이다. (지옥에 대해서 본서 1장 10절 참조)

마태복음 23:37~39절

성전과 유대인의 운명

“예루살렘아! 예루살렘아! 너는 예언자들을 죽이고 너에게 보낸 사람들을 돌로 치는구나. 암탉이 병아리를 날개 아래 모으듯이 내가 몇 번이나 네 자녀를 모으려 했던가. 그러나 너는 응하지 않았다. 너희 성전은 하느님께 버림을 받아 황폐해지리라. ‘주의 이름으로 오시는 이여, 축복받으소서.’ 하고 너희 입으로 찬양할 때까지 너희는 정녕 나를 다시 보지 못하리라.”

해석 끝까지 유대인들에게 진리를 설파하려 하였지만 유대인들의 완고함에 실망한 예수가 성전과 유대인의 운명을 말한다.

마가복음 12:41~44절(누가 21:1~4)

가난한 과부와 헌금의 가치

예수가 헌금함 맞은편에 앉아서 사람들이 헌금함에 돈을 넣는 것을 바라보고 있었다. 그때 부자들은 여럿이 와서 많은 돈을 넣었는데 가난한 과부 한 사람은 와서 겨우 렙톤 두 개를 넣었다. 이것은 동전 한 닢 값어치의 돈이었다. 그것을 보고 예수는 제자들을 불러 이렇게 말하였다. “분명히 말하지만. 저 가난한 과부가 어느 누구보다도 더 많은 돈을 헌금함에 넣었다. 다른 사람들은 다 넉넉한 가운데서 얼마씩 넣었지만 저 과부는 구차하면서도 있는 것을 다 털어 넣었으니 생활비를 모두 바친 셈이다.”

해석 가난한 사람의 헌금에 대한 이야기는 불경에도 있다.

석가모니가 법을 설하고 다니던 시절, 사위성에 가난하고 병든 여인이 이 집 저 집 밥을 빌어먹으면서 하루하루를 겨우 연명하며 살아가고 있었다. 어느 날 온 성안이 떠들썩한 것을 보고 행인에게 무슨 일이 있어서 이렇게 요란하냐고 물어보았다. "오늘 부처님께서 우리 성에 오신답니다. 그래서 왕께서 부처님과 스님들께 의복과 음식을 공양하고, 밤에는 백성들과 함께 연등회를 열어 수많은 등불을 켠다고 합니다." 라고 행인이 말하자 여인은 "왕께서는 참으로 큰 복을 짓는구나. 나도 등불 하나를 켜서 부처님께 공양을 올려야 할 텐데 가진 것이 없으니 어떻게 하지?" 라며 한탄을 했다.

여인은 하루 종일 끼니를 굶어가며 행인들에게 구걸을 하여 동전 두 닢을 모으게 되었다. 두 닢 어치의 기름을 사러 온 여인에게 기름집 주인은 물었다. "도대체 이 적은 량의 기름을 어디에 쓰려고 그러시오?" 이에 여인이 말하였다. "이 세상에서 부처님을 만나 뵙기란 참으로 어려운 일인데 오늘 부처님께서 우리 성에 오신다니 얼마나 기쁜 일입니까. 나는 아무 것도 공양할 것이 없으니 등불이라도 하나 켜서 부처님께 올릴까 합니다." 여인의 말에 감동한 가게주인은 기름을 곱절이나 주었다.

기름을 구한 여인은 불을 밝혀 부처님이 다니실 길목에 걸어두고 마음속으로 발원을 하였다. "부처님이시여! 저는 가진 것이 없어 이 작은 등불로 부처님께 공양하나이다. 비록 보잘 것 없는 등불이지만 이 공덕으로 내생에는 지혜와 광명을 얻어 모든 중생의 어둠을 없애게 하소서."

이윽고 부처님이 사위성에 당도하여 장엄한 분위기 속에서 연등행사를 치르고 밤을 맞게 되었다. 밤이 깊어 등불이 하나 둘 모두 꺼져 가는데 유독 등불 하나만이 밝게 빛나고 있었다. 등불이 다 꺼지기 전에는 부처님이 주무시지 않을 것이므로 제자인 아난다가 손으로 등불을 끄려 해도 불은 꺼지지 않았다. 가사자락으로 끄려 해도 안 꺼지고 부채로 끄려 해도 등불은 꺼지지 않았다. 이에 부처님께서 다가와 말씀하였다. "아난다야, 부질없이 애쓰지 말거라. 그것은 가난 하지만 마음 착한 여인의 넓고 큰 서원(誓願)과 정성으로 켜진 등불이라 결코 꺼지지 않을 것이다. 그 등불의 공덕으로 그 여인은 다음 생에 반드시 서원을 이룰 것이니라." (출처경전: 현우경의 빈녀난타품)

요한복음 12:20~26절

그리스 사람들의 예수 방문과 죽음의 예고

명절에 예배하러 올라온 사람들 가운데 그리스 사람이 몇 있었는데, 그들은 갈릴리의 벳새다 출신인 빌립에게로 가서 "선생님, 우리가 예수를 뵙고 싶습니다." 하고 청하였다. 빌립은 안드레에게로 가서 말하고, 안드레와 빌립은 예수에게 그 말을 전하였다. 예수는 그들에게 대답하길, "사람의 아들/태양이 영광을 받을 때가 왔소. 내가 진정으로 말하지만, 밀알 하나가 땅에 떨어져서 죽지 않으면 한 알 그대로 있고, 죽으면 열매를 많이 맺소. 자기의 목숨을 사랑하는 사람은(1) 잃을 것이요, 이 세상에서 자기의 목숨을 미워하는 사람은(2), 영생에 이르도록 그 목숨을 보존할 것이요. 나를 섬기려고 하는 사람은, 누구든지 나를 따라오시오(3). 내가 있는 곳에는,

나를 섬기는 사람도 나와 함께 있을 것이오. 누구든지 나를 섬기면, 나의 아버지께서 그를 높여 주실 것이오."

해석 예수는 자신의 운명을 알고 말하고 있다. 십자가 사건은 예수가 계획한 일종의 연극이었고 이 계획에 따라 죽는 일만이 과실을 맺을 것임을 알고 있었다. 자기의 목숨을 사랑하는 사람은(1) 물질 삶에 매인 사람을 말하고 이들은 영적인 삶에서 멀어지게 된다. 자기의 목숨을 미워하는 사람은(2) 물질에 대한 집착을 버린 사람으로 영원한 생명을 얻게 된다. 예수의 가르침을 따르게 되면 아버지 안에서 예수와 하나가 된다.

"나를 따라오시오, 섬기시오(3)." 등의 구절을 사람들은 맹목적인 믿음으로 받아들이는데 이것은 예수가 전하는 진리에 대한 믿음으로 진리의 영인 성령을 섬기라는 것이다. 만약 예수가 진리의 대변자가 아니라면 예수는 당연히 섬김의 대상이 될 수가 없다. 예수가 아니라 예수가 전하는 진리가 우리를 무지에서, 어둠에서, 물질 욕망에서 자유롭게 한다. 그래서 예수는 하느님과 예수에 대한 불경은 용서가 되도 성령에 대한 불경은 용서가 되지 않는다고 말한다.

요한복음 12:27~36절

빛의 자녀가 되라!

"지금 내 마음이 괴롭고 참참한데 그렇다고 '아버지, 이때를 벗어나게 하여 주십시오.' 하고 말하지는 않을 것이오. 나는 바로 이 일을 위하여 이때에 왔기 때문이오. '아버지, 아버지의 이름을 영광되게 하여 주십시오.'" 그때에 하늘에서 소리가 들려 왔다. "내가 이미 영광되게 하였고, 앞으로도 영광되게 하겠다."

거기에 서서 듣고 있던 무리 가운데서, 더러는 천둥이 울렸다고 하고, 또 더러는 천사가 그에게 말하였다고 하였다. 예수가 대답하길 "이 소리가 난 것은, 나를 깨우치시려는 것이 아니라, 그대들을 깨우치시려는 것이오. 지금은 이 세상이 심판받을 때요. 이제는 이 세상의 통치자가 쫓겨날 것이오. 내가 땅에서 들려 올라갈 때에, 나는 모든 사람을 나에게로 끌어올 것이오."

이것은 예수가 자기가 당할 죽음이 어떠한 것인지를 암시하려고 한 말이었다.

그때에 무리가 예수에게 말하였다. "우리는 율법에서, 그리스도는 영원히 살아 계시다는 것을 배웠습니다. 그런데 어떻게 당신은 사람의 아들(인자)이 들어 올려 진다고 말씀하십니까? 인자는 누구입니까?"

예수는 그들에게 대답하였다. "아직 얼마 동안은 빛이 그대들 가운데 있을 것이오. 빛이 있는 동안에 다니시오. 어둠이 그대들을 이기지 못하게 하시오. 어둠 속을 다니는 사람은, 자기가 어디로 가는지를 모르오. 그대들은 빛(1)이 있는 동안에 그 빛을 믿어서, 빛의 자녀가 되시오(2)." 이 말을 한 뒤에, 예수는 그들을 떠나서 몸을 숨겼다.

해석 빛(1)은 예수의 가르침 즉 진리이다. 빛을 믿으란 말은 바로 진리를 믿으란 말이다. 이 진리는 영지지식이다. 빛의 자녀가 되라는 것(2)은 진리를 통하여 깨달은 자 즉 신과 하나가 되라는 뜻이다. 어둠은 영적 빛의 부재로 인한 무지이고 부조화이다.

요한복음 12:37~50절

유대 사람들의 불신과 예수의 경고, 육체와 영혼

예수께서 그렇게 많은 표적을 그들 앞에 행하였으나, 그들은 예수를 믿지 않았다. (이사야 예언 언급한 12:38~41 구절 생략). 지도자 가운데서도 예수를 믿는 사람이 많이 생겼으나, 그들은 바리새인 때문에 믿는다는 사실을 드러내지는 못하였다. 그것은, 그들이 회당에서 쫓겨날까봐 두려워하였기 때문이다. 그들은 하느님의 영광보다도 사람의 영광을 더 사랑하였다.

예수는 제자들에게 큰소리로 이렇게 말하였다. "나를 믿는 사람은 나를 믿는 것이 아니라 나를 보내신 분을 믿는 것이다(1). 나를 보는 사람은 나를 보내신 분을 보는 것이다. 나는 빛으로 세상에 왔다(2). 그것은 나를 믿는 사람이면, 누구든지 어둠 속에 머무르지 않게 하려는 것이다. 어떤 사람이 내 말을 듣고서, 그것을 지키지 않을지라도, 나는 그를 심판하지 않는다. 내가 온 것은, 세상을 심판하려는 것이 아니라, 구원하려는 것이다. 나를 배척하고 나의 말을 받아들이지 않는 사람을 심판하시는 분은 따로 계신다(3).

내가 말한 바로 이 말이, 마지막 날에 그를 심판할 것이다. 나는 내 마음대로 말한 것이 아니다. 나를 보내신 아버지께서, 내가 무엇을 말해야 하고 또 무엇을 이야기해야 하는가를, 친히 나에게 명령해 주셨다. 나는 그 명령이 영생을 준다는 것을 안다. 그러므로 나는 무엇이든지 아버지께서 내게 말씀해 주신 대로 말할 뿐이다."

해석 예수가 신과 하나였기 때문에 예수에 대한 믿음은 아버지에 대한 믿음이다(1).

"나는 빛으로 세상에 왔다(2)."와 유사한 내용이 영지복음서에 나온다.

> 예수께서 말씀하시길, "나는 모든 것들 위에 있는 빛이며 나는 전체이니라. 나로부터 모든 것이 나왔고, 모든 것은 나에게로 이르느니라. 나무토막을 쪼개 보라. 내가 그곳에 있을 것이다. 돌을 들추어 보라. 그러면 거기에서 나를 발견할 것이니라."(도마복음 77절)

심판은(3) 예수가 아니라 우주법칙 중의 하나인 카르마법칙(원인과 결과의 법칙)이 한다. 예수가 전한 진리가 바로 우주법칙이었다. 이 법칙을 통하여 우리는 어둠에서 벗어나는데 이것이 구원이고 영생이다 그래서 영생은 물질적으로 영원히 사는 것이 아니라 육체 없이 영혼이 하느님과 함께하는 상태이다. 육체와 영혼에 대한 관계를 잘 보여주는 영지주의 구절이 있다.

> "어느 누구도 커다란 그저 그런 어떤 것 속에다 아주 값어치 있는 것을 숨겨 두지 않으려고 할 것이다. 그러나 사람들은 번번이 셀 수 없이 소중한 것을 한 푼어치 밖에 안 되는 것 속에 던져 넣는다. 이것을 영혼에 비유해 본다면 영혼은 아주 소중한 존재이나 하찮은 육체 속에 존재하게 되었다."(빌립 복음서 20절)

> 예수께서 말씀하시길, "영혼 때문에 육체가 생겨났다면 이것은 경이로운 일이로다. 그러나 육체 때문에 영혼이 생겨났다면 이것은 경이 중의 경이로다. 이 위대한 부(1)가 이처럼 가난 속에 자신의 거소를 만들었다는 것이 참으로 놀랍도다."(도마복음 29)

영혼은 무한이고 불사이며 육체는 유한하고 한시적이다. 영혼은 육체 없이도 존재할 수 있으나 물질계에서는 영혼이 현시하는 도구로 육체가 필요하다. 신성한 영혼을 담기 위하여 조잡한 육체가 생겨났다는 것은 참으로 경이로운 일일 것이다. 이것은 마치 귀한 보석을 허름한 종이에 보관하는 것과 다를 것이 없다. 그러나 육체 때문에 영혼이 생겨난다는 것은 있을 수 없는 일이다. 이것은 영혼은 불사(不死)이나 육체는 사라질 존재이기 때문이다. 그러므로 만약 육체 때문에 영혼이 생겨났다면 이것은 경이 중의 경이일 것이다. 그러므로 이런 일은 일어날 수 없음을 반어적으로 말하고 있다.

위대한 부(1)는 영혼을 말하고 가난은 육체를 의미한다. 자신의 신성을 알고 있는 예수 입장에서 보면 찬란히 빛나는 영혼이 조잡한 육체에서 살아가야 한다는 것이 얼마나 놀라운 일이었겠는가? 그러나 무지 속에 사람들은 이 사실을 모르고 사라질 육체에 탐닉하고 살아가고 있으니 이 얼마나 한심한 일인가?

마태복음 24:1~14절(마가 13:1~13, 누가복음 21:5~19)

성전 파괴에 대한 예언과 재난의 시작

예수가 성전을 나와 얼마쯤 걸어갔을 때 제자들이 곁으로 다가와서 성전(1) 건물들을 가리키며 보라고 하였다. 그러자 예수는 "저 모든 것을 잘 보아두어라. 나는 분명히 말한다. 저 돌들이 어느 하나도 제자리에 그대로 얹혀 있지 못하고 다 무너지고 말 것이다." 하고 말하였다.

그리고 예수는 올리브 산에 올라가 앉았을 때에 제자들이 따로 그에게 다가와서 "그런 일이 언제 일어나겠습니까? 그리고 주님께서 오실 때와 세상이 끝날 때에 어떤 징조가 나타나겠습니까? 저희에게 알려주십시오." 하고 말하였다.

예수는 이렇게 대답하였다(2). "아무에게도 속지 않도록 조심하여라. 장차 많은 사람이 내 이름을 내세우며 나타나서 '내가 그리스도다!' 하고 떠들어대면서 수많은 사람들을 속일 것이다. 또 여러 번 난리가 일어나고 전쟁 소문도 듣게 될 것이다. 그러나 정신을 차리고 당황하지 마라. 그런 일이 꼭 일어나고야 말 터이지만 그것으로 그치는 것은 아니다. 한 민족이 일어나 딴 민족을 치고, 한 나라가 일어나 딴 나라를 칠 것이며, 또 곳곳에서 기근과 지진이 일어날 터인데 이런 일들은 다만 고통의 시작일 뿐이다.

그때에는 사람들이 너희를 핍박할 것이고 마침내는 죽일 것이다. 또 너희는 나 때문에 온 세상 사람들에게 미움을 받을 것이다. 그리고 많은 사람이 떨어져 나가 서로 배반하고 서로 미워할 것이며 거짓 예언자(3)가 여기 저기 나타나서 많은 사람들을 속일 것이다. 또 세상은 무법천지가 되어 사람들의 마음속에서 따뜻한 사랑을 찾아볼 수 없게 될 것이다. 그러나 끝까지 참는 사람은 구원을 받을 것이다. 이 하늘나라의 복음이 온 세상에 전파되어 모든 백성에게 밝히 알려질 것이다. 그리고 나서야 끝이 올 것이다."

해석 성전(1)의 파괴는 예루살렘 성전 파괴를 말하지만 또 다른 숨겨진 의미는 오랜 유대 전통에 대한 파괴였다. 성전은 신에 대하여 유대인이 지닌 개념(성전에 재물과 동물 공헌, 신의 형상)의 상징이었다. 그들은 물질에 불과한 성전에 매여 있었고 성전의 비의적인 의미를 몰랐다. 그들은 끊임없이 외부에서 신을 찾고 있었다. 예수가 전한 신에 대한 새로운 개념이 유대인들의 그릇된 개념을 부셔버릴 것이었다.

세상이 끝날 때의 징조에 대한 예수의 설명(2)은 마치 조만간 일어날 사건처럼 보인다. 이런 구절을 두고 학자들은 예수가 가까운 시기에 종말이 올 거란 주장을 했다고 말한다. 이것은 가까운 미래가 아니라 앞으로 일어날 일들을 예측한 것이다. 역사를 통하여 늘 세상의 혼란과 가짜 그리스도나 거짓 예언자의 출현이 있었고 진리를 추구하는 사람들은 박해받아 왔다.

지금도 우리는 세상의 혼란과 거짓 예언자(3)들을 목격하고 있고 진리는 박해받고 있다. 그러나 결국 진리는 퍼져나가고 사람들은 하느님과 하나가 되고 세상은 끝이 날 것이다. 오늘날 교회는 예수의 가르침을 전하지 않고 바울의 가르침을 전한다. 예수에 관한 교회 가르침은 예수의 참 가르침과는 많이 다르다. 교회는 사람들을 그릇되게 인도한다. 거짓 예언자들과 다름이 없다.

세상의 끝은 두 가지 방식으로 온다. 그것은 우주적인 차원에서 일어날 마지막 시기와 개인에게 일어나는 깨달음이다. 깨달음의 순간은 그 사람에게는 이 물질 세상에서 벗어나는 커다란 사건이고 물질세상과의 종말이다.

마태복음 24:15~28(누가복음 21:20~24, 마가 13:14~23)

가장 큰 재난

(15~20, 28 생략). "제때가 오면 무서운 재난을 겪을 터인데, 이런 재난은 세상 처음부터 지금까지 없었고 앞으로도 없을 것이다.

하느님께서 그 고생의 기간을 줄여주시지 않는다면 살아남을 사람은 하나도 없다. 그러나 뽑힌 사람들을 위하여 그 기간을 줄여주실 것이다. 그때에 어떤 사람이 '자 보아라, 그리스도가 여기 있다, 저기 있다.' 하더라도 그 말을 믿지 마라. 거짓 그리스도와 거짓 예언자들이 나타나서 어떻게 해서라도 뽑힌 사람들마저 속이려고 큰 기적과 이상한 일들을 보여줄 것이다.

이것은 내가 미리 말해 두는 것이다. 그러므로 사람들이 '그리스도가 광야에 나타났다.' 해도 나가지 말고 '그리스도가 골방(secret chambers, inner rooms)에 있다.' 해도 믿지 마라. 동쪽에서 번개가 치면 서쪽까지 번쩍이듯이 사람의 아들도 그렇게 나타날 것이다 <u>(1)</u>."(마태복음)

"예루살렘이 적군에게 포위된 것을 보거든 그 도시가 파멸될 날이 멀지 않은 줄 알아라<u>(2)</u>. 그때에 유다에 있는 사람들은 산으로 도망가고 성안에 있는 사람들은 그곳을 빠져 나가라. 그리고 시골에 있는 사람들은 성안으로 들어가지 마라. 그때가 바로 성서의 모든 말씀이 이루어지는 징벌의 날이다.

이런 때에 임신한 여자들과 젖먹이가 딸린 여자들은 불행하다. 이 땅에는 무서운 재난이 닥칠 것이고 이 백성에게는 하느님의 분노가 내릴 것이다. 사람들은 칼날에 쓰러질 것이며 포로가 되어 여러 나라에 잡혀갈 것이다. 이방인의 시대가 끝날 때까지 예루살렘은 그들의 발아래 짓밟힐 것이다."(누가복음)

해석 앞에서 보았듯이 세상에는 가짜 그리스도, 거짓 예언자들이 나타나서 사람들을 속일 것임을 말하고 있다.

"번개가 치면 서쪽까지 번쩍이듯이 사람의 아들/태양도 그렇게 나타날 것이다(1).” 라는 말에서 예수는 사람의 아들(인자)을 중첩적 의미로 사용하였다. 하나는 예수가 재림한다는 말이 아니라 미래에 올 자신처럼 위대한 스승(아바타)을 말한 것이고 다른 하나는 우리의 영혼이 밝아져서 원래의 신성을 되찾는 것을 상징하는 말이기도 하다. 우리 내면의 태양 즉 영혼은 아무도 예측 못하는 순간에 깨어나기 때문이다.

예수가 인자(정확한 말은 사람의 태양)는 맞지만 우리 모두는 내부에 신성한 영혼이 있고 이것이 깨어나면 모두 인자로 불릴 수 있다. 인자는 예수에게만 적용되는 고유명사가 아니라 누구에게나 적용되는 보통명사이다.

학자들은 누가복음의 예루살렘 파괴 예언(2)을 들어서, AD 70년경에 로마군에 의하여 예루살렘이 파괴된 것을 보고 나서 누가가 누가복음을 썼다고 주장하기도 한다. 이런 내용을 가지고 복음서 저술 시기를 추정하기도 한다.

마태복음 24:29~35절(마가 13:24~31, 누가복음 21:25~33)

사람의 아들이 오는 날

“그런 재난의 기간이 지나면 곧 해가 어두워지고 달은 빛을 잃을 것이며 별들은 하늘에서 떨어지고 모든 천체가 흔들릴 것이다. 그러면 하늘에는 사람의 아들의 표징이 나타날 것이고 땅에서는 모든 민족이 가슴을 치며 울부짖을 것이다.

그때에 사람들은 사람의 아들이 하늘에서 구름을 타고(1) 권능을 떨치며 영광에 싸여 오는 것을 보게 될 것이다. 그리고 사람의 아들은 울려 퍼지는 나팔 소리와 함께 천사들을 보내어 그가 선택한 사람들을 하늘 이 끝에서 저 끝까지 사방에서 불러 모을 것이다.

무화과나무로부터 교훈을 배우라. 그 가지가 연해지고 잎이 돋으면 여름이 가까이 왔음을 알게 된다. 이와 같이 너희도 이런 일들이 일어나는 것을 보거든 사람의 아들이 문 앞에 다가온 줄을 알아라.

나는 분명히 말한다. 이 세대가 지나가기 전에 이 모든 일들이 일어날 것이다(2). 하늘과 땅은 사라질지라도 내 말은 결코 사라지지 않을 것이다(3)."

해석 이 구절은 하늘과 땅이 사라지고 자격 있는 사람들 즉 깨달은 사람들의 영혼이 신과 하나가 되는 시기에 대한 설명이다. 마지막 시기에 대한 우주론은 카발라에 나온다. "사람의 아들이 하늘에서 구름을 타고(1)"에서 나오는 인자는 바로 앞에서 말했지만 예수가 아니라 예수처럼 위대한 영혼이 사역을 위하여 지상에 나타나는 것을 말한다. 주기별로 지구로 화신하는 아바타가 있다. 예수는 2천년 전에 화신한 아바타였다.

"이 세대가 지나가기 전에 이 모든 일들이 일어날 것이다(2)."에서 예수는 곧 종말이 올 것 같이 말하는데 이것은 이번 삶에서 제자들이 충분히 내면의 영혼을 깨울 수 있다는 것을 의미한다. 사람이 깨어나는 순간은 언제든지 가능하기 때문이다.

"내 말은 결코 사라지지 않을 것이다(3)."는 예수가 전한 진리는 창조된 것이 아니기 때문에 파괴되지 않고 영원할 것이란 의미이다. 하늘과 땅이 사라진다는 구절은 영지주의 복음서에도 나온다.

예수께서 말씀하시길, "이 하늘은 사라질 것이요 그 위의 하늘도 사라질 것이니라. 죽은 자는 살지 아니하고 산 자는 죽지 아니하리라(4). 너희가 죽은 것을 먹던 그 시절에 너희는 죽은 것을 살게 했느니라. 너희가 빛 가운데 머물 때 무엇을 하겠느냐? 너희가 하나였던 그날에 너희는 둘이 되었노라. 그러나 너희가 둘이 될 때 무엇을 하겠느냐?"(도마복음 11절)

이 구절은 카발라 가르침으로 이렇게 풀어 쓸 수 있다.

"우리 사는 물질 우주는 사라질 것이며 이날까지 깨닫지 못한 혼들은 어둠 속에 버려지고 깨달은 혼들은 물질세계 너머 상위 세계에서 영생할 것이니라. 신으로부터 분리되어서 어둠 속에 갇혀 헤매던 때에 그대는 어둠에 생명을 준 셈이었다. 이제 깨닫게 되면 무엇을 하겠느냐? 전체(신)와 하나였던 그대는 신성 상태에서 추락하여 전체와 분리되어 둘이 되었노라. 마지막 날에도 여전히 깨닫지 못하고 분리 상태에 있다면 어떻게 하겠느냐?"

이 도마복음 구절은 창조 후 최후의 환난에 대하여 말하고 이어 하늘이 없어지고 구원받을 자와 버려질 자가 구분된다는 말이다. 즉 지구 최후의 날인 셈이다.

여기서 예수는 "죽은 자는 살지 아니하고 산 자는 죽지 아니하리라(4)." 라고 말한다. 여기서 죽은 자는 마지막 날까지 영혼이 깨어나지 않은 사람, 즉 깨닫지 못한 사람은 뒤에 즉 바깥 어둠에 남겨지고, 산 사람 즉 깨달은 사람은 영원히 살게 됨을 말한다. 이어지는 문장은 카발라의 우주창조론과 생명나무를 이해하여야 해석이 되는 구절이다.

예수가 비밀리에 영지주의 가르침을 전했고 이 영지가르침은 카발라에서 기원한 것이다. 성경에 나오는 예수의 어록은 카발라를 통하여서만 올바른 해석이 가능하다. 카발라를 더 알고 싶으면 "카발라의 신비열쇠", "카발라와 예수 그리고 성경"을 참고 바란다.

마태복음 24:36~44절(마가 13:32~37, 누가복음 21:34~38)

마지막 날의 비의적인 의미

"그러나 그 날과 그 시간은 아무도 모른다. 하늘의 천사들도 모르고 아들도 모르고 오직 아버지만이 아신다. 노아 때의 일을 생각해 보아라. 사람의 아들이 올 때에도 바로 그럴 것이다. 홍수 이전의 사람들은 노아가 방주에 들어가던 날까지도 먹고 마시고 장가들고 시집가고 하다가 홍수를 만나 모두 휩쓸려갔다. 그들은 이렇게 아무것도 모르고 있다가 홍수를 만났는데, 사람의 아들(1)이 올 때에도 그러할 것이다.

그때에 두 사람이 밭에 있다면(2) 하나는 데려가고 하나는 버려둘 것이다. 또 두 여자가 맷돌을 갈고 있다면 하나는 데려가고 하나는 버려둘 것이다. 이렇게 너희의 주인이 언제 올지 모르니 깨어 있어라. 만일 도둑이 밤 몇 시에 올는지 집 주인이 알고 있다면 그는 깨어 있으면서 도둑이 뚫고 들어오지 못하게 할 것이다. 사람의 아들도 너희가 생각지도 않은 때에 올 것이다. 그러니 너희는 늘 준비하고 있어라."

해석 이 구절도 중첩적 의미를 담고 있다. 이것은 마지막 날에 대한 것만이 아니라 개인적인 깨달음의 시기에 대한 것이기도 하다.

여기서 "사람의 아들(1)"은 앞에서 누누이 언급했지만 예수가 아니다. "두 사람(2)"은 영적인 삶을 살아가는 사람과 물질적 삶을 사는 사람을 상징한다, 깨어서 늘 준비하는 사람에게 내면에서 사람의 태양이 깨어난다. 즉 깨달음이 온다. 인자를 예수가 아닌 모두의 신성한 영혼으로 해석하는 것이 아직도 받아들이기 어려울 수 있다. 물론 예수는 인자였고 우리도 인자가 될 수 있는 것이다. 그러니 그리스도처럼 인자를 고유명사가 아닌 보통명사로 봐야한다.

마태복음 25:1~13절

열 처녀의 비유와 신방의 신비

예수는 낮에는 성전에서 가르치고 저녁이 되면 올리브 산에 올라가서 밤을 지냈다. 그리고 사람들은 모두 이른 아침부터 예수의 말씀을 들으려고 성전에 몰려들었다. 예수는 비유를 사용하여 하늘나라에 대해 가르쳤다.

"하늘나라는 열 처녀가 저마다 등불을 가지고 신랑을 맞으러 나간 것에 비길 수 있소. 그 가운데 다섯은 미련하고 다섯은 슬기로웠는데 미련한 처녀들은 등잔은 가지고 있었으나 기름은 준비하지 않았소. 한편 슬기로운 처녀들은 등잔과 함께 기름도 그릇에 담아 가지고 있었소. 신랑이 늦도록 오지 않아 처녀들은 모두 졸다가 잠이 들었는데 한밤중에 '저기 신랑이 온다. 어서들 마중 나가라!' 하는 소리가 크게 들렸소. 이 소리에 처녀들은 모두 일어나 제각기 등불을 챙기었소. 미련한 처녀들은 그제야 슬기로운 처녀들에게 '우리 등불이 꺼져가니 기름을 좀 나누어주시오.' 하고 청하였소.

그러나 슬기로운 처녀들은 '우리 것을 나누어주면 우리에게도, 그대들에게도 다 모자랄 터이니 그대들 쓸 것은 차라리 가게에 가서 사다 쓰는 것이 좋겠소.' 하였소. 미련한 처녀들이 기름을 사러 간 사이에 신랑이 왔소. 준비하고 기다리고 있던 처녀들은 신랑과 함께 혼인 잔치에 들어갔고 문은 잠겼다오.

그 뒤에 미련한 처녀들이 와서 '주님, 주님, 문 좀 열어주세요.' 하고 간청하였으나 신랑은 '분명히 들으시오. 나는 당신들이 누구인지 모릅니다.' 하며 외면하였소이다. 그날과 그 시간은 아무도 모르니 항상 깨어 있으시오."

해석 신랑은 예수가 전하는 진리이고 슬기로운 처녀들은 진리를 기다리는 사람이고 미련한 처녀들은 그렇지 못한 사람을 상징한다. 이 진리를 통하여 깨달음을 얻게 되면 하늘나라에서 살게 된다. 하늘나라는 깨달은 마음의 상태이다.

마태복음 25:14~30절(참고: 누가 19:11~27)

달란트의 비유와 바깥 어둠

"하늘나라는 또 이렇게 비유할 수 있소. 어떤 사람이 먼 길을 떠나면서 자기 종들을 불러 재산을 맡기었소. 그는 각자의 능력에 따라 한 사람에게는 돈 다섯 달란트를 주고 한 사람에게는 두 달란트를 주고 또 한 사람에게는 한 달란트를 주고 떠났소이다.

다섯 달란트를 받은 사람은 곧 가서 그 돈을 활용하여 다섯 달란트를 더 벌었고, 두 달란트를 받은 사람도 그와 같이 하여 두 달란트를 더 벌었소. 그러나 한 달란트를 받은 사람은 가서 그 돈을 땅에 묻어두었소. 얼마 뒤에 주인이 와서 그 종들과 셈을 하게 되었소.

다섯 달란트를 받은 사람은 다섯 달란트를 더 가지고 와서 '주인님, 주인께서 저에게 다섯 달란트를 맡기셨는데 보십시오, 다섯 달란트를 더 벌었습니다.' 하고 말하였소. 그러자 주인이 그에게 '잘하였다. 너는 과연 착하고 충성스러운 종이다. 네가 작은 일에 충성을 다하였으니 이제 내가 큰일을 너에게 맡기겠다. 자, 와서 네 주인과 함께 기쁨을 나누어라.' 하고 말하였소.

그 다음 두 달란트를 받은 사람도 와서 '주인님, 두 달란트를 저에게 맡기셨는데 보십시오, 두 달란트를 더 벌었습니다.' 하고 말하였소. 그래서 주인은 그에게도 '잘하였다. 너는 과연 착하고 충성스러운 종이다. 네가 작은 일에 충성을 다하였으니 이제 내가 큰일을 너에게 맡기겠다. 자, 와서 네 주인과 함께 기쁨을 나누어라.' 하고 말하였소.

그런데 한 달란트를 받은 사람은 와서 '주인님, 저는 주인께서 심지 않은 데서 거두시고 뿌리지 않은 데서 모으시는 엄한 분이신 줄을 알고 있었습니다. 그래서 두려운 나머지 저는 주인님의 돈을 가지고 가서 땅에 묻어두었습니다. 보십시오, 여기 그 돈이 그대로 있습니다.' 하고 말하였소.

그러자 주인은 그 종에게 호통을 쳤소. '너야말로 악하고 게으른 종이다. 내가 심지 않은 데서 거두고 뿌리지 않은 데서 모으는 사람인 줄로 알고 있었다면 내 돈을 돈 쓸 사람에게 꾸어주었다가 내가 돌아올 때에 그 돈에 이자를 붙여서 돌려주어야 할 것이 아니냐? 여봐라, 저자에게서 한 달란트마저 빼앗아 열 달란트 가진 사람에게 주어라. 누구든지 있는 사람은 더 받아 넉넉해지고 없는 사람은 있는 것마저 빼앗길 것이다(1). 이 쓸모없는 종을 **바깥 어두운 곳**(2)에 내쫓아라. 거기에서 가슴을 치며 통곡할 것이다.'"

해석 이 우화는 우리의 인생 여정을 설명한다. 우리 각자는 세상에서 완수해야 할 일이 있다. 자신에게 주어진 재능이나 소질을 가지고 적극적으로 세상에 도움이 되는 일을 행하는 것이 중요하다. 가진 것으로 아무 것도 하지 않은 사람은 우주 차원에서 도움이 되지 않는다.

영적으로 성장한 사람은 얻은 진리로 더욱 성장할 것이고 그렇지 못한 사람은 더욱 영적으로 빈곤해진다. 결국에는 가진 것 마저 뺏기게 된다(1).

우주도 순환하고 그 순환의 마지막 순간까지 깨닫지 못한 영혼은 바깥 어두운 곳(2)에 버려진다. 사람들은 이 바깥 어둠에 대해서는 잘 모르고 문자적 해석에서 벗어나지 못하고 있다. "바깥 어둠"은 상당히 중요한 개념으로 예수 비밀가르침인 영지주의 복음서에서 이것이 잘 드러난다.

> 어떤 사도가 환상 속에서, 어떤 사람들이 불의 집에 갇혀서 불의 사슬로 묶인 채 불타는 기름 속에 누워 있는 것을 보았다. 그는 그들에게 "왜 그들이 구원받을 수 없는가요?" 라고 물었다. 그들은 답하길, "그들은 구원을 바라지 않았습니다. 그들은 이 장소를 벌로 받았습니다. 이 장소는 **'바깥 어둠/암흑'**으로 불리며 그는 그곳으로 던져졌기 때문입니다."(빌립 복음서 63절)

"내부와 외부, 그리고 외부 밖에 있는 것" 이라고 말하는 자들은 올바르다. 주님께서는 파멸을 **"바깥 암흑"**이라고 부르신 이유이다. 그것 외부에는 또 다른 외부는 없다.(빌립 복음서 69절)

카발라 우주론에서 외부 밖에 있는 "바깥 어둠/암흑"에 대한 개념이 나온다. 우주도 주기가 있고 미래 어느 시점에 도달하면 물질 하늘과 땅은 사라지고 영혼은 한 단계 높은 우주 공간으로 이동하게 된다. 그러면 이 우주공간으로 비치던 빛이 사라지고 어둠만이 공간을 채운다. 이 공간을 **"바깥 암흑"**이라고 한다. 마지막 시점까지 깨닫지 못한 혼들은 이 암흑의 공간에 남겨진다.

마태복음 25:31~46절

최후의 심판

"사람의 아들이 영광을 떨치며 모든 천사들을 거느리고 와서 영광스러운 왕좌에 앉게 되면 모든 민족들을 앞에 불러놓고 마치 목자가 양과 염소를 갈라놓듯이 그들을 갈라 양은 오른편에, 염소는 왼편에 자리 잡게 할 것이오.

그때에 그 임금은 자기 오른편에 있는 사람들에게 이렇게 말할 것이오. '너희는 내 아버지의 복을 받은 사람들이니 와서 세상 창조 때부터 너희를 위하여 준비한 이 나라를 차지하여라. 너희는 내가 굶주렸을 때에 먹을 것을 주었고 목말랐을 때에 마실 것을 주었으며 나그네 되었을 때에 따뜻하게 맞이하였다. 또 헐벗었을 때에 입을 것을 주었으며 병들었을 때에 돌보아 주었고 감옥에 갇혔을 때에 찾아주었다.'

이 말을 듣고 의인들은 이렇게 말할 것이오. '주님, 저희가 언제 주님께서 주리신 것을 보고 잡수실 것을 드렸으며 목마르신 것을 보고 마실 것을 드렸습니까? 또 언제 주님께서 나그네 되신 것을 보고 따뜻이 맞아들였으며 헐벗으신 것을 보고 입을 것을 드렸으며, 언제 주님께서 병드셨거나 감옥에 갇히신 것을 보고 저희가 찾아가 뵈었습니까?'

그러면 임금이 그들에게 '분명히 말하지만 너희가 여기 있는 형제 중에 가장 보잘것없는 사람 하나에게 해준 것이 바로 나에게 해준 것이다.' 하고 말할 것이오.

그리고 왼편에 있는 사람들에게는 이렇게 말할 것이오. '이 저주받은 자들아, 나에게서 떠나 악마와 그의 부하들을 가두려고 준비한 영원한 불 속에 들어가라. 너희는 내가 주렸을 때에 먹을 것을 주지 않았고, 목말랐을 때에 마실 것을 주지 않았으며, 나그네 되었을 때에 따뜻하게 맞이하지 않았고, 헐벗었을 때에 입을 것을 주지 않았으며, 또 병들었을 때나 감옥에 갇혔을 때에 돌보아 주지 않았다.'

이 말을 듣고 그들도 이렇게 대답할 것이오. '주님, 주님께서 언제 굶주리고 목마르셨으며, 언제 나그네 되시고 헐벗으셨으며, 또 언제 병드시고 감옥에 갇히셨기에 저희가 모른 체하고 돌보아 드리지 않았다는 말씀입니까?'

그러면 임금은 '똑똑히 들어라. 여기 있는 형제들 중에 가장 보잘것없는 사람 하나에게 해주지 않은 것이 곧 나에게 해주지 않은 것이다.' 하고 말할 것이오. 이리하여 그들은 영원히 벌 받는 곳[1]으로 쫓겨날 것이며, 의인들은 영원한 생명의 나라[2]로 들어갈 것이오."

해석 우측은 깨달아서 신과 하나가 된 영혼, 좌측은 어둠 속에 매여 있는 영혼을 상징한다. 이웃의 영적 성장을 도와 준 사람들은 신을 도와 준 것과 마찬가지이다. 아는 우주는 거대한 망으로 연결되어 있어서 서로가 의존적이기 때문이며 하느님 안에서 모두가 하나이기 때문이다.

마태는 여기에서 구원을 두고 바울과 달리 예수의 죽음과 부활에 대한 믿음이 아닌 선행을 말한다. 바울신학에 근거한 오늘날 기독교 구원론과는 다르다.

영원히 벌 받는 곳(1)은 바로 앞에서 설명하였듯이 마지막 시기에 깨닫지 못한 영혼들이 버려지는 바깥 암흑을 말한다.

영원한 생명의 나라는(2) 어둠을 극복한 영혼이 신과 합일의 상태에 있는 것을 말한다. 이 상태에서는 물질계로 윤회가 필요 없고 그래서 물질 욕망으로 고통당할 일이 없다. 요한계시록에서 이것을 이렇게 말한다.

> "나는 승리하는 자를 내 하느님의 성전 기둥으로 삼을 것이며, 그는 다시는 그 성전을 떠나지 않게 될 것이다."(요한계시록 3:12)

마태복음 26:1~5, 14~16절(마가 14:1~2 누가 22:1~6)

예수를 죽일 음모

예수가 이 말을 모두 마치고 제자들에게 "너희가 아는 대로, 이틀이 지나면 유월절인데, 사람의 아들이 넘겨져서, 십자가에 달릴 것이다." 라고 하였다. 그 무렵 대사제들과 백성의 원로들이 가야바라는 대사제 관저에 모여 흉계를 꾸며 예수를 잡아 죽이려고 모의하였다. 그러면서도 "백성이 소동을 일으킬지 모르니 축제 기간만은 피하자." 하였다.

해석 제자들은 이때 예수의 계획을 어느 정도 알고 있었다. 대제사장들과 율법학자들이 예수를 함정을 빠뜨려서 평판을 떨어뜨리려던 노력이 실패하자 그들은 절망적이 되었다. 그래서 그들은 예수를 체포하여 죽일 결심을 하였다. 그러나 예수 주변에 너무도 많은 추종자들이 있어서 유월절에 실행하는 것을 두려워하였다.

마태복음 26:17~30절(마가 14:12~26, 누가 22:7~23, 요한 13:1~30)

최후의 만찬

유월절 첫날에 제자들이 예수께 와서 "선생님께서 드실 유월절 음식을 어디에다 차렸으면 좋겠습니까?" 하고 물었다. 예수는 이렇게 일러주었다. "성안에 들어가면 이러이러한 사람이 있을 터이니 그 사람더러 '우리 선생님께서 자기 때가 가까이 왔다고 하시며 제자들과 함께 댁에서 유월절을 지내시겠다고 하십니다.' 하고 말하여라." 제자들은 예수가 시킨 대로 하여 유월절 준비를 하였다.

날이 저물었을 때에 예수가 열두 제자와 함께 식탁에 앉아, 같이 음식을 나누면서 "너희 가운데 한 사람이 나를 배반해야 할 것이다." 하고 말하였다. 이 말에 제자들은 몹시 걱정이 되어 저마다 "주님, 저는 아니겠지요?(1)" 하고 물었다. 예수는 "지금 나와 한 그릇에 빵을 적시는 사람이다." 라고 말하였다. 그때에 예수를 배반할 유다도 나서서 "선생님, 저는 아니지요?" 하고 묻자, 예수께서 "바로 그대다." 하고 대답하였다.

그들이 음식을 먹을 때에 예수가 빵을 들어 축복하고 제자들에게 나누어주며 "받아먹어라. 이것은 내 몸이다." 하고 또 잔을 들어 감사의 기도를 올리고 그들에게 돌리며 "너희는 모두 이 잔을 받아 마셔라. 이것은 나의 피다. 죄를 용서해 주려고 많은 사람을 위하여 내가 흘리는 계약의 피다. 잘 들어두어라. 이제부터 나는 아버지의 나라에서 너희와 함께 새 포도주를 마실 그날까지 결코 포도로 빚은 것을 마시지 않겠다." 하고 말하였다. 그들은 찬미의 노래를 부르고 올리브 산으로 올라갔다.

해석 이 만찬 후에 유다가 대사제들을 찾아가서 예수를 넘겨주겠다는 말을 한 것으로 추정된다. 그런데 이것은 예수가 계획한 드라마의 일부분이었고 예수의 지시에 따른 것이었다. "저는 아니겠지요(1)?"에서 보듯이 제자들은 이런 악역을 맡으려 하지 않았다. 예수는 강건한 성격인 유다에게 자신을 밀고하는 악역을 주려하였고 유다는 "선생님, 저는 아니지요?"에서처럼 자신이 아니었으면 했다. 그러나 그는 이것을 받아들였다. 복음서에서 유다에 대한 저주는 진실을 모르는 복음서 저자들의 창작이거나 후대에 첨가된 내용일 가능성이 크다.

공관복음서는 예수가 유월절 식사를 하고 십자가에 매달렸다고 기술하는데 반하여, 요한복음서는 유월절 전날에 십자가에 매달렸다고 나온다. 이것은 요한복음(13:1, 19:14)에서 알 수 있다.

빵과 포도주는 예수가 전한 진리의 상징이었다. 예수가 전한 진리를 받아들인 사람들은 상징적으로 예수의 육체이고 피였다.

마태복음 26:31~35절(마가 14:27~31, 요한 13:36~38)

베드로의 장담

예수가 제자들에게 "'내가 칼을 들어 목자를 치리니 양떼가 흩어지리라.' 라고 기록되어 있는 대로 오늘 밤 너희는 다 나를 버릴 것이다. 그러나 나는 다시 살아난 후 너희보다 먼저 갈릴리로 갈 것이다." 하고 말하였다.

그때 베드로가 나서서 "비록 모든 사람이 주님을 버릴지라도 저는 결코 주님을 버리지 않겠습니다." 하였다. 그러자 예수는 베드로에게 "내 말을 잘 들어라. 오늘 밤 닭이 울기 전에 너는 세 번이나 나를 모른다고 할 것이다." 하고 말하였다. 베드로가 다시 "저는 주님과 함께 죽는 한이 있더라도 결코 주님을 모른다고는 하지 않겠습니다." 하고 장담하였다. 다른 제자들도 모두 그렇게 말하였다.

해석 아직도 나약한 제자들이었다. 예수는 제자들의 성품을 알고 있었고 특히 결정적 순간에 흔들리는 베드로의 약점을 알고 있었다.

요한복음 14:1~14절

예수는 길이고 진리이며 생명이다. 신과 인간의 관계

"너희는 걱정하지 마라. 하느님을 믿고 또 나를 믿어라. 내 아버지 집에는 많은 방들이 있다(1). 그리고 나는 너희가 있을 곳을 마련하러 간다. 만일 거기에 있을 곳이 없다면 내가 이렇게 말하겠느냐? 가서 너희가 있을 곳을 마련하면 다시 와서 너희를 데려다가 내가 있는 곳에 같이 있게 하겠다. 너희는 내가 어디로 가는지 그 길을 알고 있지 않는가?"

그러자 도마가 "주님, 저희는 주님이 어디로 가시는지도 모르는데 어떻게 그 길을 알겠습니까?" 하고 말하였다. 예수는 "나는 길이요 진리요 생명이다. 나를 거치지 않고서는 아무도 아버지께 갈 수 없다(2). 너희가 나를 알았으니 나의 아버지도 알게 될 것이다. 이제부터 너희는 그분을 알게 되었다. 아니 이미 뵈었다."하고 말하였다.

이번에는 빌립이 "주님, 저희에게 아버지를 뵙게 하여주시면 더 바랄 것이 없겠습니다(3)." 하고 간청하였다. 예수는 이렇게 대답하였다. "빌립아, 들어라. 내가 이토록 오랫동안 너희와 같이 지냈는데도 아직도 너는 나를 모른다는 말이냐? 나를 보았으면 곧 아버지를 본 것이다. 그런데도 아버지를 뵙게 해달라니 무슨 말이냐?

너는 내가 아버지 안에 있고 아버지께서 내 안에 계시다는 것을 믿지 않느냐? 내가 너희에게 하는 말도 나 스스로 하는 말이 아니라 아버지께서 내 안에 계시면서 몸소 하시는 일이다. 내가 아버지 안에 있고 아버지께서 내 안에 계시다고 한 말을 믿어라. 못 믿겠거든 내가 하는 이 일들을 보아서라도 믿어라.

잘 들어두어라. 나를 믿는 사람은 내가 하는 일을 할 뿐만 아니라 그보다 더 큰 일도 하게 될 것이다(4). 그것은 내가 이제 아버지께 가서 너희가 내 이름으로 구하는 것이면 무엇이든지 이루어주겠기 때문이다. 그러면 아들로 말미암아 아버지께서 영광을 받으실 것이다. 너희가 내 이름으로 구하는 것이면 무엇이든지 내가 다 이루어주겠다(5)."

해석 얼마 남지 않은 시간 때문에 예수는 제자들에게 도덕적 가르침이 아닌 중요한 영지 가르침을 전하기 시작했다.

"너희는 걱정하지 마라. 하느님을 믿고 또 나를 믿어라. 내 아버지 집에는 많은 방들이 있다(1)."는 카발라 우주론을 이해하여야 해석이 된다. 신에 해당하는 영태양은 우주 뇌로 비유가 되는데 우주 뇌는 인간 뇌를 이루는 수많은 세포처럼 수많은 영혼으로 구성되어 있다. 많은 방은 영혼이 근원한 장소이다.

"나는 길이요 진리요 생명이다. 나를 거치지 않고서는 아무도 아버지께 갈 수 없다(2)."는 예수가 전하는 진리를 통하여 우리가 신에게 돌아갈 수 있음을 말하는 것이다. 이것은 예수 이외의 다른 구원을 부정하는 것이 아니라 예수가 전하는 진리가 그만큼 소중하다는 말이다.

예수 활동 당시에는 그 주변에 참 진리를 전하는 사람이 없었고 그래서 예수는 이런 말을 할 수가 있었다. 이 구절은 타종교의 구원을 부정하는 기독교인들이 가장 많이 인용하는 것이기도 하다. 사실 이것이 예수의 말인지 아닌지는 요한복음서 저자만이 알 것이다. 예수의 말이라도 앞에서 설명한 의미로 말한 것이다.

빌립이 "주님, 저희에게 아버지를 뵙게 하여주시면 더 바랄 것이 없겠습니다(3)."에서 보듯이 아직도 신을 유형적인 존재로 인식하는 제자들이었고 이들은 하늘나라가 마음의 상태인데 외부에서 하늘나라를 찾고 있었다.

신의 말씀을 전하는 예수는 신의 통로였고 신과 하나였다. 그래서 예수를 보면 바로 신을 알 수가 있다. 다시 말하지만 예수가 신과 하나라는 말은 그만이 유일한 신의 아들이고 신의 화신임을 의미하는 것은 아니다. 모든 영혼이 신의 일부이고 신과 하나였다. 하늘나라에 대한 제자들이 수준 낮은 이해를 보여주는 흥미로운 구절이 영지주의 복음서에도 나온다.

> 제자들이, "당신이 계신 곳을 우리에게 보이소서. 이는 우리가 그곳을 찾아야하기 때문입니다." 라고 물었다. 그러자 예수께서 말씀하시길, "귀 있는 누구든 들어라! 빛의 사람 안에 빛이 있고 그 사람은 온 세상을 비추느니라. 만약 그가(그것이) 빛나지 않는다면 그 사람은 암흑이니라."(도마복음 24절)

이 도마복음의 첫 단락은 "천국이 어디 있는지 보여주소서. 천국이 어디 있는지 알아야 우리도 가지 않겠나이까?" 라는 말과 같다. 이 구절은 선가(禪家)에서 제자들이 도가 무엇인지 부처가 무엇인지 줄기차게 스승에게 물어보는 장면과 겹쳐진다. 예수는 천국은 우리 안에 있다고 여러 번 말하였는데 제자들이 다시 묻자, 귀 있는 자는 들으라며 천국이 제자들 안에 있음을 비유로 설명한다.

"나를 믿는 사람은 내가 하는 일을 할 뿐만 아니라 그보다 더 큰 일도 하게 될 것이다(4)."는 놀랍게도 하느님의 유일한 아들인 예수가 한 말이다. 예수는 자신의 입으로 자신을 믿는 자는 누구나 자신보다 더 큰일도 할 수 있다고 한다. 물론 여기서 믿음은 예수가 전하는 진리를 말한다.

그런데 예수보다 더 큰일을 할 수 있다니, 이것을 어떻게 받아들여야 할까? 인간을 신의 피조물로 보는 기독교에서는 당연히 신에 대한 불경으로 보고 이 성경구절을 무시하겠지만 인간을 신으로부터 발출되어 나온 신성한 존재로 보는 사람들에게는 너무도 당연한 구절이다. 예수가 다하지 못한 일이 있고 예수의 사역 덕분에 뒤의 사람들은 더 큰일을 할 수가 있다. 깨어난 사람들의 노력으로 신은 매순간 커지고 있다. 신이 정체되어 있다면 아무 것도 새로운 것이 없고 성장도 없을 것이다. 신은 매순간 성장하고 이 순간 완전하다.

성경이 특정 내용의 추가나 삭제, 내용의 변경 등으로 왜곡을 겪었지만 그래도 복음서에 나오는 예수 어록에는 진실이 많이 남아 있다. 다음은 신과 인간에 대한 관계를 보여주는 소중한 구절이다.

> 예수께서는 이렇게 말씀하셨다. "너희의 율법서를 보면 하느님께서 '내가 너희를 신이라 불렀다' 하신 기록이 있지 않느냐? 이렇게 성서에서는 하느님의 말씀을 받은 사람들을 모두 신이라 불렀다. 성경 말씀은 영원히 참되시다."(요한복음 10:34~35)

> "그날이 오면 너희는 내가 아버지 안에 있다는 것과 너희가 내 안에 있고 내가 너희 안에 있다는 것을 깨닫게 될 것이다."(요한복음 14:20)

이처럼 우리 모두는 내면에 신성을 지닌 잠재적인 신이다. 하느님 말씀을 받은 자를 신이라 불렀다는 말은 자신의 신성을 깨워 높이 올라간 사람(깨달은 사람, 그리스도의식에 이른 사람)은 신과 하나가 되었음을 말하는 것이다. 자신을 신의 피조물로 설정해 버린 사람들에게 이런 말은 눈에 들어오지 않을 것이다.

성경해석에서 입력 코드만 바꾸면 삶과 인생관이 달라진다. 예수에 대한 기존 코드(신의 아들)와 인간에 대한 기존 코드(신의 피조물인 인간)에서 예수를 깨달은 영혼으로 인간을 신의 일부분으로 바꾸면 성경이 새롭게 해석되고 동양의 종교가 이해가 되고 진리는 하나임을 알게 된다.

영지주의 복음서인 "야고보 비밀의 서"에도 신과 인간의 관계에 대한 흥미로운 구절이 나온다.

> "너희가 사탄에게 억압과 박해를 받아도 아버지의 의지를 실천한다면, 내가 말하노니, 아버지가 너희를 사랑하고, **아버지가 너희를 나와 동등하게 만들 것이고,**"(야고보 비밀의 서 5절)

하느님이 우리를 예수와 같게 만들어 준다는 이 말에 기독교인들은 거짓이라며 크게 분노하고 놀라겠지만, 사실, 영지주의나 그 모태인 카발라에서는 인간을 신에서 발출된 신의 일부분으로 보기 때문에 너무도 당연한 말이다. 누구나 영지 가르침을 통하여 내면의 신성을 밝히면 신과 합일하기 때문이다.

"너희가 내 이름으로 구하는 것이면 무엇이든지 내가 다 이루어 주겠다(5)."에서 이름은 예수를 말함이 아니라 예수가 전한 진리를 이르는 말이다. 예수의 이름이 무슨 힘이 있겠는가? 그러나 진리의 운반자인 예수, 법칙의 통로이자 현시인 예수는 진리의 상징이었고 진리 그 자체였다. 그래서 예수가 전한 진리로 우리는 무엇이든 이룰 수가 있는 것이다.

요한복음 14:15~31절

성령의 의미, 하느님과 예수 그리고 인간은 하나이다.

"너희가 나를 사랑하면 내 계명을 지키지 않겠느냐! 내가 아버지께 구하면 다른 조력자(보혜사, Comforter, Helper, Counselor, 그리스어: 파라클레토스)를 보내주셔서 너희와 영원히 함께 계시도록 하실 것이다. 그분은 곧 진리의 성령이시다(1). 세상은 그분을 보지도 못하고 알지도 못하기 때문에 그분을 받아들일 수 없지만 너희는 그분을 알고 있다. 그분이 너희와 함께 사시며 너희 안에 계시기 때문이다. 나는 너희를 고아들처럼 버려두지 않겠다. 기어이 너희에게로 돌아오겠다. 이제 조금만 지나면 세상은 나를 보지 못하게 되겠지만 내가 살아 있고 너희도 살아 있을 터이니 너희는 나를 보게 될 것이다.

그날이 오면 너희는 내가 아버지 안에 있다는 것과 너희가 내 안에 있고 내가 너희 안에 있다는 것을 깨닫게 될 것이다(2). 내 계명을 받아들이고 지키는 사람이 바로 나를 사랑하는 사람이다. 나를 사랑하는 사람은 내 아버지에게 사랑을 받을 것이다. 나도 또한 그를 사랑하고 그에게 나를 나타내 보이겠다."

가리옷 사람이 아닌 다른 유다가 "주님, 주님께서 왜 세상에는 나타내 보이지 않으시고 저희에게만 나타내 보이시려고 하십니까?" 하고 물었다. 예수는 이렇게 대답하였다. "나를 사랑하는 사람은 내 말을 잘 지킬 것이다. 그러면 나의 아버지께서도 그를 사랑하시겠고 아버지와 나는 그를 찾아가 그와 함께 살 것이다. 그러나 나를 사랑하지 않는 사람은 내 말을 지키지 않는다. 내가 너희에게 들려주는 것은 내 말이 아니라 나를 보내신 아버지의 말씀이다.

나는 너희와 함께 있는 동안에 여러 가지 이야기를 들려주었거니와 이제 아버지께서 내 이름으로 보내주실 성령 곧 그 조력자는 모든 것을 너희에게 가르쳐주실 뿐만 아니라 내가 너희에게 한 말을 모두 되새기게 하여주실 것이다(3). 나는 너희에게 평화를 주고 간다. 내 평화를 너희에게 주는 것이다. 내가 주는 평화는 세상이 주는 평화와는 다르다. 걱정하거나 두려워하지 마라(4).

내가 떠나갔다가 너희에게로 다시 오겠다는 말을 너희가 듣지 않았느냐? 아버지께서는 나보다 훌륭하신 분이니 만일 너희가 나를 사랑한다면 내가 아버지께로 가는 것을 기뻐할 것이다. 내가 지금 이 일을 미리 알려주는 것은 그 일이 일어날 때 너희로 하여금 믿게 하려는 것이다. 너희와 이야기를 나눌 시간도 얼마 남지 않았다. 이 세상의 권력자가 가까이 오고 있다. 그가 나를 어떻게 할 수는 없지만 나는 아버지를 사랑하고 아버지께서 분부하신 대로 실천한다는 것을 세상에 알려야 하겠다. 자, 일어나 가자."

해석 성령(1)은 인간에게 내려오는 무형의 영적 방문자가 아니라 진리를 말한다. 이것을 진리로 이해하면 많은 것이 바로 보인다.

"그날이 오면 너희는 내가 아버지 안에 있다는 것과 너희가 내 안에 있고 내가 너희 안에 있다는 것을 깨닫게 될 것이다(2)."는 우리 영혼이 신과 하나임을 분명하게 밝히는 구절이다.

"아버지께서 내 이름으로 보내주실 성령 곧 그 조력자는 모든 것을 너희에게 가르쳐주실 뿐만 아니라 내가 너희에게 한 말을 모두 되새기게 하여주실 것이다(3)."에서 성령을 조력자라 하는 것은 성령인 진리는 우리를 깨닫게 도와주는 힘이기 때문이다.

예수가 주는 평화는 세상이 주는 평화와는 아주 다르다(4). 왜냐하면 예수가 전하는 진리를 통하여 깨달은 사람은 어떤 외부적 조건(재산, 직위 등)에서도 평온을 유지하나, 세속적인 성취나 집착을 통하여 얻게 되는 물질적 평화는 그 외부조건만 사라지면 쉽게 사라지는 평화이기 때문이다. 예수가 주는 영원한 평화와 물질이 주는 일시적 평화는 천지 차이이다.

요한복음 15:1~17절

나는 참 포도나무이다. 신과 인간의 관계

예수는 제자들에게 이런 말도 했다. "나는 참 포도나무요 나의 아버지는 농부이시다. 나에게 붙어 있으면서 열매를 맺지 못하는 가지는 아버지께서 모조리 쳐내시고 열매를 맺는 가지는 더 많은 열매를 맺도록 잘 가꾸신다. 너희는 내 교훈을 받아 이미 잘 가꾸어진 가지들이다. 너희는 나를 떠나지 마라. 나도 너희를 떠나지 않겠다. 포도나무에 붙어 있지 않는 가지가 스스로 열매를 맺을 수 없는 것처럼 너희도 나에게 붙어 있지 않으면 열매를 맺지 못할 것이다(1).

나는 포도나무요 너희는 가지다. 누구든지 나에게서 떠나지 않고 내가 그와 함께 있으면 그는 많은 열매를 맺는다. 나를 떠나서는 너희가 아무것도 할 수 없다. 나를 떠난 사람은 잘려 나간 가지처럼 밖에 버려져 말라버린다. 그러면 사람들이 이런 가지를 모아다가 불에 던져 태워버린다. 너희가 나를 떠나지 않고 또 내 말을 간직해 둔다면 무슨 소원이든지 구하는 대로 다 이루어질 것이다.

너희가 많은 열매를 맺고 참으로 나의 제자가 되면 내 아버지께서 영광을 받으실 것이다. 아버지께서 나를 사랑하신 것처럼 나도 너희를 사랑해 왔다. 그러니 너희는 언제나 내 사랑 안에 머물러 있어라. 내가 내 아버지의 계명을 지켜 그 사랑 안에 머물러 있듯이 너희도 내 계명을 지키면 내 사랑 안에 머물러 있게 될 것이다.

내가 이 말을 한 것은 내 기쁨을 같이 나누어 너희 마음에 기쁨이 넘치게 하려는 것이다. 내가 너희를 사랑한 것처럼 너희도 서로 사랑하여라. 이것이 나의 계명이다. 벗을 위하여 제 목숨을 바치는 것보다 더 큰 사랑은 없다. 내가 명하는 것을 지키면 너희는 나의 벗이 된다.

이제 나는 너희를 종이라고 부르지 않고 벗이라고 부르겠다(2). 종은 주인이 하는 일을 모른다. 그러나 나는 너희에게 내 아버지에게서 들은 것을 모두 다 알려주었다. 너희가 나를 택한 것이 아니라 내가 너희를 택하여(3) 너희가 세상에 나가 언제까지나 썩지 않을 열매를 맺도록 했다. 그렇게 하면 아버지께서는 너희가 내 이름으로 구하는 것을 다 들어주실 것이다. 서로 사랑하여라. 이것이 너희에게 주는 나의 계명이다."

해석 예수는 제자들이 깨달음을 얻도록 자신이 부여하는 가르침에 머물라고 한다. 예수가 전하는 전리를 통하여 열매 즉 깨달음을 얻을 수 있기 때문이다(1).

"이제 나는 너희를 종이라고 부르지 않고 벗이라고 부르겠다(2)."는 신과 인간의 관계를 창조주 신과 피조물 인간의 구도로 이해하는 사람들에게는 이해할 수 없는 말일 것이다. 신의 아들인 예수가 진리를 받아들여 자신의 본래 모습을 찾으려는 영혼을 이제 친구로 부르겠다는 말이다. 우리 모두는 신에게서 나온 신의 일부이고 그런 점에서 너무도 당연한 말이다. 영지주의 복음서에 하느님과 인간의 관계에 대한 흥미로운 구절이 있다.

> "아버지는 모두의 내면에 계신 분이시다. 모두의 내면에 있는 것은 충만함(플레로마)이다. 내면에는 그것 외에 아무 것도 없다." (빌립 복음서 70절)

> "하느님은 염색공이다. '진짜'라고 불리는 좋은 염료가 염색 천

으로 녹아 스며들듯이 하느님은 자신이 물들인 자들 속으로 스며든다. 신의 염료는 불멸이므로 물든 것들은 신의 색으로 인해 불멸이 된다. 이제 하느님은 물에 담아서 염색하신다."(빌립 복음서 39절)

주님은 레위의 염색작업장으로 들어가셨다. 주님은 72가지의 색을 취하여 그것을 큰 통 속에 던지셨다. 주님이 그것을 꺼냈을 때는 온통 흰색으로 변해있었다. 그러자 주님은. "사람의 아들도 이처럼 염색장이로 왔다." 라고 하셨다.(빌립 복음서 50절)

염색공이 천을 자신이 원하는 색깔로 물들이듯 하느님은 인간을 자신의 신성한 속성으로 물들인다는 의미이다. 신이 불사이듯, 신의 발출물이며 그 속성으로 물든 인간도 불사이다.

사람들이 오해하는 것이 자신이 스승을 선택한다고 생각하는데 그런 일은 없다. 내가 너희를 택하여(3)에서 보듯이 스승이 자격 있는 사람을 제자로 선택한다. 선택은 무지한 자가 아니라 지혜로운 자가 한다.

요한복음 15:18~27절

예수를 거부한 사람들의 죄

"세상이 너희를 미워하거든 너희보다도 나를 먼저 미워했다는 것을 알아두어라. 너희가 만일 세상에 속한 사람이라면 세상은 너희를 한집안 식구로 여겨 사랑할 것이다. 그러나 너희는 세상에 속하지 않았을 뿐더러 오히려 내가 세상에서 가려낸 사람들이기 때문에 세상이 너희를 미워하는 것이다(1). 종은 그 주인보다 더 나을 수가 없다고 한 내 말을 기억하여라.

그들이 나를 박해했으면 너희들도 박해할 것이고 내 말을 지켰으면 너희의 말도 지킬 것이다. 그들은 너희가 내 제자라 해서 이렇게 대할 것이다. 그들은 나를 보내신 분을 모르고 있다. 내가 와서 그들에게 말하지 않았더라면 그들에게는 죄가 없을 것이다. 그러나 이제는 그들이 자기 죄를 변명할 길이 없게 되었다(2).

나를 미워하는 자는 나의 아버지까지도 미워한다. 내가 일찍이 아무도 하지 못한 일들을 그들 앞에서 하지 않았다면 그들에게는 죄가 없을 것이다. 그런데 내가 한 일을 보고서도 그들은 나와 또 나의 아버지까지 미워한다. 내가 아버지께 청하여 너희에게 보낼 조력자 곧 아버지께로부터 나오시는 진리의 성령이 오시면 그 영이 나를 증언할 것이다. 그리고 너희도 처음부터 나와 함께 있었기 때문에 나의 증인이 될 것이다(3)."

해석 사람들은 통상적으로 자신들이 속한 세계에서 벗어나 높은 이상을 추구하려는 사람들을 질투하고 끌어내리려는 속성이 있다. 그래서 세상(물질 추구)에 속하지 않으려 하는 사람은 대중의 미움을 받는다(1).

예수는 하늘나라에 이르는 길을 보여주었지만 사람들은 이를 따르지 않았다. 그래서 이들은 비난받아야 하는 것이다(2). 어느 누구도 사람에게 진리를 받아들이라고 강제할 수는 없다.

제자들이 진리를 통하여 깨닫게 되면 예수의 말이 진리였음을 증명하는 것이 된다(3). 앞에서 언급했지만 성령은 진리의 영이다.

요한복음 16:1~15절

성령의 임무

“내가 너희에게 이 말을 한 것은 너희의 믿음이 흔들리지 않도록 하려는 것이다. 사람들은 너희를 회당에서 쫓아낼 것이다. 그리고 너희를 죽이는 사람들이 그런 짓을 하고도 그것이 오히려 하느님을 섬기는 일이라고 생각할 때가 올 것이다. 그들은 아버지도 나도 모르기 때문에 그런 짓들을 하게 되는 것이다. 그러한 때가 오면 내가 한 말을 기억하라고 너희에게 이렇게 미리 말해 두는 것이다.

나는 지금 나를 보내신 분에게 돌아간다. 그런데도 너희는 어디로 가느냐고 묻기는커녕 오히려 내가 한 말 때문에 모두 슬픔에 잠겨 있구나(1). 그러나 사실은 내가 떠나가는 것이 너희에게는 더 유익하다. 내가 떠나가지 않으면 그 조력자(보혜사)가 너희에게 오시지 않을 것이기 때문이다. 그러나 내가 가면 그분을 보내겠다.

그분이 오시면 죄와 정의와 심판에 관한 세상의 그릇된 생각을 꾸짖어 바로잡아 주실 것이다. 그분은 나를 믿지 않은 것이 바로 죄라고 지적하실 것이며, 내가 아버지께 돌아가고 너희가 나를 보지 못하게 된다는 것이 하느님의 정의를 나타내시는 것이라고 가르치실 것이고, 이 세상의 권력자가 이미 심판을 받았다는 사실로써 정말 심판을 받을 자가 누구인지를 보여주실 것이다

아직도 나는 할 말이 많지만 지금은 너희가 그 말을 알아들을 수 없을 것이다. 그러나 진리의 성령(2)이 오시면 너희를 이끌어 진리를 온전히 깨닫게 하여주실 것이다. 그분은 자기 생각대로 말씀하시지 않고 들은 대로 일러주실 것이며 앞으로 다가올 일들도 알려

주실 것이다. 또 그분은 나에게서 들은 것을 너희에게 전하여 나를 영광스럽게 하실 것이다. 아버지께서 가지고 계신 것은 모두 다 나의 것이다. 그래서 성령께서 내게 들은 것을 너희에게 알려주시리라고 내가 말했던 것이다."

해석 4복음서는 예수에 대한 정통유대인의 분노와 우려로 기득 차있다. 그들에게 예수나 그의 추종자들은 자신들의 종교를 무너뜨리려는 악의 일꾼으로 보였을 것이다.

여기서 제자들은 예수가 어디로 돌아가는지 묻는 대신에 자신들이 박해받을 것에 대해 슬퍼한다(1). 이것은 요리하다가 손을 다친 엄마를 걱정하는 대신 자신들의 밥은 누가 해줄 거냐고 걱정하는 아이들과 같다. 그만큼 제자들의 수준은 높지 않았다.

제자들은 예수에게 크게 의존하였기 때문에, 예수가 그들에게서 떠나는 것이 진리(조력자, 진리의 성령)가 뿌리내리는 데 좋았다. 예수에 대한 의존성은 진리의 방해물이었다. 예수가 떠나야 진리가 제자들의 것이 될 수 있었다.

진리의 영(2)은 우주법칙에 따라 움직이지 제멋대로 작동하지 않는다. 제자들이 진리를 온전히 깨닫게 되면 예수가 가르친 것이 바로 진리임을 알게 되고 이것은 예수를 영광스럽게 하는 일이다. 여기서 진리 즉 성령을 인격체로 표현했지만 이것은 성경에서 가능한 표현법이다.

예수가 하느님을 아버지로 호칭한다면서 하느님을 남성으로 믿는 사람도 드물지만 보았다. 아버지는 모든 것을 있게 하는 존재의 의미로 사용된 단어이다. 신은 남성과 여성을 모두 포함하는 초월적 존재이다.

요한복음 16:16~33절

근심이 기쁨으로 변하리라.

“조금 있으면 너희는 나를 보지 못하게 될 것이다. 그러나 얼마 안 가서 나를 다시 보게 될 것이다.” 그러자 몇몇 제자들이 “조금 있으면 나를 보지 못하게 되겠고 또 얼마 안 가서 다시 보게 되리라든지, 나는 아버지께로 간다든지 하는 말씀은 도대체 무슨 뜻일까?” 하고 수군거렸다. 그러면서 그들은 ‘얼마 안 가서 라는 말씀이 무슨 뜻인가? 무슨 말씀인지 도무지 알 수가 없군!’ 하고 말하였다.

예수는 제자들이 묻고 싶어 하는 낌새를 알아채고 이렇게 말하였다. “조금 있으면 너희는 나를 보지 못하게 되겠고 얼마 안 가서 다시 만나게 되리라고 한 내 말을 가지고 서로들 논의하고 있는 것이냐? 잘 들어두어라. 너희는 울며 슬퍼하겠지만 세상은 기뻐할 것이다. 너희는 근심에 잠길지라도 그 근심은 기쁨으로 바뀔 것이다. 여자가 해산할 즈음에는 걱정이 태산 같다. 진통을 겪어야 할 때가 왔기 때문이다. 그러나 아이를 낳으면 사람 하나가 이 세상에 태어났다는 기쁨에 그 진통을 잊어버리게 된다.

이와 같이 지금은 너희도 근심에 싸여 있지만 내가 다시 너희와 만나게 될 때에는 너희의 마음은 기쁨에 넘칠 것이며 그 기쁨은 아무도 빼앗아가지 못할 것이다. 그날이 오면 너희가 나에게 물을 것이 하나도 없을 것이다. 정말 잘 들어두어라. 너희가 내 이름으로 아버지께 구하는 것이면 아버지께서 무엇이든지 주실 것이다. 지금까지 너희는 내 이름으로 아무것도 구해 본 적이 없다. 구하여라. 받을 것이다. 너희는 기쁨에 넘칠 것이다.

내가 지금까지는 이 모든 것을 비유로 들려주었지만(1) 이제 아버지에 관하여 비유를 쓰지 않고 명백히 일러줄 때가 올 것이다. 그날이 오면(2) 너희는 내 이름으로 아버지께 구할 것이다. 따라서 내가 너희를 위하여 따로 아버지께 구하지는 않겠다는 말이다. 너희는 이미 나를 사랑하고 또 내가 아버지께로부터 왔다는 것을 믿고 있다. 그래서 아버지께서는 친히 너희를 사랑하시는 것이다. 나는 아버지께로부터 나와서 세상에 왔다가 이제 세상을 떠나 다시 아버지께 돌아간다."

그제야 제자들이 "지금은 주님께서 조금도 비유를 쓰지 않으시고 정말 명백하게 말씀하시니 따로 여쭈어볼 필요도 없게 되었습니다. 이제 우리는 주님께서 모든 것을 다 알고 계신다는 것을 깨달았습니다. 그래서 우리는 주님께서 하느님께로부터 오신 분이심을 믿습니다." 하고 말하였다.

그러자 예수는 "너희가 이제야 믿느냐? 그러나 이제 너희가 나를 혼자 버려두고 제각기 자기 갈 곳으로 흩어져 갈 때가 올 것이다. 아니 그때는 이미 왔다. 하지만 아버지께서 나와 함께 계시니 나는 혼자 있는 것이 아니다. 나는 너희가 내게서 평화를 얻게 하려고 이 말을 한 것이다. 너희는 세상에서 고난을 당하겠지만 용기를 내어라. 내가 세상을 이겼다(3)." 하고 말하였다.

해석 예수가 앞으로 일어날 일에 대하여 앞에서 이미 말했지만, 여전히 이것을 의심하고 아직 믿지 못하는 제자들이었다. 인내심 있고 친절한 예수는 다시 세심하게 설명한다.

당시 대중은 수준이 아주 낮았고 제자들은 대중보다는 높았지만 그렇다고 수준이 높은 것은 아니었다. 그래서 수준 높은 우주법칙 즉 진리에 대한 설명은 늘 이들의 생활에서 알 수 있는 일상사에 대한 비유를 통하여 이루어졌다(1).

"그날이 오면(2)"에서 그날은 제자들이 깨달음을 얻는 날이고, 이때 깨달은 제자들은 예수가 전한 진리를 가지고 직접 하느님의 일을 할 것이다. 예수는 앞에서(p335, 요한복음 14:1~14절) 제자들이 자신보다 더 큰일을 할 수 있다는 말을 하였다. 이것은 이런 상황을 두고 한 말이다.

"내가 세상을 이겼다(3)"라는 말은 요한계시록 3장 12절에서 그 의미를 짐작할 수 있다.

> "나는 승리하는 자를 내 하느님의 성전 기둥으로 삼을 것이며, 그는 다시는 그 성전을 떠나지 않게 될 것이다, Him who overcomes I will make a pillar in the temple of my God. Never again will he leave it."(요한계시록 3:12)

여기서 말하는 "승리하는 자"는 세상의 유혹과 환상을 이겨낸 깨달은 영혼을 말한다. 성전을 떠나지 않게 된다는 말은 더 이상 윤회하지 않는다는 말이다. 이들 영혼은 더 이상 죽음을 경험하지 않는다. 예수는 죽음을 극복한 위대한 영혼이었고 "세상을 이긴 자"였다.

요한복음 17:1~26절

예수의 기도와 사명, 하느님 이름의 비밀

이 말을 마치고 예수는 하늘을 우러러보며 이렇게 말하였다. "아버지, 때가 왔습니다. 아들의 영광을 드러내주시어 아들이 아버지의 영광을 드러내게 하여주십시오. 아버지께서는 아들에게 모든 사람을 다스릴 권한을 주셨고 따라서 아들은 아버지께서 맡겨주신 모든 사람에게 영원한 생명을 주게 되었습니다. 영원한 생명은 곧 참되시고 오직 한 분이신 하느님 아버지를 알고 또 아버지께서 보내신 예수 그리스도를 아는 것입니다.

나는 아버지께서 나에게 맡겨주신 일을 다 하여 세상에서 아버지의 영광을 드러냈습니다. 아버지, 이제는 나의 영광을 드러내주십시오. 세상이 있기 전에 아버지 곁에서 내가 누리던 그 영광을 아버지와 같이 누리게 하여주십시오. 나는 아버지께서 세상 사람들 가운데서 뽑아서 내게 맡기신 이 사람들에게 아버지를 분명히 알려주었습니다. 이 사람들은 본래 아버지의 사람들이었지만 내게 맡겨주셨습니다. 이 사람들은 아버지의 말씀을 잘 지키었습니다.

지금 이 사람들은 나에게 주신 모든 것이 아버지로부터 왔다는 것을 알고 있습니다. 나는 나에게 주신 말씀을 이 사람들에게 전하였습니다. 이 사람들은 그 말씀을 받아들였고 내가 아버지께로부터 온 것을 참으로 깨달았으며 아버지께서 나를 보내신 것을 믿었습니다.

나는 이 사람들을 위하여 간구합니다. 세상을 위하여 간구하는 것이 아니라 아버지께서 내게 맡기신 이 사람들을 위하여 간구합니다. 이 사람들은 아버지의 사람들입니다. 나의 것은 다 아버지의 것이며 아버지의 것은 다 나의 것입니다. 그래서 이 사람들로 말미암아 내 영광이 나타났습니다.

나는 이제 세상을 떠나 아버지께 돌아가지만 이 사람들은 세상에 남아 있을 것입니다. 거룩하신 아버지, 나에게 주신 아버지의 이름으로 이 사람들을 지켜주십시오. 그리고 아버지와 내가 하나인 것처럼 이 사람들도 하나가 되게 하여주십시오. 내가 이 사람들과 함께 있을 때에는 나에게 주신 아버지의 이름(1)으로 내가 이 사람들을 지켰습니다. 그 동안에 오직 멸망할 운명에 놓인 자(2)를 제외하고는 하나도 잃지 않았습니다. 하나를 잃은 것은 성경 말씀이 이루어지기 위한 것이었습니다.

지금 나는 아버지께로 갑니다. 아직 세상에 있으면서 이 말씀을 드리는 것은 이 사람들이 내 기쁨을 마음껏 누리게 하려는 것입니다. 나는 이 사람들에게 아버지의 말씀을 전해 주었는데 세상은 이 사람들을 미워했습니다. 그것은 내가 이 세상에 속해 있지 않은 것처럼 이 사람들도 이 세상에 속해 있지 않기 때문입니다. 내가 아버지께 원하는 것은 그들을 이 세상에서 데려가시는 것이 아니라 악마에게서 지켜주시는 일입니다. 내가 이 세상에 속하지 않은 것처럼 이 사람들도 이 세상에 속한 사람들이 아닙니다. **이 사람들이 진리를 위하여 몸을 바치는 사람들이 되게 하여주십시오. 아버지의 말씀이 곧 진리입니다**(3).

아버지께서 나를 세상에 보내신 것같이 나도 이 사람들을 세상에 보냈습니다. 내가 이 사람들을 위하여 이 몸을 아버지께 바치는 것은 이 사람들도 참으로 아버지께 자기 몸을 바치게 하려는 것입니다. 나는 이 사람들만을 위하여 간구하는 것이 아니라 이 사람들의 말을 듣고 나를 믿는 사람들을 위해서도 간구합니다.

아버지, 이 사람들이 모두 하나가 되게 하여주십시오. 아버지께서 내 안에 계시고 내가 아버지 안에 있는 것과 같이 이 사람들도 우리들 안에 있게 하여주십시오. 그러면 아버지께서 나를 보내셨다는 것을 세상이 믿게 될 것입니다. 아버지께서 내게 주신 영광을 나도 그들에게 주었습니다. 그것은 아버지와 내가 하나인 것처럼 이 사람들도 하나가 되게 하려는 것입니다(4).

내가 이 사람들 안에 있고 아버지께서 내 안에 계신 것은 이 사람들을 완전히 하나가 되게 하려는 것입니다. 이것은 세상으로 하여금 아버지께서 나를 보내셨다는 것을 알게 하려는 것이며 또 아버지께서 나를 사랑하신 것처럼 이 사람들도 사랑하셨다는 것을 알게 하려는 것입니다.

아버지, 아버지께서 나에게 맡기신 사람들을 내가 있는 곳에 함께 있게 하여주시고 아버지께서 천지 창조 이전부터 나를 사랑하셔서 나에게 주신 그 영광을 그들도 볼 수 있게 하여주십시오.

의로우신 아버지, 세상은 아버지를 모르지만 나는 아버지를 알고 있습니다. 그리고 이 사람들도 아버지께서 나를 보내셨다는 것을 깨달았습니다. 나는 이 사람들에게 아버지를 알게 하였으며 앞으로도 그렇게 하겠습니다. 그것은 아버지께서 나를 사랑하신 그 사랑이 그들 안에 있고 나도 그들 안에 있게 하려는 것입니다."

해석 이 구절은 자신의 사명에 대한 확신의 글이다. 예수 가르침은 사람들에게 영생을 주는 것이었다. 예수는 진리를 통하여 신의 영광을 드러냈다. 그는 원시적인 신관에서 영적인 신관을 전하여서 신을 영광되게 하였다. 이제 예수는 창조 전의 합일의 상태로 돌아가길 원한다. 이 구절은 4복음서에서 대표적인 영지주의 구절로 예수가 전한 영지를 통하여 우리가 신과 하나가 될 수 있음을 분명하게 말한다.

"나에게 주신 아버지의 이름으로 내가 이 사람들을 지켰습니다(1)."는 상당히 흥미로운 구절이다. 카발라를 알아야 그 숨겨진 의미를 알 수 있다. 여기서 아버지의 이름은 신의 4자문자인 테트라그라마톤(YHVH)를 말한다. 우주가 이 이름으로 창조되어 유지되고 있으며 이것은 가장 강력한 진동의 힘을 지닌 단어이다. 예수는 이 이름으로 죽은 자를 살려내었다고 전해진다.

구약에서는 하느님을 야훼로 부른다. 이 이름은 신의 이름을 나타내는 히브리 4자문자(요드 헤 바브 헤, YHVH)에서 근원한다. 본래 히브리문자는 모음 없이 자음만 있었고 구약은 자음만으로 기록이 되었다. 자음 사이에 모음을 넣어 정확히 발음을 해야 하는데 이것은 사람의 기억력에 의존하였다. 후대에 모음이 개발되었다.

신에 대한 경외감이 컸던 이스라엘 사람들은 신의 이름을 함부로 말하지 않았다. 대신 주님(Lord)의 의미를 지닌 Adonay(아도나이)를 사용하였고, 나중에 여기에서 모음을 가져다 YHVH(요드 헤 바브 헤) 사이에 넣어 신을 대신하는 이름을 만들었다. 그 이름이 여호와이다. 예외적으로 1년에 한번 열리는 대속죄일에 제사장은 신의 원래 이름을 발성할 수 있었다. 그러나 세월이 흐르면서 이 신을 지칭하는 올바른 발음법은 잊혔고 완전히 잃어버린 단어가 되어버렸다.

신의 진짜 이름은 여호와가 아니라 YHVH이다. 그러나 그 참 이름을 어떻게 발음하는지 모른다. 이 사자문지를 두고 여러 가지 논의가 있어왔다. 이 YHVH를 바로 발음할 수 있는 사람은 천국의 열쇠를 얻는다고 말해진다.

유대인들은 히브리 알파벳을 신의 문자로 생각하였고 문자마다 심오한 의미와 강력한 힘이 내재하고 있다고 여겼기 때문에 YHVH의 이름을 중요시하였다. 유대 신비주의자들은 신의 이름과 형상은 신을 드러내는 징표이며 그 속에 신의 속성이나 특성이 반영되어 있어 신의 이름을 알면 신과 동조할 수 있고 직접 대면할 수 있다고 믿었다. 신과 동조는 소리의 진동과 밀접한 관계가 있다.

신은 말씀(진동)으로 우주의 모든 것을 창조하였고 우주는 진동으로 운행된다. 이 세상에 진동 아닌 것이 없다. 미립자, 원자, 분자는 진동이며 분자가 합쳐져서 이루어진 물질도 진동이다. 그러므로 진동의 비밀을 아는 자는 우주의 비밀 열쇠를 가진 셈이다.

특정한 음과 음조 그리고 강세로 이루어진 소리는 특별한 기능이 있다. 티베트 불교의 진언, 인도 요가의 만트람, 히브리 문자, 신의 이름, 천사이름은 소리의 진동과 관련된다. 신의 이름이나 천사 이름을 바르게 발성할 수 있으면 신이나 천사는 이에 반응한다. 이것은 상응의 법칙, 진동의 법칙 때문이다. 신의 이름을 진동시켜 근원적 존재와 동조하게 되면 신과 합일이 일어난다. 그래서 카발리스트들은 잃어버린 신의 이름을 열정적으로 찾아왔다.

거의 모든 카발라 문헌은 신의 이름이 신비 상태를 얻는데 중요한 역할을 한다고 한다. 그러나 성경(구약)에는 신의 이름 사용과 관련하여 이것을 명확하게 언급하는 구절이 없다. 그러나 성경을 잘 살펴보면 여러 곳에서 개인의 예언이 "신의 이름으로(in the name of God)" 행하여지는 것을 발견할 수 있다. 히브리어 문법에서 이것은 "신의 이름을 가지고(with the name of God)" 예언을 하는 것으로 해석이 될 수도 있다. 그러므로 이들 구절은 예언 상태를 얻기 위한 수단으로 신의 이름을 사용한다고 말하는 것이다.

예언만이 아니라 깨달음을 얻는 방법으로 신의 이름을 사용하는 구절도 있다. 창세기(12:8)를 보면 "그는 신의 이름을 불렀다. He called in the name of the God." 라고 되어있다. 이것은 통상적으로 그가 신의 이름으로 기도했다거나 세상에 신의 존재를 알렸다는 의미로 해석이 된다. 그러나 카발리스트들은 이 단어를 문자적으로 받아들여 해석한다. 즉 신의 이름(요드-헤-바브-헤)을 발성하였다고 한다.

"그가 나의 이름을 알았으므로 나는 그를 높여주겠노라."(시편 91:14)의 구절도 유사하게 해석이 된다. 유명한 성경주석가인 랍비 아브라함 이븐 아즈라(Rabbi Abraham Ibn Ezra, 1089~1164)는 이것이 "그가 내 이름의 신비를 알았다." 라는 의미라고 밝힌다. 이와 유사한 구절이 오래된 미드라쉬에 나오는데, 미드라쉬는 2세기의 성자인 랍비 핀하스 벤 야이르(Rabbi Pinchas ben Yair)의 말을 인용하여 "왜 사람들이 응답받지 못하는 기도를 하는가? 그들은 신의 이름을 사용하는 법을 모르기 때문이다." 라고 밝힌다. "신의 이름을 안다는 것"은 실제로 그것을 사용하는 법을 안다는 것을 분명하게 보여주는 구절이다.

신의 이름이 지닌 힘에 대한 또 다른 예가 시편 20:7이다. "누구는 병거를 누구는 기마를 가지고 오지만 우리는 신의 이름을 말합니다. Some come with chariots, some with horses, but we utter **the name of God.**" 일반적으로 이것은 기도를 의미하는 것으로 해석이 되나 문자 그대로 신의 이름을 발성하는 것으로 해석이 될 수 있다.

이것은 시편 20:5에서 특히 잘 드러난다. "우리는 그대의 구원으로 황홀해하며 신의 이름으로 위로 올라갈 것이며 신은 그대의 모든 요구를 충족시킬 것입니다. We will ecstasize in Your salvation, and **in(with) the Name of God**, we will ascend, God fill all your requests."

시편 118:10에도 유사한 개념이 보인다. "뭇 나라가 나를 에워쌌지만, 나는 신의 이름으로 그들을 말로써 물리쳤다. All nations surround me, but **in the name of God** I will destroy them with a word." 신의 이름에 대해서 더 알고 싶으면 하모니 출판사에서 나온 "성경과 명상(아리예 카플란)"을 참조하기 바란다.

영지주의 복음서인 "빌립 복음서"와 "진리복음서"에도 신의 이름에 대한 구절이 나온다.

> "단 하나밖에 없는 유일한 이름은 이 세상에서 말해지지 않는다. 아버지께서 아들에게 주신 이름이요, 모든 것 위에 있는 이름이다. 이것은 바로 아버지의 이름이다. 아들이 아버지의 이름을 입지 않고는 아들은 아버지가 되지 못하기 때문이다. 이 이름을 가진 자들은 그것을 알지만 말하지 않는다. 그것을 가지고 있지 않은 자는 그것을 알지 못한다."(빌립 복음서 11절)

> "그런데 아들은 아버지의 이름이다. 그분으로부터 나온 그에게 처음에 이름을 주신 분이 그분이시니, 그(아들)는 그분(아버지) 자신이시며, 그분은 그를 아들로 낳으셨다. 그분은 그분(아들)에게 자신의 이름을 주셨나니, 그분은 주변에 존재하는 모든 것을 소유한 아버지이시다. 그분은 이름이 있고 아들도 있다. 사람들이 그분(아들)을 볼 수는 있으나, 그 이름은 보이지 않는다. 왜냐하면 그것만은 보이지 않는 분의 신비이며, 아버지의 대리인을 통하여 그것(이름)으로 가득 차있는 귀들에게만 다가갈 것이기 때문이다. 아버지의 이름은 발성될 수 없으나, 그것은 아들을 통해 계시된다. 이처럼 그 이름은 위대하다."(진리 복음서 35절)

오직 멸망할 운명에 놓인 자(2)는 유다를 지칭하는데 이 구절도 진실성이 의심된다.

"이 사람들이 진리를 위하여 몸을 바치는 사람들이 되게 하여주십시오. 아버지의 말씀이 곧 진리입니다(3)"에서 신의 말씀은 우주 법칙이고 이 법칙으로 세상이 운영된다. 이것은 바로 진리의 영이고 신의 숨이고 신의 의지이기도 하다. 아버지나 아들에 대한 모독은 용서되나 성령에 대한 모독은 용서가 되지 않는 이유이다. 여기서 예수는 제자들이 자신에 대한 믿음이 아니라 진리(영지지식)를 위하여 헌신하기를 바란다.

"아버지와 내가 하나인 것처럼 이 사람들도 하나가 되게 하려는 것입니다(4)."에서 예수는 우리가 신의 피조물이 아니라 신의 일부임을 분명하게 말한다. 피조물은 창조자와 하나가 될 수 없지만 신의 확장이고 일부분인 우리는 준비가 되면 즉 깨닫게 되면 언제나 신과 합일 상태에 있게 된다.

마태복음 26;36~46**절**(**마가** 14:32~42, **누가** 22:39~46, **요한** 18:1)

겟세마네에서 기도

예수는 제자들과 함께 겟세마네라는 곳에 갔다. 거기에서 제자들에게 "내가 저기 가서 기도하는 동안 너희는 여기 앉아 있어라." 하고는 베드로와 세베대의 두 아들을 데리고 갔다. 예수는 근심과 번민에 싸인 듯이 그들에게 "지금 내 마음이 착잡하니 너희는 여기 남아서 나와 같이 깨어 있어라." 하고는 조금 더 나아가 땅에 엎드려 기도하였다. "아버지, 아버지께서는 하시고자만 하시면 무엇이든 다 하실 수 있으시니 이 잔을 저에게서 거두어주소서. 그러나 제

뜻대로 마시고 아버지의 뜻대로 하소서."

기도를 마치고 세 제자에게 돌아와 보시니 제자들은 자고 있었다. 그래서 베드로에게 "너희는 나와 함께 단 한 시간도 깨어 있을 수 없단 말이냐? 유혹에 빠지지 않도록 깨어 기도하여라. 마음은 간절하나 육신이 약하구나!" 하였다.

예수는 다시 가서 "아버지, 이것이 제가 마시지 않고는 치워질 수 없는 잔이라면 아버지의 뜻대로 하소서." 하고 기도하였다. 그리고 제자들에게 돌아오니 그들은 여전히 자고 있었다. 그들은 너무나 지쳐서 눈을 뜨고 있을 수가 없었던 것이다. 하는 수 없이 제자들을 그대로 두고 세 번째 가서 같은 말로 기도하였다. 그리고 제자들에게 돌아와 이렇게 말하였다. "아직도 자고 있느냐? 자, 때가 왔다. 사람의 아들이 죄인들 손에 넘어가게 되었다. 일어나 가자. 나를 넘겨줄 자가 가까이 와 있다."

해석 스승은 커다란 사명을 위하여 곧 목숨을 버려야 하는데 제자들은 잠을 자고 있다. 이들에게서 나약한 인간의 모습이 보인다. 그래서 예수는 자신이 혼자 해야 할 일임을 알게 된다.

마가복음과 마태복음에서는 예수가 땅에 엎드려 기도하고 고난의 잔을 옮겨달라고 3차례나 간구한다. 그러나 누가복음에서는 조금 다르다. 누가가 마가복음을 참고했겠지만 그는 다르게 각색하였다. 여기서 예수는 엎드려 기도하지 않고 무릎 꿇고 하고 3번이 아니라 1번 간구한다. 사소한 변화 같지만 저자의 의도가 복음서 곳곳에 드러난다.

여기서 보면 예수는 잡히기 전날 약한 모습을 보이고 있다. 이런 내용이 진실한 것인지 복음서 저자들이 창작인지 알 수는 없지만 위대한 예수의 모습은 아니다. 여기서 중요한 것은 예수가 자신의 뜻이 아니라 아버지 뜻대로 하라는 말이다. 예수는 신의 완전한 통로였고 진리 그 자체였다. 그의 뜻은 신의 뜻이었다.

마태복음 26:47~56절(마가 14:43~50, 누가 22;47~53, 요한 18:3~11)

붙잡힌 예수

예수의 말이 채 끝나기도 전에 열두 제자의 하나인 유다가 다가왔다. 그를 따라 대사제들과 율법학자들과 백성의 원로들이 보낸 무리가 칼과 몽둥이를 들고 몰려왔다. 유다는 그들과 미리 암호를 짜고 "내가 입 맞추는 사람이 바로 그 사람이니 붙잡으시오." 하고 일러두었던 것이다. 그는 예수에게 다가와서 "선생님, 안녕하십니까?" 하고 인사하면서 입을 맞추었다. 예수가 "친구여, 어서 할 일이나 하여라." 하고 말하자 무리가 달려들어 예수를 붙잡았다.

그때 예수와 함께 있던 사람들 중 하나가 칼을 빼어 대사제의 종의 귀를 쳐서 잘라버렸다. 그것을 보고 예수께서는 그에게 "칼을 도로 칼집에 꽂아라. 칼을 쓰는 사람은 칼로 망하는 법이다. 내가 아버지께 청하기만 하면 당장에 열두 군단도 넘는 천사를 보내주실 수 있다는 것을 모르느냐?' 하시고는, 다친 사람의 귀를 만져서 고쳐주었다.

그리고 무리를 둘러보며 이렇게 말하였다. "그대들은 전에 내가 날마다 성전에 앉아서 가르치고 있을 때에는 나를 잡지 않다가 지금은 칼과 몽둥이를 들고 잡으러 왔으니 내가 강도란 말이오? 그러나 이 모든 것은 예언자들이 기록한 말씀을 이루려고 일어난 것이오." 그때에 제자들은 예수를 버리고 모두 달아났다.

해석 예수는 계획된 것이기 때문에 도망가지도, 저항하지도 않았다. 무리가 밤에 온 것은 군중이 무서웠기 때문이다. 예수는 유다에게 "친구여" 라고 말하면서 주어진 일을 하라고 했다.

마태복음 26:57~68절

(마가14:53~65, 누가22;54, 63~71, 요한18:12~14, 19~24)

공회 앞에 서신 예수

예수를 체포한 사람들은 예수를 대제사장 가야바에게 끌고 갔다. 그곳에는 율법학자들과 장로들이 모여 있었다. 베드로는 멀찌감치 예수를 따라가 대제사장 관저의 뜰까지 갔다. 그는 들어가 하인들과 함께 앉아서 결말이 어떻게 될지 지켜보았다. 대제사장들과 온 공회가 예수에 대한 거짓 증거를 찾아내어 죽이려고 했다. 많은 사람들이 나서서 거짓 증언을 했지만 그들은 아무런 증거도 발견하지 못했다. 결국 두 사람이 나와 "이 사람이 '내가 하느님의 성전을 헐고 3일 만에 다시 세울 수 있다'고 말했습니다." 라고 주장했다.

그러자 대제사장이 일어나 예수에게 말했다. "아무 대답도 안 할 작정이냐? 이 사람들이 그대에 대해 이렇게 불리한 진술을 하고 있지 않느냐?" 그러나 예수는 아무 말도 하지 않았다. 대제사장이 예수에게 말했다. "내가 살아 계신 하느님께 맹세하며 그대에게 명령하니 우리에게 말해 보아라. 그대가 하느님의 아들 그리스도인가? 예수는 그에게 "그것은 그대의 말이오." 하고는 "잘 들어두시오. 그대는 이제부터 사람의 아들이 전능하신 분의 오른편에 앉아 있는 것과 또 하늘의 구름을 타고 오는 것을 볼 것이오." 하고 말하였다.

이 말을 듣고 대제사장은 자기 옷을 찢으며 "이 사람이 이렇게 하느님을 모독했으니 이 이상 무슨 증거가 필요하겠소? 여러분은 방금 하느님을 모독하는 말을 듣지 않았소? 자, 어떻게 했으면 좋겠소?" 하고 묻자 사람들은 모두 "사형에 처해야 합니다." 하고 아우성쳤다. 그리고 그들은 예수의 얼굴에 침을 뱉고 주먹으로 치고 또 어떤 자들은 뺨을 때리면서 "그리스도야, 너를 때린 사람이 누구인지 알아맞혀 보아라." 하며 조롱하였다.

해석 유대인에게 성전을 헐고 3일 만에 다시 세울 수 있다는 말은 엄청난 신성모독이었다. 그리스도인가 하는 질문에 예수가 "그것은 그대의 말이오."로 긍정도 부정도 하지 않은 것은 대사제에게는 그리스도로 인정한 것이 되었다.

마태복음 26:69~75절
(마가 14:66~72, 누가 22;54~62, 요한 18:15~18, 25~27)

베드로의 부인

그동안 베드로는 뜰에 앉아 있었는데 여종 하나가 그에게 다가와 "당신도 저 갈릴리 사람 예수와 함께 다니던 사람이군요." 하고 말하였다. 베드로는 여러 사람 앞에서 "무슨 소린지 나는 모르겠소." 하고 부인하였다. 그리고 베드로가 대문 있는 데로 나가자 다른 여종이 그를 보고는 거기 있는 사람들에게 "이 사람은 나사렛의 예수와 함께 다니던 사람이오." 하고 말하였다. 베드로는 맹세까지 하면서 "나는 그 사람을 알지 못하오." 하고 다시 부인하였다. 조금 뒤에 거기 섰던 사람들이 베드로에게 다가오며 "틀림없이 당신도 그들과 한 패요. 당신 말씨만 들어도 알 수 있소." 하고 말하였다.

그러자 베드로는 거짓말이라면 천벌이라도 받겠다고 맹세하면서 "나는 그 사람을 알지 못하오." 하고 잡아떼었다. 바로 그때에 닭이 울었다. 베드로는 '닭이 울기 전에 세 번이나 나를 모른다고 할 것이다.' 한 예수의 말이 떠올라 밖으로 나가 몹시 울었다.

해석 베드로가 3번 부인하는 이 과정을 누가 목격하고 이렇게 자세히 썼는지 궁금하다. 그런데 4복음서는 모두 이 일을 기록하고 있다. 베드로가 예수를 3번 부인할 것을 미리 예측한 예수의 위대함을 보여주기 위한 것인지 진짜 일어난 일인지 알 수는 없다.

요한복음 18:28~40절

(마태 27:1~2, 11~26, 마가 15:1~15, 누가 23;1~5, 13~25)

빌라도의 심문

사람들이 예수를 가야바의 집에서 총독 관저로 끌고 갔다. 그때는 이른 아침이었는데 그들은 부정을 타서 유월절 음식을 먹지 못하게 될까봐 총독 관저에는 들어가지 않았다. 결국 빌라도가 밖으로 나와 그들에게 "그대들은 이 사람을 무슨 죄로 고발하시오?" 하고 물었다.

그들은 빌라도에게 "이 사람이 죄인이 아니라면 우리가 왜 여기까지 끌고 왔겠습니까?" 하고 대답하였다. 그러자 빌라도는 "그대들이 데리고 가서 당신들 법대로 처리하시오." 하고 말하였다. 유대인들은 "우리에게는 사람을 사형에 처할 권한이 없습니다." 하고 대답하였다.

빌라도는 다시 관저 안으로 들어가서 예수를 불러놓고 "당신이 유대인의 왕이오?(1)" 하고 물었다. 예수는 "그것은 당신의 하는 말이오? 아니면 나에 관해서 다른 사람이 들려준 말을 듣고 하는 말이오?" 하고 반문하셨다.

빌라도는 "내가 유대인인 줄로 아시오? 그대를 내게 넘겨준 자들은 그대 동족과 대사제들인데 도대체 그대는 무슨 일을 했소?" 하고 물었다. 예수는 이렇게 대답하였다. "내 왕국은 이 세상 것이 아니요. 만일 내 왕국이 이 세상 것이라면 내 부하들이 싸워서 나를 유대인들의 손에 넘어가지 않게 했을 것이오. 내 왕국은 결코 이 세상 것이 아니요."

"아무튼 그대가 왕이오?" 하고 빌라도가 묻자, 예수는 "내가 왕이라고 당신이 말했소. 나는 오직 진리를 증언하려고 태어났으며 그 때문에 세상에 왔소이다. 진리 편에 선 사람은 내 말을 귀담아듣소." 하고 대답하였다. 빌라도는 예수께 "진리가 무엇인가요?" 하고 물었다.

빌라도는 이 말을 하고, 다시 유대 사람들에게로 나와서 말하였다. "나는 그에게서 아무 죄도 찾지 못하였소. 유월절에는, 내가 여러분에게 죄수 하나를 놓아 주는 관례가 있소. 그러니 유대 사람의 왕을 놓아 주는 것이 어떻겠소?" 그들은 다시 큰소리로 "그 사람은 안 됩니다. 바라바를 놓아 주십시오." 하고 외쳤다. 바라바는 강도였다.(요한 18:28~40)

그런데 빌라도가 재판을 하고 있을 때에 그의 아내가 전갈을 보내어 "당신은 그 무죄한 사람의 일에 관여하지 마십시오. 간밤에 저는 그 사람의 일로 꿈자리가 몹시 사나웠습니다." 하고 당부하였다. 그동안 대사제들과 원로들은 군중을 선동하여 바라바를 놓아주고 예수는 죽이라고 요구하게 하였다.

총독이 "이 두 사람 중에서 누구를 놓아달라는 말이요?" 하고 묻자 그들은 "바라바요." 하고 소리 질렀다. 그래서 총독이 "그리스도라는 예수는 어떻게 하면 좋겠소?" 하자 모두들 "십자가에 못 박으시오!" 하고 소리 질렀다.

빌라도가 "도대체 그 사람의 잘못이 무엇이오?" 하고 물었으나 사람들은 더 악을 써 가며 "십자가에 못 박으시오!" 하고 외쳤다. 빌라도는 그 이상 더 말해 보아야 아무런 소용도 없다는 것을 알았을 뿐만 아니라 오히려 폭동이 일어나려는 기세가 보였으므로 물을 가져다가 군중 앞에서 손을 씻으며 "당신들이 맡아서 처리하시오. 나는 이 사람의 피에 대해서는 책임이 없소." 하고 말하였다.

군중은 "그 사람의 피에 대한 책임은 우리와 우리 자손들이 지겠습니다." 하고 소리쳤다. 그래서 빌라도는 바라바를 놓아주고 예수를 십자가형에 처하라며 병사들에게 넘겼다.(마태 27:19~26)

해석 "유대인 왕이오(1)."라는 질문은 유대인들이 예수를 고소한 내용이고 이것은 로마 황제만이 왕을 임명할 수 있어서 국가 반역죄가 된다. 예수는 계획된 일이라 적극적으로 반응하지 않는다. 빌라도는 예수의 처형에 소극적이었지만 유대인들은 완강하게 예수의 사면을 거부하였다.

마태복음 27:3~10절

유다의 죽음과 진실

그때에 배반자 유다는 예수가 유죄 판결을 받은 것을 보고 자기가 저지른 일을 뉘우쳤다. 그래서 은전 서른 닢을 대사제들과 원로들에게 돌려주며 “내가 죄 없는 사람을 배반하여 그의 피를 흘리게 하였으니 나는 죄인입니다.” 하였다. 그러나 그들은 “우리가 알 바 아니다. 그대가 알아서 처리하여라.” 하고 말하였다.

유다는 그 은전을 성소에 내동댕이치고 물러가서 스스로 목매달아 죽었다. 대사제들은 그 은전을 주워 들고 “이것은 피 값이니 헌금 궤에 넣어서는 안 되겠소.” 하며, 의논한 끝에 그 돈으로 옹기장이의 밭을 사서 나그네의 묘지로 사용하기로 하였다. 그래서 그 밭은 오늘날까지 ‘피의 밭’이라고 불린다.

이리하여 예언자 예레미야를 시켜 “이스라엘의 자손들이 정한 한 사람의 몸값, 은전 서른 닢을 받아서 주께서 나에게 명하신 대로 옹기장이의 밭 값을 치렀다.” 하신 말씀이 이루어졌다.

해석 마태복음 외에 다른 복음서는 이런 내용이 없다. 그리고 마태가 언급한 구약 구절은 유다 죽음과 전혀 연관성이 없다. 복음서 저자의 의도가 반영된 즉 각색된 구절이다. 성경에 나오는 유다에 대한 기록은 하나같이 비판적이다.

> 그는 차라리 세상에 태어나지 않았더라면 더 좋을 뻔했다.(마가복음 14:21)
> 예수를 넘겨주는 대가로 은전 서른 닢을 받았다.(마태복음 26:14~16)

유다가 사탄의 유혹에 빠져 비열한 행동하였다.(누가복음 22:3)

유다는 악마다.(요한복음 6:70)

배신의 대가로 로마당국에 돈을 받고 스스로 목을 매어 죽었다.(마태복음 27:5)

땅에 거꾸러져서 배가 갈라져 내장이 온통 터져 나와 죽었다.(사도행전 1:18)

유다에 대한 부정적인 글뿐이다. 어찌 보면 당연한 일이기도 하다. 영지주의를 이단으로 몰아붙인 정통파가 유다에 대하여 긍정적 서술을 할 리가 없기 때문이다. 그들은 예수의 비밀가르침에 무지하였고 유다가 예수의 허락 하에 우주계획 차원에서 예수를 고발한 것을 알 수 없었다.

요한복음(12:4~6)에 따르면 예수는 금전적 책임을 유다에게 맡긴 것으로 보인다. 요한복음에는 유다가 돈을 수시로 꺼내 쓰곤 하였다고 표현하지만 위대한 예수가 도둑을 회계로 임용할 만큼 어리석지는 않았을 것이다. 어느 조직이든 가장 신뢰하는 사람에게 금전 책임을 맡기는 법이다.

예수가 신의 계획에 따라 십자가에서 죽고 부활하였다면 유다의 역할은 중대한 것이 아니었을까? 누군가는 예수 죽음과 부활이라는 연극에 참가를 해야 하였고 예수는 가장 믿음이 가고 영적으로 준비된 제자에게 자신을 배반하는 역할을 맡겼으리라 추측할 수 있다.

2006년 상반기에 공개된 유다복음(유다복음은 기독교 초기부터 이단으로 낙인이 찍힌 만큼 정통기독인들은 읽을 가치 없는 위서라고 무시할지 모르겠지만 성경 역사나 숨겨진 예수의 비밀 가르침을 고려하면 이 복음서는 소중한 정보를 제공하고 있다고 본다.)은 이런 우리의 합리적인 의문에 답을 준다. 유다복음은 "예수가 가롯 유다와 대화하며 말한 계시에 대한 비밀 기록"이라는 말로 시작한다.

첫 구절에서 비밀가르침임을 밝힌다. 일반인이나 일반 제자들에게 공개된 가르침이 아니라 준비된 사람에게만 전해주는 가르침이라는 뜻이다. 그러니 일반 제자들은 예수와 유다 사이에 있었을 비밀스러운 약속을 모를 수밖에 없다. 유다복음서는 유다만이 예수의 진실과 정체를 알았으며 유다의 행위를 예수의 비밀 계시를 통하여 그에게 주어진 사명으로 본다.

비의 단체에서는 정경에는 일반 대중을 위한 도덕적 지침만이 실려 있고 예수의 비밀가르침은 은밀히 비의 단체를 통하여 전해져 왔다는 주장을 한다. 이에 의하면 유다는 예수를 배반한 것이 아니라 사명을 받고 신의 계획에 참여하였다. 예수가 은전 30닢에 자신을 팔아먹을 사람을 제자로 삼았겠는가? 유다가 자살하였다거나 비참하게 죽었다는 정경의 구절과는 다르게 고대 가르침에서는 유다가 예수 부활 후에 예수와 함께 사역을 하였다고 한다.

재미있는 것은 유다복음에는 예수가 웃는 장면이 여러 번 나온다. 우리가 알고 있는 예수의 모습은 어떠한가? 유순하고 순종적인 예수, 미소보다는 세상의 짐을 다 지고 있는 듯 힘들어 하는 예수, 십자가에 고통스러워하는 예수이다. 이런 예수의 모습은 교회에서 의도적으로 더러는 무의식적으로 조장한 이미지 때문이다.

오랜 세월 예수의 배신자로 사람들에게 회자되고 악인의 상징으로 낙인찍혀온 유다이다. 그런 일을 충분히 예측하였음에도 신의 계획을 완수하기 위하여 악역을 맡은 유다는 자신의 뜻이 아니라 신의 뜻이 이루어지도록 자신을 희생한 사람이 아니었을까?

최근에 일어난 중요한 역사적 사건들 중에도 드러난 사실 이면에 가공할만한 진실이 숨어있는 경우가 많은데 하물며 2000년 전에 일어난 사건을 빈약한 자료 그리고 승자들의 일방적인 자료를 가지고 진실을 논하기에는 무리가 있어 보인다. 복음서 저자들이 유다를 악인으로 규정하여 철저히 비난당하도록 각색하였다고 본다.

마태복음 27:27~31절(마가 15:16~20, 요한 19:1~3)

가시관을 쓰신 예수

총독의 병사들이 예수를 총독 관저로 끌고 들어가서 전 부대원을 불러 모아 예수를 에워쌌다. 그리고 예수의 옷을 벗기고 대신 주홍색 옷을 입힌 뒤 가시로 왕관을 엮어 머리에 씌우고 오른손에 갈대를 들린 다음 그 앞에 무릎을 꿇고 "유다인의 왕 만세!" 하고 떠들며 조롱하였다. 그리고 그에게 침을 뱉으며 갈대를 빼앗아 머리를 때렸다. 이렇게 희롱하고 나서 그 겉옷을 벗기고 예수의 옷을 도로 입혀 십자가에 못 박으러 끌고 나갔다.

마태복음 27:32~44절(누가 23:26~43, 마가 15:21~32, 요한 19:16~27)

십자가에 못 박히다

그들은 나가다가, 시몬이라는 구레네 사람을 만나서, 강제로 예수의 십자가를 지고 가게 하였다. 그들은 골고다 곧 '해골 곳'이라는 곳에 이르러서, 포도주에 쓸개를 타서, 예수에게 마시게 하였다. 그러나 예수는 그 맛을 보고는, 마시려고 하지 않았다.

그들은 예수를 십자가에 못 박고 나서 주사위를 던져 예수의 옷을 나누어 갖고 거기 앉아 예수를 지키고 있었다. 그리고 예수의 머리 위에 죄목을 적어 붙였는데 거기에는 "유다인의 왕 예수" 라고 적혀 있었다. 그때에 강도 두 사람도 예수와 함께 십자가형을 받았는데 그 하나는 예수의 오른편에, 다른 하나는 왼편에 달렸다.

지나가던 사람들이 머리를 흔들며 "성전을 헐고 사흘이면 다시 짓는다던 자야, 네 목숨이나 건져라. 네가 정말 하느님의 아들이거든, 어서 십자가에서 내려와 보아라." 하며 모욕하였다. 마찬가지로 대사제들과 율법학자들과 원로들도 "남은 살리면서 자기는 못 살리는구나. 저 사람이 이스라엘의 왕이라고. 십자가에서 한번 내려와 보시지. 그러면 우리가 믿을 터인데. 그가 하느님을 믿고 또 자신이 하느님의 아들이라 했으니 하느님이 원하시면 어디 살려보시라지." 하며 조롱하였다. 예수와 함께 십자가에 달린 강도들도 예수를 모욕하였다.(마태 27:32~44)

예수와 함께 십자가에 달린 죄수 중 하나도 예수를 모욕하면서 "당신은 그리스도가 아니오? 당신도 살리고 우리도 살려보시오!" 하고 말하였다. 그러나 다른 죄수는 "너도 저분과 같은 사형 선고를 받은 주제에 하느님이 두렵지도 않으냐? 우리가 한 짓을 보아서 우리는 이런 벌을 받아 마땅하지만 저분이야 무슨 잘못이 있단 말이냐?" 하고 꾸짖고는, "예수님께서 당신의 나라에 들어가실 때에 저를 꼭 기억하여 주십시오." 하고 간청하였다. 예수는 "오늘 그대는 나와 함께 **낙원에 있을** 것이다." 하고 대답하였다.(누가 23:39~43)

해석 병사들이 십자가형을 받은 사람의 옷을 나누는 것은 관습이었다. 또한 포도주와 쓸개도 마찬가지였다. 예수가 기적을 보이지 않자 예수를 따랐던 사람들이나 대중이 예수에게 돌아서서 조롱을 하였다.

마가복음에서는 골고다를 향해 가는 도중에 예수는 침묵하고 십자가 위에서도 강도에게 조롱받지만 침묵한다. 마가는 예수가 죽음에 직면하여 버림받고 거의 절망한 사실을 강조하고 싶어 하는 것 같다. 반면에 누가복음에서 예수는 십자가를 향해 가는 도중에도 울고 있는 여인에게 말하고, 십자가 위에서 죄인 중 하나가 예수에게 도움을 청하고 예수는 자신과 낙원에 있을 거란 말을 한다. 십자가 위에서도 저들을 용서해 달라고 기도한다.

누가복음에서는 예수가 죽음에 대해서 매우 의연할 뿐만 아니라 죽음의 상황에서 다른 사람들까지도 용서한다는 점을 강조한다. 즉, 예수의 죽음에 대해서 마가와 누가는 서로 다르게 기술하고 있다.

마가복음 15:33~41절(마태 27:45~56, 누가 23:44~49, 요한 19:28~30)

숨을 거두신 예수

낮 열두 시가 되자 온 땅이 어둠에 덮여 오후 세 시까지 계속되었다. 세 시에 예수가 큰소리로 "엘로이, 엘로이, 레마 사박타니?" 하고 부르짖었다. 이 말은 "나의 하느님, 나의 하느님, 어찌하여 나를 버리셨나이까?" 라는 뜻이다. 거기에 서 있던 사람들 몇이 이 말을 듣고 "저것 봐! 이 사람이 엘리야를 부르는구나." 하였다.

어떤 사람은 달려오더니 해면을 신 포도주에 적시어 갈대 끝에 꽂아 예수의 입에 대면서 "어디 엘리야가 와서 그를 내려주나 봅시다." 하고 말하였다. 예수는 큰소리를 지르시고 숨을 거두었다.

그때 성전 휘장이 위에서 아래까지 두 폭으로 찢어졌다. 예수를 지켜보고 서있던 백인대장이 예수가 그렇게 소리를 지르고 숨을 거두는 광경을 보고 "이 사람이야말로 정말 하느님의 아들이었구나!" 하고 말하였다. 또 여자들도 먼 데서 이 광경을 지켜보고 있었는데 그들 가운데에는 막달라 여자 마리아, 작은 야고보와 요셉의 어머니 마리아, 그리고 살로메가 있었다. 그들은 예수가 갈릴리에 계실 때에 따라다니며 예수께 시중을 들던 여자들이다. 그밖에도 예수를 따라 예루살렘에 올라온 여자들이 거기에 많이 있었다.

해석 예수는 하느님을 의심한 적이 없었으며, 십자가형을 자신의 운명으로 알았다. 마가복음과 마태복음에 나오는 "엘로이 엘로이 레마 사박타니?"의 의미를 비의 단체에서는 다르게 해석한다. 즉 "이것이 내가 태어난 운명입니다." 혹은 "다 이루었다."로 해석한다. 요한복음(19:30)에서 "예수께서는 신 포도주를 맛보신 다음 '이제 다 이루었다.' 하고 고개를 떨어뜨리며 숨을 거두었다."로 나오는데 이 말이 진실에 가깝다고 본다. 예수는 계획된 연극을 끝내어 자신의 일을 완수하였다.

유월절 전날 기도하는 약한 예수, 그리고 임종 시의 약한 모습은 특별한 목적을 위하여 각색이 되었다고 본다. 예수는 강한 존재였고 이미 운명을 알고 연극을 준비한 사람이었다. 그런데 복음서 저자들이나 후대의 필사자 혹은 초기교회 교부들은 약한 예수와 강한 하느님을 통한 부활을 강조하고 싶어 했다.

요한복음 19:31~42절(마태 27:57~61, 마가 15:42~47, 누가 23:50~55)

무덤에 묻히신 예수

그날은 유월절 준비일이었다. 다음날 대축제일은 마침 안식일과 겹치게 되었으므로 유대인들은 안식일에 시체를 십자가에 그냥 두지 않으려고 빌라도에게 시체의 다리를 꺾어 치워달라고 청하였다. 그래서 병사들이 와서 예수와 함께 십자가에 달린 사람들의 다리를 차례로 꺾고 예수에게 가서는 이미 숨을 거둔 것을 보고 다리를 꺾는 대신 병사 하나가 창으로 그 옆구리를 찔렀다. 그러자 곧 거기에서 피와 물이 흘러 나왔다.(요한 35~37 생략)

그 뒤 아리마대 사람 요셉이 빌라도에게 예수의 시체를 가져가게 하여달라고 청하였다. 그는 예수의 제자였지만 유대인들이 무서워서 그 사실을 숨기고 있었다. 빌라도의 허락을 받아 요셉은 가서 예수의 시체를 십자가에서 내렸다. 그리고 언젠가 밤에 예수를 찾아왔던 니고데모도 침향을 섞은 몰약을 백 근쯤 가지고 왔다. 이 두 사람은 예수의 시체를 모셔다가 유대인들의 장례 풍속대로 향료를 바르고 고운 베로 감았다.(요한복음 19:31~42)

그리고 요셉은 바위를 파서 만든 자신이 소유한 새 무덤에 예수 시신을 모신 다음 큰 돌을 굴려 무덤 입구를 막아놓고 갔다. 그때에 무덤 맞은편에는 막달라 여자 마리아와 다른 마리아가 앉아 있었다.(마태 25:60~61)

해석 사람들이 유월절 동안에 시체가 걸려있는 것을 바라지 않았다. 병사들은 그들이 확실히 죽은 것을 확인하려고 다리를 꺾었다. 두 도둑은 죽지 않아서 다리가 꺾였고 예수는 생명이 없어서 그냥 두었다. 당시 동굴 무덤은 부자만이 가질 수 있는 호화스러운 것이었다.

마태복음 27:62~66절

무덤의 경비

그날은 명절을 준비하는 날이었다. 그 다음날 대사제들과 바리새인들은 빌라도에게 몰려와서 이렇게 말하였다. "각하, 그 거짓말쟁이가 살아 있을 때에 사흘 만에 자기는 다시 살아난다고 말한 것을 저희가 기억하고 있습니다. 그러니 사흘이 되는 날까지는 그 무덤을 단단히 지키라고 명령하십시오. 혹시 그의 제자들이 와서 시체를 훔쳐다 감추어놓고 백성들에게는 그가 죽었다가 다시 살아났다고 떠들지도 모릅니다. 이렇게 되면 이번 속임수는 처음 것보다 더 심한 혼란을 일으킬 것입니다." 빌라도는 그들에게 "경비병을 내어줄 터이니 가서 당신들 생각대로 잘 지키시오." 하고 말하였다. 그들은 물러가서 그 돌을 봉인하고 경비병을 세워 무덤을 단단히 지키게 하였다.

요한복음 20:1~18절(마태 28:1~10, 마가 16:1~11, 누가 24:1~12)

예수 부활과 그 신비적 의미

안식일 다음날 이른 새벽의 일이었다. 아직 어두울 때에 막달라 마리아가 무덤에 가보니 무덤을 막았던 돌이 이미 치워져 있었다. 그래서 그 여자는 달음질을 하여 시몬 베드로와 예수가 사랑했던 다른 제자에게 가서 "누군가가 주님을 무덤에서 꺼내갔습니다. 어디에다 모셨는지 모르겠습니다." 하고 알려주었다. 이 말을 듣고 베드로와 그 다른 제자가 나와서 무덤으로 향하였다. 두 사람이 같이 달음질쳐 갔지만 다른 제자가 베드로보다 더 빨리 달려가 먼저 무덤에 다다랐다.

그는 몸을 굽혀 수의가 흩어져 있는 것을 보았으나 안에 들어가지는 않았다. 곧 뒤따라온 시몬 베드로가 무덤 안에 들어가 보니 수의가 놓여 있었고 예수의 머리를 싸맸던 수건은 수의와 함께 놓여 있지 않고 따로 한 곳에 개켜져 있었다. 그제야 무덤에 먼저 다다른 다른 제자도 들어가서 보고 믿었다. 그들은 그때까지도 예수께서 죽었다가 반드시 살아나실 것이라는 성서의 말씀을 깨닫지 못하고 있었던 것이다. 두 제자는 숙소로 다시 돌아갔다.

한편 무덤 밖에 서서 울고 있던 마리아가 몸을 굽혀 무덤 속을 들여다보니 흰 옷을 입은 두 천사가 앉아 있었다. 한 천사는 예수의 시체를 모셨던 자리 머리맡에 있었고 또 한 천사는 발치에 있었다. 천사들이 마리아에게 "왜 울고 있느냐?" 하고 물었다. "누군가가 제 주님을 꺼내갔습니다. 어디에다 모셨는지 모르겠습니다." 마리아가 이렇게 대답하고 나서 뒤를 돌아다보았더니 예수께서 거기에 서 계셨다. **그러나 그분이 예수인 줄은 미처 몰랐다.**

예수가 마리아에게 "왜 울고 있느냐? 누구를 찾고 있느냐?" 하고 물었다. 마리아는 그분이 동산지기인 줄 알고 "여보세요. 당신이 그분을 옮겨갔거든 어디에다 모셨는지 알려주셔요. 내가 모셔 가겠습니다." 하고 말하였다.

예수가 "마리아야!" 하고 부르시자 마리아는 예수에게 돌아서서 히브리말로 "라뽀니" 하고 불렀다. (이 말은 '선생님.'이라는 뜻이다.) 예수는 마리아에게 "내게 손을 대지 마라. 내가 아직 아버지께로 올라가지 않았다. 이제 너는 내 형제들에게로 가서, 내 아버지 곧 너희의 아버지, 내 하느님 곧 너희의 하느님께로, 내가 올라간다고 말하여라." 하고 일러주었다. 막달라 마리아는 제자들에게 가서 자기가 주님을 만나 뵌 일과 자기에게 일러주신 말을 전하였다.

해석 예수 부활에 대한 설명은 4복음서 저자가 조금씩 다르다.

여자들의 목격(마태 28:1~7, 마가 16:1~10, 누가 24:1~10, 요한 20:1~18)

막달라 마리아가 빈 무덤을 발견함 (요한 20:2)

막달라 마리아에게 나타남 (마가 16:9, 요한 20:14~17)

두 제자에게 나타남 (마가 16:12)

열 한 제자에게 나타남 (마가 16:14)

막달라 마리아와 다른 마리아에게 나타남 (마태 28:8~10)

베드로에게 나타남 (누가 24:34)

엠마오 도상의 제자에게 나타남 (누가 24:15~31)

제자들에게 나타남 (누가 24:36~50, 요한 20:19~23)

열 한 제자에게 나타남 (마가 16:14~18, 요한 20:26~29)

갈릴리 바다에 나타남 (요한 21장)

산에서 열 한 제자에게 나타남 (마태 28:16~20)

복음서마다 부활한 예수의 최초 목격자가 다른데, 마태는 막달라 마리아와 다른 마리아, 마가는 막달라 마리아, 누가는 글로바와 다른 한 제자, 요한은 막달라 마리아이다. 흥미로운 것은 처음에는 제자들이 부활한 예수를 보고도 예수를 몰라봤다는 사실이다. 이 말은 예수가 원래 모습으로 부활하지는 않았다는 의미이다.

기독교는 예수 십자가 부활이 없으면 존재할 수 없는 교리를 가지고 있다. 이신칭의나 대속론은 십자가 부활을 근거로 생겨난 이론이다. 물론 십자가 사건과 관련 이런 정통 교회교리와는 다른 견해가 존재한다.

예수는 갈릴리와 예루살렘 지역에서 3년 동안 가르침을 펴다가 유대인들의 고발로 십자가에 매달려 죽었다가 다시 살아난다. 3년간의 가르침은 예수 제자들이나 그 추종자들이 신앙고백으로 남긴 복음서에 일부분 나오는데 3년 행적의 하이라이트는 십자가에서 죽음과 부활이다. 상식적으로 죽은 후에 다시 육체로 살아난다는 것은 믿기 어렵지만 기독교 신앙을 지닌 사람들은 거의가 이것을 믿는다. 부활에 대한 믿음 없이는 기독교가 존재할 수 없기 때문이다.

그런데 이런 부활을 믿는 것과 이 사건에 대한 의미 부여는 또 다른 문제이다. 이 사건을 어떻게 받아들이느냐에 따라 전혀 다른 의미의 종교가 탄생할 수 있기 때문이다. 기독교는 "하느님이 인간의 죄를 대신하여 자신의 아들인 예수 그리스도를 십자가에 죽게 하고 다시 살려냈으니 이런 사실을 믿으면 죄인이었던 우리가 구원을 얻게 된다."는 해석을 한다. 물론 이것은 바울의 생각이었고 이 생각이 교부들에 의하여 받아들여져서 기독교 핵심 교리(원죄론, 대속론, 예수 신성론)가 탄생한다. 물론 모두가 이런 해석을 하는 것은 아니다. 이런 해석을 반대하는 신학자나 교인들도 있기는 하다. 하여간 우리가 알고 있는 기독교 교리가 십자가 사건과 부활에 대한 해석의 결과라는 것은 의미하는 바가 크다.

중요한 것은 이런 해석에는 예수의 생각이 전혀 들어가 있지 않다는 것이다. 설사 우리가 자신의 신앙을 고백하는 추종자들의 복음서를 믿는다 하더라도, 이 복음서의 예수 어록에서 예수는 자신이 인류의 죄를 대신하여 죽는다는 말을 한 적이 없고, 인류의 원죄를 주장한 적이 없으며, 그리고 십자가 부활에 대한 믿음으로 우리가 구원된다는 말을 한 적이 없다.

전설에나 나오는 이런 유치한 수준의 해석에 인류가 구속되어 살아간다니 참으로 한탄스러운 일이다. 기독교인들은 예수님의 죽음이 없었다면 인류가 구원을 얻을 수 없었을 것이라 생각한다. 하느님은 그렇게 옹졸하지 않다. 이런 무지한 생각에서 타종교 구원 부정, 타종교와의 공존 부정이 생겨난다. 평화가 아닌 배타적 종교가 되어버린 것이다.

인간의 영혼을 신의 불꽃 혹은 일부분으로 바라보는 비의 가르침에서는 이 사건을 이렇게 해석한다. 이 우주는 4계(영계, 멘탈계, 아스트럴계, 물질계의 4개 세계)로 이루어져 있으며 우리가 이 4계를 극복하고 균형을 이룰 때 우리는 4계가 나온 근원(무한자)에게 돌아가서 하나가 된다. 십자가 4개의 점은 4개의 세계를 의미하며 십자가의 중심은 모든 것이 나온 근원인 신을 상징한다. 그래서 십자가는 완성을 의미하며 깨달음의 상징이다.

예수님이 십자가에 못 박히신 것은 근원(신)과 합일의 상징이었다. 상징적으로 말한다면 우리 모두도 예수처럼 십자가가 되어 근원과 합일되어야 한다는 것을 의미한다. 히브리 22문자는 각각 문자마다 고유한 숫자 값이 주어지며 동시에 상징하는 의미가 있는데 히브리 마지막 문자는 그 수의 값이 400이고 의미는 "완성"이며 동시에 "십자가"이다. 즉 십자가는 완성이라는 의미이다. 400이 우주를 구성하는 생명나무의 숫자라는 것도 이것이 완성을 의미하기 때문이다. 영지복음서에 십자가와 관련된 아주 흥미로운 구절이 있다.

> 성체(聖體)는 예수이다. 그분은 고대 시리아어로 파리사타라고 하는데 "확장되어/펼쳐져 나온 사람"을 의미한다. 예수는 세상을 십자가에 못 박으러 오셨기 때문이다.(빌립 복음서 49절)

성체와 관련하여 예수는 자신이 하늘에서 내려온 살아 있는 빵이고 이 빵을 먹는 사람은 누구든지 영원히 살 것이며 자신이 줄 빵은 곧 나의 살이라고 했다. 그리고 세상은 그것으로 생명을 얻게 될 것이라고 했다(요한복음 6:51). 예수의 살과 피는 예수가 전하는 진리의 상징이었다. 예수는 진리와 하나였다.

시리아어로 예수는 "확장되어 펼쳐진 사람"이라는 뜻인데, 앞에서 설명한 것을 이해했다면 이 말은 예수가 깨달은 자라는 말이다. 예수가 십자가에 못 박힌 것(사방으로 확장되어 펼쳐진 모습임)은 신과 합일의 상징이었다. 여기서 가장 중요한 말은 예수가 이 세상을 십자가에 못 박으로 왔다는 것이다. 이 뜻은 예수가 십자가에서 보여주었듯이 인간을 포함하여 이 세상을 완전하게 하는 것이 그의 사명이고 온 세상을 구원하겠다는 말이다. 이런 의미에서 우리 모두는 예수처럼 십자가(확장되어 펼쳐진 사람)가 되어 완전해져야 한다. 예수는 세상을 진리로 구원하려고 왔고 세상을 십자가에 못 박으로 왔다.

그리고 예수 부활은 신성한 존재인 우리도 예수처럼 죽음을 극복할 수 있음을 보여주는 사례이다. 부활은 육체 속에 갇힌 우리 영혼의 부활 즉 신성 회복을 의미한다. 이처럼 한 가지 사건을 두고도 바라보는 시각이 이렇게 다르다. 영지주의 복음서인 빌립 복음서에 부활에 대한 아주 흥미로운 내용이 나온다.

"주님께서 먼저 돌아가시고 그 후에 부활하셨다고 말하는 자들은 잘못이다. 그분은 먼저 부활하시고 그 후에 돌아가셨기 때문이다. 어떤 사람이 먼저 부활을 얻지 못하면 그는 죽지 않을 것이다. 하느님께서 살아 계시므로 그는……"(빌립 복음서 19절)

> "먼저 죽고 나서 부활할 것이라고 말하는 자들은 잘못 알고 있는 것이다. 살아 있는 동안 먼저 부활을 얻지 못하면, 그들은 죽을 때 아무 것도 받지 못할 것이다. 또한 세례에 대해 세례를 받으면 살게 된다면서 '세례는 위대한 것이다.' 라고 말하는 사람들도 마찬가지이다."(빌립 복음서 90절)

빌립 복음서 19절은 가장 주목 받는 구절 중 하나이다. 이 내용은 정통 기독교 가르침을 정면으로 부인하는 글이다. 부활은 영혼의 신성 불꽃이 살아나서 신과 하나가 된 상태를 말하고 예수는 늘 그런 상태에 있었다. 그래서 예수는 육체가 죽고 나서도 부활할 필요는 없었다. 성경에 보이는 죽은 후 부활은 단지 인류에게 교훈, 즉 자신처럼 누구나 죽음도 극복할 수 있음을 보여주는 극적 장치였다. 우리의 영혼이 깨어나게 되면(부활), 우리의 에고는 죽는다. 즉 먼저 부활을 얻지 못하면 우리의 에고는 죽지 못한다. 그래서 빌립 복음서 90절에서처럼 우리는 살아 있는 동안 부활을 얻어야 한다.

빌립 복음서 61절에는 부활과 관련하여 이런 말이 나온다. "우리가 이 세상에 있는 동안에 우리 자신을 위해 당연히 부활을 얻어야 한다." 여기서 분명하게 우리가 살아서 부활해야 한다고 말한다. 살아 있는 동안 영혼이 깨어나는 것이 부활이다. 살아 있는 동안 영혼이 부활하지 못하면 윤회하게 된다.

마태복음 28:11~15절

매수된 경비병

마리아가 떠나간 뒤에 경비병 중 몇 사람이 성안으로 들어가 그 동안에 일어난 일들을 대사제들에게 낱낱이 보고하였다. 대사제들은 원로들과 만나 의논한 끝에 병사들에게 많은 돈을 집어주며 "너희가 잠든 사이에 예수의 제자들이 밤중에 와서 시체를 훔쳐 갔다고 말하여라. 이 소문이 총독의 귀에 들어가게 되더라도 우리가 잘 말해서 너희에게는 아무런 해가 없도록 하여주겠다." 하고 말하였다. 경비병들은 돈을 받고 시키는 대로 하였다. 이 이야기는 오늘날까지 유대인들 사이에 널리 퍼져 있다.

요한복음 20:19~29절(마가 16:12~13, 누가 24:13~35)

제자에게 나타남

안식일 다음날 저녁에 제자들은 유대인들의 감시를 피해 어떤 집에 모여 문을 모두 닫아걸고 있었다. 그런데 예수가 들어와서 그들 한가운데 서며 "너희들에게 평화가 있기를!" 하고 인사하였다. 그러고 나서 당신의 손과 옆구리를 보여주었다. 제자들은 주님을 뵙고 너무 기뻐서 어쩔 줄을 몰랐다.

예수가 다시 "너희에게 평화가 있기를! 내 아버지께서 나를 보내주신 것처럼 나도 너희를 보낸다. 성령을 받아라. 누구의 죄든지 너희가 용서해 주면 그들의 죄는 용서받을 것이고 용서해 주지 않으면 용서받지 못한 채 남아 있을 것이다."

열두 제자 중 하나로 쌍둥이라고 불리던 도마는 예수가 왔을 때에 그들과 함께 있지 않았었다. 다른 제자들이 그에게 "우리는 주님을 뵈었소." 하고 말하자 도마는 그들에게 "나는 내 눈으로 그분의 손에 있는 못 자국을 보고 내 손가락을 그 못 자국에 넣어보고 또 내 손을 그분의 옆구리에 넣어보지 않고는 결코 믿지 못하겠소." 하고 말하였다.

여드레 뒤에 제자들이 다시 집 안에 모여 있었는데 그 자리에는 도마도 같이 있었다. 문이 다 잠겨 있었는데도 예수는 들어와서 그들 한가운데 서시며 "너희에게 평화가 있기를!" 하고 인사하셨다. 그리고 도마에게 "네 손가락으로 내 손을 만져보아라. 또 네 손을 내 옆구리에 넣어보아라. 그리고 의심을 버리고 믿어라." 하고 말하였다. 도마가 예수께 "나의 주님, 나의 하느님!" 하고 대답하자 예수는 "너는 나를 보고야 믿느냐? 나를 보지 않고도 믿는 사람은 행복하다." 하고 말하였다.

해석 복음서마다 부활 후 예수의 행적이 다르다. 예수 부활은 기독교의 존립 근간이다. 부활이 있어서 예수 구원론이 성립되고 죽음까지 넘어선 존재 즉 하느님 아들이라는 증거가 되기도 한다. 부활을 믿는 기독교인과는 달리 예수 부활을 부정하는 사람도 많고 부활은 인정하지만 정통 교회의 부활 이론을 받아들이지 않는 사람도 상당하다. 부활을 인정하되 그 의미를 다르게 받아들이는 것은 충분히 가능한 일이다. 여러 종교가 생겨난 것은 신의 말씀에 대한 해석 차이 때문이듯이 여러 기독교 종파가 생겨난 것은 성경 해석의 차이 때문이다.

요한복음 21:1~14절

일곱 제자에게 나타나다.

그 뒤 예수는 디베랴 호숫가에서 제자들에게 다시 나타났는데 그 경위는 이러하다.

시몬 베드로와 쌍둥이라 불리는 도마와 갈릴리 가나 사람 나다나엘과 세베대의 아들들과 그 밖의 두 제자가 한자리에 모여 있었다. 그때 시몬 베드로가 "나는 고기를 잡으러 가겠소." 하자 나머지 사람들도 같이 가겠다고 따라나섰다. 그들은 배를 타고 고기잡이를 나갔으나 그날 밤에는 아무것도 잡지 못하였다.

이튿날 날이 밝아올 때 예수가 호숫가에 서 있었다. 그러나 제자들은 그분이 예수인 줄을 미처 몰랐다. 예수가 "친구여, 무얼 좀 잡았는가?' 하고 묻자 그들은 '아무것도 못 잡았습니다." 하고 대답하였다. 예수가 "그물을 배 오른편에 던져보아라. 그러면 고기가 잡힐 것이다." 하고 말하였다. 그들이 예수가 이르는 대로 그물을 던졌더니 그물을 끌어올릴 수 없을 만큼 고기가 많이 걸려들었다.

예수의 사랑을 받던 제자가 베드로에게 "저분은 주님이십니다." 하고 말하였다. 주님이시라는 말을 듣자 옷을 벗고 있던 시몬 베드로는 몸에 겉옷을 두르고 그냥 물속에 뛰어들었다. 나머지 제자들은 고기가 잔뜩 걸려든 그물을 끌며 배를 저어 육지로 나왔다. 그들이 들어갔던 곳은 육지에서 백 미터쯤밖에 떨어지지 않은 곳이었다. 그들이 육지에 올라와 보니 숯불이 있고 그 위에 생선이 놓여 있었다. 그리고 빵도 있었다.

예수가 제자들에게 "방금 잡은 고기를 몇 마리 가져오너라." 하고 말하였다. 시몬 베드로는 배에 가서 그물을 육지로 끌어올렸다.

그물 속에는 103마리나 되는 큰 고기가 가득히 들어 있었다. 그렇게 많은 고기가 들어 있었는데도 그물은 터지지 않았다.

예수가 그들에게 "와서 아침을 먹어라." 하고 말하였다. 제자들 중에는 감히 "당신은 누구십니까?" 하고 묻는 사람이 없었다. 그분이 바로 주님이시라는 것이 분명하였기 때문이다. 예수는 제자들에게 가까이 와서 빵을 집어주고 또 생선도 집어주었다. 예수가 부활한 뒤 제자들에게 나타나신 것은 이것이 세 번째였다.

해석 제자들은 처음에는 예수를 못 알아본다. 이것은 예수가 변화된 모습으로 나타났음을 보여준다. 요한복음(20장)에 보면 "예수는 이 책에 기록하지 않은 다른 많은 표적도 제자들 앞에서 행하였다. 그런데 여기에 이것이나마 기록한 목적은, 여러분으로 하여금, 예수가 그리스도요 하느님의 아들이심을 믿게 하고, 또 그렇게 믿어서 그의 이름으로 생명을 얻게 하려는 것이다." 라고 책을 쓴 목적을 밝히면서 끝난다. 그런데 여기서 끝나는듯하다가 뒤에 1장이 추가되어 21장으로 끝이 난다. 마지막 장은 나중에 추가된 것 같다.

요한복음 21:15~19절

내 양을 돌보라!

모두가 아침을 끝내자 예수는 시몬 베드로에게 "요한의 아들 시몬!, 그대는 이 사람들이 나를 사랑하는 것보다 더 나를 사랑하는가?" 하고 물었다. 베드로가 "예, 주님. 아시는 바와 같이 저는 주님을 사랑합니다." 하고 대답하자 예수는 "내 어린 양들을 잘 돌보아라." 하고 말하였다.

예수가 두 번째로 물었다. "요한의 아들 시몬아, 그대가 나를 정말 사랑하느냐?" 하고 물었다. "예, 주님. 아시는 바와 같이 저는 주님을 사랑합니다." 베드로가 이렇게 대답하자 예수는 "내 양들을 잘 돌보아라."라고 하였다.

예수가 세 번째로 "요한의 아들 시몬아, 그대가 나를 사랑하느냐?" 하고 묻자, 베드로는 세 번이나 예수께서 "나를 사랑하느냐?" 하고 묻는 바람에 슬퍼져서 말했다. "주님, 주님께서는 모든 일을 다 알고 계십니다. 그러니 제가 주님을 사랑한다는 것을 모르실 리가 없습니다." 하고 말하였다. 그러자 예수는 "내 양들을 잘 돌보아라." 하고 말하였다.

이어서 "잘 들어두어라. 그대가 젊었을 때에는 스스로 옷 입고 마음대로 돌아다닐 수 있었다. 그러나 이제 나이를 먹으면 그때는 팔을 벌리고 남이 와서 허리를 묶어 그대가 원하지 않는 곳으로 끌고 갈 것이다." 하고 말하였다.

예수의 이 말은 베드로가 장차 어떻게 죽어서 하느님의 영광을 드러내게 될 것인가를 암시한 말이었다. 이 말을 한 뒤 예수는 베드로에게 "나를 따라오너라." 하고 말하였다(21:19).

해석 여기서 양들은 어린 제자들이나 예수 추종자들이다. 비록 나약한 성격의 베드로였지만 예수는 그를 아꼈기에 베드로에게 이들을 돌볼 것을 당부한다.

요한복음 21:20~24절

예수께서 사랑하시는 제자, 요한

베드로가 돌아다보았더니 예수의 사랑을 받던 제자가 뒤따라오고 있었다. 그 제자는 만찬 때에 예수의 옆 자리에 앉아 있다가 "주님, 주님을 팔아넘길 자가 누굽니까?" 하고 묻던 제자였다. 그 제자를 본 베드로가 "주님, 저 사람은 어떻게 되겠습니까?" 하고 예수에게 물었다. 예수는 "내가 돌아올 때까지 그가 살아 있기를 내가 바란다고 한들 그것이 너와 무슨 상관이 있느냐? 너는 나를 따라라." 하고 말하였다.

그래서 예수를 믿는 사람들 사이에서는 그 제자는 죽지 않으리라는 소문이 퍼졌다. 그러나 예수는 그가 죽지 않으리라고 하지는 않았고 다만 "설사 내가 돌아올 때까지 그가 살아 있기를 내가 바란다고 한들 그것이 너와 무슨 상관이 있느냐?"고 말한 것뿐이다. **그 제자는** 이 일들을 증언하고 또 글로 기록한 사람이다. 우리는 그의 증언이 참되다는 것을 알고 있다.

해석 요한에 대해 궁금했던 바울에게 예수는 자신의 일이나 신경쓰라고 말한다. 요한이 이 복음서 저자라고 주장하는 학자도 있지만 많은 학자들이 요한복음서는 요한 이름을 빌린 타인의 작품으로 본다. 요한이 책의 저자라면 책에서 자신을 제3자로 표현하지는 않았을 것이다. 4복음서의 저자 이름들은 복음서에 명기된 것이 아니라 후대에 복음서에 적당한 저자 이름을 부여한 것일 뿐이다.

마태복음 28:16~20절(마가 16:14~18, 누가 24:36~49)

제자들의 사명

예수는 갈릴리에서 열한 제자에게 다시 나타났다. 그들은 거기에서 예수를 뵙고 엎드려 절하였다. 그러나 의심하는 사람들도 있었다. 예수는 그들에게 이렇게 말하였다. "나는 하늘과 땅의 모든 권한을 받았다. 그러므로 너희는 가서 이 세상 모든 사람들을 내 제자로 삼아 아버지와 아들과 성령의 이름으로 그들에게 세례를 베풀고(1) 내가 너희에게 명한 모든 것을 지키도록 가르쳐라. 내가 세상 마지막 날까지 항상 너희와 함께 있겠다."

해석 세상 모두에게 진리를 전하여 그들이 신과 하나 되게 하는 것이 예수의 목적이었고 제자들에게 이것을 행하도록 사명을 부여한다. "아버지와 아들과 성령의 이름으로 세례를 주라는 것(1)"은 아버지의 말씀인 진리 그리고 그 진리의 전달자였던 예수가 전한 진리의 영 즉 영지가르침을 주라는 말이다.

비의 가르침에 따르면 예수는 부활 후에 여러 해 동안 제자들에게 생전에 다 전하지 못한 신비지식을 전하였고 이것은 후대에 영지주의 가르침으로 불렸다. 물론 이 책의 4복음서 해석에서 보았듯이, 예수는 생전에도 영지주의 가르침을 전했다. 다만 복음서에는 그것이 그다지 많이 언급이 되지 않고 있다.

마가복음 16:19~20절(누가 24:50~53)

예수의 승천

주님이신 예수가 제자들에게 말을 다 하고 승천하셔서 **하느님 오른편에 앉으셨다.** 제자들은 사방으로 나가 이 복음을 전하였다. 그리고 주께서는 그들과 함께 일하셨으며 여러 가지 기적을 행하게 하심으로써 그들이 전한 말씀이 참되다는 것을 증명해 주셨다.

해석 마태와 요한은 예수의 승천을 기록하지 않았다. 이처럼 복음서 저자에 따라 예수에 대한 드라마 각색은 달랐다. 승천을 마지막에 둔 것은 진실이든 아니든 충분히 예상할 만한 전개였다.

사실 물질계에서 인간이 영적 존재인 하느님을 눈으로 보는 것은 불가능하다. 이것은 우리가 의식을 높여서 육체에서 의식을 분리시켜 위로 올려 보낼 때에 가능한 일이다. 당시 제자들 수준은 높지가 않아서 하느님을 볼 수 있는 수준이 되지 않았다. 그래서 이 구절은 진실하지 않다. "야고보 비밀의 서"에 승천과 관련된 구절이 있다.

이 말씀을 하시고, 그분께서는 떠나셨습니다. 베드로와 나는 무릎을 꿇고 감사를 드렸으며, 마음을 하늘로 올려 보냈습니다. 그러자 우리는 전쟁 속의 소음과 나팔 소리 그리고 엄청난 소란스러움을 귀로 듣고, 눈으로 보았습니다. 우리는 이 상태를 지나 마음을 더 위로 보냈습니다. 우리는 찬송과 천사들의 감사기도와 천사들의 환희를 눈으로 보고, 귀로 들었습니다, 천상의 위대한 존재들이 찬송 드리고 있었으므로, 우리도 기뻐했습니다.

그 다음에 우리는 영혼을 전능하신 분에게 올려 보내고 싶었습니다. 우리가 올라갔을 때 어떤 것도 보거나 듣는 것이 허락되지 않았습니다. 그런데 나머지 제자들이 우리를 소리쳐 부르고는 "스승에게 무슨 이야기를 들었는가? 그분이 뭐라고 말했는가? 그분은 어디로 갔는가?" 라고 질문했습니다.(야고보 비밀의서 17~18절)

예수가 떠나자 야고보와 베드로가 예수를 따라가고자 마음을 하늘로 올리는 모습이다. 카발라나 영지주의 문서(야고보 첫째 묵시록, 바울묵시록, 헤칼로트 문서 등)에서는 이런 일이 주로 환상 상태에서 일어나는 것으로 묘사되는데 실제로 이것은 몸에서 영혼을 다른 차원의 세계로 투사하는 아스트럴 투사(유체이탈)로 보인다.

"전쟁 속의 소음과 나팔 소리 그리고 엄청난 소란스러움을 귀로 듣고, 눈으로 보았다." 구절은 구약의 에스겔 비전의 시작 부분과 닮았다(나는 북쪽에서 불어오는 폭풍을 보았고 거대한 구름과 번쩍이는 불과 그 주변으로부터 타오르는 불빛을 보았고 그 중심으로부터 불 한가운데 있는 하쉬말의 모습을 보았다. 에스겔 1:4).

또한 엘리야의 예언 체험과도 유사하다(11. 신이 그에게 말하시길, "앞으로 나가서 신 앞에 있는 산 위에 서거라." 그리고 신께서 지나가시는데 **크고 강한 바람**이 일어 산을 뒤흔들고 신 앞에 있는 단단히 박혀있는 바위를 산산 조각내었다. 그러나 신께서는 바람 가운데 계시지 않았다. 바람이 지나간 다음에 **엄청난 소음**이 일어났다. 그러나 신은 그 소음 가운데도 계시지 않았다. 12. 소음에 이어서 **불**이 일어났다. 그러나 신은 불 가운데도 계시지 않았다. 불길이 지나간 다음에 조용하고 부드러운 소리가 있었다. 열왕기상 19:11~12).

예수가 도달한 전능한 하느님에게 이르려고 두 제자가 마음이 아니라 영혼을 들어 올렸으나 아직 그곳에 들어갈 준비가 되어있지 않아서 그들은 아무 것도 듣거나 볼 수가 없었다. 야고보와 베드로를 제외한 제자들은 스승인 예수에게서 두 사람이 무엇을 전해 들었는지 궁금하고 질투도 나서 소리쳐 부르니 두 사람의 의식이 육체로 돌아온다.

성서학자들에 따르면 마가복음의 가장 오래된 사본에는 16절 9~20(부활 후에 처음으로 막달라 마리아에게 나타나는 구절부터 승천까지)이 없는 것으로 되어 있다. 그들은 이 구절을 후대에 필사자가 덧붙인 것으로 본다.

요한복음 21:25절

그 밖의 많은 업적

예수가 한 일은 이 밖에도 많이 있어서, 그것을 낱낱이 기록한다면, 이 세상이라도 그 기록한 책들을 다 담아 두기에 부족하리라고 생각한다.

해석 예수는 많은 일을 하였지만 로마교회가 종파 싸움에서 승리하고 나서 지금은 우리가 알지 못하는 예수의 많은 가르침을 박해하여 사라지게 만들었다.

참고 문헌

(1) 국내도서

구자만. “성경과 도마복음의 새로운 풀이”. 미다스북스, 2019

권오현. “바울의 생애”. 대한기독교서회, 1997

권터 보른캄. “바울”. 이화여자대학교, 2006(허혁 옮김)

길희성. “보살예수”. 현암사, 2004

김경재. “이름 없는 하느님”. 삼인, 2002

김기홍. “역사적 예수”. 창비, 2016

김용옥. “기독교 성서의 이해”. 통나무, 2007

김용옥. “도올의 로마서 강해”. 통나무, 2017

김우타. “구도여행과 소리 없는 소리”. 하모니, 2011

김태항. “카발라의 신비열쇠”. 하모니, 2009

김태항. “슬픈 예수”. 하모니, 2011

김테항. “도마복음과 카발라”. 하모니, 2016

김태항. “카발라와 예수 그리고 성경”. 하모니, 2016

김태항. “영지주의 복음서와 카발라”. 하모니, 2017

김태항. “예수에게 던진 질문, 바울은 누구입니까?”. 하모니, 2018

달라이라마. “달라이라마 예수를 말하다”. 나무심는사람, 1999(류시화 옮김)

도널드 크레이그. “모던매직”. 물병자리, 2005(김태항 옮김)

랜돌프 리처즈, 브랜든 오브라이언. “바울과 편견”. 성서유니온선교회, 2017(홍병룡 옮김)

레자 아슬란. “젤롯”. 와이즈베리, 2014(민경식 옮김)
로돌프 카세르 외. “예수와 유다의 밀약”. YBM SISA, 2006(김환영 옮김)
루돌프 볼트만. “기독교 초대교회 형성사-서양고대종교사상사”. 이화여자대학교출판부, 1993(허혁 옮김)
리 스트로벨. “예수는 역사다”. 두란노, 2002(윤관희 외 옮김)
리 스트로벨. “리 스트로벨의 예수 그리스도”. 두란노, 2009(홍종락 옮김)
리처드 킥헤퍼. “마법의 역사”. 파스칼북스, 2003(김현태 옮김)
마들렌 스코펠로. “영지주의자들”. 분도출판사, 2006(이수민 옮김)
마르틴 부버. “하시디즘과 현대인”. 현대사상사, 1994(남정길 옮김)
마이클 베이전트 외. “사해사본의 진실”. 예담, 2007(김문호 옮김)
마크 털리. “예수의 생애”, 문학동네, 2004(윤희기 옮김)
문동환. “예수냐, 바울이냐”. 삼인, 2015
민희식. “성서의 뿌리: 오리엔트 문명과 구약성서”. 블루리본, 2008
바트 어만. “성경 왜곡의 역사”. 청림출판, 2006(민경식 옮김)
바트 어만, “예수 왜곡의 역사”. 청림출판, 2010(강주헌 옮김)
바트 어만. “잃어버린 기독교의 비밀”. 이제, 2008(박철현 옮김)
박영돈. “톰 라이트 칭의론 다시 읽기” IVP, 2016
박형구. “바울신학의 오류”. 렛츠북, 2017
브라이언 랭커스터. “유대교 입문”. 김영사, 1999(문정희 옮김)
세명의 입문자. “헤르메스 가르침”. 하모니, 2014(김태항 옮김)
송혜경. “신약외경 상권”. 한님성서연구소, 2009
송혜경. “영지주의자들의 성서”. 한님성서연구소, 2014
스티븐 휠러. “이것이 영지주의다”. 샨티, 2006(이재길 옮김)
아리예 카플란. “성경과 명상”, 하모니, 2012(김태항 옮김)
아리예 카플란. “유대명상”, 하모니, 2011(김태항 옮김)

아리에 카플란, “카발라 명상”. 하모니, 2015(김태항 옮김)
에밀 루드비히. “예수의 전기”. 지호, 1998(김문호 옮김)
예후다 베르그. “내 영혼의 빛”. 나무와 숲, 2002(구자명 옮김)
예후다 베르그. “신의 72가지 이름”. 반디미디어, 2003(윤원섭 옮김)
오강남. “예수는 없다”. 현암사, 2005
윌리엄 슈니더윈드. “성경은 어떻게 책이 되었을까”. 에코리브르, 2006(박정연 옮김)
이동진. “제2의 성서”. 해누리, 2005
이상성. “세계사를 뒤흔든 신의 지문”. 신인문사, 2009
이재길. “성서 밖의 복음서”. 정신세계사, 2007
자크 뒤켄. “예수”. 바오로딸, 2002(김현주, 피에르 메지니 옮김)
제라르 베시에르. “예수, 사랑의 율법”. 시공사, 2001(변지현 옮김)
제임스 던. “바울에 관한 새 관점”, 에클레시아북스, 2012(최현만 옮김)
제프 벤 시몬 할레비. “카발라”. 안그라픽스, 1997(박태섭 옮김)
조찬선. “기독교 죄악사”. 평단출판사, 2000
찰스 폰스. “카발라”. 물병자리, 1997(조하선 옮김)
톰 라이트. “이것이 복음이다”, IVP, 2017(백지윤 옮김)
티모시 프리크, 피터 갠디. “예수는 신화다”. 동아출판사, 2002(승영조 옮김)
티모시 프리크. “웃고 있는 예수: 종교의 거짓말과 철학적 지혜”. 어문학사, 2009(유승종 옮김)
폴 존슨. “유대인의 역사”. 살림, 2005(김한성 옮김)
허셸 생크스. “사해 두루마리의 미스터리와 의미”. 경서원, 2007(허종열 옮김)
현진석. “예수의 미스터리 그리고 성서”. 삶창(삶이보이는창), 2015

(2) 외국 도서

Aivanhov, Omaraam. "The Fruits of The Tree of Life". Los Angeles: Prosveta, 1989

Ahmed, Rollo. "The Black Art". London: Senate, 1994

Barnstone, Willis. "The Other Bible", New York: HarperSanFrancisco, 1984

Berg, Michael. "The Way: Using Wisdom of Kabbalah for Spiritual Transformation and Fulfillment". Hoboken: John Wiley & Sons, Inc, 2001

Berg, Rabbi. "Reincarnation: Wheel of a Soul". New York: The Kabbalah Learning Centre, 1991

Berg, Rabbi. "Kabbalah for the Layman". New York: The Kabbalah Learning Centre, 1991

Berg, Yehuda. "The 72 Names of God: Technology for soul". New York: The Kabbalah Centre, 2003

Berg, Yehuda. "True Prosperity", New York: The Kabbalah Centre, 2005

Cooper, David A. "God is a Verb: Kabbalah and the Practice of Mystical Judaism". New York: Riverhead Books, 1997

Dan, Joseph & kiener Ronald. "The Early kabbalah", New York: Paulist Press. 1986

Doreal, M. "Four Gospels: An Interpretation". Denver: Brotherhood of the White Temple, 1942

Doreal, M. "The Occult and Mystery teachings of Jesus". Denver: Brotherhood of the White Temple.

Doreal, M. "The life of Jesus". Denver: Brotherhood of the White Temple.

Doreal, M. "Sepher Yetzirah: The book of Creation". Denver: Brotherhood of the White Temple, 1941

Doreal, M. "Mystical teachings in the gnostic works concerning Jesus

and the mytery" Denver: Brotherhood of the White Temple, 1958.
Doreal, M. "The Kabbala(1~3)". Denver: Brotherhood of the White Temple, 1960
Dunn, James D. "Window of the Soul: The Kabbalah of Rabbi Isaac Luria". San Francisco: Red Wheel/Weiser, LLC, 2008
Fortune Dion. "The Mystical Qabalah". Maine: Samuel Weiser, Inc. 2000
Frank, Adolphe. "The Kabalah. Trans. John C. Wilson". New York: University Books. 1967
Gawin Shakti. "Creative Visualization". CA: New World Library. 1995
Goleman, Daniel. "The Meditative Mind". New York: Putnam Book, 1988
Goodrick-Clarke, Nicholas. "The Western Esoteric Traditions". Oxford: Oxford University Press, 2008
Green, Nan F. "Discovering Jewish Meditation". Woodstock, Vermont: Jewish Lights Publishing, 1999
Guiley, Rosemary. "Harper's Encyclopedia of Mystical and Paranormal Experience". Edison, NJ: Castle Books, 1991
Hall, Manly P. "The Secret Teachings of All Ages". New York: Penguin, 2003
Hauck, Dennis, "Alchemy", New York: Penguin Group, 2008
Holroyd, Stuart. "The Elements of Gnosticism", Rockport: Element, 1994
Hoffman, Eward. "The Wisdom of Maimonides". Boston: Trumpeter Books, 2008
Kalisch, Isidor. "Sepher Yezirah". New York: L. H. Frank & CO., Publishers and Printers, 1877
Kaplan, Aryeh. "Meditation and Kabbalah". York Beach, ME:

Samuel Weiser, Inc. 1982
Kaplan, Aryeh. "Jewish Meditation: A Practical Guide". New York: Schocken Books Inc, 1985
Kaplan, Aryeh. "Sepher Yetzirah: In theory and Practice". York Beach, ME: Samuel Weiser, Inc. 1997
Kaplan, Aryeh. "Meditation and the Bible". York Beach, ME: Samuel Weiser, Inc. 1978
Kaplan, Aryeh. "Kabbalah and The age of the Universe". USA: BN Publishing. 2007
Kaplan, Aryeh. "The Bahir". York Beach, ME: Samuel Weiser, Inc. 1979
Kraig, Donald. "Modern Magick: Eleven Lessons in the High Magickal Arts". St. Paul, MN: Llewellyn Publications, 2002
Kurzweil, Arthur. "Kabbalah for Dummies". Hoboken, NJ: Wiley Publishing, Inc. 2007
Laitman, Michael. "A Guide to The Hidden Wisdom of Kabbalah". Ont, Canada: Laitman Kabbalah Publisher, 2002
Levi, Eliphas. "Transcendental Magic(Translated by Arthur E. Waite)". York Beach, ME: Samuel Weiser Books. 2001
Levi, Eliphas. "The History of Magic(Translated by Arthur E. Waite)". York Beach, ME: Samuel Weiser Books. 2001
Mathers, MacGregor. "The Kabbalah Unveiled". York Beach, ME: Samuel Weiser, Inc. 1970
Mathers, MacGregor. "The key of Solomon the King(Translated and edited from manuscripts in the British Museum)". York Beach, ME: Samuel Weiser, Inc. 1989
Matt, Daniel C. "Zohar; The Book of Enlightenment". New Jersey: Paulist Press, 1983
Matt, Daniel C. "The Essential Kabbalah". New York: HaperOne, 1995

Murphy, Joseph. "The Power of Your Subconscious Mind". New Jersey: Prentice Hall, 1963
Nataf, Andre. "Dictionary of the Occult(Translated from the French by John Davidson)". Hertfordshire: Wordsworth Editions Ltd. 1994
Oliver, Charles. "Handbook of Magic & Witchcraft". London: Senate, 1996
Parfitt, Will. "The Element of The Qabalah". Rockport, MA: Element Books, 1991
Ponce, Charles. "Kabbalah: An Introduction and Illumination for the World Today". Wheaton, IL: Quest Books, 1995
Regarie, Israel. "The Middle Pillar". St. Paul, MN: Llewellyn Publications, 1970
Regarie, Israel. "The Tree of Life: a Study in Magic". York Beach, Maine: Samuel Weiser, Inc. 1972
Regarie, Israel. "A Garden of Pomegranates: An Outline of the Qabalah", St. Paul, Minnesota, Llewellyn Publishings, 1987
Ribner, Melinder. "Everyday Kabbalah". New York: Kensington Publishing, 1998
Ribner, Melinder. "New Age Judaism: Ancient Wisdom for the Modern World". Florida: Simcha Press, 2000
Robinson, James M. ed., "The Nag Hammadi Library In English", New York: HaperOne. 1988
Scholem, Gershom. "Kabbalah". New York: Penguin Books, 1978
Scholem, Gershom. "Origins of the Kabbalah(독일어의 영어 번역본임)". The Jewish Publication Society, 1987
Waite, Arthur Edward. "The Book of Ceremonial Magic". New York: Carol Publishing Group, 1994
Waite, Arthur Edward. "The Holy Kabbalah". Hertfordshire, England: Oracle Publishing Ltd. 1996

Wescott, W.W. "Sepher Yetzirah".
(ttp://www.mdconnect.net/~xe/qabalah/sefer_yetzirah/versions.php)
Yudelove, Eric Steven. "The Tao & The Tree of Life". Minnesota: Llewellyn Publications, 1996